Eva Madelung
Joachim Scholtyseck

Heldenkinder, Verräterkinder

Eva Madelung
Joachim Scholtyseck

Heldenkinder Verräterkinder

Wenn die Eltern im Widerstand waren

unter Mitwirkung von
Christine Blumenberg-Lampe
und Petra Schneiderheinze

Verlag C.H. Beck

Mit 26 Abbildungen

Gesetzt aus der Adobe Garamond Pro und der Frutiger
bei Fotosatz Amann, Aichstetten
Druck und Bindung: Ebner & Spiegel, Ulm
Gedruckt auf säurefreiem, alterungsbeständigem Papier
(hergestellt aus chlorfrei gebleichtem Zellstoff)
Printed in Germany
ISBN 978 3 406 56319 5

www.beck.de

Inhalt

Einleitung *von Eva Madelung*
Zur Entstehung des Buches und des Autorenteams **7**
Familientherapeutische, entwicklungspsychologische und anthropologische Erkenntnisse als Verständnishintergrund **9**

Methodische Betrachtungen eines Historikers *von Joachim Scholtyseck* **21**

Die Befragung von Zeitzeugen durch Zeitzeugen **34**

Interviews
Alfred von Hofacker *(Caesar von Hofacker)* **35**
Petra Schneiderheinze *(Friedrich August Schneiderheinze)* **59**
Heinz Hermann Niemöller *(Martin Niemöller)* **70**
Christine Blumenberg-Lampe *(Adolf Lampe)* **88**
Michael Hahn *(Kurt Hahn)* **102**
Mechthild von Kleist *(Ewald von Kleist-Schmenzin)* **119**
Herzeleide Stökl *(Fabian von Schlabrendorff)* **135**
Wibke Bruhns *(Hans Georg Klamroth)* **148**
Saskia von Brockdorff *(Erika von Brockdorff)* **166**
Gabriele von Bülow *(Hans Jürgen von Bülow)* **181**
Katharina Christiansen *(Julius Leber)* **193**
Monika Popitz-Kuenzer *(Richard Kuenzer)* **209**
Doris Asmussen *(Hans Christian Asmussen)* **219**
Regine Sarstedt *(Hannelore Thiel)* **234**
Uta Maaß *(Hermann Maaß)* **248**

Schlusswort *von Eva Madelung*
Lernen wir aus der Geschichte? **271**

Dank **272**

Anhang
Anmerkungen **275**
Bildnachweis **288**
Glossar **289**
Personenregister **304**

Einleitung *von Eva Madelung*

Zur Entstehung des Buches und des Autorenteams

Es gibt viele Veröffentlichungen, die sich mit den Nachfahren der Opfer und Täter und auch der Mitläufer des NS-Regimes befassen. Die Kinder der Gegner wurden jedoch bisher kaum berücksichtigt.[1] Dass es aber auch in den Widerstandsfamilien erhebliche Belastungen der Nachkommen gibt, wurde mir zum ersten Mal durch meine familientherapeutische Arbeit bewusst, und der Austausch mit Kolleginnen und Kollegen bestätigte mir diese Beobachtung. In meiner eigenen Therapie war das Thema nicht aufgetaucht. Nun aber begann ich mich für diesen Teil meiner Familiengeschichte zu interessieren, und je mehr ich über die Lebensgeschichten der am Widerstand Beteiligten erfuhr, desto mehr spürte ich, wie sie mich persönlich betrafen.

Mein Vater, Robert Bosch, war ein aktiver Gegner des NS-Regimes, starb jedoch 1942 im Alter von 81 Jahren. Seine Verbindung zu Carl Goerdeler und den Männern des 20. Juli 1944 wurde nicht entdeckt,[2] und so blieb unserer Familie in der NS-Zeit die Verfolgung erspart. Bei Kriegsende war ich 14 Jahre alt, und, verglichen mit dem, was andere durchmachten, waren wir von den Schrecken des Krieges weitgehend verschont geblieben. Neben der Freude über das Ende dieser «bösen Zeit» – wie sie meine Mutter manchmal nannte – tauchte bei mir eine Art von «Überlebensschuld» auf, und die Frage: «Warum gerade wir?» trieb mich um.

Der Tod des Vaters mitten im Krieg hatte mich, als Elfjährige, tief getroffen. Sein Ableben hatte jedoch nicht unmittelbar mit seiner Widerstandstätigkeit zu tun. Ich wusste damals auch nichts davon, denn er hatte mit uns darüber nicht gesprochen, um sich und seine Familie nicht zu gefährden. Ich spürte jedoch, dass in unserer Familie etwas anders war als bei anderen, und einmal erschreckte er mich mit der wütenden, auf Hitler gemünzten Äußerung einem Gast gegenüber: «Warum bringt denn diesen Kerl niemand um?» – Ich war verstört und beneidete insgeheim meine beste Freundin um ihren Vater, der als Arzt an der Front seine Pflicht tat.

Sehr gut gefiel es mir bei den «Jungmädeln». Hier fühlte ich mich als Mitglied einer großen Gemeinschaft, und ich erinnere mich nicht an

Hetze gegen Juden oder Ähnliches. Diese kannte ich allerdings aus den Reden von Hitler und Goebbels. Denn auch in unserem Hause dröhnte, wie vorgeschrieben, bei «Führeransprachen» der Volksempfänger, und ich saß vor dem Gerät wie gebannt – erschreckt und begeistert zugleich. Wäre ich einige Jahre älter gewesen, ich wäre womöglich eine überzeugte «BDM-Führerin» geworden.

Deutlich erinnere ich mich an den 20. Juli 1944, als die Nachricht des Attentates über das Radio verbreitet wurde. Die raue Stimme von Adolf Hitler ist mir noch im Ohr, mit der er sich kurz danach an sein Volk wandte und die Fügung der von ihm häufig beschworenen «Vorsehung» pries, die ihm das Leben gerettet habe. Deutlich ist mir auch meine Empörung über diese «Gruppe ehrgeiziger und gewissenloser Offiziere» im Gedächtnis, die er wütend anprangerte. Als er geendet hatte, sagte ich bestürzt zu meiner Mutter: «Ich verstehe nicht, wie Menschen so etwas tun können!» Sie lächelte sonderbar und sagte nichts. In diesem Moment spürte ich, dass ich an ein Familiengeheimnis gerührt hatte und fragte nicht weiter. – Als ich nach dem Krieg erfuhr, dass mein Vater auf der richtigen Seite gestanden hatte, stellte ich mir vor, dass er mich wohl mit seinen Ansichten vertraut gemacht hätte, falls mir nicht selbst Bedenken gekommen wären, mich in den Dienst dieses Regimes zu stellen. Aber wer weiß, wie meine Reaktion gewesen wäre? – Sicher bin ich mir nur, dass ich gegenüber der Propaganda dieses Regimes nicht immun gewesen bin. Ich habe die hypnotische Macht seiner Inszenierungen erlebt und kann nachvollziehen, dass ihr nur Wenige widerstanden.

Diese Erfahrungen und Erinnerungen beschäftigten mich immer stärker und so entstand der Plan zu diesem Buch. Anfänglich war es für mich nicht einfach, genügend Interviewpartner zu finden. Durch einen Glücksfall lernte ich die «Forschungsgemeinschaft 20. Juli 1944» kennen, die sich der wissenschaftlichen Analyse des Widerstands gegen das NS-Regime widmet. Ich fragte die damalige Geschäftsführerin, Dr. Christine Blumenberg-Lampe – die mir bereits die Adressen zahlreicher Gesprächspartner zur Verfügung gestellt hatte –, ob sie zu einer Mitwirkung bei der Erstellung der Interviews bereit wäre, und sie sagte zu. «Ich begrüße grundsätzlich jede Arbeit» – so äußerte sie sich zu meinem Projekt –, «die Lücken in der Widerstandsforschung schließt und Zeitzeugen rechtzeitig befragt. Es ist mir ein Anliegen, auf Forschungsdesiderate aufmerksam zu machen und das Andenken an den Widerstand wach zu halten. – Da ich selbst aus einer Widerstandsfamilie komme, weiß ich um die vielfältigen menschlichen, beruflichen, gesundheitlichen, finanziellen und psychischen Nachwirkungen des Widerstands.»

Petra Schneiderheinze war mir durch ihre Tätigkeit bei «One by One» bekannt, einer Berliner Gruppe, die Workshops und Konferenzen mit Täter- und Opfer-Nachfahren organisiert. Als ich sie wegen einer Mitwirkung bei den Interviews ansprach, spielte dabei ihre Verbindung zum linken Widerstand eine Rolle. – Über ihre Motivation zur Mitarbeit an diesem Buchprojekt schreibt sie: «Ende der neunziger Jahre des letzten Jahrhunderts wurde mir in einer Familienaufstellung bewusst, dass die Geschichte meines Vaters[3] gravierende Auswirkungen auf mein Leben hat. Seither beschäftige ich mich mit den Folgen des Nationalsozialismus in den Familien der Mitläufer, Täter, Opfer und der Menschen, die im Widerstand waren.»

Dankenswerterweise hat auch Joachim Scholtyseck zugesagt, den ich als Fachhistoriker auf diesem Gebiet und als stellvertretenden Vorsitzenden der «Forschungsgemeinschaft 20. Juli 1944» um seine Mitwirkung gebeten habe. So kam das Team zu Stande, dem die Fertigstellung des Buches zu verdanken ist.

Familientherapeutische, entwicklungspsychologische und anthropologische Erkenntnisse als Verständnishintergrund

Diese Serie von Interviews mit Kindern der am Widerstand gegen das NS-Regime beteiligten Personen dient einerseits dazu, sie als Dokumente der Zeitgeschichte zu sichern. Neben dem geschichtswissenschaftlichen und menschlichen Interesse an derartigen Erfahrungsberichten können sie auch dazu beitragen, einen Überblick über die psychischen Zusammenhänge zu gewinnen, die in diesen Familien wirken. Einige dieser familientherapeutischen Grundeinsichten gelten aber auch für ethnische und nationale Konflikte, in die die Familien von Tätern, Opfern und Widerstandskämpfern eingebunden sind. So können sich darüber hinaus Hinweise ergeben auf innere Haltungen und Verhaltensweisen, die verhindern, dass Hass- und Rachegefühle über Generationen weitergetragen werden und neues Unheil stiften, wie das schon oft in der Geschichte der Fall war.[4]

In der Familientherapie steht – im Unterschied zur Psychoanalyse – nicht der Einzelne, sondern der Bindungszusammenhang innerhalb einer Familie oder einer größeren Gruppe im Mittelpunkt der Aufmerksamkeit. Das heißt: Menschen werden nie als Einzelpersonen, sondern immer als Teil eines Beziehungszusammenhangs gesehen. Außerdem wird auch der historische Hintergrund eines Schicksals in den therapeutischen Prozess mit einbezogen. Diese beiden Faktoren sind der Grund, warum sich die familientherapeutische Sicht teilweise auch auf geschichtliche Vorgänge beziehen lässt.

Beim Lesen der Interviews wird allerdings auch klar, wie stark sich die Erfahrungen der Befragten unterscheiden. Dies ist selbstverständlich, denn die Familien, aus denen sie stammen, sind natürlich nicht nur von der Teilnahme am Widerstand bestimmt, sondern haben ihre eigenen spezifischen Hintergründe, die auf die Kinder einwirken. Trotzdem tauchen bestimmte Beziehungsdynamiken als typisch immer wieder auf, und wir Interviewerinnen sind ihnen, wenn es sich im Gespräch ergab, fragend nachgegangen. – Da die Interviewten jedoch ihre Aussagen nicht im Rahmen eines therapeutischen Prozesses gemacht haben, wird keine unmittelbare Zuordnung dieser hier herausgearbeiteten Beziehungsdynamiken zu einzelnen Passagen eines Interviews vorgenommen.

Die Weitergabe von Schuld und Traumata über Generationen
Seit Sigmund Freud wissen wir, dass Menschen durch traumatische Erfahrungen in ihrer Jugend geprägt sind und die daraus sich ergebenden inneren Einstellungen auf andere Menschen übertragen. So kann eine Person, die als Kind von den Eltern zurechtgewiesen wurde, wenn sie Gefühle zeigte, später große Schwierigkeiten in Beziehungen haben, sobald der Partner ihr wirklich wichtig wird. Aber auch ungelöste Probleme der Vorfahren werden bis in die zweite und dritte Generation unbewusst übernommen und können zu einem entsprechenden Verhalten führen. Hat zum Beispiel ein Nazitäter sich der Verantwortung für seine Taten nicht gestellt, so versucht häufig ein Nachfahre, die Schuld seines Vorfahren zu sühnen und sich unbewusst durch Scheitern oder Krankheit zu bestrafen. Oder die Tochter eines Holocaust-Opfers wird von Panik überwältigt, wenn sie in Straßen deutscher Städte unterwegs ist, selbst in Begleitung von Freunden.[5] – Eine Übernahme von Schuld und Rache kann also tatsächlich über viele Generationen hinweg stattfinden.[6] In diesem Sinne ist

es richtig, von einer «Gegenwart der Vergangenheit»[7] zu sprechen. Denn auch Erfahrungen der Vorfahren, die man nicht gekannt hat, werden unter Umständen weitergegeben und bestimmen die Zukunft der Nachkommen entscheidend mit.[8] Dies geschieht offenbar vor allem dann, wenn Traumata so überwältigend waren, dass sie nicht verarbeitet werden konnten, oder wenn Schuldiggewordenen die Einsicht in die Notwendigkeit fehlte, sich den Konsequenzen der eigenen Handlungen zu stellen. – Auch Freud war schon der Meinung, «dass keine Generation imstande ist, bedeutsamere seelische Vorgänge vor der nächsten zu verbergen».[9]

Loyalität

Die kindliche Loyalität oder Bindungsliebe führt zur einer unbewussten Übernahme elterlicher oder großelterlicher «Altlasten». Die übernommenen Verpflichtungen sind oft so schwerwiegend, dass deren «Erfüllung oder Verletzung über Leben und Tod entscheiden können»[10]. Denn hinter dieser Übernahme steht die kindliche Treue, die – genauso wie die elterliche Liebe – im Dienste der Erhaltung des Lebens steht.

Diese Loyalität führt zur Identifizierung mit der Familie, in die man hinein geboren wurde. Paradoxerweise entwickelt sich gerade aus dieser Identifizierung das Gefühl einer Identität, das heißt: eines persönlichen Kerns. Dagegen läuft die Identitätsfindung in fortgeschrittenerem Alter häufig über eine zum Teil krasse Ablehnung der Ursprungsfamilie oder der gesellschaftlichen Gruppe, der man angehört. Ein Stadium, das meist vorübergeht, das aber in seiner Heftigkeit ein Zeichen für die trotzdem in der Tiefe vorhandene Bindung ist.[11] – So hat dieses Bindungsgeschehen seine positiven und lebensnotwendigen Seiten. Darin liegt gerade der Stoff für schwere seelische Konflikte.

Verstrickung

Die mit der Loyalität verbundene Bindungsliebe zwischen Eltern und Kindern hat der Familientherapeut Bert Hellinger «primäre Liebe» genannt. Sie bezieht ihre entscheidende Kraft aus der Tatsache, dass diese Beziehung unauflöslich ist; genauso unauflöslich wie die Tatsache, dass wir mit einem ganz bestimmten Körper geboren wurden, der uns bis zum Ende begleitet.

Bert Hellinger betont den archaischen Charakter dieser «primären Liebe», indem er sie als eine triebhafte Kraft beschreibt, die bewusste Entscheidungen zu unterlaufen im Stande ist. Sie wirkt gleichgültig, ob man mit ihren Ordnungen vertraut ist und sie achtet oder nicht.[12]

Ähnlich wie die Loyalität hat diese «primäre Liebe» ein Doppelgesicht. Einerseits ist sie die Kraft, die Familien zusammenhält und die das Aufwachsen von Kindern ermöglicht. Andererseits kann sie auch destruktiv wirken und in die «Verstrickung» führen. – Unter «Verstrickung» versteht man die Tendenz der Nachfahren, schwere Schuld oder Traumata nicht nur von Vater und Mutter, sondern auch von weiter zurückliegenden Verwandten zu übernehmen, unabhängig davon, ob sie diese persönlich kannten oder nicht.

Trauma

Obwohl der Mensch auch an schweren Erfahrungen innerlich wachsen kann, gibt es ein Maß an Belastung, das die Psyche nicht mehr unbeschadet verarbeitet. Dabei entsteht – bildlich gesprochen – eine Art nicht heilende Wunde, die psychische und mentale Abläufe stört.

Der Psychotherapeut Wolfgang Schmidbauer hat auf Grund einer umfassenden Studie über Kriegserfahrungen und ihre psychischen Nachwirkungen eine andere medizinische Metapher für diesen Vorgang gefunden: Die Unfallmedizin kennt das «Zentralisations-Syndrom», das dadurch entsteht, dass der Körper im Schock und bei größerem Blutverlust auf den «kleinen Kreislauf» schaltet.[13] Dabei durchblutet das Herz nur noch Lunge und Gehirn und lässt die Nieren unversorgt; man spricht von einer Schockniere. Hält dieser Zustand zu lange an, so ist die Niere dauerhaft geschädigt. – Schmidbauer vergleicht die Nierentätigkeit mit dem Gefühlsbereich. Das bedeutet, dass bei Menschen, die schwere psychische Traumata erlitten haben, in denen sie die normalen Gefühlsreaktionen in großem Ausmaß unterdrücken mussten um zu überleben, der Gefühlsbereich geschädigt sein kann. Werden so stark traumatisierte Menschen zu Eltern, so können die Kinder oft nur schwer Kontakt zu ihnen finden. Sie wachsen in innerer Unruhe und Haltlosigkeit auf und können – wie oben schon gesagt – Schuldgefühle oder Ängste entwickeln, die sich nicht aus ihren eigenen Erfahrungen, sondern aus denen der Eltern herleiten lassen. Dies ist eine häufig zu beobachtende psychische Dynamik, die damit zu tun hat, dass ein kindlicher und unbewusster Anteil an die Eltern gebunden bleibt und sich mit ihnen identifiziert.

Ethnische und politische Folgen

Loyalität und Verstrickung wirken auch in die Beziehungen zwischen Volksgruppen und Nationen hinein. Zum Beispiel kann die Loyalität zur eigenen Gruppe der Grund für die Feindschaft einer anderen Gruppe gegenüber sein, durch die ein Konflikt, dessen Ursache längst vergessen ist, durch Jahrhunderte hin nicht zur Ruhe kommt. Das heißt, dass die Gefahr der Koppelung des natürlichen Gefühls der Zusammengehörigkeit einer ethnischen Gruppe mit dem mörderischen Hass gegen eine andere Gruppe «bis hin zum absolut Bösen»[14] immer wieder besteht. Völkermorde – nicht nur in der NS-Zeit, sondern auch heutzutage – zeugen von der letzten und schrecklichsten Konsequenz. Denn die Gruppe übt eine Art «moralischen» Druck aus, und dabei zeigt auch die moralische Instanz, die wir Gewissen nennen, ihr Doppelgesicht und wird fragwürdig; im Lauf der Geschichte wurden wiederholt große Unmenschlichkeiten mit «gutem Gewissen» begangen.

Von den Nachkommen der Kriegsgeneration hört man – bezogen auf die NS-Zeit – immer wieder die Frage: «Wie konnten Menschen so etwas tun?» – Das Wissen um die Dynamik von Loyalität zur Gruppe oder eines kollektiven «Gruppengewissens» bietet eine Möglichkeit des besseren Verständnisses, obwohl es letztlich diese Tatsache nicht erklären kann und auch keine der Untaten entschuldigt. Wenn man aber um diese unbewusste und archaische Bindung an ein kollektives Gewissen weiß, das nicht zur Gruppe Gehörige als vogelfrei erklärt, wird klar, dass nur wenige die Kraft haben, sich dagegen aufzulehnen. Vor allem, wenn es der Anführer dieser Gruppe versteht, die damit verbundenen Emotionen hoch zu peitschen und zu pervertieren.

Gruppengewissen, Menschheitsgewissen und das Doppelgesicht der Moral

Ein Teil der Widerstandskämpfer bezog seinen Handlungsimpuls aus einer christlich ausgerichteten Gewissensbindung. Dietrich Bonhoeffer, eine der zentralen Figuren der «Bekennenden Kirche», hat es einmal so ausgedrückt: «Das christliche Gewissen wird einen titanischen Konflikt mit den Mächten dieser Welt zu bestehen haben, um sie zur Ordnung zu rufen».[15]

Sein Schwager, der Jurist Hans von Dohnanyi, wuchs in einem langsamen Prozess immer mehr in den Widerstand hinein, wurde verhaftet, schwer gefoltert und schließlich hingerichtet. Er hat die innere Situation derjenigen, die sich aufgerufen fühlten, in diesem «titanischen Konflikt»

Stellung zu beziehen, klar umrissen: «Die große Kunst christlichen Lebens scheint mir in dem Sich-Ergeben in Gottes Willen zu liegen, ohne dabei den eigenen Willen aufzugeben, ohne wunschlos zu werden, ohne die Kraft der Leidenschaft zu verlieren.»[16]

Seine Frau Christine, die Schwester Bonhoeffers, berichtete später, «dass es ihnen wichtig war, nicht nur vor sich selbst, sondern auch einmal vor dem deutschen Volk bestehen zu können».[17] Und als Hans von Dohnanyi in der Zeit schwerster Folterungen einmal völlig erschöpft ins Lazarett eingeliefert wurde, sagte der Arzt zu ihm, er habe das Schlimmste nun hinter sich. Er aber entgegnete: «Man hat es niemals hinter sich. – Man fühlt den Sekundenschlag im eigenen Fleische bohrend.»[18]

Die Menschen, die sich diesem schweren Dilemma aussetzten und am Versuch der Tötung des Diktators mitwirkten, haben am eigenen Leibe die Doppelbödigkeit des Gewissens und der Moral erfahren.

Wenn Christine von Dohnanyi sagt, dass sie und ihr Mann hofften, einmal nicht nur vor sich selbst, sondern auch vor dem deutschen Volke bestehen zu können, so zeigt dies, dass sie den Druck eines aufgepeitschten und schließlich pervertierten «Volksgewissens» auf sich lasten fühlten, obwohl sie sich selbst davon gelöst hatten und entsprechend handelten.

Dietrich Bonhoeffer gehörte, als Mensch, der das Christentum zu seiner eigensten Sache gemacht hatte, zu denjenigen, die das Gruppengewissen des deutschen Volkes zu Gunsten eines Menschheitsgewissens «verrieten» und ihr Handeln danach ausrichteten. Diese Entscheidung führte nicht nur bei Bonhoeffer zu existentiellen Nöten und «titanischen Kämpfen», denn sie konnten sich der Wucht des auf einer archaischen Ebene der menschlichen Psyche angesiedelten Gruppengewissens nicht ohne weiteres entziehen.

Für dieses «existenzielle Paradox» – wie man das Ineinander von Selbstverantwortung und Eingebundensein nennen kann[19] – gibt es durch die Jahrhunderte eine Fülle literarischer Beispiele, angefangen von den griechischen Dramen über die germanischen Sagen bis hin zum modernen Familienroman. Schriftsteller aller Zeiten haben erkannt, dass im Widerspruch zwischen dem Wollen des Einzelnen und seiner Eingebundenheit in ein schicksalhaftes Geschehen eine der wesentlichen Wurzeln menschlicher Tragik liegt.

Die Doppelmoral der Gruppe aus entwicklungspsychologischer und anthropologischer Sicht
Wie tief das Gruppengewissen in uns verankert ist, zeigen nicht nur familientherapeutische, sondern auch entwicklungspsychologische Erkenntnisse. Die Entwicklungspsychologin Doris Bischof-Köhler schrieb: «Fremde aus anderen Kulturen werden oft als moralisch minderwertig oder sogar als nicht menschlich betrachtet. Es ist nur ein kleiner Schritt von der Abwertung der anderen zu dem Gefühl, man könne sich unbeschwert über alle moralischen Standards hinwegsetzen und diese anderen verachten und grausam behandeln.»[20]

Der Anthropologe Christian Vogel beschrieb diese «doppelte ingroup/outgroup Moral» so: «Die Tendenz geht zwangsläufig in Richtung auf eine geschlossene Gesellschaft [...] Daraus resultiert [...] die Tendenz, andere, eben Fremde, zu diffamieren oder gar zu ‹dehumanisieren› [...] Aufwerten nach innen, Abwerten nach außen: das janusköpfige Phänomen der ‹doppelten Moral›».[21] Diese Tendenz zur «geschlossenen Gesellschaft» ist ein Verhaltenscode, der – ähnlich wie die Familienbindung – seit Jahrtausenden in der menschlichen Psyche verankert ist und durch die Generationen unbewusst weitergegeben wird.[22] So erklärt sich ein Teil der Schwere des Dilemmas, dem die Widerstandskämpfer ausgesetzt waren. – In anderen Ländern, wie zum Beispiel in Frankreich und Polen, war der Widerstand gegen das NS-Regime nicht mit diesen psychischen Belastungen verknüpft. Eine Polin, die mit einem Deutschen verheiratet ist, sagte gleich zu Anfang eines Interviews: «Gerade kam mir, dass diese Tradition des Widerstands bei uns uralt ist. Das ist einfach so, [...] [es ist keine] individuelle Entscheidung, sondern [...] das gehört sich so».[23] – Dass hier ein wesentlicher Unterschied der inneren Situation dieser Menschen zu der inneren Situation der deutschen Widerständler besteht, liegt auf der Hand.

Die innere Situation der Widerstandskämpfer und -kämpferinnen
Es gibt zahlreiche Zeugnisse der schweren inneren Konflikte, die vor allem die Männer des 20. Juli durchlitten haben. Sie waren hin- und hergerissen zwischen dem christlichen Tötungsverbot und dem militärischen Treue-Eid einerseits, der immer dringender werdenden ethischen Verpflichtung, den Verbrechen des NS-Regimes entgegenzutreten, andererseits.

Hans Graf Lehndorff schilderte eindrücklich, wie sein Vetter Heinrich Lehndorff ihn aufsuchte und ihm von dem Attentatsplan berichtete: «Seine Frage war, ob ich bereit wäre, mich dafür zur Verfügung zu stellen, falls es noch an einem weiteren Helfer fehlen sollte. Da ich schon wusste, dass diese Frage kommen würde, hatte ich einen jungen Pfarrer, dem ich vertraute, gebeten, mich zum Bahnhof zu begleiten. Wir saßen dort mehrere Stunden auf einer Bank, und während des Wartens suchten wir Rat aus der Heiligen Schrift. Dort machte uns – wie konnte es auch anders sein – das 13. Kapitel des Römerbriefs besonders zu schaffen. ‹Jedermann sei untertan der Obrigkeit, die Gewalt über ihn hat.› Sollte man sich als Christ in der Verantwortung für sein Vaterland wirklich alles gefallen lassen müssen? Sollte man weiter untätig zusehen, wie ein Wahnsinniger das Volk ins Verderben riss? Eines jedenfalls wurde uns klar: Unter Berufung auf den Römerbrief sich zu drücken, um das eigene Seelenheil zu retten, dazu bot uns der Apostel Paulus keine Handhabe. Er ließ uns nur erkennen, wie schwer die Entscheidung wog, vor die wir uns gestellt sahen. Hier gäbe es nur noch zwischen Schuld und Schuld zu wählen.»[24]

Die ethische Seite des Konflikts beschreibt Klemens von Klemperer: «Obwohl [...] jeder Widerstand an Verrat grenzt und obwohl Verrat durch Widerstand legitimiert werden kann, ist das Verhältnis zwischen beiden unter allen Umständen durch Spannungen und Unklarheiten gekennzeichnet [...] In Deutschland wurde das Spannungsverhältnis zwischen Widerstand und Verrat dadurch verschärft, dass der Widerstand während des Krieges mit dem nationalen Interesse, wie es herkömmlich verstanden wird, in Konflikt geraten musste. Denn der Widerstand musste sich gegen den Krieg, gegen die großen Erfolge der deutschen Wehrmacht und schließlich in letzter Konsequenz gegen einen etwaigen deutschen Sieg richten.»[25]

York von Wartenburg war ein anderer Zeuge dieses Konflikts: «Vielleicht kommt doch einmal eine Zeit, wo man eine andere Würdigung für unsere Haltung findet, wo man nicht als Lump sondern als Mahnender und als Patriot gewertet wird».[26]

Die meisten der am Widerstand Beteiligten hatten jedoch die feste Überzeugung, dass sie letzten Endes richtig handelten, wenn sie sich der Gefahr schwerster Misshandlungen und eines grausamen Todes aussetzten. Hinter dem inneren Zwiespalt der Widerständler stand also nicht nur ein christlich geprägtes persönliches Gewissen, sondern auch in sich selbst widersprüchliche archaische Loyalitäten. Keiner von ihnen konnte sicher sein, ob die geplante Tat als Rettung des Volkes, dem sie angehörten, oder als schmählicher Verrat in die Geschichte eingehen würde. Denn Worte wie «Volksgemeinschaft» standen im NS-Vokabular aus gutem Grund an so prominenter Stelle, weil sie diesen unbewusst in uns angelegten Gemeinschaftssinn ansprechen, der bis ins Religiöse gesteigert werden kann.[27]

Die innere Situation der zweiten Generation

Den Männern und Frauen der ersten Generation des politischen und ethisch motivierten Widerstandes war es klar, dass sie sich schuldig machten, so oder so. Ihre Kinder aber waren in ihrer Familienloyalität einerseits der schwierigen inneren Situation ihrer Eltern preisgegeben, die unbewusst umso stärker auf sie wirkte, als sie diese Situation meist weder kannten noch verstanden. Andererseits gab es auch bei ihnen eine Bindung an die in dieser Zeit pathetisch propagierte «Volksgemeinschaft». Aus diesem Grunde standen manche Kinder ebenfalls vor einer Zerreißprobe. Denn die Lebenssicht des Elternhauses widersprach häufig eklatant dem, was sie in der «Hitlerjugend», in die sie fast alle mit ihren Altersgenossen eingebunden waren, erfuhren. Die Wirkung der NS-Propaganda, die besonders junge Menschen in ihren Bann zog, ist nicht zu unterschätzen. Mancher heute über Siebzigjährige mag sich noch des gewaltigen Pathos und der Anziehungskraft von Hitler- oder Goebbels-Reden erinnern, die aus den vorschriftsmäßig eingeschalteten Volksempfängern dröhnten und ihre Wirkung auch auf Kinder hatten; und je nachdem, ob die Eltern ihre Kritik am Regime mehr oder weniger offen besprachen, konnte dies für die Kinder zu einem seelischen Konflikt führen.

Der gewaltsame Tod des Vaters war für viele ein Schicksalsschlag, den diese Kriegskinder allerdings mit vielen anderen ihrer Generation teilten. Die Situation der Widerstandskinder war jedoch insofern anders, als sie wussten oder zum mindesten spürten, dass der Verlust ihres Vaters einen anderen Hintergrund hatte als bei anderen Kindern. Wenn dann noch die Inhaftierung der Mutter und damit die Trennung von ihr dazukam, war das innere Chaos vollkommen.

Die Situation der Widerstandsfamilien in der Nachkriegszeit

Felicitas von Aretin beschrieb die allgemeine Lage der Deutschen in der unmittelbaren Nachkriegszeit wie folgt: «Die komplette Niederlage wirkte auf das deutsche Volk wie ein Schock. Aus einem Volk, das sich angeschickt hatte, die ganze Welt zu erobern, und das begeistert seinem Führer Adolf Hitler zugejubelt hatte, war ein Volk von Verlierern geworden, das sich von der eigenen Regierung missbraucht und über Jahre verraten fühlte [...]»[28]

In dieser Situation fehlte bei vielen die Kraft und der Wille, den Widerstand anzuerkennen. Behörden erließen Bescheide, dass «keine staatliche Unterstützung an Verräterfamilien» zu zahlen sei. In der westdeutschen Presse wurde das Verdienst der Männer des 20. Juli herabgesetzt und der linke Widerstand nicht anerkannt. Dagegen verleugnete die ostdeutsche Presse den militärischen und liberalen Widerstand. – Der Philosoph Karl Jaspers schildert seinen Eindruck in einer Vorlesung 1945/46: «Der Horizont ist eng geworden. Man mag nichts hören von Schuld, von Vergangenheit, man ist nicht betroffen von der Weltgeschichte. Man will einfach aufhören zu leiden, will heraus aus dem Elend, will leben und nicht nachdenken. Es ist eher eine Stimmung, als ob man auch nach so furchtbarem Leid gleichsam belohnt, jedenfalls getröstet werden müsste, aber nicht noch mit Schuld beladen werden dürfte.»[29]

Auch die Alliierten hatten kein Interesse daran, an die Opposition gegen Hitler zu erinnern. Sie hatten ja auch die vielfältigen Versuche der Kontaktaufnahme durch den Widerstand rigoros abgelehnt,[30] und während der Besatzung verhinderten sie lange Zeit Veröffentlichungen zu diesem Thema.

Selbst eine Frau, die als Mitglied der «Weißen Rose» längere Zeit im Zuchthaus gesessen hatte, erzählte, sie habe aus verschiedensten Gründen lange Jahre über diese Tatsache geschwiegen. Unter dieser Situation hatten die Widerstandsfamilien in der Bundesrepublik insgesamt zu leiden. Die Witwen überlebten mit ihren Kindern zum Teil unter schwierigsten Verhältnissen, die den Zusammenhalt untereinander stärkten, die Isolation gegenüber der Umwelt jedoch oft vergrößerten. Die heranwachsenden Kinder kamen dabei mit der Zeit teilweise in ein Spannungsverhältnis zwischen der fällig werdenden Ablösung von der Familie und der trotzdem bestehenden Verpflichtung, den aus der Öffentlichkeit kommenden Falschdarstellungen entgegenzutreten.[31] – Auf der anderen Seite herrschte in manchen Familien ein Zusammenhalt von besonderer Qualität, der sie mit den Mitgliedern anderer Widerstandsfamilien verband. In der zweiten Generation gab es auffallend viele Ehen der Kinder untereinander. – Die jährlichen Treffen des «Hilfswerks» und später der «Forschungsgemeinschaft 20. Juli» spielten wohl eine Rolle dabei.

In der DDR waren die Mitglieder des linken Widerstands, und unter ihnen besonders die Kommunisten, offiziell besonders anerkannte Persönlichkeiten. Sie erhielten vom Staat eine Reihe von Vergünstigungen wie zusätzliche Lebensmittelkarten, vorrangig Wohnraum, besondere Bildungsmöglichkeiten für die Kinder u. a. Aber auch unter ihnen wurde geschwiegen. Denn in der neu gegründeten DDR hatten die Menschen ebenfalls vorher im nationalsozialistischen Deutschland gelebt und waren Mitläufer oder auch Täter gewesen. Das führte auch hier dazu, dass die linken Widerstandskämpfer, viele davon Parteikader, überwiegend in den eigenen Kreisen verkehrten. Auch hier gab es das Phänomen, dass die Kinder selten irgendjemandem gegenüber ihre Zugehörigkeit zu einer Widerstandsfamilie erwähnten. Teils weil das Verhältnis der Deutschen zum Widerstand auch hier ein gespaltenes war, teils weil sie selbst wenig über die größeren Zusammenhänge wussten.

«Ich kann mich gut daran erinnern», erzählt Petra Schneiderheinze,[32] in der DDR aufgewachsene Tochter eines Mitglieds des kommunistischen Widerstands, «dass ich mit Mitschülerinnen oder später mit Kolleginnen und Kollegen nur in Ausnahmefällen über meinen Vater und seinen Widerstand im Nationalsozialismus gesprochen habe. Ich hatte oft Angst, deshalb abgelehnt zu werden. Es gab ein diffuses Gefühl, es könnte gefährlich sein darüber zu reden, denn die Ansicht, dass Widerstand letztlich Verrat gewesen sei, gab es auch in diesem Teil Deutschlands. – In Gesprächen mit anderen Betroffenen habe ich erfahren, dass es auch ihnen so ergangen ist.»

Dieses Schweigen beschreibt Felicitas von Aretin, Enkelin einer Widerstandsfamilie und Westdeutsche, teilweise aus eigener, teilweise aus der Erfahrung von Mitbetroffenen: «Unbewusst spürten die meisten Enkel, dass das Datum des 20. Juli 1944 synonym für eine tragische Familiengeschichte stand, die von deutlichen Ambivalenzen geprägt war und die man lieber nicht hinterfragte. Auf der einen Seite galt der Großvater als ein makelloser Held, der sein Leben für seine politischen Ideale geopfert hatte, auf der anderen Seite hatte der Tod des Großvaters für seine Angehörigen, insbesondere für seine Frau, seine Kinder, mitunter sogar für seine Enkel schlimme Folgen, die oft verleugnet wurden. Im Vergleich mit Täterfamilien unterscheidet sich die Qualität familiären Schweigens. Während in Täterfamilien die Beteiligung des Großvaters an NS-Verbrechen beschwiegen wird, wird in Widerstandfamilien über die Taten des Großvaters in heroisierender Form gesprochen. Dafür gleicht das Schweigen über die Verfolgung der übrigen Familienmitglieder nach dem Tod des Widerstandskämpfers den brüchigen und lückenhaften Erzählungen von Holocaust-Opfern über ihre Zeit im Konzentrationslager oder im Versteck. In allen Familiengedächtnissen klaffen große Lücken, hinter denen sich Familiengeheimnisse verschiedenster Art verbergen.»[33]

So kann das Schweigen auch in diesen Familien als eine Folge traumatischer Erfahrungen gesehen werden.

Helden oder Verräter? Täter oder Opfer? – Das doppelte Erbe der Kinder des deutschen Widerstands

Bei aller Einsicht in geschichtliche und psychologische Zusammenhänge macht es betroffen, dass die Wirkung der am Widerstand Beteiligten auf ihre Kinder und Enkel teilweise ähnlich fatal sein konnte wie die der Opfer- und der Täter: Die am Widerstand beteiligten Eltern oder Großeltern hatten zwar im Sinne eines Menschheitsgewissens richtig gehandelt und den Weg, den sie gingen, bewusst gewählt. Trotzdem sind manche ihrer Nachkommen schwer in die traumatischen Erfahrungen der Eltern verstrickt.

Es liegt auf der Hand, dass man keineswegs alle Probleme, die bei einem Menschen auftauchen, auf das Verhalten oder die Traumata seiner Eltern zurückführen kann, da psychische Zusammenhänge vielschichtig sind. Sicherlich war die innere Situation der Nachkommen aus Familien, die dem Widerstand angehörten, einerseits auf lange Sicht günstiger als die der Opfer- oder Täterkinder, und die Interviews zeigen die berechtigte Hochachtung für das Verhalten ihrer Eltern. Andererseits sind viele von ihnen schwer belastet und haben den Preis für die Verstrickungen, in die das deutsche Volk während der Hitlerzeit geraten war, mitbezahlt.

Methodische Betrachtungen eines Historikers

von Joachim Scholtyseck

Die in diesem Band veröffentlichten Interviews mit Kindern von Eltern, die Widerstand gegen die nationalsozialistische Diktatur geleistet haben, scheinen auf den ersten Blick keiner besonderen Kommentierung zu bedürfen: Man kann sie lesen und als ergänzende Hinweise über die Jahre 1933 bis 1945 zur Kenntnis nehmen. Sie sind zweifellos in erster Linie zum Verständnis und zur Interpretation von Traumatisierungen geeignet, die durch die Geschehnisse des «Dritten Reiches» und danach noch aufgetreten sind. In diesem Zusammenhang ist jedoch auch von Belang, welchen Erkenntnisgewinn die Interviews für die Geschichtswissenschaft haben. Sagen sie – auch in Abgrenzung und Ergänzung zu anderen Quellen – etwas historisch Relevantes über den Nationalsozialismus und über das Verhalten der widerständigen Eltern aus? Schließlich sind die Interviews erst Jahrzehnte nach den zentralen historischen Ereignissen entstanden und bieten zudem gewissermaßen Informationen aus «zweiter Hand», da nicht die Beteiligten selbst, sondern die Angehörigen der nachfolgenden Generation befragt wurden. Im Folgenden sollen daher zentrale Fragen quellenkritisch behandelt werden.

Erinnerung und Gedächtnis

Wie sind «Erinnerungen», die durch Interviews aus dem Gedächtnis heraus abgerufen werden, aus der Sicht der Geschichtswissenschaft zu beurteilen? Geschichte ist sowohl die Summe der durch Quellen dokumentierten Geschehnisse der Vergangenheit wie auch die Erzählung über die bewusste Aneignung der Vergangenheit: «Wo keiner sich an Geschehenes erinnert und darüber berichtet, gibt es keine Geschichte.»[1] Die Beschäftigung mit der Geschichte und ihrer Erinnerung als einer «Überwindung [...] des Vergessens»[2] gewinnt gerade im Zusammenhang mit der Zeit des Nationalsozialismus eine immer größere Bedeutung. Mehr als sechzig Jahre nach dem Ende des Zweiten Weltkrieges sinkt die Zahl derjenigen drastisch, die jene Periode des «Dritten Reiches» noch aus eigener Anschauung kennen. Die damit einhergehende Konjunktur einer «Erinnerungskultur»[3] zeigt sich nicht nur in einer zunehmenden Musealisierung, in oftmals ritualisierten Formen des Gedenkens sowie einer «veritable[n] Erinnerungsindustrie»[4], sondern auch in einer intensiven Beschäftigung mit den noch lebenden Zeitzeugen.

Dieses Interesse profitiert von den inzwischen weiter vorangeschrittenen Kenntnissen über Gedächtnis und Erinnerung, zumal deren Beziehung mittlerweile durch Erkenntnisse der Neurobiologie, Philosophie, der Psychologie und der Kommunikationswissenschaft ergänzt worden sind.[5] Gerade die neurowissenschaftliche Interpretation des Gedächtnisses stellt die Geschichtswissenschaft vor neue Herausforderungen.[6] Die offenkundige Notwendigkeit der Beachtung einer biosozialen Komponente als Ergänzung sozialer und kultureller Aspekte macht die Beschäftigung mit «Erinnerung» nicht leichter. In der Regel sind Historiker, wenn sie die neuesten Ergebnisse der Hirnforschung und bestimmter bildgebender Verfahren für ihre Beurteilung von Erinnerung nutzen sollen, überfordert, selbst wenn sie in der Regel pflichtschuldig auf eine anzustrebende «Interdisziplinarität» verweisen. Zum gegenwärtigen Zeitpunkt wirft jedoch selbst die Forschung zur neuronalen Basis des autobiografischen Gedächtnissystems mehr Fragen auf als sie Antworten geben kann. Der Appell, Geschichte als «neurokulturelle Gesellschaftsgeschichte»[7] zu definieren, lässt sich in jüngster Zeit vermehrt vernehmen. Denn die Aussicht, Fragen nach «kognitiven Ordnungsmustern» im «Zusammenspiel von Geschichtswissenschaft, Entwicklungspsychologie und den weiteren Kognitionswissenschaften» zu beantworten und damit einen «Schlüssel zu bislang verschlossenen Kammern der Vergangenheit»[8] zu finden, ist zweifellos verführerisch. Freilich sind diese Forderungen von der klassisch arbeitenden Zunft bislang angesichts des für nicht so bedeutend eingeschätzten Erkenntnisgewinns mit Skepsis zur Kenntnis genommen worden. Die pragmatischen Maximen derjenigen Geistes- und Naturwissenschaftler, die sich mit den Zusammenhängen des autobiografischen Gedächtnisses beschäftigen, sind kürzlich pointiert so zusammengefasst worden: «keine großen Fragen stellen, nie über Grundsätzliches sprechen, keine tiefliegenden begrifflichen Probleme aufwerfen.»[9] Als gewichtiger Einwand gegen das Plädoyer einer neurokulturellen Geschichtswissenschaft ist angeführt worden, dass Erzählung als «Sinnbildung über Zeiterfahrung» (Jörn Rüsen) selbst «ein narratives Erinnerungsverfahren [ist], in dessen Verlauf ‹Sinn› durch Erzählung erst gebildet wird. Es ist deshalb die Frage, ob nicht die Eigenkraft des Narrativen, seine Verfahren und Gesetzmäßigkeiten sowie die relative Autonomie von ästhetischen Momenten in diesem Prozess die Operationen des Gehirns zu einem Grade überformen, dass sie in den Texten selbst kaum noch ablesbar sind.»[10]

Als ob dieses Problem nicht groß genug wäre, gesellt sich eine weitere Schwierigkeit hinzu, die den Historiker vor weitere Hürden stellt: Erinnerung ist – genauso wie das Vergessen – immer ein selektiver Vorgang, der mit den tatsächlich stattgefundenen Ereignissen nicht notwendigerweise harmonieren muss. Auch daher ist Geschichte streng genommen stets ein geistiges Konstrukt.[11] «Wir haben keine Geschichte, wir machen sie uns. Wir haben eine Vergangenheit und entwerfen uns ein Bild von ihr»,[12] lautet dazu die bündige und auch treffende Formel von Eberhard Jäckel: Es ist der Mensch, der ein ureigenes Interesse an der Vergangenheit hat. Wir leben unser Leben vorwärts, wir können es aber nur rückwärts verstehen, und alles, was wir über unsere Zukunft sagen können, ist nicht mehr als eine Projektion der Vergangenheit. Insofern ist jede Form menschlicher Kommunikation auch eine Verständigung über Vergangenheit und «menschliches Leben im wesentlichen Umgang mit Vergangenheit».[13] Die Fähigkeit zur bewussten Erinnerung an die eigene Vergangenheit ist ein notwendiger Bestandteil dessen, was als «personale Identität» bezeichnet werden kann. Wer wir sind, erschließt sich nur in der Verknüpfung unseres Gegenwartsbewusstseins mit unseren Erinnerungen. Die Vergangenheit ist für die persönliche wie für die allgemeine Standortbestimmung unerlässlich. In diesem Sinne hat auch der niederländische Kulturhistoriker Johan Huizinga argumentiert, der in seinen Ausführungen zum Geschichtsbegriff schrieb: «Geschichte ist die geistige Form, in der sich eine Kultur über ihre Vergangenheit Rechenschaft gibt.»[14]

Darauf, dass Geschichte die «stets problematische und unvollständige Rekonstruktion»[15] der Vergangenheit ist, hat nicht zuletzt Pierre Nora, auf die Forschungen von Maurice Halbwachs über das «kollektive Gedächtnis» aufbauend, immer wieder verwiesen:[16] Halbwachs hatte schon in seinem in den 30er Jahren des 20. Jahrhunderts verfassten Werk über «La mémoire collective» kritisch bemerkt, dass eine sinnvolle Unterscheidung zwischen individuellem und kollektivem Gedächtnis kaum möglich sei; angesichts der Tatsache, dass sich persönliche Erinnerung stets innerhalb der «cadres sociaux» vollziehe, könne man allenfalls zwischen autobiografischem und historischem Erinnern unterscheiden.[17] In Deutschland haben Harald Welzer[18] sowie Jan und Aleida Assmann entsprechende Anstöße gegeben, obwohl auch heute eine genaue Positionsbestimmung von «Erinnerung» nicht geleistet wurde. Das «kollektive» Gedächtnis umfasst dabei drei oder vier Generationen, innerhalb derer Erfahrungen und Erinnerungen tradiert werden, während das «kulturelle» Gedächtnis tiefer angelegt ist und auch weiter zurückliegende Zeiträume erfasst.[19] Der vielzitierte Terminus der «Erinnerungskultur»[20] ist dabei von Hans Günter Hockerts folgendermaßen definiert worden: «In einem engeren Sinn meint er Vergangenheitsbezüge, mit denen ‹Gemeinschaft› gestiftet bzw. Gruppenidentität gepflegt wird; in einem weiteren Sinn erfasst er den gesamten Kulturbetrieb, in dem es um Geschichte geht, und wird dann mit dem Begriff ‹Geschichtskultur› deckungsgleich.»[21]

Eine solche Definition und die damit einhergehende Kategorienfindung sind sicherlich sinnvoll und weiterführend, aber ob sie auch immer Anwendung finden, darf bezweifelt werden. In der Praxis findet sich nämlich eine wahre Flut von diffusen und bisweilen ausgesprochen wolkigen Erinnerungstermini, die alle schönen Theorien hinter sich lassen und entsprechend unkontrolliert den politischen Massenmarkt bedienen. Deshalb verstummen auch diejenigen Stimmen nicht, die dem Boom der Erinnerung und ihrer bisweilen feuilletonistischen Paraphrasierung ebenso kritisch gegenüberstehen wie der damit bisweilen einhergehenden Instrumentalisierung im Sinne eines «Erinnerungskults».[22]

Zeitzeugen und Interviews

Eine fortwährende und durch Medienaufmerksamkeit geförderte Kultivierung von «Erinnerung» hat es mit sich gebracht, dass sich nicht nur Autobiografien, sondern auch Interviews mit Zeitzeugen im Rahmen der «Oral History» einen bedeutenden Platz in der Geschichtswissenschaft erobert haben. Die spezifische Problematik dieser Quellengattung ist schon von den frühen theoretischen Analysen angesprochen worden.[23] Auch aus den oben bereits angedeuteten Gründen ist Vorsicht gegenüber autobiografischen Aussagen angebracht, obwohl gerade die Anschaulichkeit und Eindringlichkeit solcher mündlicher Überlieferungen kaum bestritten werden kann. Denn gerade die in Interviews ausgebreiteten Lebensgeschichten können als «retrospektive Konstrukte» gelten: «Sie haben häufig sehr viel weniger mit der vergangenen Wirklichkeit zu tun als mit dem Hier und Jetzt der Interviewsituation.»[24]

Notwendig ist die grundsätzliche Bereitschaft, auf die dem Historiker eigene Kritikfähigkeit zu rekurrieren, um die Aporien zwischen Geschichte und ihrer Erinnerung zu erkennen. Hierzu hilft ihm nicht nur das auf zeitgenössische Dokumente abzielende «Vetorecht der Quellen» (Reinhart Koselleck), sondern auch seine professionelle Fähigkeit, zwischen Mutmaßungen und Fakten zu unterscheiden und auch Scheinerinnerungen bzw. «false memories»[25] aufzudecken.

Der «Kompetenzanspruch» des Historikers (Konrad H. Jarausch) leitet sich daher aus der Kenntnis der Methoden ab, die nicht zuletzt durch Johann Gustav Droysens «Historik» bewährt sind: Die spätere Rekonstruktion von Ereignissen betrachtet der Geschichtswissenschaftler als einen rationalen Vorgang, «der seine Glaubwürdigkeit aus der Anwendung wissenschaftlicher Methoden gewinnt. Eine kritische Durcharbeitung der Aktenüberlieferung bietet multiple Perspektiven auf eine Begebenheit, die für einen Beteiligten unzugängliche Hintergründe erhellen kann. Auch erlaubt eine bewußte Distanzierung von Emotionen eine ruhigere Art der Reflexion über Abläufe und Auswirkungen des jeweiligen Geschehens.» Während der Zeitzeuge sich als «wahrer Künder des Vergangenen» versteht, wird er vom skeptischen Historiker nüchtern als eine Quelle unter vielen anderen respektiert.[26]

Allerdings hat sich die wissenschaftliche Forschung in den letzten Jahrzehnten zunehmend problembewusst mit diesen Hindernissen historischer Forschung auseinandergesetzt, so dass auch die Zeitzeugenbefragung heute als ein probates Mittel zur Rekonstruktion historischer Umstände anerkannt sein dürfte: «Inzwischen [...] besteht weithin Übereinstimmung darüber, dass die Ergebnisse der ‹Oral History› das überkommene Bild der jüngsten Vergangenheit in wichtigen Punkten berichtigen und ergänzen, aber den Ertrag anderer Forschungsansätze nicht entbehrlich machen; das relative Gewicht der Erkenntnisse läßt sich nicht vorweg bestimmen, sondern muß sich jeweils im Einzelfall ergeben.»[27]

Dieses Ergebnis trifft nicht zuletzt auf die Zeit des Nationalsozialismus zu, in der aus Angst vor Verfolgungen schriftliche Quellen oftmals fehlen. Und gerade mit Blick auf den Widerstand gegen den Nationalsozialismus sind die Lücken besonders groß. Der Historiker ist daher gerade hier darauf angewiesen, die vorhandenen Quellen mit späteren mündlichen Überlieferungen zu verbinden. Klemens von Klemperer, einer der besten Kenner des Widerstands gegen den Nationalsozialismus, hat mit Bezug auf dieses spezifische Zeitzeugentum festgestellt: «Wie oft im Laufe meiner zeitgeschichtlichen Arbeit, gerade über den Widerstand, bin ich auf Einwände der Überlebenden des Widerstandes gestoßen, die darauf bestanden, dass *sie* dabeigewesen waren; sie seien die berufenen Zeugen vergangener Ereignisse und Taten. Um so nötiger ist das Korrektiv des Zeithistorikers. Wenn er auch die vergangenen Geschehnisse mit weniger erlebnishafter Erinnerung wachrufen kann, so kann er Zusammenhänge besser *über*sehen. Entscheidend für gute Arbeit im Gebiet der neuesten Geschichte also ist die Spannung zwischen Zeitgeschichte und Zeitzeugentum.»[28]

Auf die Schwierigkeiten, die bei der Bewertung von Interviews speziell mit Kindern entstehen, ist bereits von sozialpsychologischer Seite aufmerksam gemacht worden. Dass die Diskrepanz zwischen persönlicher Erinnerung und historischer Wahrheit erstaunlich groß sein kann, ist bereits weiter oben einleitend erwähnt worden. Gerade in der Erinnerung an die nationalsozialistische Zeit ist dies offenkundig, wenn etwa eine allgemeine Verantwortung für die Verbrechen des Nationalsozialismus in Interviews bereitwillig zugestanden, für die eigenen Angehörigen unter Berufung auf familiäre Tradierungen aber meist in Abrede gestellt wird.[29] Erinnerung und Gedächtnis werden entsprechend in Interviewsituationen in einem «wiederkehrenden Prozeß der Verlebendigung der Vergangenheit beständig umgeschrieben»,[30] nicht zuletzt um die nationalsozialistische Vergangenheit wenigstens für die eigene Familiengeschichte in ein akzeptables Licht zu rücken.

Sowohl Interviewer wie auch die Interviewten sind zugleich immer auch «Vertreter ihrer Generation, ihres Geschlechts, ihres Wissens und ihrer Erfahrungen».[31] Gerade die generationenübergreifende Kommunikation und der familiale Dialog vollziehen sich, wie neuere Untersuchungen zeigen, in der Regel ausgesprochen komplex: Die Auseinandersetzung über die Vergangenheit ist einer familienpsychologischen Dynamik unterworfen, die sich einer einfachen Systematik entzieht.[32]

Obwohl die generationelle Problematik seit längerem bekannt ist, wird die Geschichte der Kinder und Nachkommen aus Widerstandsfamilien der nationalsozialistischen Zeit erst seit kurzem erforscht – eine bemerkenswerte Tatsache, zeigt doch die therapeutische Praxis, dass auch in diesen Familien die Nachwirkungen jener Zeit erheblich waren und sind. Gerade die in diesem Band dokumentierten Interviews dienen dazu, einen entsprechenden Überblick über diese Zusammenhänge zu gewinnen.[33]

Familien und Biografien

Die Betrachtung von Familien aus generationeller Perspektive ist gerade mit Blick auf die nationalsozialistische Zeit en vogue.[34] Die Motive für diese intensive Beschäftigung sind wohl in erster Linie in dem Umstand zu suchen, dass die familiäre Tradierung von Geschichte auch spätere Generationen beeinflusst: Schuld und Unschuld der Vorfahren oder nicht zur Ruhe gekommenes Schicksal werden, worauf Eva Madelung in ihren einleitenden Bemerkungen verweist, häufig unbewusst von Kindern und Enkelkindern übernommen und können die Nachgeborenen schwer belasten[35] und die Form eines «verinnerlichten Konflikts»[36] annehmen. Die seelischen Spätfolgen für die Opfer- und Täterkinder werden seit geraumer Zeit diskutiert;[37] als exemplarisch für die immer stärkere Beachtung dieser Faktoren mag das kürzlich erschienene Werk der Psychotherapeutin Ute Althaus gelten, die sich besonders mit der Traumatologie und der Weitergabe von Traumata von einer Generation an die nächste beschäftigt.[38]

Man kann derzeit eine «explosionsartige Zunahme von erfahrungsgeschichtlicher und biographischer Literatur» beobachten.[39] Die Erkenntnis, dass diese Quellen originärer Erinnerung in nicht ferner Zukunft versiegen werden, kann die Flut von gegenwärtigen Darstellungen allerdings nicht allein erklären, weil das Gesamtphänomen so neu nicht ist. Schon Anfang der sechziger Jahre des 20. Jahrhunderts veröffentlichte Norbert Lebert in einer Reihe von Artikeln für die Zeitschrift «Weltbild» seine Gespräche mit Kindern von Tätern des «Dritten Reiches».[40] Zwar folgte eine längere Periode, in der diese spezifische Erinnerung wieder in den Hintergrund trat. Vermutlich, so ist dieser Umstand interpretiert worden, wollten viele aus der nachfolgenden Generation im Nachkriegsdeutschland «nicht in dieses fremde Bewußtsein ihrer Elterngeneration eindringen».[41] In den achtziger Jahren des 20. Jahrhunderts belebte sich die Gattung der intergenerationellen Debatte erneut. Der israelische Psychologe Dan Bar-On berichtete im Zusammenhang mit seinen Gesprächen mit Kindern von Tätern von der «Last des Schweigens»,[42] und jene Jahre waren durch eine Reihe von geradezu schockierenden «Abrechnungen» mit der Elterngeneration gekennzeichnet. Als Niklas Frank, der Sohn des in Nürnberg als Kriegsverbrecher hingerichteten Generalgouverneurs in Polen, Hans Frank, im Jahr 1987 sein schonungsloses Werk über seinen Vater der Öffentlichkeit vorstellte, rief dies weitverbreitet Aufsehen hervor.[43] Franks

«Abrechnung» mit seinem Vater gab mit seiner kühlen Bitterkeit ein geradezu erschreckendes Beispiel, wie sich der Schatten des eigenen Vaters über das Leben des Nachgeborenen legen kann.

Inzwischen ist der Boom dieser spezifischen Erinnerung, auf den an dieser Stelle nicht weiter eingegangen werden soll, schier unübersehbar. Die Etablierung dieser neuen Literaturgattung ist freilich nicht auf die Kinder von *Tätern* beschränkt, sondern bezieht sich auch auf die Kinder von *Opfern* des nationalsozialistischen Regimes. Auch dies ist keineswegs eine ganz neue Entwicklung. In den USA widmen sich seit vielen Jahrzehnten zahlreiche Studien den sogenannten «Third Generation Holocaust Survivors», und auch in Europa ist eine Vielzahl von Arbeiten über die Kinder von Verfolgungs- und Terroropfern erschienen.[44]

Was konkret den deutschen Fall angeht, so hat beispielsweise Walter Schmidt an seinen Vater Josef Schmidt erinnert, einen kommunistischen Metzgermeister, der vom Volksgerichtshof wegen Wehrkraftzersetzung verurteilt und hingerichtet wurde.[45] Wibke Bruhns hat der Geschichte ihres Vaters, des 1944 im Zusammenhang mit dem 20. Juli hingerichteten Hans Georg Klamroth, nachgespürt und damit einen Bestseller verfasst, dessen Verkaufszahlen in die Hunderttausende gehen.[46] Mit Blick auf die Opfer des «Dritten Reiches» erweitert sich inzwischen die Perspektive. So hat beispielsweise Felicitas von Aretin die Enkel aus dem Umkreis des Widerstands vom 20. Juli 1944 in Interviews befragt.[47]

Alle diese Untersuchungen bieten ein facettenreiches und kaum verallgemeinerungsfähiges Bild, wie die Kinder und Enkel mit ihrem schwierigen «Erbe» umgegangen sind und gegenwärtig umgehen. Ein Generationskonflikt, der mit dem Wertewandel und der Aufbruchstimmung von 1968 zusammenhing, spielte ebenfalls eine Rolle: «Einer Gruppe von Söhnen und Töchtern der zweiten Generation ging die Demokratisierung [...] nicht weit genug. Als Erben ihrer Väter sahen sie sich verpflichtet, für eine bessere Gesellschaft zu kämpfen, statt – wie es oft in ihren Familien passierte – ihre Väter zu idealisieren und zu heroisieren.»[48] Die aus dieser Einstellung resultierenden endlosen Grundsatzdebatten zwischen den Kindern der Widerstandskämpfer boten ein recht genaues Abbild jener Zeit des gesellschaftlichen Umbruchs. Nach dem politischen Scheitern der Protestbewegung von 1968 folgte eine Rückbesinnung auf praktische Anforderungen. Die Kinder und zunehmend auch die heranwachsenden Enkelgenerationen waren fortan an den Bemühungen beteiligt, der lange Zeit vernachlässigten Widerstandsproblematik in den Lehrplänen und Schulbüchern der Bundesrepublik Deutschland einen angemessenen Platz zu verschaffen.

Geschichte und Psycho-History

Es ist weitgehend unbestritten, dass sich ohne den Blick auf das Unbewusste kollektive Bewusstseinsphänomene kaum hinreichend erklären lassen. Gerade die Forschungen zum «Dritten Reich» haben eine Fülle von Werken hervorgebracht, die neben den klassischen Interpretationen psycho-historische Erklärungsversuche vornehmen – als bekannteste kann wohl die Studie von Rudolf Binion gelten.[49] Dieser versuchte, die spätere Politik Hitlers dadurch zu erklären, dass dieser den jüdischen Arzt seiner Mutter für die Falschbehandlung ihres Brustkrebses verantwortlich machte. Aber auch die traumatisierenden Erfahrungen des Kriegsendes, die Hitler im Lazarett erlebte, dienten Binion als Schlüssel zum Verständnis der Verbrechen des Nationalsozialismus.

In der Bundesrepublik hat sich die Geschichtswissenschaft zwar immer wieder mit den mentalen, aber weniger mit den individualpsychologischen Folgen des «Dritten Reiches» und des Weltkrieges für die späteren Generationen auseinandergesetzt – vor allem weil Historiker, die sich in erster Linie mit der Interpretation von Quellen beschäftigen, selten und eher ungern in die Grauzone der psychologisierenden Geschichtsschreibung wagen.

Hemmend hat hier insbesondere gewirkt, dass es letztlich «der Psycho-History nicht gelungen» ist, die in der traditionellen Nationalsozialismus-Forschung vorherrschende «nicht zu übersehende Skepsis gegenüber ihren Methoden und Resultaten» zu entkräften.[50] Auch die Ergebnisse der Traumaforschung werden von der Geschichtswissenschaft kaum rezipiert. Dies hängt sicherlich mit den ganz anderen Fragestellungen der verschiedenen Disziplinen zusammen: Historiker analysieren die Vergangenheit; auch wenn manche von ihnen durch die Kenntnis der Geschichte glauben, Menschenkenner zu sein, ist ihre Aufgabe nicht, zu beraten oder gar therapeutisch zu wirken: «Erfahrung» oder «Selbsterfahrung» als Ziel und Hoffnung von Gesprächen und Interviews sind ebensowenig ihre Sache wie Befindlichkeiten, Helfenwollen und Zuneigung.

Gewisse Vorbehalte der Historikerzunft sind auch erkennbar, weil eine Psychologisierung von Geschichte offenkundig gewisse Nachteile mit sich bringt. Geradezu «klassisch» ist die von Hans-Ulrich Wehler bereits vor geraumer Zeit geäußerte Sorge einer zu starken Subjektivierung von Geschichte. In seiner Studie über «Soziologie und Psychoanalyse» hat er auf die «relative Eigengesetzlichkeit» der gesellschaftlichen Entwicklung insistiert und recht scharf auf die Grenzen einer Synthese verwiesen: «Nach alledem kann es weder eine direkte Übertragung individualistisch-psychoanalytischer Kategorien auf gesellschaftliche Prozesse geben, noch können die Ergebnisse psychoanalytischer Untersuchungen gesellschaftliche Abläufe erklären.»[51] Seine Vorbehalte gegenüber psychohistorischen Modellen sind nach wie vor weitverbreitet. Daraus erklärt sich ein auch heute noch vorhandenes «Mißtrauen gegenüber der Psychoanalyse als Teil der Geschichtswissenschaft»[52]: Als therapeutisches Verfahren, so lautet ein gewichtiger Einwand, ist sie auf das Individuum konzentriert und hat damit keinen Bezug zu kollektiven und übergreifenden Zusammenhängen. Da der Deutungsrahmen «in hohem Maß spekulativ» sei, besitze er für eine Wissenschaft, die auf allgemein erkennbare Tatsachen abziele, oftmals keinen Erkenntniswert. Demgegenüber betonen Familientherapeuten, dass diese Sichtweise einseitig sei, weil in der Literatur häufig fälschlicherweise unter Psychotherapie die individuumsbezogene Psychoanalyse verstanden werde.[53]

Hinzu kommt ein weiteres: Marion Oliner hat bereits in einer Untersuchung über Persönlichkeitsmerkmale von Kindern Überlebender auf ein Phänomen aufmerksam gemacht, das sie als «hysterische» Identifizierung mit den Leiden der Eltern bezeichnet. Diese Kinder von Opfern nähmen «den Unterschied zwischen den Generationen schärfer» wahr als die meisten anderen Kinder.[54] Angesichts solcher Erfahrungen erscheine ihr besondere Vorsicht geboten: «Der Analytiker darf nicht als Holocaust-Experte agieren, so groß die Versuchung auch sein mag. Eine Deutung kann nicht die angemessene Urteilshaltung ersetzen, und man muß aufmerksam auf die Gegenübertragungstendenz achten, die sowohl von dem Bedürfnis des Patienten, den Analytiker zum Agieren zu veranlassen, induziert wird.»[55] Dieser Befund ist sogar noch dahingehend zugespitzt worden, dass «fast alle Phänomene», die bei der zweiten Generation von Opfern vorzufinden sind, «nichts Spezielles» darstellten: Sie seien «keine Besonderheiten einer Generation, sondern universelle psychische Phänomene. Die Besonderheit liegt allein in den Phantasieinhalten, die um Verfolgung und Massenmord zentriert sind.»[56]

Alexander von Plato, der sich in zahlreichen Studien mit diesen Zusammenhängen auseinandergesetzt hat, weist daher auf eine «doppelte Gefahr» hin: «Zum einen die Gefahr eines historischen Dilettantismus, unter dem vergessen wird, dass die mündlichen oder die subjektiven Quellen – wie andere Quellen auch – einer besonderen Quellenkritik bedürfen; zum anderen die Gefahr einer mangelnden psychologischen Professionalität in der Anwendung psychologischer Kategorien für die Geschichtswissenschaft. Vielfach wurde je nach politischem Standort moralisiert und ideologisiert.»[57]

Zu einer gewissen Reserviertheit der Historikerzunft gegenüber übergreifenden psychosozialen Erklärungsmustern mag auch beitragen, dass gerade für den Widerstand und die Widerstandshandlungen kaum ein gemeinsames übergreifendes Motiv auszumachen ist. So hat der Versuch, Merkmale einer «altruistischen Persönlichkeit» ausfindig zu machen, die erklären könnten, warum manche Menschen die Gefahr auf sich nahmen, Juden zu verstecken und zu retten, kaum Ergebnisse gebracht, die verallgemeinerungsfähig wären.[58] Wenn die Problematik der wissenschaftlich zuverlässigen Beurteilung von Moral aus diesen Gründen auch gerne an die Evolutionsbiologie weitergereicht wird,[59] erscheint die Annahme anschlussfähig, dass der Gruppendruck – der im «Dritten Reich» ohne jede Frage besonders groß war – viele Menschen davon abgehalten hat, außerhalb der eigenen Gruppe zu agieren. Dadurch erklärt sich nicht zuletzt die Verzweiflung vieler Hitlergegner, ganz allein widerstehen zu müssen. Der Einzelgänger war letztlich der «Prototyp» des Widerstands,[60] weil die Diktatur den Menschen so in Bedrängnis bringt, dass «nur die wenigsten» wissen, was zu denken und zu tun ist: Der Einzelne wird, so wie Falstaff in Shakespeares Heinrichs IV. es offen zugibt, zum «coward on instinct». Daher stellt «Mitmachen und Anpassen» in der Regel «die einfachste Lösung dar; Widerstehen die gefährlichste».[61]

Allein die praktischen Anforderungen an einen Historiker sind so groß, dass sie in der Regel kaum zu erfüllen sind. Alexander von Plato sieht beispielsweise bestimmte «Mindestanforderungen» für die Kooperation zwischen Historikern und Psychologen bzw. Psychoanalytikern in der Supervision.[62] Bei Interviews – deren Verallgemeinerungsfähigkeit ebenfalls stets zu erörtern ist – wird der Historiker allerdings nur in den seltensten Fällen auf eine professionelle Supervision zurückgreifen können. Ebensowenig wird er in der Regel alle lebensgeschichtlichen und biografischen

Hintergründe des Interviewten kennen. Der Historiker hat in der Regel keine familientherapeutischen Kenntnisse. Die Probleme der Traumatisierung, der Delegation und Verstrickung sind ihm meist ebenso fremd, und die mangelnde psychologische oder psychotherapeutische Erfahrung muss er durch gesunden Menschenverstand (oder das, was er dafür hält) ersetzen, um eine sinnvolle Gesprächsführung zu ermöglichen und seinen Interviewpartner als aussagekräftige Quelle zu nutzen.

Mit dem «Nutzen» ist zugleich ein zentraler Unterschied zu therapeutischen Gesprächen benannt. Dem Historiker, der ein Interview führt, geht es um Informationen, die er zu einem bestimmten Sachverhalt gewinnen möchte, letztlich um das «Verstehen» historischer Ereignisse und Begebenheiten, während Hilfe und Beratung des Informanten keine Rolle spielt. Diese therapeutische Funktion in Interviews und Gesprächen von Psychoanalytikern, denen es um die Erforschung der Psyche geht, fehlt dem Historiker. Er entwickelt keine persönlichen Perspektiven oder Ziele und hat in der Regel Zweifel, ob mit dieser Herangehensweise ein «größeres historisches Verständnis» ermöglicht wird. Er legt Wert darauf, möglichst sine ira et studio zu argumentieren, so schwer das gelegentlich auch fallen mag und so mühsam es ist, diesem Ideal auch in der Realität gerecht zu werden. Festzuhalten bleibt jedoch, dass ihm das «Werkzeug des Historikers» (Ahasver von Brandt) einen Zugang zu Zeitzeugen ermöglicht, der ein anderes als der eines Therapeuten ist. Der Historiker kann höchstens als Laie versuchen nachzuvollziehen, dass bestimmte Traumatisierungen auch auf spätere Generationen Auswirkungen haben können – etwa in Form von Verdrängungen, Loyalitätskonflikten und Schuldgefühlen.

Und ein weiterer Unterschied liegt auf der Hand: Dem Historiker geht es in Zeitzeugeninterviews um die Überprüfbarkeit und, eingedenk der gar nicht auszuschließenden Subjektivität, zumindest um die Annäherung an die Wahrheit. Die Validität der Aussagen seines Gesprächspartners kann er durch den Abgleich mit anderen Quellen überprüfen. In diesem Sinn steht er, auch wenn er sich nicht ein Richteramt anmaßen darf,[63] dem Juristen näher als dem Psychologen. Für den Historiker ist Geschichte nach wie vor – trotz aller philosophischen Versuche, dem Gang der Geschichte im Zuge eines «linguistic turn» eine postmoderne Wendung zu geben – nicht beliebig konstruierbar: «Die narrative Konstruktion ist an Empirie gebunden und wird von ihr korrigiert, unter Umständen falsifiziert.»[64]

Diese Faktizität historisch recherchierbarer Zusammenhänge ist für denjenigen Historiker, der «lebensgeschichtliche» Zeitzeugengespräche führt, von sekundärem Interesse: «Lebensgeschichtliche Forschung, die sich um die Wirkung von subjektiver Erfahrung und deren Verarbeitung kümmert, hat vorrangig nicht zum Ziel, ein für alle gleichermaßen gültiges Richtig und Falsch zu extrapolieren. Sie arbeitet explizit exemplarisch und heuristisch: Wenn der erfahrungsgeschichtlich arbeitende Historiker zu dem Schluß kommt, nicht bewußt belogen worden zu sein, ist er an der Erzählung als Dokument dieser subjektiven Wahrheit interessiert.»[65]

Insofern erfüllen die hier abgedruckten Interviews mit den direkten Nachkommen widerständiger Eltern zwei Zwecke: Für den in erster Linie an therapeutischen Fragestellungen Interessierten ermöglichen sie ein klareres Verständnis der psychischen Zusammenhänge generationsübergreifender Vorgänge; für den eher historisch Interessierten bieten sie immer wieder unbekannte Erkenntnisse über den Hintergrund des Widerstands der Eltern gegen Hitler und die spätere Auseinandersetzung mit dem Erbe der NS-Zeit. Dabei ist jedoch zweifellos zu bedenken, dass es sich um ganz spezifische Quellen handelt, die Jahre, ja Jahrzehnte nach den Ereignissen entstanden sind, und die Befragten an den Ereignissen nicht einmal beteiligt waren und deshalb in mancher Hinsicht sekundäre Informationen bieten. Stellt man dies einschränkend in Rechnung, dann kann die Nutzung der Interviews als ein Beleg für den vielfach beschworenen und nur selten eingelösten Dialog der Disziplinen dienen: Wenn sich historisch Interessierte für die familientherapeutischen Aspekte interessieren und umgekehrt Therapeuten die geschichtswissenschaftlichen Implikationen der Interviews reflektieren, darf der Zweck der Veröffentlichung als erfüllt gelten.

Die Befragung von Zeitzeugen durch Zeitzeugen

Die nun folgenden «Interviews» mit Betroffenen sind in so offener Form gehalten, dass man sie korrekterweise eher als «Gespräche zwischen Zeitzeugen» oder «Befragungen von Zeitzeugen durch Zeitzeugen» bezeichnet. – Zwar haben Petra Schneiderheinze und ich langjährige eigene Therapien hinter uns, und Christine Blumenberg-Lampe ist durch ihre vielfältigen Bekanntschaften mit Betroffenen, wie auch durch ihre wissenschaftliche Arbeit seit langem mit der Situation der Nachkommen des Widerstands vertraut. Trotzdem erheben diese Befragungen keinen Anspruch auf Wissenschaftlichkeit im strengen Sinn. Es gibt zwar eine Liste von Fragen, die sich auf häufige psychische Dynamiken beziehen, die mir auf Grund meiner Erfahrungen bekannt sind. Aber wir Interviewerinnen haben uns bewusst nicht strikt an diesen Fragenkatalog gehalten, sondern haben einzelne Fragen daraus im Laufe des Gespräches eingestreut, wie es sich ergab, oder auch außer Acht gelassen. Außerdem haben wir – je nach dem Bekanntheitsgrad mit den Gesprächspartnerinnen und -partnern – unsere eigene Zeitzeugenschaft durchschimmern oder ganz in den Hintergrund treten lassen. So kommen in der Art des Fragens die verschiedenen Gesichtspunkte der Interviewerinnen zur Geltung, und jedes Interview erhält dadurch eine eigene Note.

Hinweis:
Die Interviewerinnen werden bei den folgenden Interviews wie folgt abgekürzt:

M Frau Dr. Eva Madelung
B-L Frau Dr. Christine Blumenberg-Lampe
S Petra Schneiderheinze

Die Namen der Interviewten werden ebenfalls nur mit dem ersten Buchstaben des Nachnamens gekennzeichnet.

Biografische Informationen zu Personen, die in den Interviews erwähnt werden, finden sich im *Glossar*. Dort finden sich auch Erläuterungen zu einzelnen historischen Fachbegriffen und Sachverhalten.

Caesar von Hofacker

(1896–1944)

Dr. jur. Caesar von Hofacker, Oberstleutnant d. R., Jahrgang 1896; dieses Bild entstand 1941.

Caesar von Hofacker, Sohn eines württembergischen Generals, meldete sich bei Ausbruch des Ersten Weltkriegs als Kriegsfreiwilliger zum Militär und war dort seit 1916 als Reserveoffizier und Flugzeugführer tätig. Nach seiner Rückkehr aus der französischen Kriegsgefangenschaft im März 1920, in die er nach der Kapitulation des Deutschen Reiches 1918 geraten war, studierte Hofacker in Tübingen und Göttingen Rechtswissenschaften. Im Jahr 1927 fand er eine Beschäftigung in der Berliner Verwaltungsstelle der Vereinigten Stahlwerke, wo er zuletzt 1938 als Prokurist tätig war. Als Anhänger des völkisch-neokonservativen Denkens begrüßte Hofacker zunächst die NS-Bewegung und sogar auch die Machtergreifung Hitlers, von dessen Regime er sich einen Aufbruch in eine chancenreiche und moderne Zukunft versprach. Trotz seiner NSDAP-Mitgliedschaft entwickelte er sich nicht zu einem fanatischen Parteigänger, sondern erkannte schon früh die gewaltsamen und rechtswidrigen Auswüchse des nationalsozialistischen Systems. Spätestens 1938 wechselte er ins Lager der Opposition über und beteiligte sich am militärischen Widerstand. Im August 1939 wurde der Jurist als Reserveoffizier zur Wehrmacht eingezogen und nahm an den Feldzügen gegen Polen und Frankreich teil. Nach der Besetzung Frankreichs im Jahr 1940 übernahm Hofacker die Leitung der Referatsstelle «Eisenschaffende Industrie und Gießereien» bei der deutschen Militärverwaltung in Paris. Durch seinen Freund Fritz-Dietlof Graf von der Schulenburg wurde er über die Verschwörungspläne informiert, woraufhin sich Hofacker im Herbst 1943 in den persönlichen Stab des Militärbefehlshabers in Frankreich, General Carl

Heinrich Stülpnagel, versetzen ließ. Als Vetter von Claus Graf Schenk von Stauffenberg stellte er schließlich einen der wichtigsten Verbindungsmänner zwischen Paris und Berlin dar. Gemeinsam mit Stülpnagel leitete Hofacker am 20. Juli 1944 den Umsturzversuch in Paris und befahl, Führer des SD und der SS in Gewahrsam zu nehmen. Nach dem Scheitern des Plans versuchte er zunächst bei einem Freund unterzutauchen, wurde aber am 25. Juli 1944 verhaftet und wenige Tage später von der Gestapo nach Berlin überführt. Vom Volksgerichtshof zum Tode verurteilt, wurde der einstige Nationalist und spätere Patriot am 20. Dezember 1944 in Berlin-Plötzensee hingerichtet.

Interview mit Alfred von Hofacker

M Herr von Hofacker, welche Erinnerung aus Ihrer Jugend ist die wichtigste für Sie?

v. H Ich habe noch sehr wache Erinnerungen an meine Berliner Zeit, obgleich sie die kürzeste Zeit in meinem Leben war. Immerhin bin ich in Berlin zur Welt gekommen. Wir haben Berlin in den frühen 40er Jahren, nach den ersten schweren Bombenangriffen, verlassen. Berlin war nur eine der beruflichen Stationen meines Vaters, aber sie war lang genug, dass wir fünf Kinder alle in Berlin zur Welt kamen.

Aus dieser Zeit habe ich dramatische Erinnerungen an die ersten Bombenangriffe, die uns sehr unmittelbar betrafen, weil gute Freunde und Nachbarn – die jüdische Familie Simson – dabei ums Leben kamen. Mein Vater, der zu dieser Zeit auf Urlaub war, hat die ganze Nacht hindurch dort mitgearbeitet und versucht, noch Lebende aus den Trümmern zu retten. Wir hatten ein russisches Mädchen im Haushalt, das bei diesem Bombenangriff total in Panik geriet und wild fuchtelnd laut schrie. Sie war eine kräftige junge Frau, die uns dann auf bildliche Art und Weise vermittelte, was uns bevorsteht, wenn die Russen kommen, indem sie mit der Hand eine Bewegung an der Kehle vorbei machte. Das waren Momente, die mich enorm verängstigt haben. Angesichts der Situation in Berlin bereitete mein Vater rasch den Umzug nach Bayern vor. Diese Zeit in Krottenmühl am Simssee in der Nähe von Rosenheim war für mich die zweite sehr lebhafte Erinnerung. Wir lebten ab 1941 in einem sogenannten «Zu-

Alfred von Hofacker, Jahrgang 1935.

häusel» auf relativ engem Raum, aber unmittelbar am See und sehr friedlich. Ich ging dort zur Volksschule und war glücklich, gerade im Kontrast zu dieser etwas angespannten Situation in Berlin.

M Haben Sie damals von der Widerstandstätigkeit Ihres Vaters erfahren?

v. H Nein, überhaupt nicht, im Gegensatz zu kommunistischen Familien, die im Widerstand waren, weil da natürlich viel mehr Dienste von Kindern, wie das Austragen von Post etc. verrichtet wurden. Meine Geschwister und ich hatten keine Ahnung, das war ein absolutes Tabu. Mein Vater hat selbst meine Mutter erst am letzten Weihnachten 1943, wie sie uns immer berichtet hat, nur sehr skizzenhaft davon in Kenntnis gesetzt, dass das Jahr 1944 möglicherweise schicksalhaft werden könnte. Sie wusste nur wenig über das eigentliche Geschehen und die Aktionen meines Vaters. Er hat das sicherlich bewusst gemacht, um sich und die Familie nicht unnötig zu gefährden und nicht, um meine Mutter im Unklaren zu lassen.

M Erinnern Sie sich daran, als die Nachricht über das Radio kam, dass das Attentat verübt wurde? Wie haben Sie da reagiert?

v. H Daran erinnere ich mich noch sehr genau. Ich weiß auch noch, dass es ein strahlender Sommertag war. Wir saßen abends beim Abendbrot, und so, wie man heute die Tagesschau sieht, gehörte der Wehrmachtsbericht aus dem «Volksempfänger» mit letzten Nachrichten von der Front abends um 7 Uhr einfach dazu. Diese Nachrichten wurden von einer Sondermeldung eingeleitet, in der von dem Attentat auf Hitler berichtet wurde. Das allein war für mich noch nicht das Prägende, sondern das, was unmittelbar danach geschah: Meine Mutter stand nämlich auf, verließ den Tisch und das Abendessen. Sie musste um das Haus herum, um in ihr Zimmer zu gelangen. Ich sah aus dem Fenster, wie sie dort in aller Eile ein Feuer entzündete und Papier verbrannte. Erst nach dem Krieg sagte sie mir, dass mein Vater sie beauftragt hatte, im Fall eines Scheiterns alles zu verbrennen, was sie in letzter Zeit von ihm bekommen hatte. Sie hat viele Briefe den Flammen übergeben – Gott sei Dank ist trotzdem einiges an Briefen erhalten geblieben, aber das, was ihr wesentlich erschien, hat sie verbrannt. Sie sprach mit uns Jüngeren nicht über das Attentat und über die Beteiligung meines Vaters. Meine älteren Geschwister nahm sie aber zur Seite und sagte ihnen, dass Vater in dieses Attentat mit verwickelt sei, als Vetter von Stauffenberg. Meine ältere Schwester war völlig verunsichert. Sie fand das unmöglich und fürchterlich. Natürlich wurde dann auch in der Schule darüber gesprochen und sie schämte sich deswegen, so hat sie mir später berichtet.

M Wie hat es Sie persönlich berührt?

v. H Ich war neun Jahre alt, und wusste nichts Genaueres. Wir Kleineren sind sehr schnell wieder zur Tagesordnung zurückgekehrt: Die Ferien standen unmittelbar bevor, und wir sind viel schwimmen gegangen. In der Familie kam dieses Thema nicht zur Sprache – zumindest nicht so, dass ich mich daran erinnern würde. Mutter hat das wohl mehr mit meinen älteren Geschwistern besprochen. Wir Kinder wurden danach aufgeteilt, was mir sehr deutlich in Erinnerung geblieben ist. Aber das war das nächste Kapitel. Später besorgte ich mir den «Völkischen Beobachter» vom 21. Juli, in dem das Attentat genau beschrieben war. Auch die Rede Hitlers an jenem Abend war abgedruckt, an die ich mich allerdings nicht erinnere.

M Sie hatten keinen Verdacht, dass das Ihre Familie persönlich anging?

v. H Zunächst überhaupt nicht. Mein Vater hatte versucht, sich in Paris in der Wohnung eines Freundes zu verstecken. Dort wurde er im Morgengrauen des 25. Juli verhaftet. Ende Juli 1944 fuhr dann ein Auto bei uns vor. Ich glaube, es war ein Fahrer und ein Angehöriger von der Gestapo sowie eine Frau in einer braunen Schwesterntracht. Sie forderten meine Mutter und meine beiden älteren Geschwister auf, das Nötigste zu packen. Sie müssten mitkommen, würden aber sehr bald wieder zu Hause sein. Bis dahin sollte diese braune Schwester anstelle meiner Mutter die Versorgung der drei verbliebenen Geschwister übernehmen. Wir hatten damals eine andere Russin im Haushalt, nicht die Nina aus Berlin, sondern Nadja. Sie war das Gegenstück von Nina, und wir liebten sie heiß und innig. Die braune Schwester bekam keinen Fuß auf die Erde, denn unsere Bezugsperson war Nadja. Wenn heftige Seegewitter niedergingen, schlüpften wir zu Nadja ins Bett und nicht zu der braunen Schwester, mit der ich unglücklicherweise auch das Zimmer teilen musste. Das war die erste Trennung von Mutter und meinen beiden älteren Geschwistern. Derselbe Gestapo-Mann kam dann am 18. August wieder und sagte uns, wir sollten das Nötigste packen und kämen jetzt zu unseren Geschwistern und zur Mutter – so die Sprachregelung. Dann begann eine Odyssee, die von vielen Ängsten und Unsicherheiten begleitet war. Wir fuhren mit dem Zug nach München, stiegen in München um und landeten in Gauting. Dort gab es damals ein Kinderheim der «Nationalsozialistischen Volkswohlfahrt», direkt an der Würm mit einem Schwimmbad. Dort wurden wir zwischengeparkt. Daran habe ich eine schreckliche Erinnerung, weil es in diesem Schwimmbad einen für mich endlos hohen Sprungturm gab, von dem man als Mutprobe herunterspringen musste, was ich mit Todesverachtung tat. – In diesem Heim blieben wir vielleicht 48 Stunden, und dann hieß es wieder Köfferchen packen. Wir fuhren nach München und stiegen in einen Nachtzug um. Auf dieser endlosen Fahrt, auf der wir uns zusammengekauerten – ich am Arm meiner älteren Schwester, neben mir meine jüngere Schwester. Christa war zwölf Jahre alt, ich war neun und Liselotte war sechs. Wir kamen morgens in Nordhausen an, mussten wieder umsteigen und landeten erst am frühen Vormittag in Bad Sachsa im Harz. Dort wurden wir bei der Heimleitung abgegeben und es wurde uns gesagt, dass wir, wenn uns jemand nach dem Namen fragt, nur mit dem Vornamen antworten sollten. Dann wurden wir alle drei – das war grausam nach dieser nächtlichen Fahrt – voneinander getrennt. Dieses Heim lag in einem Wald außerhalb von Bad Sachsa und bestand aus sieben, eigentlich hübschen Schwarzwaldhäusern. Wir drei Geschwister kamen jeweils altersgemäß in verschiedene Häuser. Wir konnten uns die nächsten drei Monate überhaupt nicht sehen. Für mich war dies eine schlimme Erfahrung, weil ich nie im Internat gewesen war: weg von zu Hause, plötzlich konfrontiert mit Kindern, die ich nicht kannte. Später stellte sich dann heraus, dass dort auch meine Vettern waren. Aber das war ein eigenes Happening. Anfangs habe ich auch sehr unter Heimweh gelitten – das ganze Jahr. Später war das Heimweh kein echtes Heimweh mehr, sondern es wurde meistens ausgelöst durch Lieder, die wir vor dem Schlafengehen sangen. Das brachte mich immer wieder zum Weinen.

M Wurde Ihnen damals erklärt, warum Ihnen das alles geschieht?

v. H Nein, und das beschäftigt mich auch heute noch. Ich habe darauf nur eine Antwort: Als Kind lebt man immer nur in den Tag hinein. Wir wurden wieder und wieder vertröstet, dass wir ganz bald wieder nach Hause kämen. Von dieser Hoffnung haben wir gelebt und daraus wurde dann fast ein Jahr. Eine Erklärung bekamen wir nicht.

Etwa zwei Monate später geschah Folgendes: Ich war im Haus drei, wir waren dort vielleicht zehn Kinder und schliefen in einem Schlafsaal. In meinem Schlafsaal war auch der etwas ältere Graf Wilhelm Schwerin sowie meine Vettern Stauffenberg, die ich aber nicht kannte, weil wir uns vorher noch nie begegnet waren. Als uns von der Kinderschwester schon gute Nacht gesagt worden und das Licht gelöscht war, sagte Graf Schwerin, der Älteste unter uns, unter der Bettdecke, dass wir jetzt alle mal unsere Namen nennen sollten, so wie wir wirklich hießen. Es wurden Stauffenberg und Hofacker und andere Namen genannt. Bei Stauffenberg klingelte es bei mir noch überhaupt nicht. Aber einer meiner Vettern Stauffenberg erwähnte dann eine von uns sehr geschätzte und geliebte Tante Lasly. Sie war die unverheiratete Tante der Mutter von Claus, Berthold und Alexander Stauffenberg sowie meine Großtante väterlicherseits, jeweils geborene Gräfin Üxküll-Gyllenband. Außerdem gab es den Onkel Nux – Nikolaus Üxküll –, er war der Älteste der Üxkülls; Tante Lasly war Oberin beim Roten Kreuz. Als ich diese Namen hörte, sagte ich: «Aber das ist meine Großtante». So wurde die Verwandtschaft zwischen den Hofackers, den Stauffenbergs und mir festgestellt. Dies war ein Schlüsselerlebnis, weil wir plötzlich spürten, dass wir zusammengehörten. Aber wir wussten immer noch nicht, was unsere Väter getan hatten, denn das hatte uns Graf Schwerin nicht gesagt.

M Hat er es denn gewusst?

v. H Ich nehme an, dass er es gewusst hat. Dennoch war diese Episode ein entscheidender Durchbruch, und ich habe die Zeit in Bad Sachsa danach durchaus in positiver Erinnerung. Die Stauffenbergs und ich schlossen enge Freundschaft; wir spielten natürlich Soldaten. Ich wurde zum kommandierenden General befördert und alle waren mir untergeben. Wir waren sehr eifrige Soldaten. Vor Weihnachten wurden dann zwei Drittel der in Bad Sachsa inhaftierten Kinder von Widerstandskämpfern nach Hause entlassen. Wir schmolzen zu einer kleinen Gruppe zusammen, wurden in ein Haus verlegt, und so kamen wir drei Geschwister wieder zusammen. Diese Verlegung war notwendig, weil das ganze Kinderheim beschlagnahmt wurde von der Wernher-von-Braun-Gruppe, die in den Bergstollen von Nordhausen an der Rakete bastelte. Alle Kinder wurden in der sogenannten Isolierstation, die damals immer mit einem roten Kreuz auf dem Dach gekennzeichnet war, untergebracht. Das war am Ende des Krieges lebensrettend. Ganz spät im Februar kamen dann die Kinder Goerdeler zu uns. Mit diesen Nachzüglern sind wir sehr schlecht umgegangen, weil wir eine verschworene Gemeinschaft waren und diese Fremdlinge weit von uns halten wollten. Das war schrecklich, und ich mag gar nicht daran denken.

M Sie sind bis zum Kriegsende geblieben?

v. H Ja, das war dann noch sehr spannend. – Etwa Mitte März gab es noch einen Vorfall: es hieß plötzlich wieder «Koffer packen! Wir fahren jetzt nach Hause zu den Familien!» Wir wurden – von zwei Kindergärtnerinnen begleitet – auf einen verdunkelten Wehrmachts-Lkw verladen. Dann fuhren wir los und gerieten am Nachmittag noch bei Helligkeit in einen Tieffliegerangriff. Wir retteten uns auf einer Allee unter Bäume. Die Kindergärtnerinnen und der Fahrer schmissen sich in den Straßengraben, und wir saßen in dem völlig abgedunkelten Kastenwagen. Um uns herum schlugen die Bomben ein, und es war sehr unangenehm. Einige von uns haben geschrieen, es war eine absolute Ausnahmesituation. Dann trat Ruhe ein, und wir setzten die Fahrt fort. Da kam uns ein Lkw entgegen, dessen Fahrer unseren Fahrer fragte, wo er hinwolle. Dieser antwortete: «Ich habe den Auftrag, die ganze Bagage zum Bahnhof Nordhausen zu bringen». Der andere entgegnete: «Das brauchst du gar nicht versuchen. Der Bahnhof liegt in Schutt und Asche.» Weil die Straßen so stark zerbombt waren, fuhren wir auf Umwegen in das Heim zurück, wo wir am Abend ankamen. Ich war furchtbar enttäuscht. Nach dem Krieg haben wir dann erfahren, dass das angekündigte Zusammentreffen mit der Familie bedeutet hätte, dass wir in Buchenwald gelandet wären. Es war eigentlich eine Gottesfügung, dass wir diese Reise nicht zu Ende machen konnten, weil wir in dem Kinderheim wesentlich besser und sicherer aufgehoben waren.

M Das heißt Ihre Mutter und Ihre älteren Geschwister waren in Buchenwald?

v. H Ja. Es war die vorletzte Station, bevor sie dann nach Dachau kamen.

M Und Sie hatten bis dahin immer noch nichts von ihnen gehört.

v. H Doch, wir hatten Weihnachten von ihnen ein Paket mit einem von meinem Bruder geschnitzten Lastwagen aus Holz, ein paar anderen Geschenken und mit ein paar Grußworten bekommen – also ein Lebenszeichen.

M Und Sie waren dann aber immer noch nicht in der Lage zu fragen: «Warum geschieht uns das alles?»

v. H Nein, das passierte erst, als der Krieg zu Ende war. Das Ende des Krieges war noch einmal dramatisch, weil einige der Wehrmachtsangehörigen meinten, aufgrund des Geheimmaterials das Kinderheimgelände verteidigen zu müssen. Es wurde wild geschossen und wir saßen tagelang unten im Keller. Später erfuhren wir, dass die Amerikaner bereits wussten, dass wir in dem Haus mit dem roten Kreuz untergebracht waren. Das wussten wir jedoch nicht und hatten deshalb große Angst. Wir sahen die Schatten der Flieger über uns hinwegrasen, sind aber nicht getroffen worden. Als der erste Amerikaner die Treppe hinunter kam und die Kellertür aufstieß, waren wir ängstlich, denn es waren Gerüchte im Umlauf. Er war kleinwüchsig, nahm seinen Helm ab und leerte seine Taschen mit allen möglichen Süßigkeiten. Damit nahm er uns die Angst in kurzer Zeit. Aber die Amerikaner mussten natürlich vorsichtig sein. Sie gingen sehr behutsam durch das Haus, weil sie kein unnötiges Risiko eingehen wollten. Es dauerte dann noch einmal ein paar Tage, bis der neu eingesetzte Bürgermeister von Bad Sachsa kam, der kurz vorher aus dem KZ befreit worden war. Wir wurden alle zusammengetrommelt, er stellte sich auf einen Tisch – wie auf dem Bild, das es von Lenin gibt – und hielt in dieser Pose eine flammende Rede: «Ihr könnt stolz sein auf Eure Väter!» Wir schauten uns alle nur ganz betroffen an. Die Worte glitten förmlich an uns ab. Wir wurden ungeduldig und wollten nur wieder raus und unseren Spielen nachgehen. Das war das erste Mal, dass unsere Väter ins Gespräch gebracht wurden. Allerdings in einer Form, in der wir auch nichts damit anfangen konnten. Erstaunlicherweise hatte für mich die Abwesenheit des Vaters in diesem Jahr keine große Rolle gespielt. Ich hatte ihn ja nur sporadisch als «Urlaubsvater» erlebt. Die Abwesenheit meiner Mutter und der Geschwister hat bei mir viel mehr Heimweh ausgelöst, und dann, Ende Mai, war dieser Spuk vorüber: Wir saßen gerade beim Abendbrot. Ich schaue – wie am 20. Juli – wieder aus dem Fenster, und sehe über einen Hügel eine ältere Dame mit einem weiten wehenden Gewand kommen. – Das sind Bilder, die mir geblieben sind. Es war die bereits erwähnte Tante Lasly in ihrer Rotkreuztracht, die sie immer trug. Sie wusste, wo wir waren, hatte einen Omnibus organisiert und ist nach Bad Sachsa gekommen, um uns dort abzuholen. Das war natürlich ein freudiges Wiedersehen, da diese Tante ja auch eine Schlüsselrolle bei der Begegnung der Stauffenbergs und der Hofackers in dem Kinderheim gespielt hatte. Ausgerechnet sie war es nun, die uns dort abholte, bevor Bad Sachsa in russische Hände fiel. Aber meine Mutter und meine beiden Geschwister waren noch nicht zu Hause. Sie hatten nach dem Krieg noch eine eigene Odyssee erlebt. Sie dienten Himmler als Geiseln und wurden mit einem schwerbewaffneten Bus vom KZ Dachau in die Dolomiten verfrachtet, zur sogenannten Alpenfestung, von der in der Schlussphase der NS-Zeit noch die Rede war. Darunter war Halder, Admiral Horthy von der ungarischen Regierung und Kurt von Schuschnigg. Es war, wie gesagt, nicht nur eine 20. Juli-Gruppe, sondern eine Auslese, die in Dachau noch überlebt hatte und die man als Geiseln auf den Weg schickte. Gott sei Dank nicht auf den Todesmarsch. Da meine Familie noch nicht in Krottenmühl war, wurden wir noch einmal bei Verwandten «zwischengelagert» und auf die Familien der beiden Schwestern meines Vaters aufgeteilt. Mitte Juli 1945 waren wir dann in Krottenmühl als Familie wieder zusammen. Da hat uns Mutter gesagt, dass Vater nicht mehr nach Hause kommen würde. Aber ich habe das wieder weggesteckt, weil mir das gar nicht so wichtig erschien. Die Freude, wieder zu Hause zu sein, mit Freunden zu spielen, den See wieder zu haben und alles, was dazu gehörte, überwiegt in meiner Erinnerung. Ich habe meinen Vater aber auch für mich nicht für tot erklärt – das war mein Geheimnis. Das passte dann auch sehr schön zu den Geschichten, dass sich einige Deutsche nach Südamerika abgesetzt hatten. Ich war sicher, dass Vater auch dabei war. Damit habe ich mich getröstet. Jahre später hatte ich einen sich mehrere Male wiederholenden eigenartigen, dramatischen Traum, der sehr leicht zu deuten ist. Ich habe diesen Traum lange Zeit für mich behalten. Ich befinde mich in einer riesigen Menschenmenge und sehe plötzlich eine Gestalt, die diese Menschenmenge um mehrere Kopfeslängen überragt. Ich erkenne meinen Vater und es entsteht ein ganz intensiver Blickkontakt. Ich werfe meine Arme hoch und sage: «Ich wusste, du lebst!» Er aber wendet sich ab und verschwindet in der Menge. Das war für mich sehr, sehr schwer zu ertragen. Dieser Blick meines Vaters verfolgt mich heute noch – so ablehnend war er, fragend «Wer bist du?» Ich habe mir diesen Traum dann deuten lassen. Es war ganz klar, dass das der letzte Abschied war, die Gewissheit, dass er nicht mehr lebt. Als ich diesen Traum hatte, war ich auch älter und konnte es annehmen. Aber in der Anfangszeit war das Fehlen meines Vaters für mich nicht der große Verlust, das wurde mir erst später bewusst. Damals übernahm ich in der Familie eine Rolle, die mir geholfen hat. Ich war derjenige, der meine Mutter in seinen Bewegungen am meisten an meinen Vater erinnerte, etwa in der Art, in der ich die Kaffeetasse hielt. Meine Mutter sagte immer wieder: «Wie Vater». Das war für mich schmeichelhaft. Sie hat sich sogar manchmal versprochen und mich mit seinem Kosenamen «Peter» angesprochen. Er hatte ja den schönen Namen «Caesar», und der war für sie einfach nicht aussprechbar. Sie nannte ihn «Peter». Ich fand das natürlich herrlich. Die Belastung, die mir dadurch zuteil wurde, wurde mir erst später bewusst. Ich spürte das dann zum Beispiel, wenn es Spannungen gab und ich mich mit meiner Mutter auseinandersetzen wollte. Sie hatte dann immer eine unbewusste Waffe, die mich bis ins Mark traf: Sie drehte sich um und sagte: «Was würde Vater jetzt sagen, wenn er unter uns wäre?» – Sie zog sich dann zurück und kam mit verweinten Augen wieder. Sie hinterließ mich natürlich mit einem endlos schlechten Gewissen, was mich lange, lange begleitet hat. Das war die Kehrseite dieser Bevorzugung.

M Mir ist aufgefallen, dass Ihr Vater in diesem Traum die anderen Menschen um Haupteslängen überragt.

v. H Das war natürlich die Figur des übermächtigen Vaters, die uns meine Mutter vermittelte, die im Traum wiederkam.

M Das Heldenbild, das Ihre Mutter von Ihrem Vater vermittelt hat, war bei Ihnen angekommen?

v. H Ja, ganz offensichtlich.

M Sie haben vorher angedeutet, dass sie den Eindruck hatten, die Mutter habe dieses Heldenbild auch deshalb gepflegt, um sich zu schützen.

v. H Ja, um nicht von uns die Frage gestellt zu bekommen: «Sag mal, wie ist das eigentlich bei dir angekommen, als du das gehört hast?» Meine Schwester hat mir erzählt, dass meine Mutter und meine älteren Geschwister nach der Verhaftung in das Gefängnis des Polizeipräsidiums München in der Ettstraße gebracht wurden. Meine Mutter hatte fürchterliche Angst vor dem ersten Verhör. Da kursierten natürlich auch Gerüchte über Folter, und keiner wusste, was da genau passiert. Dann war es soweit und es dauerte Stunden, bis sie wieder in die Zelle zurückkam. Sie kam aber nicht erschöpft und traurig zurück, sondern eher zornig, weil sie von Seiten der Gestapo immer wieder mit Fangfragen konfrontiert worden war: «Ihr Mann hat das und das gesagt. Was können Sie dazu sagen?» Sie musste daraufhin den vernehmenden Beamten immer wieder sagen: «Es tut mir leid, meine Herren, ich kann Ihnen gar nichts dazu sagen. Ich weiß nichts davon.» Und sie hatte das ungute Gefühl, dass man ihr nicht glaubte. Das hat sie verständlicherweise ärgerlich gemacht. Es waren wohl die Fragen, die sie ihrem abwesenden Mann stellte: «Warum hast du mir nicht mehr gesagt? Warum hast du mich so allein gelassen? Ich habe jetzt das Gefühl, man glaubt mir nicht!», die sie so verunsichert hatten.

M War sie ungehalten, weil sie merkte, dass ihr Mann sich seiner politischen Aufgabe mehr verpflichtet fühlte als seiner Familie?

v. H Ich glaube zwar schon, dass meine Mutter hinter dem stand, was mein Vater getan hatte. Aber es gab im Alltag sicherlich immer wieder Situationen, in denen sie gedacht haben mag: «Mein Gott noch mal, jetzt stehe ich hier alleine. Warum tust du mir das an?» Es ging ihr schlecht nach dem Krieg. Sie musste von Krottenmühl zwölf Kilometer nach Rosenheim mit dem Fahrrad fahren, um das Nötigste einzukaufen. Sie hat versucht, Anzüge meines Vaters bei den Bauern einzutauschen. Dort musste sie sich sagen lassen, nachdem diese den Stoff kritisch angefühlt hatten: «Das haben wir schon. Brauchen wir nicht.» Diese Art von Demütigung hat ihr, glaube ich, sehr zu schaffen gemacht. Man muss sich vor Augen halten, dass meine Mutter 1944 schon 48 Jahre alt war. Im Kreise der Witwen des 20. Juli können Sie diejenigen, die wieder geheiratet haben, an einer Hand abzählen. Das ist sicherlich ein Zeichen der tiefen Verbundenheit zu ihren Widerstandsmännern. Der Todestag meines Vaters, der 20. Dezember 1944, wurde immer mit demselben Ritual begangen: Es wurde die Kerze vor dem Bild meines Vaters entzündet. Es war eine gedämpfte Stimmung und ich habe mich dabei nie wohl gefühlt. Es war schwer zu ertragen.

M Jetzt haben wir uns vor allem mit Ihrem biografischen Schicksal befasst. Was mich jetzt interessieren würde ist Folgendes: Es gibt eine Erfahrung aus der Familientherapie, dass Kinder unter bestimmten Umständen Dinge – das heißt traumatische Erfahrungen – von den Eltern übernehmen. Zum Beispiel dass Kinder von Juden immer noch träumen und erschrocken hochfahren, weil sie denken, dass jemand vor der Türe steht, der sie abholen will. Oder Kinder von Widerstandskämpfern mit dem Gefühl aufwachsen etwas Besonderes zu sein, weil der Vater etwas Besonderes getan hatte. Wir haben vorher auch das Thema Ambivalenz angesprochen, in dem Sinne, dass so etwas in den Kindern weiter wirkt, auch wenn sie es nie von den Eltern direkt gehört haben. Meist sind es extreme Erfahrungen, schwere Schuld oder schweres Trauma. Sagt Ihnen das etwas?

v. H Natürlich hat mein Vater mein Leben mehr als mir das manchmal lieb war – ich will nicht sagen «beherrscht» – aber doch stark beeinflusst in einer Art und Weise, die für mich schwierig war. Ich habe mich immer wieder kritisch befragt. Insbesondere, als ich das Alter durchlebte, in dem er damals im Widerstand tätig war, habe ich meine eigene Familiensituation reflektiert. Das ist natürlich eine Belastung. Das habe ich auch in meine eigene Ehe hineingetragen, solange, bis wir dieses Problem in einer Paartherapie versucht haben aufzuarbeiten. Mir ist dabei die geschilderte besondere Beziehung zu meiner Mutter deutlich geworden, und was dies für mein Leben bedeutet hat. Die Unfähigkeit, mich auseinanderzusetzen, die ich sehr stark beim Heranwachsen meiner eigenen Kinder erlebt habe, hat sich daraus entwickelt. Ich war immer derjenige, der frühzeitig ein partnerschaftliches Verhältnis mit meinen Kindern haben wollte, um der Erziehungsfunktion aus dem Wege zu gehen. Gott sei Dank habe ich eine sehr pragmatische Frau, eine Deutsch-Amerikanerin, die das aufgefangen und die unpopuläre Rolle angenommen hat, weil Kinder noch gar nicht zu einem partnerschaftlichen Verhältnis fähig sind und das auch gar nicht wollen. Sie wollen sich orientieren, sie wollen sich reiben, sie wollen sich auseinandersetzen, um sich selber fortzuentwickeln. Ich habe deutlich gespürt, dass ich dem nur schlecht gewachsen war.

M Ihre Mutter hat sich ja Ihnen gegenüber ähnlich verhalten.

v. H Ja, sie hat mich missbraucht, wenn Sie so wollen, ohne dass ich sie dafür anklage. Ich habe auch Radeltouren mit meiner Mutter gemacht. Dabei haben wir viel Spaß miteinander gehabt. Aber es war schon eine besondere Beziehung, die mein eigenes Familienleben eher belastete. Es gab dann eine sehr schmerzliche Auseinandersetzung, als ich schon verheiratet war und Kinder hatte. Ich spürte, dass es für meine Frau zunehmend schwierig wurde, dass meine Mutter immer wieder versucht hat, mich herauszunehmen und mir durch besondere Zuwendung das Leben zu erleichtern. Irgendwann habe ich mir Mut zugesprochen und zu ihr gesagt: «Mutter, das ist jetzt zu Ende. Ich habe jetzt meine eigene Familie, meine eigenen Verantwortlichkeiten. Das geht so nicht weiter.» Das war für sie sehr schmerzlich. Das war auch grob von mir, aber ich musste mich selber endlich dazu überwinden, diesen Schnitt zu machen. Damals war ich schon in einem reiferen Alter. In der Regel sollten diese Prozesse früher einsetzen. Wenn ich bilanzieren würde – das klingt vielleicht etwas zu kritisch: es lag insgesamt doch mehr Belastendes als Aufbauendes darin. Einen Vater als Vorbild zu haben kann auch eine Belastung sein. Erst als ich die Widersprüchlichkeit in seiner Biografie feststellte, konnte ich mit meiner eigenen Widersprüchlichkeit besser umgehen. Diese Erkenntnis führte bei mir zu einer ganz neuen, menschlicheren Beziehung zu meinem Vater.

M Widersprüchlichkeit ist etwas Durchgehendes in den Biografien vieler Widerständler im militärischen und liberalen Widerstand. Das war stark verbreitet.

v. H Das sehe ich genauso, obwohl das von meinen Vettern vehement bestritten wurde, als ich dies einmal in einem Interview zum Ausdruck brachte. Ich spüre deutlich, wie in Familien, in denen die Witwen noch lebten, diese Dinge einfach unter dem Deckel gehalten wurden. Da gibt es bestimmte Tabus, über die nicht gesprochen wurde.

M Sie haben vorher angedeutet, dass es für Sie ganz wichtig war, dass aus hinterlassenen Briefen und Reden aus der Studentenzeit Ihres Vaters klar hervorging, dass er stark national eingestellt war. Er war ja wahrscheinlich auch erst einmal begeistert vom Regime und hat große Hoffnungen darauf gesetzt.

v. H Er war frustriert von der Weimarer Republik, was typisch war für diese Generation. Sie konnte mit so viel Demokratie nichts anfangen, das Parteienwirrwarr war ihr zutiefst zuwider. Deshalb setzte sie in dieses «erwachte Deutschland» so große Hoffnungen und Sehnsüchte. Wobei ein guter Freund meines Vaters, der Bankier Gotthard von Falkenhausen, mit dem ich nach dem Krieg darüber sprach, gesagt hat: «Ich habe Ihren Vater sehr geschätzt aber in dem Punkt haben wir uns unterschieden. Ihr Vater war begeistert von Adolf Hitler, jedoch weniger begeistert von seinem personellen Umfeld. Ich dagegen hatte von Anfang an eine Abneigung gegen ihn.» In einem Brief meines Vaters an seinen Freund Fritzi Schulenburg zu Beginn der NS-Zeit zerlegte er den Begriff «National-Sozialismus» in diese beiden Bestandteile national und sozial und begeisterte sich an dieser Begrifflichkeit, indem er anmerkte, dass diese «Ideologie» das einzig wirksame Bollwerk gegen den sowjetischen Bolschewismus darstellen könnte, vor dem diese Generation große Angst hatte.

M Spielt diese Begeisterung für Adolf Hitler noch in die Widerstandszeit Ihres Vaters hinein?

v. H Nein, offensichtlich nicht. Aber ich habe mich weitgehend vergeblich bemüht, den Punkt der Umkehr im Leben meines Vaters genau festzumachen. Er war sehr eng befreundet mit Fritzi von Schulenburg, der damals Vizepolizeipräsident von Berlin war. Ich habe mich mit seiner Frau Charlotte, bei der ich als Student in München gewohnt habe, einmal darüber unterhalten. Dabei erzählte sie mir, wie frustriert und niedergeschlagen ihr Mann am Abend der Reichskristallnacht nach Hause kam. Da ist offensichtlich durch die brennenden Synagogen ein Fanal gesetzt worden. Das war 1938.

M Das war dann ja schon ziemlich früh.

v. H Ja, aber ich gehe bei meinem Vater davon aus, dass er eine Phase des Zweifelns und des Zögerns durchlebt hat, bevor er wirklich zu dem leidenschaftlichen Widerständler wurde, der er am Ende war. Das haben mir Freunde erzählt, die immer wieder Sorge hatten, dass mein Vater aufgrund seiner leidenschaftlichen Art möglicherweise falsche Schritte tun oder Leute unnötig belasten würde. Das glaube ich zwar nicht, aber der Prozess der Umkehr war sicherlich kein spontaner, sondern ein länger andauernder. Damit kann ich auch leben. Wie ich seine Biografie kenne, war da beides: die Enttäuschung und eine immer wieder aufflammende Hoffnung, so lange bis dann der wirkliche «point of no return» in Paris kam, als er sich aus der zivilen Verwaltung zurück in die Militärverwaltung meldete. Sicherlich tat er dies, um als Verbindungsmann zwischen den Vettern Stauffenberg in Berlin und Paris zu fungieren. Das wäre für mich der allerspäteste Zeitpunkt, an dem er zum überzeugten Widerständler wurde.

M Sie haben vorher angedeutet, dass die Ambivalenz Ihres Vaters Ihnen auch ein Hintergrund für Ihre eigene Ambivalenz ist.

v. H Ja, das stimmt. Mein Vater hat immer gesagt – das wurde mir von meiner Mutter übermittelt: «Lieber eine falsche Entscheidung als gar keine Entscheidung.» Das war einer seiner Grundsätze. Das ist ein Satz, an dem ich mich immer wieder orientiert habe. Ich habe mir oft gesagt: «Du musst dich entscheiden, egal ob das jetzt richtig oder falsch ist.» Ich sehe jetzt, dass es in meinem Leben auch Widersprüche gibt und das macht ihn mir als Mensch sympathischer und zeigt mir, dass ich einen ganz normalen Menschen zum Vater habe. Für uns Kinder von Widerstandskämpfern ist es wichtig, sich von der Meinung frei zu machen, dass wir einen ganz besonderen Vater hätten. So besonders waren sie eben nicht, diese Väter. Sie haben allerdings irgendwann erkannt, dass es so nicht weitergehen kann, dass etwas geschehen muss, dass ein Signal gesetzt werden muss. Einen Helden zum Vater zu haben, ist nicht nur schwierig, sondern es macht den Vater möglicherweise auch zu einem Unmenschen. Ich habe mir das Bild meines Vaters natürlich auch etwas für meine eigenen Bedürfnisse zurechtgeschnitten, aber ich meine, dass das legitim ist und dass ich ihm damit durchaus gerechter werde, als wenn ich ihn sozusagen auf einem Podest vor mir her trage.

M Es war doch so, dass die Widerstandskämpfer erst einmal sehr wenig Anerkennung erhielten. Sie haben ja vorhin schon angedeutet, dass sie als Verräter viel im Gespräch waren und zum Teil auch wirklich so gesehen wurden. Hat Sie das belastet?

v. H In dem Alter, in dem ich damals war, hat mich das nicht so unmittelbar belastet. Es ist nicht mit dem Finger auf mich gezeigt worden. Es hat auch in meiner Dorfschule damals überhaupt keine Rolle gespielt. – Wir hatten allerdings ein Erlebnis, von dem meine Mutter betroffen war: Wir waren vielleicht vier oder sechs Wochen wieder zu Hause vereint, als wieder ein Militärfahrzeug vorfuhr. Diesmal mit einem amerikanischen Offizier, der zu meiner Mutter sagte: «Frau von Hofacker, würden Sie bitte Ihren Koffer packen. Ich habe den Auftrag, Sie mitzunehmen.» Es war eine endlos lange Fahrt. Man ließ sie auf dem Parkplatz stehen, während der Offizier in die Kantine zum Essen ging. Dann kam sie abends in eine Stadt, die sie nicht erkannte. Sie fuhren durch die Stadt hindurch und plötzlich sah sie lauter Wachtürme und Scheinwerfer. Sie fragte sich: «Wo bin ich hier?» Und eh sie sich versah, fuhren sie durchs Gefängnistor: Zelle auf, Zelle zu. Da saß sie. Es dauerte 24 Stunden bis sie endlich Gehör fand. Sie sagte: «Ich möchte jetzt endlich wissen, was los ist!» Dann wurde sie zum Mittagessen in einen großen Saal mit einer langen Tafel mit lauter Männern geführt – ich versuche mir das vorzustellen; ein herrliches Bild. Da sitzt sie nun als einzige Frau völlig eingeschüchtert und nimmt ganz vorsichtig Kontakt zu den Männern links und rechts neben ihr auf und fragt: «Können Sie mir mal sagen, wo ich hier eigentlich bin?» «Ach, das wissen Sie gar nicht? Das ist ein Internierungslager. Das sind alles hochgestellte Wehrmachtsoffiziere.» Dann hat sich herausgestellt, dass einer der dort internierten Offiziere sich auf das Zeugnis meines Vaters berief. Und die Amerikaner, die also bemüht waren, alles in Bewegung zu setzen, um die Familie Hofacker ausfindig zu machen, fanden dann meine Mutter. Meine Mutter wurde dem Offizier gegenübergestellt und sagte: «Tut mir furchtbar leid, aber ich kenne Sie nicht.» Danach wurde sie wieder nach Hause gefahren. Sie war drei oder vier Tage weg gewesen. Das sind diese typischen Verwirrspiele, die es nach dem Krieg häufig gegeben hat. Meine Mutter wurde dann auch ständig bemüht, den sogenannten «Persilschein» für irgendjemanden auszustellen, der belastet war. Das ist mir noch in Erinnerung.

M Eine andere Frage, die in diesem Zusammenhang interessant ist: Seit Jahrzehnten ist die «Opfer-Täter-Diskussion» im Gange. Wenn man Ihren Vater nun gefragt hätte: «Opfer oder Täter? Zu welcher Gruppe zählst Du Dich?» Was hätte er Ihrer Meinung nach geantwortet?

v. H Ich würde spontan sagen: seine Rolle war die eines «Täters». Er war nicht als Verfolgter in einer Opferrolle, sondern ein geachteter Mann sowohl in seinem zivilen Beruf als auch in seiner Rolle als Reserve-Offizier. Er hatte ja durch seinen zivilen Beruf einen interessanten Job im besetzten Frankreich. Am Anfang war er Jurist im größten damaligen Stahlwerk mit einer Außenstelle in Berlin. Dann wurde er nach Paris delegiert, um dort Kohle, Eisen, Stahl zwischen Deutschland und Frankreich zu koordinieren, weil Frankreich auf diesem Gebiet ein wichtiger Lieferant war. Diese Aufgabe hat er übertragen bekommen und er ging nicht als Verräter Deutschlands dorthin. Insofern würde ich ihn schon – und so schätze ich ihn auch ein in seiner ganzen Leidenschaftlichkeit – als einen Akteur und damit als Täter bezeichnen, und zwar deshalb, weil man mit einem «Opfer» zumindest sprachlich immer gerne etwas Passives verbindet. Ich würde ihn als «positiven Täter» bezeichnen.

M Nun hat das Wort «Täter» in dieser Diskussion einen sehr negativen Beigeschmack bekommen, während «Opfer» zu einem Ehrentitel geworden ist. Ich habe immer das Gefühl, dass sich bei Widerständlern etwas umkehrt. Sie sind weder das eine noch das andere, oder beides zugleich.

v. H Genauso wie wir ja auch Schwierigkeiten haben, mit dem Begriff «Antisemitismus» umzugehen, der eigentlich auch erst vor dem Hintergrund von Auschwitz geprägt wurde bzw. die heutige Bedeutung bekommen hat. – Als ich Vorträge meines Vaters las, die er in den frühen 20er-Jahren als Student in Graz gehalten hat, lief es mir teilweise kalt den Rücken runter. Da waren ganz gehörige antisemitische Sentenzen darin. Gleichzeitig weiß ich aber, dass meine Eltern sehr eng mit einer jüdischen Familie in Berlin befreundet waren, die dann bei dem schon erwähnten Bombenangriff bis auf zwei Kinder ums Leben kam. Da müssen wir bei der Bewertung vorsichtig sein, weil wir natürlich Begriffe in unserer Sprache haben, die erst maßgeblich durch die Erfahrungen des Dritten Reichs geprägt wurden. Ich würde meinen Vater deshalb jedoch nie als Antisemit bezeichnen. Aber so etwas ist schwierig zu vermitteln. Man wird sicherlich bei meinem Vater den einen oder anderen Gedanken finden, die einem sozusagen glauben machen, er sei Antisemit im Sinne der Verfolgungstheorie des Dritten Reiches gewesen. Das stimmt sicher nicht. Darüber, welchen Stellenwert die Judenverfolgung in den Überlegungen der Widerstandskämpfer insgesamt hatte, möchte ich ganz bewusst kein Werturteil abgeben, denn es ist noch zu früh, um dazu ein abschließendes historisches Urteil zu fällen. Aber ich weiß, dass mein Vater in Paris maßgeblich versucht hat, verfolgten Franzosen zu helfen, was möglicherweise auch ein Beweggrund dafür war, sich aus dieser schwierigen Situation zu befreien und ins Militär zurückzukehren. Er hatte viele französische Freunde, die uns das nach dem Krieg auch immer wieder bestätigt haben. Er sprach glänzend Französisch, liebte Frankreich und war ja auch als deutscher Botschafter in Paris vorgesehen für den Fall eines Gelingens des Attentats vom 20. Juli 1944.

Ich bin ein neugieriger Mensch und hatte vor Jahren eine interessante Begegnung, initiiert von einer Psychotherapeutin, die wiederum mit einer Bekannten von mir befreundet war, deren Vater ebenfalls im Widerstand ums Leben gekommen ist. Diese Psychologin hat mit Täterkindern gearbeitet. Sie vermittelte ein Gespräch, eine Begegnung zwischen meiner Bekannten, mir und zwei Täterkindern in Bonn. Das war sehr spannend. Wir waren in einem Café in Bonn verabredet. Wir nahmen an, dass wir als Widerstandskinder versuchen müssten, das Eis zum Schmelzen zu bringen, um überhaupt in einen Dialog eintreten zu können. Als wir kamen, saß die Psychologin mit beiden Täterkindern, einem Mann und einer Frau, etwa in unserem Alter, schon da, und wir unterhielten uns zuerst im Smalltalk: «Wie war die Fahrt?» usw., bis ich sagte: «Wir haben einen ganz bestimmten Grund, warum wir hier sind, und wollen nicht lange darum herumreden.» Dann fand ein sehr interessantes Gespräch statt. Jeder stellte sich vor. Der Mann war der Sohn eines berüchtigten Gestapochefs in Braunschweig, der dann auch nach dem Krieg zum Tode verurteilt und hingerichtet wurde. Die Frau war die Tochter eines berüchtigten Euthanasie-Arztes in Köln, der überlebt hat. Beide waren lange Jahre schon in der psychotherapeutischen Begleitung des israelischen Therapeuten Dan Bar-On gewesen. Wir haben das Gespräch dann am nächsten Tag in der Wohnung der Therapeutin fortgesetzt und hatten dann eigentlich auch verabredet, uns möglicherweise noch einmal zu treffen. Es ist aber bei diesem einen Gespräch geblieben. Fazit war für uns auf der Heimfahrt: Die beiden Täterkinder waren uns überlegen. Man spürte bei ihnen die therapeutische Begleitung. Es ist mir sehr bewusst geworden, dass vielen Widerstandsfamilien eine ähnliche therapeutische Begleitung gut getan hätte. Man kam aber überhaupt nicht auf den Gedanken, weil wir ja sozusagen auf der «richtigen» Seite waren. Warum also noch Therapie? Wir können doch stolz auf uns sein. Das ist eine große Fehleinschätzung. Das Gemeinsame, Verbindende war für mich auch sehr interessant: Wir haben beide unsere Väter verloren. Ob Täter oder Opfer – das spielt in der Beziehung keine Rolle. Da wir die Väter in einem Alter verloren haben, in dem keiner von uns wusste, in welcher Rolle unsere Väter tätig waren, hatten wir eine Ebene, auf der wir uns sehr wohl verstehen konnten. Das war etwas sehr Verbindendes und hat mir sehr geholfen Vorurteile abzubauen. Es ist durchaus eine Begegnung mit Täterkindern möglich, wenn man sich in dieser Gemeinsamkeit trifft. Ihre Überlegenheit bestand darin: Sie waren in Israel, in Amerika und in Holland gewesen. Sie waren sehr gut in der Verarbeitung ihrer Geschichte geschult. Sie hatten es insofern etwas leichter, weil man sich von einem Tätervater auch als Kind leichter distanziert als von einem Opfervater.

M Sie haben jetzt von einem Opfervater gesprochen.

v. H Ja, aus meiner Sicht. Wobei ich mich jetzt mehr in der Opferrolle sehe als meinen Vater. Wir waren ein Jahr inhaftiert. Meine Mutter war in verschiedenen Konzentrationslagern. Insofern waren wir Opfer. Aber das Opfer ist aus der Tat des Vaters entstanden. In dieser Beziehung fühle ich mich auch als Opfer.

M Sie selber haben also für sich das Gefühl, zu den Opfern zu gehören.

v. H Ja, schon. Ich habe das dann auch in der Schule gemerkt. Ich ging damals auf ein Gymnasium und ich erinnere mich noch sehr deutlich, dass die meisten Väter meiner Klassenkameraden im Entnazifizierungsverfahren standen. In manchen Situationen hatte ich das Gefühl, man zeigt mit dem Finger auf mich: «Du hast es ja gut. Dein Vater war im Widerstand.» So etwas habe ich gar nicht gemocht. Man mag es in dem Alter ja nicht, anders zu sein. Es gab dann eine Auseinandersetzung mit einer Klassenkameradin, deren Vater Oberbürgermeister in Augsburg war. Wir kamen irgendwie ins Gespräch und es wurde immer heftiger und dann muss ich zu ihr gesagt haben: «Dein Vater war ein Nazischwein!» Das hat sie wahnsinnig getroffen. Wir haben das Jahre später in einer nächtlichen Sitzung anlässlich eines Klassentreffens aufgearbeitet. Da hat sie mir gesagt, was ich ihr mit diesem Satz angetan habe. Es tat mir sehr leid und wir konnten es dann auch gut akzeptieren. Ich hatte diesen Satz unüberlegt gesagt, einfach um mich von dieser Überforderung, dieser Rolle in der Klasse zu befreien. Man hat nicht wirklich mit dem Finger auf mich gezeigt, aber sicherlich hat der eine oder andere für sich gedacht: «Mit dem darf ich das wohl nicht erörtern. Der war ja auf der anderen Seite.» Das war schon zu spüren.

M Gibt es in ihren Augen auch einen Widerstand um den Preis der Selbstzerstörung, und wie weit trifft dies auf die Männer vom 20. Juli zu? Es war ja damals eigentlich abzusehen, dass es nichts mehr bringt, und die Meinungen innerhalb des Widerstands waren geteilt. Es hätte zwar gutgehen können. Aber so wie es dann ausgegangen ist, kann einem der Gedanke schon kommen.

v. H Es hätte kaum gutgehen können. Nein. Das ist für mich auch nicht mehr entscheidend, muss ich ehrlich sagen. Die Tatsache, dass es Widerstand gegeben hat, ist wichtig genug. Ich gehe sogar so weit zu sagen – obwohl ich meinen eigenen Vater dabei verloren habe – es war besser für uns Deutsche, dass es schiefging. Wir mussten durch dieses bittere tiefe Tal hindurchgehen.

M Die Kreisauer waren ja sowieso dieser Meinung.

v. H Ich glaube allerdings auch nicht, was mir immer wieder kritisch gesagt wurde: «Mein Gott, was hätten wir für ein Deutschland gehabt, wenn die Leute des Widerstandes in ihrer konservativen Ausrichtung, die es ja auch gab, das Sagen gehabt hätten!» Ich denke, dass keine sehr andere Bundesrepublik daraus geworden wäre. Man hätte ebenso freie Wahlen gehabt. Das Volk hätte entschieden. Es hätten vielleicht noch eine Handvoll fähigere Männer zur Verfügung gestanden. Wir hätten nicht unbedingt auf einen Herrn Globke zurückgreifen müssen. In der Entwicklung und der Entstehung unseres demokratisch ausgerichteten Staates hätte sich nichts geändert. Wir hätten uns keinen Ständestaat, oder was da sonst noch alles gesagt wird, eingehandelt. Es wären freie Wahlen gewesen und warum hätte das Ergebnis so viel anders aussehen sollen? Und noch eines: Wir wissen heute, dass die Würfel über das Schicksal Deutschlands 1944 seitens der Alliierten schon gefallen waren. Deutschland wäre meines Erachtens auch bei einem gelungenen Attentat an einer bedingungslosen Kapitulation nicht vorbeigekommen.

M Da kann man nur spekulieren. Abschließend habe ich noch eine Frage: Was ist in Ihren Augen für uns Nachfahren wichtig? Welche innere Haltung könnte dazu beitragen, dass die Wunden, die die Nazizeit geschlagen hat, bei den Opfern, bei den Tätern, bei den Feinden und bei den Verbündeten, dass diese Wunden vernarben und die Menschen frei werden? Man hat immer wieder das Gefühl, da hängt noch etwas nach, was längst vergangen ist, und woran man sich zwar immer wieder erinnern muss, was aber vielleicht auch langsam verarbeitet sein sollte. Was hat für Sie dabei Priorität?

v. H Wir haben nach dem Krieg darunter gelitten, was geschehen war, und wir waren nicht in der Lage, unser eigenes Schicksal von uns aus stärker in die Hand zu nehmen. Die Aufarbeitung dieser zwölf Jahre Naziherrschaft ist immer wieder vom Ausland angestoßen worden. Wir haben offensichtlich anfänglich geglaubt, durch ein Wirtschaftswunder diese Zeit der Naziherrschaft unter den Teppich kehren zu können. Das konnte nicht gelingen.

M Das war wohl kein bewusster Prozess.

v. H Nein, wahrscheinlich nicht, weil es sicherlich auch ein Aufatmen war, frei sein zu dürfen, beruflich Erfolg haben zu können, usw., das mag alles richtig sein. Dennoch meine ich, hätten wir uns den Geschehnissen durchaus kritischer stellen können. Ich denke, gerade was meinen Beruf angeht, ist es eine große Nachlässigkeit, dass wir in der Justiz nicht stärker aufgeräumt haben, in dem gleichen Umfang wie wir uns heute bemühen, die DDR-Justiz aufzuarbeiten, was teilweise auch die Leute vor den Kopf stößt. Aber das ist eine Erfahrung, die wir gemacht haben, und die wir versuchen, sozusagen durch doppelte Gründlichkeit nachzuholen oder auszugleichen. Das geht natürlich nicht, und es ist auch nicht ganz fair. Aber dass kein Richter, der verantwortlich für viele, viele Todesurteile war – wenn ich es jetzt nur auf den Volksgerichtshof beschränke – verurteilt werden konnte, dann liegt das sicherlich daran, dass sich die Justiz nach dem Krieg unheimlich dicht und solidarisch verhalten hat.

M Gab es da Bemühungen?

v. H Es gab Bemühungen. Es gab auch immer wieder Anstöße. Aber ich habe einmal mit einem Oberstaatsanwalt der Ludwigsburger Ermittlungsbehörde in einem Seminar gesprochen, und der sagte: «Wissen Sie, das Verflixte war, dass dieser Volksgerichtshof ein sogenanntes Kollegialgericht war. Es bestand aus Berufs- und Laienrichtern, die über das Urteil abgestimmt haben. Und das Abstimmungsergebnis durfte nicht protokolliert werden. Daher haben sich alle Volksrichter gerne darauf berufen, dass sie dagegen gestimmt haben, und man konnte sie nicht widerlegen. Alle haben sie dagegen gestimmt, was nicht wahr sein konnte. Aber sie müssen ja den Einzelnen überführen, bei diesem Todesurteil mitgewirkt zu haben. Da hätte man meines Erachtens kritischer mit der Justiz umgehen müssen. Es ist natürlich schwierig, wenn man am Ende eines so verlustreichen Krieges wieder eine staatliche Ordnung herstellen will, dann können Sie nicht sozusagen alle nach Hause schicken und von vorne anfangen. Die Kontrolle war sicherlich nicht sehr engmaschig, das ist ein Vorwurf, den ich mache. Auch, dass es heute wieder möglich ist, in der rechten Szene Dinge zu verbreiten! Das kann man sicherlich mit der Meinungsfreiheit verteidigen, dafür bin ich auch, genauso wie gegen ein Verbot von politischen Parteien. Ich finde den Reinigungsprozess sehr viel wichtiger. Aber manchmal wünsche ich mir mehr kritische Stimmen zu ganz bestimmten politischen Entwicklungen. Ich stehe ja viel vor Schülern und spreche mit ihnen über solche Themen. Dabei versuche ich ihnen immer wieder zuzurufen: «Begleitet alles, was um euch herum geschieht, wachsam, kritisch, orientiert euch, macht euch frei von Vorurteilen, bildet euch ein eigenes Urteil.» Ich glaube, das ist das, was die Widerstandsleute am meisten beschäftigt und auch belastet hat. Ich weiß das auch aus einem Brief meines Vaters, den er Anfang der 40er Jahre an meine Mutter geschrieben hat, dass er froh war, als er sich wieder zum Militär zurückmeldete. Er hatte damals mit Carl-Heinrich von Stülpnagel ein freundschaftliches Verhältnis. Er sagt in diesem Brief, er habe sich endlich aus diesem schwülen Klima befreit. Das war ein ganz klares, unverschlüsseltes Bekenntnis: «Ich bin froh, dass ich geläutert bin und meinen Blick wieder geschärft habe und weiß, was um mich herum geschieht und entsprechend handeln kann.» Das bedeutet, dass er seinen Irrweg erkannte, auf dem er sich viele Jahre in gutem Glauben befand, auf das richtige Pferd gesetzt zu haben.

M Nach Ihrer Ansicht ist es für Nachkommen aus Widerstandsfamilien wichtig, dass sie diese Dinge weitergeben.

v. H Ja, und auch, dass sie darauf hinweisen, wie wichtig es ist, sich politisch zu engagieren. Ich bin seit vielen Jahren bei der SPD. Wie schwierig ist es doch, junge Leute zu gewinnen! Ich frage mich manchmal, wie die Zukunft unserer Republik aussieht. Wir sind ein Parteienstaat und die Politik wird über die Parteien transportiert, ob wir es wollen oder nicht. So wurde es in der Verfassung entschieden. Und es ist ganz schwierig, junge Leute da heranzukriegen. Ich halte das jedoch für ganz wichtig, weil sonst die Gefahr besteht, dass zunehmend Politik von Karriere-Politikern betrieben wird, die ihr eigenes Fortkommen im Auge haben und nicht das Gemeinwohl.

M Gibt es noch etwas, was Sie in Bezug auf Ihr eigenes Schicksal sagen wollen?

v. H Ich bin sehr froh und vielleicht ist es auch nicht ganz von ungefähr, dass ich mich heute in der Schlussphase meines Lebens voll und ganz der Hospizarbeit verbunden fühle und das auch mit großem Engagement betreibe. Ich bin sehr froh, mich von dem Kapitel «Widerstand» und von allem, was damit zusammenhängt, losgesagt und befreit zu haben. Ich werde dieses Kapitel nie gänzlich abschließen können, aber ich bin froh, dass ich jetzt eine Aufgabe gefunden habe, die mich erfüllt. Da begegnet mir mein Vater wieder in einer ganz anderen Art und Weise: Ich versuche mir durch die Begleitung Sterbender vorzustellen, wie sein letzter Weg gewesen ist und was ihn beschäftigt hat, als er gefesselt und ohne Betreuung in der Zelle in Plötzensee lag. Der ökumenische Gottesdienst, der jährlich am 20. Juli in dem sogenannten Hinrichtungsschuppen in der Gedenkstätte in Plötzensee gehalten wird, löst bei mir jedes Mal sehr gemischte Gefühle aus: Zum einen erlebe ich Versöhnung, zum anderen Wut und Trauer, dass mein Vater zutiefst gedemütigt an einem der Haken sein Leben lassen musste. Ich habe für mich entschieden, dass der Weg, für den sich mein Vater entschieden hat, nicht der meine sein kann. Wenn ich einer ähnlichen politischen Entwicklung mit frühzeitigem Ungehorsam und politischem Einsatz nicht wirksam begegnen kann, würde ich den Weg der Immigration wählen und nicht mein eigenes

Leben aufs Spiel setzen. Dies hängt wohl nicht nur mit einer veränderten Welt zusammen, sondern auch damit, dass für mich das Attentat am 20. Juli 1944 auch einen Akt der Gewalt darstellt, die ich in welcher Form auch immer ablehne. Gewalt erzeugt Gegengewalt, für sie kann es daher keine Rechtfertigung geben. Es war Ghandi, der uns gewaltlosen Widerstand mit Erfolg vorgelebt hat.

Friedrich August Schneiderheinze

(1910–1984)

Friedrich August Schneiderheinze und seine Tochter Petra im Jahr 1956.

Der Sohn eines Metallarbeiters und Sozialdemokraten absolvierte nach der Schulzeit eine Ausbildung zum technischen Zeichner und arbeitete anschließend als Konstrukteur. Als Jugendlicher wurde er Mitglied in einem kommunistischen Jugendverband. Im Alter von 17 Jahren trat er der Kommunistischen Partei Deutschlands (KPD) bei. Als aktiver Gewerkschaftler organisierte er vor allem in den zwanziger Jahren Arbeiterstreiks. Bereits vor der Machtübernahme Hitlers im Januar 1933 wurde Schneiderheinze wegen Anstiftung eines illegalen Streiks inhaftiert, ein weiteres Mal nach dem Reichstagsbrand im Februar 1933. Nach seiner Freilassung Ende des Jahres 1933 schloss er sich einer illegal tätigen Gruppe der KPD an, verteilte Flugblätter und sammelte Spenden für die Familien inhaftierter Kommunisten. Ein gutes Jahr später wurde die Gruppe verraten, Schneiderheinze wegen Vorbereitung zum Hochverrat angeklagt und vom Gericht zu zweieinhalb Jahren Zuchthaus verurteilt. Nach Beendigung seiner Strafe wurde er nicht freigelassen, sondern im Konzentrationslager Bürgermoor im Emsland interniert und 1939 ins Konzentrationslager Sachsenhausen überführt. Im April 1945 wurde Schneiderheinze zusammen mit anderen Häftlingen auf den sogenannten Todesmarsch in Richtung Ostsee geschickt, von wo aus ihm die Flucht gelang. Nach Kriegsende kehrte er in seine Heimatstadt Lützen, nahe Leipzig, zurück, wo er sich in der neu gegründeten KPD engagierte. Nach einer kurzen Zeit als Bürgermeister in Lützen übernahm er das Amt des stellvertretenden Landrates im sächsischen Mansfelder Seekreis. Im Oktober 1949 ging er als Abteilungsleiter im Ministerium für Handel und Versorgung nach Berlin, wo er 1953 den Posten des Staatssekretärs übernahm. Nach dem erfolgreichen Besuch der SED-Parteischule wurde Schneiderheinze im März 1965 als Leiter der Handelspolitischen Abteilung der DDR in die mongolische Volksrepublik versetzt. Nach seiner Rückkehr und Pensionierung 1970 unterrichtete er als Lehrer für Marxismus-Leninismus an der Leipziger Handelshochschule.

Interview mit Petra Schneiderheinze

M Petra, dein Vater hat die Umbruchszeit und den Mauerfall nicht miterlebt. – Kannst du dich erinnern, wie er bis zu seinem Tod 1984 die Lage der DDR beurteilt hat?

S Ich habe schon oft über diese Zeit nachgedacht. Mein Vater war in den Jahren schon über 70 und bis zu seinem Tod sehr verschlossen. Über bestimmte Dinge hat er nicht geredet. Er war offensichtlich sehr verärgert über vieles, was er wusste. Er hat sich immer sehr gut informiert und Nachrichten von allen Seiten gehört. Das war ja in der DDR in Berlin nicht schwierig und er hatte auch Zugang zur westlichen Presse, was in der DDR nicht üblich war. In den letzten Jahren hat er viel in seinem Zimmer gesessen, hat Marx, Engels und Lenin vorwärts und rückwärts studiert und sich damit auseinandergesetzt. Offensichtlich war er nicht sehr glücklich, aber er sprach wenig. Einerseits konnte er Kritik gegenüber der DDR nicht ertragen, aber andererseits konnte er auch nicht mehr alles billigen. Er hat sich in den letzten Jahren sehr zurückgezogen, auch von vielen Aktivitäten. Wir haben es damals mit seiner Krankheit erklärt, aber ich bin mir heute sicher, dass es nicht nur die Krankheit war, sondern dass ihn vieles andere sehr bedrückt hat. So bin ich einerseits froh, dass er die Wende nicht erlebt hat, weil ich denke, es wäre für ihn vieles sehr kränkend gewesen, was da doch abgelaufen ist. Andererseits denke ich, hatte er einen Zusammenbruch geahnt, so wie es in den letzten Jahren lief. Aber es hätte ihn trotzdem sehr getroffen.

M Wir sind jetzt das Leben deines Vater durchgegangen. Es ist wirklich beeindruckend: ein Mensch, der zu seinen Überzeugungen gestanden hat mit aller Konsequenz. – Du bist hineingeboren in dieses Leben – wie hat das auf dich gewirkt?

S Ich habe mich erst in den letzten fünf Jahren damit beschäftigt, dass es für mich Auswirkungen gehabt hat. Ich habe natürlich gewusst, dass mein Vater im Gefängnis und im KZ war. Darauf konnte ich stolz sein, obwohl ich mich nie dessen gerühmt habe. Auch er hat dieses Fähnchen «Ich bin ein Widerstandskämpfer» nie herausgehängt. Natürlich hat er, als er alt und ich erwachsen war, auch vor Schulklassen gesprochen und in Vorbereitungsveranstaltungen für die Jugendweihe. Aber als ich Kind war, war das kein Thema. – Einmal sind wir spazierengegangen, wo wir damals gewohnt haben und dort gab es ein Gefängnis. Dort hatten Anfang der 50er Jahre noch Kriegsverbrecher gesessen. Als Vierjährige wusste ich das natürlich nicht. Ich fragte ihn, was das ist und er hat mir erklärt: «Das ist ein Gefängnis, da sitzen böse Menschen.» Da habe ich gefragt: «Ist Papa ein böser Mensch?», weil er ja auch im Gefängnis war. Er hat mir das dann offenbar ausreichend schlüssig erklärt. – Mein Vater hat immer nur Geschichten aus seiner eigenen Kindheit und Jugend auf dem Bauernhof in Lützen erzählt. Es gab ein paar wenige Geschichten aus den Lagern, eher die Heldengeschichten. Ich erinnere mich nur an eine einzige Geschichte, in der benannt wurde, was da an Furchtbarem passierte: Ein Mitgefangener wurde auf dem Bock gefesselt und seine Fußsohlen wurden mit Salz bestrichen, und eine Ziege hat sie abgeleckt. Ziegen haben rauhe Zungen, und der Gefangene hat sich tatsächlich totgelacht. – Abgesehen davon ist über dieses Thema nicht gesprochen worden. Ich habe nicht gefragt – ich habe nicht fragen können, das weiß ich heute. Ich hätte es nicht ausgehalten, und mein Vater hat von sich aus nichts erzählt. So gut wie nichts. – Ich bin im Glauben an den Kommunismus erzogen worden; im Grunde genommen eine tief religiöse Erziehung. Da gab es für mich nichts anderes, es wurde auch nichts anderes erwartet, von keiner Seite. Mit 18 Jahren stand schließlich die Frage des Eintritts in die SED[1] an, und ich habe einen Antrag gestellt, ihn aber ganz schnell wieder zurückgezogen. Ich hatte Leute kennengelernt, die in verantwortlichen Parteifunktionen waren – Arbeitskollegen meines Vaters in der Mongolei –, die für mich engstirnige, charakterlose Menschen waren. Das hat meinem Ideal überhaupt nicht entsprochen. Aber ich habe meinen Eltern nie erzählt, dass ich den Antrag nicht gestellt bzw. zurückgezogen habe, ich habe mich nicht getraut. – Dann habe ich noch eine zweite Entscheidung getroffen: Ich hatte mich für einen Studienplatz als Lehrerin beworben und hätte nach Halle gehen müssen, weil nur dort die Kombination, die ich studieren wollte, unterrichtet wurde. Das wollten aber meine Eltern nicht. Es war 1969, und 1970 sollten sie aus der Mongolei wiederkommen. Ich hatte mich ihnen zuliebe um einen Studienplatz im Fach Volkswirtschaft in Berlin beworben. Ich hatte einen Studienplatz ab September 1969, den ich nach bestandenem Abitur aber zurückgegeben habe. Ich wollte nicht Ökonomie studieren, sondern mit Menschen arbeiten. Meine Mutter hat dann alle Hebel in Bewegung gesetzt, und ich konnte im September in Berlin ein Lehrerstudium beginnen, allerdings in den von mir ungeliebten Fächern Mathematik und Physik, weil es keinen anderen freien Studienplatz gab. Ich habe dann trotzdem ein sehr gutes Diplom abgelegt, und in dieser Zeit bin ich dann doch noch Mitglied der SED geworden.

M Das klingt aber eher so, als hättest du dich trotz allem nicht voll hineinbegeben in das, was dein Vater vertreten hat. Vielleicht hast du auch unterschwellig gespürt, dass es ihm in manchen Sachen selber so ging?

S Von meinem Vater hatte ich eine sehr hoch angesiedelte, ethische Norm übernommen, auch von dem, was Kommunismus und Sozialismus sind. Das stimmte aber mit der Realität nicht überein. Das habe ich nicht gesehen, aber gespürt. – Ich habe früh geheiratet, Kinder bekommen, gearbeitet, so dass ich viel zu beschäftigt war, um mir weiter Gedanken darüber zu machen.

M Du wurdest dann also doch SED-Mitglied.

S Ich wurde SED-Mitglied, habe jedoch keine Funktion ausgeübt. Schon in meiner Schulzeit war ich zwar Pionier und FDJlerin, aber immer nur Kassiererin oder Kulturfunktionärin, also untergeordnete Funktionen, die keiner machen wollte. Es gab auch Gruppenratsvorsitzende, in solche Regionen bin ich aber nie vorgestoßen, das war nichts für mich. In der ganzen DDR-Zeit habe ich nie eine wirklich wichtige politische Funktion gehabt, und wenn, dann nicht lange. Wahrscheinlich weil ich die Sprache und das Aufgesetzte, das erwartet wurde, nicht repräsentieren konnte. Im Rückblick denke ich, habe ich immer meine Vorstellung von dem, was sein sollte, umgesetzt, und das war etwas anderes als der «reale Sozialismus». – Ich habe zwar nicht ins Bild gepasst, aber ich war nicht im Widerstand gegen die DDR oder die SED, ganz und gar nicht. Für mich war anderes wichtig. – Später habe ich eine Ausbildung zur Jugendfürsorgerin gemacht und dann das Pädagogik-Diplom der Humboldt-Universität erworben. Daraufhin wurde ich Referatsleiterin Jugendhilfe in dem neugegründeten Stadtbezirk Berlin-Hohenschönhausen. Da ging es um fachliche und inhaltliche Arbeit, weniger diese politischen Aspekte. – Erst eine ganze Weile nach der Wende habe ich erfahren, dass ich bei uns im Referat einen «Informellen Mitarbeiter» (IM) der Staatssicherheit hatte. Das hat mich sehr getroffen. Ich hatte nie damit gerechnet, dass ich, die loyal der DDR gegenüber war, von anderer Seite als illoyal betrachtet wurde – oder was da auch eine Rolle gespielt haben mag, ich weiß es nicht. Mir sind dann ein paar Kleinigkeiten eingefallen, wo ich einfach außen vor gehalten wurde in Sachen, die für andere selbstverständlich waren. Das Ministerium für Staatssicherheit hatte einfach überall seine Finger mit drin. Referatsleiter hatten eigentlich immer Kontaktpersonen in der Kreisabteilung dieses Ministeriums, ich aber nicht. Ich habe mir damals keine Gedanken darüber gemacht, ich brauchte das nicht, weil ich meine Sachen allein entscheiden konnte. – Es fiel mir damals nicht auf, erst später, als mein Vater schon lange tot und die Kinder erwachsen waren. – Nach der Wende habe ich auch angefangen mich mit Familientherapie zu beschäftigen und mich mit meiner Familie und meiner Biografie auseinanderzusetzen. Dabei kam ich zu dem Punkt, an dem ich für mich merkte: Ich habe ein gutes, erfülltes Leben, es stimmt auch alles, aber es gibt immer wieder Zeiten, in denen ich nicht wirklich dazugehöre, in denen ich nicht wirklich in diesem Leben zu Hause bin. – Da fiel mir auch erst auf, dass ich viele Jahre sehr leichtsinnig Auto gefahren bin. Ich bin in der Regel zu schnell und mit leichtsinnigen Überholmanövern gefahren. Es gab immer wieder Situationen, wo ich dachte: «Wenn Du jetzt das Lenkrad nur ein ganz klein bisschen rübernimmst, da ist der Baum oder der Brückenpfeiler, dann ist es zu Ende, dann ist es vorbei.» Ab 1988 oder 1989 dachte ich schließlich daran, wie ich mich am besten umbringen könnte. Ich hatte auch einen ausreichenden Vorrat an Tabletten. – Der Gedanke war also konkret und wie ein ständiger Begleiter.

M Dabei hattest du – wie du sagtest – ein erfülltes Leben. Wie hast du das damals eingeordnet? Siehst du da irgendwelche Verbindungen zu deinem Vater?

S Ich denke schon, dass es eine Verbindung gibt, die sich auf das Lebensalter bezieht: In dem Alter, in dem es mir so zumute war, war ich so alt wie mein Vater in seiner Inhaftierung. Es ging mir ja einerseits wirklich gut, aber andererseits waren immer Gefühle da, die ich damals überhaupt noch nicht zuordnen konnte. Ich habe Ende 1993 im Rahmen einer Familientherapieausbildung eine Familienaufstellung[2] gemacht, durch die mein Großvater mütterlicherseits in den Blick geriet, von dem in der Familie nie die Rede war. Danach habe ich viel gelesen und mich an vieles erinnert. Dabei ist mir auch dieses Gefühl des Ausgegrenztseins aus dem Leben erst richtig bewusst geworden. 1996 habe ich ein zweite Familienaufstellung gemacht. Danach ging es mir einerseits richtig gut, aber dieses Gefühl des Ausgegrenztseins blieb. – Ich erinnere mich, ich stand im Wohnzimmer am Fenster, schaute hinaus und dachte vor dem Fenster wären Gitter, und ich hatte das Gefühl, gefangen zu sein. Ich habe das aber immer noch nicht in Verbindung zu meinem Vater gesehen. Das Gefühl, mich umbringen zu müssen, war auch immer noch da, allerdings bei weitem nicht mehr so stark. Aber stattdessen gab es damals die Furcht, dass es zwischen meinem Mann und mir ganz schwierig werden könnte. Wir haben zusammen dann eine Paaraufstellung gemacht, bei der es anfänglich so aussah, als ob es keine Lösung gäbe. Auf Nachfragen des Therapeuten habe ich dann gesagt, dass mein Vater im KZ war. Da wurde er in die Aufstellung hineingenommen, und als er mit seinem Schicksal in den Blick kam, gab es plötzlich für die Stellvertreter eine sichtbare Entlastung und Erleichterung. Das war für mich umwerfend. Am 1. Februar 1998 – das werde ich nicht vergessen – wurde mir klar, dass ich ein Stück das Leben meines Vaters noch einmal gelebt habe. Dieses Gefühl, gefangen zu sein und um mich herum sterben meine Freunde und ich darf nicht leben! – Dieses Gefühl habe ich gehabt, ohne es benennen zu können. Als das klar wurde, fiel mir ein ganzes Gebirge vom Herzen. Das war eine große Erleichterung. Danach ging es mir richtig gut.

M Deine Erzählung ist ja inzwischen sehr rund geworden. Aber mich würde noch die Wende interessieren. Du bist ja im SED-System aufgewachsen und dein Vater, der aus dem NS-Widerstand kam, hat dort wirklich seine Erfüllung erfahren, soweit sich nicht dann später manches auch für ihn als Illusion herausgestellt hat. – Aber du selbst hast erlebt, wie sich alles veränderte und dass du plötzlich in der sogenannten kapitalistischen Welt leben musstest. Das hat für dich womöglich neue Loyalitätsfragen aufgeworfen. Kannst du dazu noch etwas sagen?

S Es fing mit einer ganz verrückten Zeit 1989 an, als die Mauer buchstäblich über Nacht zum 9. November[3] durchlässig wurde. Ich hatte das im Fernsehen gesehen und ich wollte da hin. Aber mein Mann und ich sind dann mit den Kindern erst Wochen später nach Westberlin gefahren. – Damals begann man, sich mit der SED ganz heftig auseinanderzusetzen. Damals war es das erste Mal, dass ich anfing, politisch zu diskutieren. Ich hatte plötzlich das Gefühl, Dinge sagen zu können, die mir schon immer wichtig waren, die ich aber bis dahin nie ausgesprochen hatte. Ich dachte, man könne etwas Neues, Vernünftiges machen. Das war der Punkt, an dem ich wirklich angefangen habe, mich noch einmal richtig zu engagieren. Denn gleich nach dem Mauerfall war eine Zeit, in der viele politische Fragen aufkamen. Eine ganze Reihe von Leuten sind aus der SED ausgetreten, das kam für mich nicht in Frage. Es muss im Januar 1990 gewesen sein, da wurde bei uns im Kreis – also im Stadtbezirk – ein «Runder Tisch» gegründet. Im Dezember 1989 hatten wir von unserem Referat Jugendhilfe zum Jugendamt in Wedding[4] in Westberlin Kontakt aufgenommen. Zwei Kolleginnen und ich sind in den Wedding gefahren und haben uns dort mit den Kolleginnen des Jugendamtes unterhalten. Wir haben unsere Strukturen und Vorgehensweisen verglichen. Schließlich haben meine Kolleginnen mich als Delegierte für den Runden Tisch vorgeschlagen. Erst wollte ich nicht, da ich doch die Chefin war, aber dann haben wir uns geeinigt, dass eine Kollegin und ich dorthin fahren sollten. – Im März 1990 waren Volkskammerwahlen, die ersten freien Wahlen. Bei diesen Wahlen wurde mit überwiegender Mehrheit die CDU gewählt und Lothar de Maizière wurde Ministerpräsident. Als abends das Wahlergebnis über den Bildschirm kam, sagte ich: «Das war es!» Mit dieser Wahlentscheidung war es aus meiner Sicht nicht mehr möglich, das zu verwirklichen, was an Ideen bei mir entstanden war. Wir hatten sinnvoll miteinander verknüpfen wollen, was an der DDR und an der Bundesrepublik vernünftig und bewahrenswert war. – Dass einer vom anderen lernt und übernimmt, damit etwas Gemeinsames daraus entsteht, das war mit dieser Wahlentscheidung vorbei. Es lief alles auf einen nicht mehr gleichberechtigten

Anschluss hinaus. Was in der DDR gewesen ist, das war alles nichts mehr wert. In Berlin wurde das gesamte Bildungssystem eins zu eins von Westberlin auf Ostberlin übertragen. Das kleine Referat Jugendhilfe, das wir waren, wurde umgestaltet in ein Jugendamt in Hohenschönhausen. Ich hatte die Möglichkeit, mich dort als Amtsleiterin zu bewerben. Aber für mich stand fest: Das werde ich nicht tun. Ich habe stattdessen andere Leute vorgeschlagen, die diese Funktion dann auch übernommen haben. Ich selbst war ab Oktober 1990 als Sachgebietsleiterin im Gebiet «Heim und Familienpflege» tätig. Ich hätte das andere nicht so nahtlos machen können. Zum gleichen Zeitpunkt habe ich an einer Fortbildung der Evangelischen Fachhochschule in Berlin für Jugend- und Gesundheitsfürsorge teilgenommen. Ich hatte den Eindruck, dass die sich unsere Sachen noch mal anschauen, und das hat mich sofort gereizt. Die Fortbildung wurde dann die erste sogenannte zertifizierte Nachqualifizierung, die später alle in der DDR ausgebildeten Jugend- und Gesundheitsfürsorger machen mussten, um sich als staatlich anerkannte Sozialarbeiter bezeichnen zu dürfen. Einerseits war das, was man als Ausbildung hatte, auf einmal nichts mehr wert, das zählte nichts mehr, andererseits gab es aber plötzlich Dinge, die mir gefehlt hatten, ohne dass ich wusste, dass sie mir fehlten. Ich habe mich ganz intensiv mit Psychologie und vor allem mit familientherapeutischen Ideen auseinandergesetzt. Ich bekam plötzlich einen theoretischen Hintergrund für Dinge, die ich vorher intuitiv gesehen und erlebt hatte. – Ich habe durch diese Ausbildung an der Evangelischen Fachhochschule viel gelernt und beruflich viele Anstöße bekommen. Das andere war, es ging mir damals richtig schlecht. Auch körperlich, weil ich mit vielem, was da passierte, überhaupt nicht richtig klarkam. Es gab eine Menge Demütigungen: etwa, dass meine beiden Diplome nichts mehr wert waren, denn ich wurde in die niedrigste Verwaltungsangestelltengruppe nach BAT VIb eingestuft. Mein Abschluss in Diplompädagogik wurde erst 1996 anerkannt. Solange haben sich die Kultusminister Zeit gelassen zu prüfen, ob dieser Abschluss der BRD würdig ist.

M Spielt es für dich eine Rolle, dass der kommunistische Widerstand in der BRD offiziell nicht so recht gewürdigt wird? Bei uns ist doch meist nur vom militärischen und auch noch vom bürgerlichen Widerstand die Rede.

S Ich wusste natürlich auch um den bürgerlichen Widerstand und Widerstand aus anderen Kreisen. Auch wenn der wiederum in der DDR nicht so hoch gehängt wurde, war er doch bekannt. – Aber nach der Wende passierte Folgendes: In Ostberlin hatten viele Schulen, Einrichtungen, Kinderheime und Straßen die Namen von Widerstandskämpfern. Es war ein großes Glück, dass wir diesen elend langen Namen Schneiderheinze hatten und dass mein Vater auch, wie ich, einen IM hatte. Er war offenbar nicht ganz der ideale Widerstandskämpfer. Es wurde Gott sei Dank keine Schule und keine Straße nach ihm benannt. Aber allein der Gedanke, dass das rückgängig gemacht worden wäre – wie vielfach geschehen –, war für mich unerträglich. So wie es nicht okay war, dass in der DDR der bürgerliche Widerstand kleiner gemacht wurde, ist das andere genauso wenig okay. Beides gehört zu dieser Zeit und gehört zu uns. – Ich habe ja bis 1998 nie gesagt, dass mein Vater Kommunist und dafür im KZ war. – Hier in der Familie, da wussten es alle, und gute Freunde wussten es, aber bei neuen Freunden, die wir kennengelernt haben, habe ich das immer umgangen, soweit es ging. Wenn nicht, dann habe ich auch vom kommunistischen Widerstand gesprochen, aber das brauchte schon sehr, sehr viel Vertrauen und Sicherheit, dass ich das überhaupt aussprach, auch heute noch. Es war und ist schwer darüber zu reden. – Ich mache das nicht bewusst, sondern ich schütze mich damit. Erstmals habe ich im Sonntagstreffen von One by One darüber gesprochen. Dort fühlte ich mich sicher. Seither arbeite ich auch ehrenamtlich dort mit und kann jetzt auch in der Öffentlichkeit darüber sprechen. One by One hat mir sehr dabei geholfen, mit der Geschichte meines Vaters anders umzugehen.

M Hast du das Gefühl, dass das, was dein Vater getan hat, auch auf deine Kinder Einfluss hat?

S Erst konnte ich es nicht sehen, weil es mir ja nicht bewusst war. Aber dann ist das ganz deutlich geworden. – Unsere Tochter ist davon wenig berührt, sie ist in sich sehr gefestigt. Aber unser Sohn ist seinem Großvater schon charakterlich und äußerlich – vor allem von der Stimme her – sehr ähnlich. Ich habe ihn sogar schon mal verwechselt: Ich dachte plötzlich, ich höre meinen Vater. Er hat schon in sehr jungen Jahren angefangen, sich mit der Zeit des Nationalsozialismus auseinanderzusetzen.

M Wann ist er denn geboren?

S Alex ist 1974 geboren. Er war zehn Jahre, als mein Vater starb, und 16 bei der Wende. Er hat schon vor der Wende angefangen, sich für die SS und die Verbrechen der SS zu interessieren. Es gab damals auch schon vielfältige Publikationen und Filme über diese Zeit, und das hat ihn fasziniert.

M Mir hat mal jemand aus einer jüdischen Widerstandsfamilie gesagt: «Ich habe als junger Mann oft davon geträumt, SSler zu sein.»

S Ich habe ihn nicht gefragt, und ich weiß es nicht. – Als er ungefähr 15 war, kam er einmal nach Hause – das war noch vor der Wende – und da hatte er ganz kurz geschorene Haare. Das war damals auch schon das Zeichen eines Neonazis. Ich bin fast verrückt geworden, das hat mich ganz tief getroffen.

M Heute ist das klar, das sind Neonazis, aber für mich sind das noch die KZ-Leute, die das haben.

S Mich hat danach so erschreckt, dass er auch jeden Dienstrang der SS und alle Zusammenhänge kannte. Möglicherweise gab es bei ihm beides, eine Identifikation mit dem Täter und eine Identifikation mit dem Großvater. Es war für mich damals schwer, mit ihm darüber zu reden.

Es gibt aber auch ein paar andere Aspekte: Nach dem Tod meines Vaters war meine Mutter noch schlimmer krank als je zuvor. Sie war ja immer krank, das ist auch so ein Problem in der Familie gewesen. Zum Schluss wollte sie nicht mehr laufen und war auf den Rollstuhl angewiesen, obwohl es keinen organischen Grund gab. – Als loyales Kind fühlte ich mich für meine Mutter verantwortlich. In der unsicheren Zeit 1990 sind wir aus unserer eigenen schönen großen Wohnung aus- und bei meiner Mutter eingezogen. Das war eine totale Fehlentscheidung, war absolut fürchterlich. Alex war damals 16 und mit seinem Interesse an der SS wollte er sich auch möglicherweise unbewusst von uns distanzieren. – Meine Mutter hat meinen Vater erst 1947 kennengelernt und dann geheiratet. Sie kommt auch aus einer kommunistischen Familie. Meine Großeltern mütterlicherseits waren 1919 in Weißenfeld gemeinsam an der Gründung der kommunistische Partei beteiligt. Aber mein Großvater ist 1926 weg aus der Familie, und meine Großmutter musste allein mit fünf kleinen Kindern überleben. Sie hat alles andere als Politik im Sinn gehabt, und damit ist die kommunistische Idee in der Familie nicht weiterverfolgt worden. Deshalb war, wie ich erwähnt habe, mein Großvater ausgeklammert aus dem Familiengedächtnis. Man war ihm böse. – Meine Mutter war 1933 18. Sie stand der nationalsozialistischen Partei nicht nahe, sondern hat einfach ihr Leben gelebt. Sie hat vielleicht – so erzählte sie manchmal – an der einen oder anderen Stelle jemandem was zugesteckt. Aber sie war nicht im Widerstand, wie das bei meinem Vater der Fall war. Womöglich hatte auch das einen Einfluss auf das Verhalten meines Sohnes.

Martin Niemöller

(1892–1984)

Martin Niemöller im Alter von 68 Jahren (Meran 1960).

Martin Niemöller, in einer kaisertreuen und deutschnationalen Pfarrersfamilie aufgewachsen, entschied sich nach dem Abitur für den Eintritt in die kaiserliche Marine und nahm als U-Boot-Kommandant am Ersten Weltkrieg teil. Nach seiner Entlassung aus dem Militärdienst studierte Niemöller von 1919 bis 1923 in Münster evangelische Theologie und arbeitete zunächst als Geschäftsführer der Inneren Mission in Westfalen, wo er sich für den Ausbau der Diakonie einsetzte, bis er 1931 das Amt des Gemeindepfarrers in Berlin-Dahlem übernahm.

Der parlamentarischen Demokratie der Weimarer Republik brachte er lediglich Geringschätzung und Skepsis entgegen, während er sich vom Nationalsozialismus zunächst die Wiedergeburt einer deutschen Nation und ihrer kulturellen Identität erhoffte. Allerdings lehnte er von Anfang an die Versuche der Nationalsozialisten ab, die evangelische Kirche ideologisch zu unterwandern und gleichzuschalten. Im Zuge des auch für die Kirche geltenden «Arierparagraphen» gründete Niemöller im Herbst 1933 den «Pfarrernotbund», den Kern der sich im Mai 1934 auf der Barmer Bekenntnissynode konstituierenden «Bekennenden Kirche». Er wurde im In- und Ausland zu einem der bekanntesten Repräsentanten des kirchlichen Widerstandes gegen die nationalsozialistische Kirchenpolitik und die «Deutschen Christen». Dies brachte ihm eine ständige Überwachung durch die Gestapo ein, die Amtsenthebung, zeitweilige Verhaftungen und die Verhängung eines Redeverbots. Im Juli 1937 wurde Niemöller erneut verhaftet und zu einer Geldstrafe sowie zu mehrmonatiger Festungshaft verurteilt, die aber durch die Untersuchungshaft als verbüßt galt. Dennoch wurde er als «persönlicher Gefangener» Hitlers in den Konzentrationslagern Sachsenhausen und Dachau interniert. Trotz zahlreicher Proteste aus dem In- und Ausland blieb er bis Kriegsende in Gefangenschaft. Im Mai 1945 wurde er gemeinsam mit anderen «Sonderhäftlingen» in Südtirol befreit. Nach seiner Rückkehr übernahm Niemöller verschiedene leitende Ämter innerhalb der evangelischen Kirche. Er gehörte zu den markantesten, aber auch streitbarsten Kirchenmännern des 20. Jahrhunderts.

Interview mit Dr. med. Heinz Hermann Niemöller

M Herr Niemöller, Ihr Vater, der bekannte Pastor Martin Niemöller, hat ja den Krieg überlebt.

N Ja, mit knapper Not! Das Schicksal dieser 139 Sonder- und Spezialhäftlinge, die aus Dachau nach Südtirol transportiert wurden, war bis zum letzten Moment ganz ungewiss.[1] Die SS gab nicht Preis, was sie mit diesen sogenannten «Prominenten» vorhatte. Das waren alles Leute, die Rang und Namen oder besondere Beziehungen hatten. Zum Beispiel war ein Neffe von Molotow dabei, er hieß Kokorin, der sich auf dem Weg von Sachsenhausen-Ravensbrück über Flossenbürg nach Dachau mit Dietrich Bonhoeffer angefreundet hatte und ihm Russisch beibrachte. Bonhoeffer wurde dann in Flossenbürg ausgesondert, mit einigen anderen vor ein standgerichtliches Verfahren gestellt und hingerichtet, gleich an Ort und Stelle. Schon daraus kann man sehen, wie unsicher und gefährlich die Situation für diese Leute war.

M Wann sind Sie geboren?

N Ich bin 1924 geboren.

M 1924? Dann haben Sie Ihren Vater ja gut gekannt.

N Wir waren sieben Kinder zuhause. Mein jüngster Bruder war, als mein Vater verhaftet wurde, gerade knapp zwei Jahre alt. Die anderen sechs haben natürlich alle ihre spezifischen Erfahrungen mit diesem Zustand gemacht, mehr oder weniger.

M Wie alt waren Sie selber?

N Er wurde am 1. Juli 1937 verhaftet. Da war ich 13 Jahre alt. Ich war einen Tag vorher mit meinem älteren Bruder zu einer befreundeten

Familie nach Ostpreußen aufs Land in die Ferien gefahren. Dort erfuhren wir am Freitag nach dem 1. Juli von der Verhaftung unter recht dramatischen Umständen.

M Wo hat Ihre Familie damals gelebt?

N Wir wohnten damals in Dahlem im Pfarrhaus, neben der alten St. Annenkirche.

M Sie waren ja erst 13, aber Sie wussten über die Gegnerschaft Ihres Vaters genau Bescheid?

N Ich wusste ziemlich gut Bescheid. Zum Beispiel war ich unmittelbarer Zeuge, als mein Vater von dem berühmten Führerempfang am 25. Januar 1934 nach Hause kam. An diesem Empfang hatten etwa zwanzig sogenannte «Kirchenführer» teilgenommen. Sie hatten sich bei Hitler zusammengefunden, um die Schwierigkeiten der Evangelischen Kirche mit der Hitlerregierung nach Möglichkeit zu beseitigen. Dort war es zu einem außerordentlich heftigen Zusammenstoß zwischen meinem Vater und Hitler gekommen.[2] Mein Vater kam zurück, und ich saß mit meiner Mutter[3] noch am Esstisch. Meine Mutter fragte meinen Vater: «Na Martin, ist er nun ein großer Mann?» Worauf mein Vater sagte: «Er ist ein ganz großer Feigling!» Ich war dabei, als diese Worte fielen und natürlich hatte ich sofort den Eindruck, dass es da mächtige Unterschiede in den Auffassungen gab, wie mit der Kirche im Nationalsozialismus zu verfahren sei.

M Wie hat das auf Sie gewirkt, dass er das gesagt hat? Waren Sie erschrocken oder waren Sie derselben Meinung?

N Als ich neun Jahre alt, eigentlich noch ein kleiner Bub war, gab es am 1. April 1933 einen ersten Judenboykott. SA-Leute in Uniform waren vor die jüdischen Geschäfte marschiert und haben Plakate vor sich gehalten: «Deutsche, kauft nicht bei Juden!» In meiner Volksschulklasse waren zwei jüdische Jungen, die saßen in der Bank hinter mir, mit denen ich mich sehr gut verstanden habe, in der mittleren Reihe saß auch ein jüdisches Mädchen. Mit den Jungen war ich wirklich gut befreundet, deswegen hat mich dieser Judenboykott aufgeregt. Wir sprachen zu Hause über diese Dinge, und ich habe zu meiner Mutter gesagt: «Vor der Ackermanns Drogerie steht ein SA-Mann mit einem großen Schild: ‹Deutsche kauft nicht bei Juden! Was meinst denn du dazu?› Meine Mutter sagte: ‹Ackermanns sind doch Christen!›» Da habe ich etwas verstanden. Denn die Ackermanns waren zum protes-

Heinz Hermann Niemöller 1960, im Alter von 36 Jahren, am Pathologischen Institut der Yale-Universität in New Haven (USA).

tantischen Glauben übergetreten und ihre Kinder waren christlich geboren. Meine Skepsis war also schon erheblich geworden; und meine beiden Freunde B. und M. verschwanden dann auch ziemlich bald. Als ich zum Gymnasium übertrat, waren die schon nicht mehr da. Als ich dem Jungvolk beigetreten war, habe ich B. noch mal gesehen. Ich stand in meiner neuerworbenen Uniform auf dem Dahlemer Hauptplatz, da kam er auf mich zu und sagte zu mir: «Was? Du hast auch schon diese Uniform an?» Dann meinte er etwas abschätzig: «Zu denen gehörst du doch nicht!» Das hat mir eigentlich schon den ganzen Nazikram nachhaltig verleidet. Später, als mein Vater stark angefeindet wurde, bin ich aus dem Jungvolk ausgetreten.

M Sind Sie freiwillig eingetreten?

N Ja, da war diese große Bewegung, auch in den Schulen. Diejenigen, die schon zur Hitlerjugend gehörten, machten sich einen Sport daraus, solche, die noch nicht drin waren, zum Eintritt zu überreden, und dem bin ich auch gefolgt. Als ich austreten wollte, hat mein Vater mir das das erste Mal noch verboten, indem er gesagt hat: «Du bist da aus freien Stücken reingegangen und das musst du jetzt auch durchhalten.» Aber ein Jahr später, als sich die Dinge sehr zugespitzt hatten, habe ich ihn noch mal gefragt und gesagt: «Ich kann in dem Verein nicht bleiben.» Ich habe einen Brief geschrieben, an meinen lieben Zugführer, oder wie man das nannte, und habe meine Gründe dargelegt, warum ich austrete. Mein Vater hat diesen Brief abgesegnet und ich war draußen.

M In welchem Jahr war das?

N Das dürfte 1936 gewesen sein. Da war ich zwölf.

M Offenbar waren Sie ein sehr bewusstes Kind, dass Sie kapiert haben, was da läuft!

N Ja, das hat man einfach unter den Umständen gelernt. Das Pfarrhaus Dahlem war ja auch ein Kristallisationspunkt für kirchlichen und politischen Widerstand. Das möchte ich ausdrücklich hervorheben, weil es neuerdings manchmal bezweifelt wird. So war Hans Bernd Gisevius ein oft und gern gesehener Gast bei uns, der in den späteren Jahren des politischen und militärischen Widerstandes eine hervorragende Rolle gespielt hat. Er war mit meinem Vater eng befreundet. Durch diese ständigen Aktivitäten im Pfarrhaus Dahlem lernte man auch viele andere Leute kennen, die alle mehr oder weniger der «Bekenntniskirche» angehörten. Bis zu seiner Verhaftung war mein Vater da ein führender Vertreter, und es konnte gar nicht anders sein, als dass wir doch sehr viel von den Dingen mitbekommen haben.

M Das heißt, Sie hatten da einen Umkreis?

N Ja, ein ganzes Umfeld. Die Jungs gingen natürlich in den Jugendkreis der «Bekennenden Kirche», der auch bis in die Kriegsjahre hinein bestanden hat. Außerdem waren wir auch ein Sammelbecken für sogenannte «halbarische» oder «viertelarische» Jugendliche, die in der Hitlerjugend keinen Platz hatten. Die Bekenntnisgemeindejugend war auch für die Eltern solcher Kinder ein wunderbares Sozialisationsfeld. Davon haben wir viel profitiert.

M Was war das wichtigste Ereignis in dieser Zeit für Sie?

N Wir haben als nur halbbetroffene Kinder in der Schule wenig auszustehen gehabt. Wir waren vielleicht ein bisschen isoliert, weil sich niemand recht getraut hat, nach unserem bekannten und berühmten Vater zu fragen. Wir hatten einen Sportlehrer, den ich für einen Nazi hielt, der hat mich mal beiseite genommen und mich gefragt: «Ja, wie ist denn das eigentlich mit deinem Vater? Warum ist der im KZ?» Dann hab ich ihm gesagt: «Er hat sich Versuchen widersetzt, die evangelische Kirche durch die ‹Deutschen Christen› völlig gleichzuschalten und das alte Testament wegzuschmeißen.» Aber die wichtigste Erfahrung für mich war die Erkenntnis, dass man mit dem Mut zum Widerstand nicht alleine bleibt. Wir haben Dutzende von Leuten in unserer Umgebung gehabt, die in Polizei- und Kirchenfragen entschlossen waren, den Nazis nicht nachzugeben. Als mein Vater dann in Sachsenhausen und Dachau saß, war auch der abendliche Fürbittengottesdienst in der Annenkirche solch ein Kristallisationspunkt. Da gingen auch Leute hin, die katholisch waren. Sie kamen auch aus anderen Stadtteilen Berlins dorthin. Ich erinnere an den Widerständler Josef Wirmer, der katholisch war. Ihn habe ich bei uns im Gottesdienst gesehen. Diese Erfahrung einer lebendigen Gemeinschaft war wichtig, die sich keineswegs nur auf das Absingen von Kirchenliedern oder Zitieren von frommen Bibelsprüchen beschränkte.

M Ich habe gelesen, dass Ihr Vater katholisch werden wollte. Das war ja im KZ?

N Richtig. Mein Vater hätte nach seinem Prozess 1938 freikommen müssen. Er war rechtskräftig zu einer Geldstrafe verurteilt und zu einer Haftstrafe, die verbüßt war. Aber er wurde aus dem Gerichtsgefängnis nach Sachsenhausen ins KZ gebracht. Dort blieb er bis zum 10. oder 11. Juli 1941. Diese Sachsenhausener Zeit war für meinen Vater wohl die bei weitem schwerste Zeit seines Lebens. Er war in völliger Isolation, bekam allerdings zwei Mal im Monat Besuch von meiner Mutter und hatte die Möglichkeit, zwei Mal im Monat zu schreiben und auch in begrenztem Maße Briefe zu empfangen. Seine Verpflegung war schlecht und er hatte offenbar auch eine tuberkulöse Infektion in dieser Zeit und war psychisch sehr bedrängt. Seine Kirche, so weit es die Offizialkirche war, hatte ihn völlig abgeschrieben. Die «Bekennende Kirche» war in eine Art Schreckenstarre verfallen. Es wurden viele Leute verhaftet. In dieser Situation hat irgendwer meinem Vater das katholische Messbuch, den berühmten Schott, in seine Haftzelle in Sachsenhausen geschickt. Er fing an, sich damit zu befassen und war überrascht über den geistigen Reichtum, der sich da entfaltete. So fing er an, die Berechtigung der Reformatoren in Zweifel zu ziehen. Und der Knoten löste sich erst, als er im Juli 1941 von Sachsenhausen per Auto nach Dachau verbracht wurde. Schon in Sachsenhausen traf er dann seine beiden zukünftigen Mitinsassen, zwei katholische Geistliche, Johannes Neuhäusler und Michael Höck, der später langjähriger Regens des Priesterseminars in Freising wurde. Diese beiden teilten in Dachau einen Zellentrakt mit ihm; und mit diesem Zusammensein erledigte sich die Frage der Konversion für meinen Vater einfach durch die Praxis.[4] Er glaubte, gewisse reformatorische Positionen gegenüber den katholischen Brüdern verteidigen zu müssen. Das hat aber nichts an ihrem sehr brüderlichen Verhältnis geändert.

M Es ist eine familientherapeutische Erkenntnis, dass Kinder, meist auf unbewusstem Wege, Dinge der Eltern übernehmen, wie schwere Schicksale, Schuld und dergleichen. Sie sind Arzt (Pathologe), womöglich ist Ihnen das auch begegnet in Ihrer Praxis, dass das Leben von Kindern teilweise durch die Erfahrung der Eltern bestimmt ist, ohne dass sie diese selbst gemacht haben.

N Ich stimme Ihnen zu. Ich habe oft die Erfahrung gemacht, dass es für erwachsene Leute sehr wichtig ist, ob sie ein heiteres Kindheitsbild haben oder ein bedrücktes. Bei mir war manches sehr bedrückend. Aber durch dieses schon geschilderte Gemeinschaftserlebnis und den wunderbaren Zusammenhalt habe ich bis heute ein überwiegend heiteres Kindheitsbild.

M Bei Ihnen gibt es viel Positives. Ihr Vater hat aber doch viel Schweres mitgemacht, und es ging viel in ihm vor. Die schweren Entscheidungen, vor denen Ihre beiden Eltern standen, haben Sie nicht das Gefühl, dass das auf unbewusstem Wege auch auf Sie übergegangen ist?

N Ich persönlich hätte Deutschland gerne verlassen, als mein Vater im KZ war. Auch die fürchterliche Steigerung der Judenverfolgung bis 1941/42 hat bei mir einen Schock ausgelöst. Ich sah, wie alle Leute, die mir wirklich wertvoll waren, die jüdischen und die halbjüdischen Bekannten, Deutschland verlassen mussten. Das löste bei mir unterbewusst den Drang aus, es diesen Leuten gleichzutun, und zwar freiwillig. Ich hatte wunderbarerweise einige Jahre nach dem Krieg, nämlich 1952, die Gelegenheit, nach Amerika zu gehen. Eigentlich nur für ein Jahr, aber es wurden dann acht Jahre daraus. In dieser Zeit merkte ich, dass es mir wichtig war, viele emigrierte Deutsche in Amerika kennenzulernen. Ich hatte lebhaften Austausch mit ihnen. Es waren Leute, die sich freuten, mal wieder deutsch zu reden. Und natürlich kannten alle meinen Vater, und das öffnete die Herzen und die Türen, weil sie nicht das Gefühl hatten, das ist jemand, der trägt noch die Eierschalen des Nazismus mit sich herum. Das war in vielfältiger Weise bereichernd für mich.

M Sie waren im Krieg im wehrpflichtigen Alter. Mussten Sie zum Militär?

N Ich musste zum Militär.

M Wann war das?

N Ich habe mein Abitur im Frühjahr 1942 gemacht und damit ergab sich die Frage der Berufswahl. Mein Vater hatte drei sehr tüchtige und liebenswerte, auch eindeutig der «Bekennenden Kirche» und dem Widerstand zugehörige Rechtsanwälte. Dr. Koch war der jüngste dieser drei Anwälte, und er sagte zu mir: «Ja Junge, du willst doch Arzt werden, dann melde dich als Offiziersanwärter für den Heeressanitätsdienst.» Ich habe mich zum aktiven Sanitätsdienst gemeldet, als zukünftiger Sanitätsoffizier. Und dann haben sie mich abgelehnt, obwohl ich eine hervorragende Aufnahmeprüfung ablegte. Am Schluss ist mein Gesuch von einem gewissen Herrn Keitel persönlich abgelehnt worden. Ich hätte darüber jetzt tieftraurig sein müssen, aber im Grunde genommen war ich froh, weil ich merkte, das wäre ein Kompromiss gewesen, den man vielleicht rechtfertigen konnte, aber mit dem man natürlich stärker in das System eingebunden wurde, als wenn man bloß einfacher Soldat war. So wurde ich Infanterist, wurde im Oktober 1942 eingezogen und war dann zunächst einige Wochen in der westlichen Ukraine, wo der Winter schon eingesetzt hatte. Ich kam dann nach Sewastopol auf der Krim und blieb dort bis Juli/August 1943. Erst dann wurde ich in einen Fronteinsatz auf dem sogenannten Kuban-Brückenkopf eingesetzt, wo ich schon im Oktober 1943 verwundet und wieder zurück nach Deutschland geschickt wurde. Im Jahr 1944 lag ich monatelang wegen Malaria in Lazaretten, und kam erst im Januar 1945, also in der letzten Phase des Krieges, in Schlesien wieder zum Fronteinsatz. Als der Krieg endete, war ich in einem Lazarett in der Tschechoslowakei und wurde von dort entlassen. Ich wäre wahrscheinlich in russische Gefangenschaft gekommen, bin aber in zivile Kleider übergewechselt und wurde in Bad Warmbrunn in Schlesien Kirchenorganist an der dortigen evangelischen Kirche. Damals gab es dort eine starke Bekenntnisbewegung; alle haben mir geholfen, wo sie nur konnten.

M Es blieb Ihnen aber nicht erspart, zu diesem Militär zu gehören, das heutzutage auf verschiedenste Weise als verbrecherisch eingeschätzt wird. Wenn Sie Ihren Vater in diesem Rahmen sehen, würden Sie ihn da eher der Täter- oder der Opferseite zurechnen?

N Die Verzahnungen, die zwischen den Tätern und Opfern in dieser

Zeit sehr häufig waren, sind recht interessant. Das betraf mich auch selbst, weil ich jahrelang im Hause bei einem benachbarten Ehepaar aus Dahlem war. Es handelte sich um Dr. Kurt Schmitt, ein guter Bekannter. Er war ursprünglich Nationalsozialist gewesen und war SS-Obersturmbannführer. In den Anfangsjahren der Naziherrschaft war es ihm zu plebejisch, der SA beizutreten, deswegen ging er lieber zur SS, da waren damals die feineren Leute. Kurt Schmitt, über dessen Verbindungen zum Nationalsozialismus genug Informationen vorliegen, war so eine Art von Vizevater für mich. Er ist erst relativ spät mit den Leuten des aktiven Widerstandes zusammengekommen, zum Beispiel mit Ulrich von Hassell und Franz Sperr. Am Schluss geriet Schmitt auch selber stark in die Schusslinie der Gestapo, aber man hat ihn letztlich doch in Frieden gelassen.

M Wenn Sie jetzt auf Ihren Vater schauen, würden Sie ihn als Opfer bezeichnen oder als Täter?

N Mich hat diese Frage oft bewegt. Es gibt ja die eigentlichen Opfer, wie zum Beispiel die Juden oder die Sinti und Roma, und dann gibt es die Menschen, die während ihres Widerstandes zu Opfern geworden sind. Und mein Vater gehört natürlich zu den «tätigen Opfern» insofern, weil er tatsächlich ab Sommer 1933 innerhalb der Kirche ohne große politische Ambition gegen den Nazismus gekämpft hat. Aber mit dem Verlassen der moralischen Grundwerte durch die 1935 erlassenen «Nürnberger Rassegesetze» kam die politische Dimension ganz von selbst hinzu. Als Gefangener und widerrechtlich in Schutzhaft Gehaltener war er natürlich ein echtes Opfer.

M War er auf der anderen Seite als Widerständler nicht auch ein Täter?

N Das hat er selber später sehr offen bekannt, dass er durch seine nationalistische Einstellung nach dem Ersten Weltkrieg zu denen gehörte, die für die Generation des Konservatismus in Deutschland, die sich in Richtung Nationalsozialismus entwickelt hat, auch irgendwie mitverantwortlich war. Es hat ja auch bei ihm ziemlich lange gedauert, bis er sich von diesem Nationalismus vollständig gelöst hatte.

M Er war aber nicht bei denen, die sich schließlich dazu entschlossen, Hitler umbringen zu wollen. Wissen Sie, wie er zu der Frage des politischen Mordes stand, der einen ja zum Täter macht?

N Mein Vater war in dieser Beziehung ein Radikalmoralist und hat gemeint, dass ein Mordanschlag, selbst auf Hitler, nicht zu rechtfertigen ist. Er hat sich selbst vorgeworfen, dass er Hitler nicht die christliche Wahrheit verkündet hat. Das klingt aus unserer Sicht wie eine große Illusion, aber er war auch in diesen Dingen sehr radikal und hat gesagt. «Ich mache mir zum Vorwurf, dass ich ihm Jesus nicht nahegebracht habe. Und ich hätte doch vielleicht die Möglichkeit gehabt.» Aber wie er sich wohl verhalten hätte, wenn er vor der Wahl gestanden wäre? Sein Freund Gisevius hätte jedes Mittel benutzt, um Hitler zu beseitigen, und mit Gisevius stand er gut. Auch mit Bonhoeffer und F. J. Perels. Er hätte wahrscheinlich gesagt: «Das ist eine so persönliche Frage, ob man zu einem solchen Mittel greifen muss, das kann man nicht auf dem Papier regeln. Das ist eine existenzielle Entscheidung des Einzelnen.» Für Bonhoeffer wurde, als er gefangen war ab 1943, so viel ich weiß, auf seinen eigenen Wunsch nicht gebetet, weil er sagte, das nehme ich auf meine Kappe, das habe ich gemacht. Es war eine Entscheidung, die er nicht im Rahmen und für die evangelische Kirche getroffen hat, sondern aus einer persönlichen, ethischen Verantwortung heraus. Er hat gesagt: «Man muss dem Rad in die Speichen fallen, irgendwie. Und anders geht es nicht.» Das war ja auch die Entscheidung der Widerständler vom 20. Juli, die eben alles getan hätten, um die letzte Katastrophe noch zu verhindern. Ich bin in die Situation nicht gekommen, aber als ich damals in Schlesien beim Militär war, dachte ich: «Stell dir vor, Hitler würde hier bei deiner Einheit erscheinen und du hättest dein Gewehr oder die Pistole in der Hand und er würde die Front abschreiten und jeden mit Handschlag begrüßen. Was machst du?» Ich bin zu dem Ergebnis gekommen, wenn diese unwahrscheinliche Situation entstehen würde, müsste ich ihn erschießen. Weil ich mit dem Bewusstsein, es nicht getan zu haben, nicht hätte weiterleben können. Aber mit dem Bewusstsein, es getan zu haben, hätte ich leben und sterben können. Solche Gedanken hat man sich damals gemacht. Trotzdem muss ich sagen: Ich habe während des Krieges und auch in den Nachkriegsjahren zuviel erlebt und gesehen, was mich von einer Pauschalisierung in Richtung «Tätervolk» abhält. Trotz der Schrecken der Naziherrschaft hat es doch viel Anständigkeit im breiten Volk gegeben. Ich bin durch den Krieg auch sehr herumgekommen in der allgemeinen Bevölkerung. Ich war nicht nur in Dahlem, diesem wohlhabenden Vorort von Berlin, da kam man ja nur mit begüterten Leuten zusammen. Aber wenn ich mich so als Soldat umgeguckt habe, was da für Leute mit mir Soldat spielen mussten. So viele grundanständige, liebenswerte Leute, egal woher sie kamen. Man muss differenzieren. Der Ausdruck «Tätervolk» ist mir zu pauschal. Aber das Opfergetue nach dem Krieg war natürlich auch widerwärtig, wirklich widerwärtig! Ich habe immer dagegen angekämpft, sobald ich die Gelegenheit dazu hatte.

M Wie weit hatte Ihr Vater, eventuell auch Ihre Mutter, eine gewisse Vorbildfunktion für Sie? Es gibt ja erdrückende und es gibt aufbauende Vorbilder. Wie würden Sie das sehen?

N Mein Vater hatte für uns natürlich die Autorität des «pater familias» von einst. Das war ja damals noch unangefochten. Aber darüber hinaus war er ein großartiges Vorbild dadurch, dass er seine Verpflichtungen so ernst genommen hat. Er wollte zum Beispiel aus seinem anfänglichen Beruf als Direktor der Inneren Mission von Westfalen heraus, um Gemeindepfarrer zu sein, um sich in aller Ruhe mit den kleinen Fragen der Gemeindemitglieder zu beschäftigen. Er fand das Managerspielen in Münster nicht so erstrebenswert, er wollte Gemeindepfarrer sein, und nach zwei Jahren in Berlin kam dann gleich dieser fürchterliche Kirchenkampf. Eine Situation, in der er wieder aufgefordert war, durch ganz Deutschland zu reisen und die Leute dazu anzuhalten, sich diesen verquasten Ideen der «Deutschen Christen» und der Nazis nicht anzuschließen, sondern die Kirche das sein zu lassen, wozu sie nach seiner Überzeugung bestimmt ist. Und die Unbedingtheit dieser Entscheidung, die wurde von meiner Mutter sehr gestützt, die gegenüber meinem Vater einen gewichtigen Vorzug hatte, nämlich eine gewisse emotionale Kühle und logische Zurückhaltung, während mein Vater manchmal zur Naivität neigte. Insofern war meine Mutter ein wunderbares Korrektiv für meinen Vater. Als Team waren sie unschlagbar. Als mein Vater dann weg war, hatte meine Mutter, Gott sei Dank, in den Kreisen der «Bekennenden Kirche» auch für ihre Familiensituation immer gute Berater und Freunde. Zum Beispiel Hans A., ein führender Mann der «Bekennenden Kirche». Er hat meiner Mutter sehr treu zur Seite gestanden, wenn sie mal Schwierigkeiten mit ihrer ältesten Tochter hatte.

M Sie waren bei Ihren Geschwistern einer von den jüngeren?

N Ich war gerade in der Mitte. Ich war der Dritte.

M Haben Sie das Gefühl, dass Sie oder einer Ihrer Brüder oder vielleicht auch eine Ihrer Schwestern sozusagen zum Partnerersatz für Ihre Mutter wurden, obwohl sie gute Freunde hatte?

N Eigentlich weniger. Mein älterer Bruder wurde im Herbst 1941 eingezogen, der stand dann auch nicht zur Verfügung. Er hatte schon angefangen, Theologie zu studieren. Ich dagegen war mehr in Richtung meiner Mutter orientiert, die ja aus einer Arztfamilie kam.

M In Ihrer Familie kam also niemand in die Partnerrolle, weil Ihre Mutter so stark eingebunden war in einen Erwachsenenkreis.

N Die Kinder haben sich alle sehr unabhängig entwickelt, sind ihre eigenen Wege gegangen, schon damals.

M Haben Sie oder ein anderes Familienmitglied manchmal empfunden, dass es schwer für Sie war, dass Ihrem Vater diese politische Aufgabe oder auch die kirchliche wichtiger war als die Familie?

N Ja. Das ist eine ganz berechtigte Frage, das war auch bei uns ein Problem. Mein Vater war in Dingen der Familie nicht immer so ganz geschickt, und er war auch nicht immer ganz gerecht, weil er die Verknüpfung und die Probleme manchmal doch ein bisschen zu holzschnittartig sah. Er griff auch ungern ein. Meine Mutter war da sehr viel geschickter, zurückhaltender, konnte ihre Kinder beobachten und hatte uns besser im Auge, auch hinsichtlich unserer Tugenden und Schwächen. Ich war z. B. ein sehr lenkbares Kind. Wenn jemand ausgelagert werden sollte, weil es zu viel Trubel in dem Dahlemer Haus gab, war ich der Erste, der dann weggeschickt wurde, weil man mich anderen Leuten ohne weiteres anvertrauen konnte. Bei meinem jüngeren Bruder ging das immer schief. Der blieb dann zuhause. Nachdem mein Vater verhaftet worden war, kamen Dutzende von Besuchern aus allen Ecken des damaligen «Deutschen Reiches», die vorstellig wurden bei den Ministerien, um ihn frei zu bekommen. Es war natürlich sehr rührend, obwohl man aus heutiger Sicht sagen muss: Es wäre doch vielleicht wichtiger gewesen, sich für andere Leute, die vielleicht weniger berühmt, aber genauso rechtsverletzt waren wie etwa Juden, politische Gegner, usw. einzusetzen, anstatt für meinen Vater. Für meinen Vater durfte man den Mund noch aufmachen, weil er ein Kriegsheld und erwiesener konservativer Patriot war. Auf der anderen Seite denkt man sich im Rückblick, dass das Geheimnis meines Vaters auch das war, dass daraus der konservative Widerstand entstanden ist. Die «Bekennende Kirche», sagt man heute, sei viel zu konservativ gewesen und habe Hitler viel zu lange gewähren lassen. Aber auf die Militärs hatte der Widerstand der «Bekennenden Kirche» eine eigene Vorbildfunktion.

M Ist aus dieser Situation heraus bei Ihnen das Gefühl entstanden: «Dem Vater ist alles andere wichtiger als wir. Wir sind ihm eigentlich nicht wichtig?»

N Die Kinder waren ihm immer sehr wichtig, das haben wir gespürt. Er hat uns alle wirklich von Herzen geliebt und unseren Werdegang auch verfolgt. Zum Beispiel sind meine Eltern jedes Jahr nach Amerika gefahren, in der Zeit, als ich acht Jahre dort war. Ich habe sie jedes Mal getroffen, und das war interessant, weil mein Vater ein wunderbares Englisch sprach und über die Zeit im KZ dort ganz anders gesprochen hat als in Deutschland. In Deutschland nahm er immer Rücksicht auf seine Verantwortung. Er musste hier mit ehemaligen Nazis und Kriegsgefangenen reden, jeder hatte eine andere Position gehabt. In Amerika war das anders. Auch in Schweden habe ich ihn mal reden hören. In Uppsala zum Beispiel hat er seine Begegnung mit Hitler so beschrieben: «Wie sie mich da angegriffen hatten wegen meines Telefongesprächs, was abgehört worden war, und ich vorgetreten bin, vor diese schwarz gekleideten Kirchenführer und mir das Geschrei von Hitler anhören mußte ... ich habe mich noch nie so frei gefühlt in meinem Leben, wie in diesem Augenblick, weil ich wusste, jetzt trete ich ihm gegenüber und sage ihm, was ich sagen muss!» So etwas hat er in Deutschland nie gesagt, jedenfalls nie in dieser Form. Er hat die nötige Bescheidenheit gehabt.

M Ihr Vater hat sich mit der Frage beschäftigt, dass es eigentlich Selbstmord ist, wenn man Widerstand leistet. Gibt es für Sie auch einen «Widerstand um den Preis der Selbstzerstörung»?

N Er ist selber mit dieser Idee sehr zurückhaltend umgegangen; er hat nie die Strophe von Luther singen lassen: «Nehmen sie den Leib, Gut, Ehr, Kind und Weib, lass fahren dahin ...» Er hat immer gesagt, diese Strophe kann er nicht singen, weil er nicht weiß, ob er in einer solchen Lage würde standhalten können. Er bat Gott darum, dass es ihm gegeben sein würde, aber er hat auch oft darum gebetet, dass er von einer solchen Situation verschont bleiben möge. Diesen Grad der selbstzerstörerischen Gewissheit hat er nicht gehabt. Er war dankbar, dass er lebend aus dem Krieg herausgekommen ist.

M Es ist interessant, dass Sie das eine «selbstzerstörerische Gewissheit» nennen. Einerseits ist es ja bewundernswert mutig, wenn jemand sagt: «Das ist mir jetzt völlig egal, wie es meiner Familie geht, das mache ich jetzt, obwohl es kaum eine Chance des Erfolgs gibt.» Andererseits hat es ja auch etwas Selbstzerstörerisches, etwas Destruktives liegt auch darin.

N Er ist in diese extreme Situation nicht gekommen, glaube ich.

M Offenbar war er vorsichtig, er wollte so was nicht.

N Er wollte es nicht, nein. Dazu war er vielleicht zu nüchtern. Michael Höck, der dann solange Regens im Priesterseminar in Freising war, hat mir mal erzählt, mein Vater hätte sich in der Verzweiflung in die Zelle von Höck begeben, sich auf dessen Pritsche gesetzt und gesagt: «Michael, wenn ich hier einmal herauskomme, dann weiß ich, was ich zu tun habe.» Das klang mir nach einem Entschluss, den er bei sich gefasst hatte, damals. Offenbar war er nicht zufrieden mit dem, was er bisher getan hatte. Wenn man weiß, was mein Vater alles gemacht hat, dann hätte er eigentlich zufrieden mit sich sein können.

M Jetzt, vielleicht abschließend zu diesem Thema: Was hat Ihren Vater wohl bezüglich seiner Widerstandstätigkeit am meisten beschäftigt?

N Es ist überraschend, wie stark ihn seine Dahlemer Gemeinde interessiert hat. Er hat immer wieder Grüße bestellt an Gemeindemitglieder, denen es nicht gut ging, gesundheitlich oder anderweitig. Von der Kirche wurde nicht geredet, das durfte er nicht. Von den Judenverfolgungen hörte er sicher im Zusammenhang mit dem 9. November 1938, an dem die berüchtigte Pogromnacht stattfand. Das ging ja auch durch die Zeitung. Er konnte den «Völkischen Beobachter» lesen. Im Zusammenhang mit diesem Pogrom sind offenbar zwischen meinem Vater und meiner Mutter in der erlaubten Sprechzeit einige Tage nachher ein paar Worte gefallen, was die Gestapo damit beantwortete, dass sie ein Schreibverbot für acht Wochen verhängte. Da merkt man schon, dass ihn diese Dinge bewegt haben. Ich kann mir vorstellen, dass er sich große Sorgen um die Zukunft der Kirche gemacht hat, seiner evangelischen Kirche, was dann sofort nach dem Krieg seine verstärkten Aktivitäten ausgelöst hat, mit seiner Kirche irgendwie auch ins Reine zu kommen. Das war nicht so einfach, wegen der großen Kompromissbereitschaft, die große Kreise der protestantischen Kirche in seiner Abwesenheit gegenüber dem Nazistaat haben erkennen lassen. Das war auch für ihn eine schwierige Zeit.

M Der deutsche Widerstand fand ja anfänglich so wenig Anerkennung; seine Mitglieder wurden teilweise sogar als Verräter verachtet, auch noch längere Zeit nach dem Krieg. Spielte das bei Ihnen persönlich oder in Ihrer Familie eine Rolle? Haben Sie darunter gelitten?

N Eigentlich nicht. Wir haben ja mit einigen der Verschwörer regen persönlichen Kontakt gehabt. Das gilt zum Beispiel für Marion und Peter Yorck von Wartenburg, die mit meiner Mutter brieflichen und persönlichen Kontakt hatten. Da war Hans Koch, Theodor Strünck, Hjalmar Schacht, das heißt: die Gruppe um Gisevius. Sie trafen sich häufig in einem Restaurant, um über die Dinge der Verschwörung zu beratschlagen und zu reden. Die von Hassells hatten über die Familie von Tirpitz in Dahlem eine lockere Verbindung mit uns. Die Haeftens, besonders Hans-Bernd von Haeften war ein guter Freund meiner Eltern, waren sehr kirchlich orientiert.

M Der Vorwurf des Verrats spielte in Ihrer Familie keine Rolle?

N Diese Angriffe haben wir gar nicht ernst genommen. Mein Vater hat sich da auch sehr weit herausgelehnt in seinen Vorträgen vor deutschen Gefangenen in England. Dort wurde er als Verräter betrachtet, weil er den Leuten gesagt hatte, was hier in deutschem Namen und von deutschen Leuten getan wurde, war nicht nur unklug, sondern auch verbrecherisch. Viele haben dann gesagt: «Der Mann ist ja ein Verräter, der schadet unserer guten deutschen Sache.» In diese Situation ist er noch oft gekommen, aber er hat sie nicht gescheut. Ich weiß von Werner Krusche, einem späteren Bischof aus Sachsen-Anhalt, der meinen Vater in England bei einem solchen Vortrag erlebt hat und empört war. Er hat Jahrzehnte später zugeben müssen, wie recht mein Vater gehabt hat.

M Die meisten Widerständler waren sich bewusst, dass sie sich zwischen «Held» und «Verräter» bewegten und sozusagen beide Gesichter trugen. Dieses Dilemma war den Widerständlern zumeist bewusst und sie haben ja zum Teil darunter wirklich gelitten.

N Ja, das war eine schwierige Situation. Auch das Soldatspielen war für Menschen wie mich eine Qual. Von dem ganzen kriegerischen Getümmel und seinen Bedrängungen mal ganz abgesehen, war der ganze Zustand quälerisch.

M Wir haben vorher vom «Widerstand um den Preis der Selbstzerstörung» gesprochen. Es gab ja auch Leute, die wirklich dagegen waren, aber zu der Einstellung kamen: «Im Moment hat es keinen Sinn, ich halte jetzt still, damit ich später da bin, wenn die NS Zeit zum Ende gekommen ist.» Wie sehen Sie das?

N Mit so einer Entscheidung hat man sich ja letztendlich um die Entscheidung gedrückt, auf welche Seite man fallen wollte, nach dem Motto: «Survivre c'est tout.» Das war natürlich eine Haltung, die gerade bei denen, die eingezogen waren, sehr verbreitet war. In diesem militärischen Apparat zu sein, war verführerisch, denn man hatte manchmal größere Freiheiten als die Zivilisten, denn die Gestapo konnte einem beim Militär relativ wenig anhaben. Die funkte auch mal dazwischen, aber wenn man verständnisvolle Vorgesetzte hatte, wurde man einigermaßen in Ruhe gelassen. Die Pfarrer der «Bekennenden Kirche» wurden oft von den Offizieren dazu aufgefordert, Gottesdienste für die Truppe zu halten, auch wenn sie damit in Konkurrenz mit dem militärkirchlichen Apparat traten. Viele von den höheren Offizieren hielten von den «Deutschen Christen», von dem ganzen Nazichristentum, gar nichts. Sie waren gut protestantisch oder auch katholisch erzogen und wussten, dass die eingezogenen Pfarrer der «Bekennenden Kirche» viel eher das aussprachen, was sie selber bewegte in dieser ganzen Zeit. Für jeden bewussten Menschen war das Dilemma dieser Zeit ganz außerordentlich. Ich mache mir keinen Vorwurf, dass ich zu den faschistischen Horden in Russland gehörte. Es ist auch nicht überall gemordet und geplündert worden. Als ich im rückwärtigen Gebiet in Sewastopol war, herrschten dort einigermaßen friedliche Verhältnisse. Von den Dingen im Hinterland, was die Russen betraf, hörte man ziemlich wenig oder nichts, und die Besatzung bemühte sich um geordnete Verhältnisse. Aber es gab eben auch ganz andere Dinge, gerade in der vordersten Front. Zum Beispiel hörte ich von einem Museumsdirektor in Sewastopol, dass die deutschen Truppen seiner Frau eine kostbare Geige zertrümmert hätten, als sie ihre Wohnung plünderten. Später aber blieb dieses Ehepaar völlig unbehelligt. Die Deutschen hatten allerdings im Juli 1941 das Angebot der Russen, sich an die Vorschriften der «Haager Landskriegordnung» zu halten, expressis verbis zurückgewiesen. Das muss man sich mal vorstellen! Von den Übergriffen der Russen wird andauernd geredet, aber dass die Deutschen selber sich schwere Übergriffe geleistet haben und in aller Form das Anerbieten der Sowjetunion zurückgewiesen haben, das ist doch selbstmörderisch gewesen.

M Hitler hat das ja von Anfang an als einen sogenannten «Vernichtungskrieg» gesehen. Diese Massenerschießungen haben stattgefunden und da war ja zum Teil das Militär auch involviert.

N Das mussten wir ja alle bei der Ausstellung über die Verbrechen der Wehrmacht feststellen, dass da auch zum Teil sehr schlimme Dinge geschehen sind. Es ist interessant: Ich war auf dem Kuban-Brückenkopf, da waren zwölf Divisionen eingesetzt und wir hatten einen kommandierenden General, der ein Antinazi war. Er konnte durchsetzen, dass auf diesem Abschnitt keine SS-Einheiten eingesetzt waren. Das wussten wir alle, und wir waren ein klein wenig stolz darauf. Wir haben natürlich auch praktisch gedacht. Wenn wir in Gefangenschaft kamen und die Russen wissen, dass in unserem Abschnitt von zwölf Divisionen keine SS-Einheiten waren, dann werden sie wahrscheinlich anders mit uns umgehen.

M Fühlen Sie manchmal so etwas wie eine Art «Überlebensschuld»? Sie haben ja gesagt, Sie hätten keine Schuldgefühle, dass Sie dieser ja zum Teil verbrecherischen Wehrmacht angehörten. Aber fragen Sie sich manchmal: «Wieso habe gerade ich überlebt?»

N Ja, den Gedanken habe ich oft gehabt, aber ich habe mich auf meine Weise bemüht, dem entgegenzutreten. Schon bei meiner Berufswahl habe ich mir gedacht: «Du kannst mit deiner Ausstattung an Wissen, Intelligenz und Engagement im Dienste anderer viel abtragen, was vielleicht deine Leute, sogar nächste Verwandte, verbockt haben.» Ich wollte eigentlich immer, auch im Sinne eines gewissen humanistischen Eifers, meinen Mitmenschen irgendwie von Nutzen sein. Deswegen bin ich gerne Arzt geworden.

M Nun als abschließende Frage: Trotz aller Schuld, die das deutsche Volk zweifellos auf sich geladen hat: Wie werden wir Ihrer Meinung nach in der Zukunft angemessen handeln? Was steht für Sie da im Mittelpunkt?

N Mich freut es, dass wir Vorbilder haben. Dietrich Bonhoeffer ist ja hoch im Kurs. Das gilt auch für einige andere, die uns als Vorbilder dienen können, und wir sollten neben vorbildlichen Menschen auch vorbildliche Organisationen im Auge haben. Da bieten sich zum Beispiel manche «NGOs» an. Ich bin auch der Meinung, dass jetzt zum Beispiel dieses «Nein» zu der Verfassung der EU bei den Franzosen zum Teil auf den Einfluss solcher «NGOs» zurückzuführen ist. Ich finde Tätigkeitsbereiche wichtig, die zeigen, wie es war, um zu verhindern, dass es wieder möglich sein könnte. Da gibt's doch noch viel zu tun.

M Diese Menschen, die in «NGOs» arbeiten, sind für Sie Menschen, die diesen Widerstandsgedanken weitertragen?

N Ja, durch ein vorgezogenes Engagement in Dingen, die die offizielle politische Macht nicht so ohne weiteres anzupacken bereit ist. Oder wo auch die Bereitschaft zum Engagement zu gering ist.

Adolf Lampe

(1897–1948)

Prof. Dr. Adolf und Gertrud Lampe mit Tochter Christine 1943.

Adolf Lampe, weltoffen und liberal erzogen, erlebte den Ersten Weltkrieg als Kriegsfreiwilliger. 1919 nahm er in Frankfurt am Main das Studium der Nationalökonomie auf und folgte 1921 seinem Mentor Adolf Weber an die Universität München, bei dem er bis zu seiner Habilitation 1926 als wissenschaftlicher Assistent arbeitete. 1926 folgte Lampe dem Ruf an die Universität Freiburg, an der auch die beiden Nationalökonomen und Vertreter der Freiburger Schule Walter Eucken und Constantin von Dietze lehrten. Als Gegner der nationalsozialistischen Herrschaft entschloss er sich zum Widerstand und war federführend an Aktivitäten der sogenannten Freiburger Kreise beteiligt. Gemeinsam mit Eucken und Dietze gehörte er dem «Freiburger Konzil» an, einem Gesprächskreis, in dessen Mittelpunkt die Frage erörtert wurde, wie in einem die göttlichen Gebote missachtenden Staat ein christliches Leben möglich sei. Daneben wirkte er auch im «Freiburger Bonhoeffer-Kreis» mit, der sich mit dem Entwurf einer Programmschrift, basierend auf den christlichen Grundsätzen, für eine Weltkirchenkonferenz nach dem Ende des Zweiten Weltkriegs befasste. Darüber hinaus beteiligte er sich auch an der Arbeitsgemeinschaft des Ökonomen Erwin von Beckerath, die eine neue Wirtschaftsordnung für die Zeit nach Hitler ausarbeitete und Gutachten für den Übergang von der Plan- zur Marktwirtschaft erstellte, wobei die Wirtschaftswissenschaftler sowohl eine zentral gelenkte als auch eine Wirtschaftsordnung des laisser-faire ablehnten. Während seiner Widerstandstätigkeit stand Lampe auch mit dem oppositionellen Zirkel um Carl Friedrich Goerdeler in Verbindung. Nach dem gescheiterten Attentat wurde er von der Gestapo im September 1944 inhaftiert und bis April 1945 in einem Gestapo-Gefängnis und im Konzentrationslager Ravensbrück interniert. Beim Einmarsch der Sowjets wurde er entlassen. Im Sommer 1945 nahm er schließlich wieder seine Lehrtätigkeit an der Freiburger Universität auf, wurde aber im März 1946 nach einer nie geklärten Denunziation von der französischen Besatzungsmacht gefangengenommen und bis Ende Juli 1946 im Lager Betzenhausen bei Freiburg festgehalten. Dem Ruf an die Universität Bonn Ende des Jahres 1947 konnte er durch seinen plötzlichen Tod im Februar 1948 nicht mehr folgen. Lampe starb vermutlich an den gesundheitlichen Schäden, die er sich während seiner beiden Inhaftierungen zugezogen hatte.

Interview mit Dr. Christine Blumenberg-Lampe

M Frau Blumenberg-Lampe, ich möchte Sie nach einer für Sie sehr wichtigen Jugenderfahrung fragen. Was fällt Ihnen dazu spontan ein?

B-L Eine ganz frühe: 1944, kurz vor meinem zweiten Geburtstag, wurde mein Vater verhaftet und zunächst im Gefängnisturm in Freiburg untergebracht. Meine Mutter,[1] mein Bruder und ich sind zum Gefängnis gegangen. Mein Vater kam ans Gefängnisfenster. Ich höre seine Stimme immer noch. Diese Situation ist mir ganz deutlich vor Augen. Die Haft meines Vaters muss mich sehr getroffen haben. Ich kann mich auch noch erinnern, wie wir Päckchen für ihn gepackt haben. Meine Mutter hat später gesagt: «Christel, das kann eigentlich nicht sein.» Dann habe ich ihr erzählt, dass ich mich genau an eine ovale Pergamentrolle erinnern kann. Davon haben wir Stücke abgeschnitten, gefüllt und mit einer Zange zusammengeklammert. Sie konnte sich daran nicht erinnern. Beim Umzug von Freiburg nach Frankfurt 1958 haben wir tatsächlich diese Rolle gefunden. Ich erinnere mich auch noch daran, wie Bilder von meinem Vater mit mir gemacht wurden. Das muss kurz vor seiner Verhaftung gewesen sein. Ich bin mit meinem Vater bzw. mit meinen Eltern hautnah aufgewachsen. Ihre Schreibtische standen sich gegenüber, an der Schmalseite hatte ich einen Sekretärinnen-Schreibtisch für mich. Dort durfte ich zeichnen, malen, bei ihnen sein. Mein Vater war fast immer präsent; so hat er mir sehr gefehlt, als er in Haft war. Meine Mutter versuchte das durch das Päckchenpacken, ihr Erzählen und Fotos, die für den Papa in der Haft gemacht wurden, zu überbrücken. Dann erinnere ich mich an die Beerdigung meines Vaters 1948. Mein Vater war auch als nicht mehr Lebender sehr präsent, nicht penetrant, sondern zum Beispiel durch Erzählungen seines besten Freundes, der mich mit erzogen hat, oder durch die Schüler meines Vaters, die immer wieder zu uns kamen.

M Das bedeutet, dass man in Ihrer Familie sehr offen darüber gesprochen hat, was passiert ist?

B-L Für meine Mutter, die Freunde und Verwandten meiner Eltern, die Schüler, d. h. die Menschen, die bei uns im Haus ein- und ausgingen, für die war das immer ein Thema. Mein Bruder machte 1949 Abitur und ging in eine landwirtschaftliche Lehre und anschließend ins Studium. Er war damit praktisch aus dem Haus. Mit ihm war das kein Thema.

M Haben Sie eine Idee, was das bei Ihnen bewirkt hat?

B-L Meine Mutter hat das immer so erklärt – für mich ist das nachvollziehbar –, dass mein Bruder mit 17 Jahren, in einem schwierigen Alter, den Vater verloren hat. Für sie war das ein Grund für sein Verstummen. Wobei wir sein Verstummen erst richtig durch seine erwachsenen Kinder realisiert haben, die ihre Großmutter und mich nach dem Widerstand des Großvaters gefragt haben. So haben wir erst erfahren, dass ihr Vater auch mit ihnen nicht über den Widerstand des Großvaters redete. Meine Mutter hat viel mit mir über den Widerstand geredet und mir erklärt, warum mein Vater so früh gestorben ist, dass er an seiner Gesundheit gezehrt hat, weil er auch schon in den 20er Jahren den Kampf gegen die Nationalsozialisten in München aufgenommen hatte. Bei uns war das Tagesthema im Gegensatz zu vielen anderen von uns aus dem 20. Juli-Kreis. Je älter ich werde, desto mehr spüre ich, wie viel Dank ich meiner Mutter dafür schulde. Ich bin dadurch ein wenig schwierig und zugleich ein Stück weit stolz geworden. So habe ich zum Beispiel immer wieder versucht, den Widerstand in meinem Freundes- und Bekanntenkreis zu thematisieren. Dabei bin ich oft auf Mauern gestoßen, die ich nicht einordnen konnte. Heute ist mir klar, dass ich im Grunde genommen bei Älteren ein Stachel im Fleisch war, eine Art wandelnde Anklage.

M Was meinen Sie damit, wenn Sie sagen, Sie seien schwierig geworden?

B-L Ja, ich bin dadurch wohl recht selbstbewusst geworden. Ich war völlig davon überzeugt, dass das, was meine Eltern im «Dritten Reich» getan haben, das Richtige war. Und damit war ich natürlich für meine Freun-

Dr. Christine Blumenberg-Lampe.

dinnen und Freunde, die aus anderen Sozialisationen kamen, eine Außenseiterin, ich war fremd, war anders. Diese Erkenntnis kam mir jedoch erst später im Zuge der wissenschaftlichen Auseinandersetzung mit dem Thema Widerstand, durch die Reflexion und Diskussion im Freundeskreis der Hinterbliebenen, aber auch der mit in- und ausländischen Freunden. Wenn ich früher gewusst hätte, dass ich im Grunde eine wandelnde Anklage bin, dann wäre ich mit meinen Lehrern gnädiger umgegangen und hätte mich sicher auch vor den Klassenkameraden nicht so selbstverständlich als Kind von Widerstandskämpfern zu erkennen gegeben. Insgesamt war das etwas, was mich von anderen unterschieden und für mich den Umgang mit anderen schwierig gemacht hat. Auch damit erkläre ich mir, dass für uns Widerstandsnachkommen der Zusammenhalt untereinander so wichtig ist und zwar, je älter wir werden, umso wichtiger.

M Jetzt eine grundsätzliche Frage. Aus der familientherapeutischen Arbeit weiß man, dass Kinder – zum großen Teil unbewusst – schwere traumatische Erfahrungen und auch Schuldgefühle übernehmen, die eigentlich den Eltern gehören.

B-L Dass diese Kinder, deren Väter den Nationalsozialismus, in welcher Weise auch immer, gestützt und mitgetragen haben, Schuldgefühle in sich tragen, ist mir sehr bewusst. Von mir würde ich eher das Gegenteil sagen. Ich bin stolz auf meine mutigen Eltern und habe damit, bildlich gesprochen, einen Schutzwall um mich gebaut. Auch deshalb, weil ich gerade in Freiburg als Kind meiner Eltern bekannt wie ein bunter Hund war. Die Widerstandstätigkeit meiner Eltern war bekannt, aber akzeptiert war sie eigentlich nur im Freundeskreis. Ich war in Freiburg als Verräterkind abgestempelt. Demgegenüber habe ich mich durch meinen Stolz auf die Eltern abgeschottet. Dieser Stolz wurde mir aber nicht in übertriebenem Maße von meiner Mutter nahegebracht. Mein Vater bekam von ihr keinen Heiligenschein – eher aus dem Freundes- und Schülerkreis. Bei mir waren es Stolz und eine Art Verpflichtung, das nachzuahmen, was mich geprägt und mich ein Stück weit zum Außenseiter gemacht hat.

M Also war das schon so ein gewisses Elitegefühl, das in diesen Familien häufig zu spüren ist.

B-L Ja, daran besteht überhaupt kein Zweifel. Ich bin mit einem deutlichen Elitegefühl aufgewachsen. Das ist mir anerzogen worden. Aber eben aus der Verpflichtung eines Christenmenschen heraus, sich für andere einzusetzen, mutig zu sein, sich durch die Geborgenheit im Glauben gestärkt zu fühlen und daraus für andere Verpflichtungen zu übernehmen.

M Daraus entnehme ich, dass Ihr Vater offensichtlich seinen Impuls, gegen das NS-Regime zu arbeiten, auch aus dem Glauben, aus der Religion gezogen hat.

B-L Ja sicher, beide Elternteile. Mein Vater war evangelisch und stammte aus dem liberalen Frankfurter Protestantismus. Aber meine Mutter stammt aus dem pietistischen Umfeld in Nierstein. Sie hat meinen Vater zum Glauben geführt. Mein Vater hat die Opposition und das Warnen vor dem Nationalsozialismus seit 1923 betrieben, und da kannte er meine Mutter noch gar nicht. Als er sich 1925 mit meiner Mutter verlobte, stellte er drei Fragen an die junge Frau von 19 Jahren: «Bist du bereit, mit mir den Kampf gegen Hitler auf dich zu nehmen? Denn der wird an die Macht kommen. Bist du dann auch bereit, das finanziell mitzutragen? Denn wenn ich nicht in der Wirtschaft unterkomme, werde ich als Beamter an der Universität in Gefahr geraten. Und bist du auch bereit, meine Eltern finanziell mit zu unterstützen? Denn in der Inflation wird ihr Vermögen wohl vernichtet werden.» Dass er widerstehen müsse, das war ihm klar, aber die Kraft dazu hat er nachher weitgehend aus der Ehe und aus dem Glauben gezogen.

M Haben Sie eine Idee, woraus Ihr Vater abgeleitet hat, dass Hitler an die Macht kommen würde? Das war doch damals überhaupt noch nicht klar.

B-L Er hat 1923 in München den Novemberputsch miterlebt. Er hat damals schon die ersten SA-Prügel im Hofbräuhaus bezogen. Sehr früh setzte er sich mit den wirtschaftspolitischen Programmen der Parteien der Weimarer Republik auseinander. Außerdem hat er an der Münchner Universität Seminare gegeben, an denen Rudolf Hess und einige andere Nazigrößen teilnahmen. Daneben hat er einen ausführlichen Schriftwechsel mit Gottfried Feder geführt, der in frühen Jahren das wirtschaftspolitische Programm der Nationalsozialisten maßgeblich begleitet hat. Mein Vater hat aus seiner wissenschaftlichen Arbeit heraus argumentiert, er hat sehr früh Hitlers «Mein Kampf» gelesen, und er hatte in München genug Erfahrungen im Umgang mit den Nationalsozialisten gesammelt. Er hat die Untaten der Nationalsozialisten bis hin zur Judenvernichtung vorausgesehen. Das steht in seinem Brief an seine Eltern vom 11. November 1923. Ich bin sehr dankbar, dass das schriftlich vorliegt, weil man es sich sonst nicht vorstellen könnte. Das lässt mich aber auch immer wieder die Frage stellen: Warum haben das nicht noch mehr Intellektuelle erkannt?

M Zu der Zeit gab es ja viele Intellektuelle, die sich anfänglich für den Nationalsozialismus erwärmten.

B-L Bis hin zu Geistesgrößen wie Martin Heidegger und nicht wenige Theologen.

M Eine andere Frage: Wurden Sie, nachdem Ihr Vater tot war, zu einer Art von Partnerersatz für Ihre Mutter? Das geschieht ja häufig in solchen Situationen.

B-L Oh ja, ganz bewusst, auch von meiner Mutter aus. Im Sinne einer Verpflichtung. Meine Mutter hatte mehrere berufliche Möglichkeiten nach dem Tod meines Vaters. Sie hat sie alle abgelehnt mit der Begründung, dass für sie nach dem Tod meines Vaters das Wichtigste sei, ihre Kinder im Sinne des Vaters zu erziehen. Darin sah sie ihre Aufgabe, uns Vater und Mutter zu sein, was zu einem sehr engen Verhältnis zwischen mir und ihr führte. Wir waren bis auf ein paar Jahre vor ihrem Tod ein festes Team, haben uns aneinander festgehalten. Je älter und hilfsbedürftiger meine Mutter wurde, um so mehr wurde ich auch Partnerersatz. Das war mir überhaupt nicht so klar, bis mein Mann mir einmal sagte, dass wir 25 Jahre lang eine Ehe zu dritt geführt haben. Aber nicht nur wir haben meine Mutter gestützt. Die Freunde und viele Schüler meines Vaters haben ihr die Treue gehalten.

M Es ist ja doch als großes Glück zu bezeichnen, dass Sie trotzdem einen männlichen Partner finden konnten.

B-L Ja, das ist wohl wahr.

M Kam Ihr Mann auch aus diesen Kreisen?

B-L Nein, meinen Mann habe ich in Spanien auf einer Studentenreise kennengelernt. Ich war gerade 25 Jahre alt. Wir waren beide im Examen. Wir haben dann nacheinander in Freiburg Examen gemacht und sehr schnell geheiratet.

M Um so erstaunlicher ist es, dass er dann da so ...

B-L Ja, weil er ein sehr in sich ruhender intellektueller Mann ist, der von meinem Umfeld und auch von meiner Mutter sehr fasziniert war. Er kommt aus einem Elternhaus, wo der Vater auch nicht gesprochen hat, der im Krieg auf dem Balkan schlimme Dinge erlebt hat. Die Familien waren zumindest angepasst. Der Großvater mütterlicherseits scheint Mitglied der «Bekennenden Kirche» gewesen zu sein. Der politische Kampf wurde in der Familie meines Mannes nicht thematisiert. Die Großeltern väterlicherseits scheinen aber Juden geholfen zu haben. Aber er kommt aus einem anderen Umfeld. Das bereichert aber auch.

M Das ist ein großes Glück, manchmal geht so etwas ja dann auch schief.

B-L Dass er gegenüber seiner Schwiegermutter so eine große Verpflichtung empfand, ihr das Leben zu erleichtern und sie auf Händen zu tragen, ist aber, denke ich, auch eine Art Verbeugung meines Mannes vor dem Widerstand meiner Eltern.

M Es stellt sich die Frage, die nicht in allen Familien eine Rolle spielte, die aber immer wieder bei manchen der Geschwister durchkommt und die ich mit dem Satz kennzeichnen möchte: «An uns haben sie ja nicht gedacht.» Das heißt, das politische Engagement stand über der Familie.

B-L Das ist bei uns in der Familie sehr gespalten. Ich habe zwei ältere Brüder. Der älteste Bruder ist 16 Jahre älter als ich und 1944 gefallen. Der nächste Bruder ist elf Jahre älter. Die Brüder sind vom Widerstand geprägt. Die Brüder sind die Ehe-Kinder, und ich bin das Witwen-Kind. Wir wurden ganz unterschiedlich geprägt. Ich habe 2006 erneut Haftnotizen meines Vaters und auch Briefe aus der Haft an meine Mutter gelesen. Dabei entdeckte ich, dass mein ältester Bruder aus dem Krieg seinem Vater einen Brief in die Haft geschrieben haben muss mit dem Tenor: «Du hast an das Vaterland gedacht, aber nicht an die Familie und nicht an unsere kleine Christel.» Diesen Brief habe ich leider nicht. Er hat meinen Vater in der Haft sehr beschäftigt. Das kann man den Tagebuchnotizen, die er fast täglich in Briefform an seine Frau geschrieben hat, entnehmen. Er erkannte, dass er Schuld gegenüber der Familie auf sich geladen hatte. Er nahm sich vor, nach dem Krieg sein Arbeitspensum zu ändern. Er wollte nicht mehr 15 bis 16 Stunden am Tag arbeiten, sondern nur noch acht bis zehn, um mehr Zeit für die Familie zu haben. Er schrieb sinngemäß: «Das, was wir getan haben, musste sein, aber danach muss es durch mehr Zeit für Euch ausgeglichen werden.» Es blieb beim Vorsatz, er hat danach genauso viel gearbeitet wie zuvor. Die Vorwürfe meiner Brüder waren bei Dieter deutlich, bei Klaus, meinem noch lebenden Bruder, wohl auch. Er sprach nicht darüber, verschloss sich auch vor der späteren Arbeit meiner Mutter in der Stiftung «Hilfswerk 20. Juli 1944». Bei mir ist es anders, ich bin in der Verantwortung, aber auch in der Ehrfurcht gegenüber meinem Vater und seinem Widerstand groß geworden.

M Denken Sie, dass diese unterschiedlichen Sichtweisen der Geschwister der Ausdruck eines Dilemmas bei Ihrem Vater waren?

B-L Das kann ich nicht sagen. Ich vermute eher nein, denn er war schon als junger Mann mit 26 Jahren in den Kampf gegen die Nationalsozialisten eingebunden. Dafür hat er alles hintangestellt, auch sich selber und die Familie.

M Ihre Eltern haben den Widerstand um den Preis der völligen Selbstzerstörung in Kauf genommen.

B-L Ja, sie haben aber versucht, nicht unvorsichtig zu sein, sich nicht unnötig zu gefährden. Mein Vater war sehr humorvoll und ironisch, es gibt von ihm den Spruch: «Ich will nicht wegen eines dummen Witzes ins KZ. Es muss sich lohnen!»

M So ein Dilemma wie das der Militärs, die sich an den Eid gebunden fühlten oder die Angst hatten, dass nach einem gelungenen Attentat ein Bürgerkrieg ausbrechen könnte, oder die sich fragten, ob es nicht zu spät sei, das gab es Ihrer Ansicht nach bei Ihrem Vater nicht?

B-L Ein Dilemma war für meinen Vater, ob das Attentat auf Hitler mit seinem christlichen Glauben zu vereinbaren sei. Ihn beschäftigte jahrelang die Frage: «Wie weit dürfen wir als Christen in unserem politischen Handeln gehen?» Der Tyrannenmord war für ihn ein Dilemma. Der Eid war für ihn keines, zumal er schon im Ersten Weltkrieg Soldat war, also noch auf den Kaiser geschworen hatte. Allerdings ist er 1939, als der Krieg ausbrach, aufs Wehrersatzamt gegangen, hat dort seine Offiziersepauletten auf den Tisch gelegt und gesagt: «Mit diesem Führer als Offizier nicht, als gemeiner Soldat ja.» Sie wollten ihm die Abzeichen wieder mitgeben. Er wollte schriftlich haben, dass er das Offizierspatent abgegeben habe. Er hatte ein radikales Gewissen.

M Sie haben angedeutet, dass der Widerstand in Westdeutschland so lange keine Anerkennung gefunden hat. Das hat viele Widerstandsfamilien, die meistens vaterlos waren, sehr betroffen gemacht. Im Osten war das ja anders.

B-L Aber auch im Osten wurde nur ein Teil des Widerstands anerkannt: der kommunistische und der linke Widerstand. Alles andere nicht.

M Was würden Sie sagen, wie die fehlende Anerkennung auf Sie gewirkt hat?

B-L Das hat mich doch sehr getroffen und geprägt. Ich bin in Freiburg ganz klar als Verräterkind gesehen worden. Das wurde mir auch deutlich gesagt. Es gab Lehrer, die die Klasse, in der ich war, nicht übernehmen wollten, die Tochter eines solchen Vaters wollten sie nicht unterrichten. Das war dann auf dem Gymnasium. Ich bin 1948 eingeschult worden. In der Grundschule habe ich davon noch wenig gespürt. Aber auf dem Gymnasium, etwa ab 1953, umso mehr, auch bei den Schülern. Ich buhlte zum Beispiel in der Quinta sehr um die Freundschaft einer Klassenkameradin, die ich sehr bewundert habe. Aber ich landete bei ihr überhaupt nicht. Das machte mich traurig. Meine Mutter riet mir: «Frag sie doch einfach, warum sie nicht zu uns kommen möchte, wenn du sie einlädst.» Sie sagte dann: «Meine Eltern haben mir verboten, mit einer Tochter von solchen Eltern zu spielen und Kontakt zu haben.» Das hat mich hart getroffen. In Frankfurt gab es so etwas nicht. Dort hatte ich einen Lehrer, der sich als alter Nazi vorstellte und stolz auf seine niedrige Parteinummer war. Dem wurde das Handwerk gelegt, nachdem ich meiner Mutter von ihm erzählt hatte.

M Immer wieder wird die Opfer-Täter-Dynamik diskutiert. Die Widerständler stehen – ich glaube, man kann es so sagen – etwas dazwischen. Oder sind beides zugleich.

B-L Ja, beides zugleich. Sie sind Täter, weil sie dagegen waren, und sie sind Opfer, weil sie dagegen waren. Mein Vater war im «Dritten Reich» ein ganz eindeutiges Opfer, weil er sofort unter den Paragraphen vier des «Berufsbeamtengesetzes» wegen politischer Unzuverlässigkeit gestellt wurde. Die Nazis kannten ihn aus den frühen Auseinandersetzungen in München. Er war damals in Freiburg nur außerplanmäßiger persönlicher Ordinarius, und es stand an, dass er ein ordentliches Ordinariat bekommen sollte. 1933 wurde das dann sofort von den Nazis vereitelt. Es gab noch mehrere Versuche von Seiten der Nazis, ihn loszuwerden. Er hat allerdings auch selber versucht, in der Industrie unterzukommen, weil er diesen Staat nicht mehr mittragen wollte. Diese Versuche scheiterten alle. In diesem Falle hat er aber die Familie nicht hintangestellt, denn er gab die Lehrtätigkeit nicht auf, ohne eine andere Arbeitsstelle zu haben.

M Wie, glauben Sie, hätte er sich selber, wenn er diese politische Diskussion mitbekommen hätte, bezeichnet? Als Opfer oder als Täter?

B-L Ganz sicher als Opfer des Nationalsozialismus. Er hatte jedoch auch Verständnis für die Täter, soweit sie Mitläufer waren oder niemanden an Leib und Leben geschadet hatten. Sein Bruder zum Beispiel war ein ganz früher, unbelehrbarer Nazi. Vor seinem Haus stand eine nachts beleuchtete Hakenkreuzfahne. Er hatte sogar Zugang zu Hitler. Mein Onkel hat sich dennoch für meinen Vater eingesetzt, als er in Haft war. Das war durchaus mutig. Er hat versucht, seinem Bruder das Leben zu retten. Hinterher ist mein Onkel von den Amerikanern mit Sohn und Frau verhaftet worden. Denen ging es richtig dreckig. Da hat sich mein Vater intensiv für seinen Bruder eingesetzt oder auch für Freunde. Und er hat sich auch für die verführten Studenten, die dann nachher Probleme hatten, entnazifiziert zu werden, eingesetzt. Ebenso für kleine Leute. Zum Beispiel wäre an der Uni Freiburg ein Hausmeister fast «gehängt worden», während die Großen «laufen gelassen» wurden. Für ihn hat sich mein Vater im Entnazifizierungsausschuss mit Erfolg eingesetzt. Wenn er jemanden als Täter bezeichnet hat, dann die Intellektuellen und die Militärs, die nichts oder viel zu spät begriffen hatten und damit den Nazis den Weg bereitet haben.

M Ja, es ist sicher richtig, daran zu erinnern, dass es auch unter dem Nationalsozialismus Menschen gab, die etwas anderes wollten. Die Widerständler gehörten zu den Menschen, durch die sich später die Bundesrepublik überhaupt erst entwickeln konnte, obwohl ihr unmittelbarer politischer Einfluss nicht groß gewesen ist. Die Weimarer Republik war ja sehr problematisch und hatte mit sehr schwierigen Bedingungen, wie etwa den Reparationen, zu kämpfen.

B-L Ohne Versailles wäre Hitler gar nicht an die Macht gekommen. Dieses «Versailler Diktat» ist, was im Nachlass meines Vaters immer wieder deutlich wird, ein nachhaltiger Stachel in seinem Fleisch. Er hat darin den Hauptgrund dafür gesehen, dass die Nationalsozialisten und andere rechte Gruppen überhaupt Fuß fassen konnten.

M Es gibt ja auch noch die Menschen, zu denen Konrad Adenauer auch gehört hat, die sich sagten, dass die Situation jetzt aussichtslos sei, und sich zurückzogen.

B-L Das war politisch sicher schlauer als das, was mein Vater gemacht hat. Aber da muss sich jeder nach dem eigenen Gewissen und Naturell entscheiden. Ich ziehe vor beiden den Hut, denn wir brauchten beide. Wir brauchten diese Kämpfernaturen wie meinen Vater. Und wir brauchten Strategen wie Adenauer. Ich finde ohnehin, wir Nachgeborenen können darüber nur ganz schwer ein Urteil fällen. Wissen wir, wie wir gehandelt hätten? Ich habe einmal zu Hause am Esstisch gesagt, als Fritz Hauenstein zu Besuch war: «Ich weiß nicht, aber ich glaube, ich wäre ein begeistertes BDM-Mädchen gewesen.» Er war empört: «Wie kann die Tochter eines solchen Vaters das sagen? Mit dir will ich nicht mehr an einem Esstisch sitzen, raus!» Ich bin davon allerdings bis heute überzeugt, denn ich war später mit Begeisterung in der evangelischen Jugend, auch der Gemeinschaft wegen.

M Gibt es etwas, was Kinder aus Widerstandsfamilien Ihrer Meinung nach tun können, um in Zukunft derartiges zu verhindern?

B-L Sofern man psychisch dazu in der Lage ist und die Gelegenheit hat, finde ich es wichtig, vor allem im Ausland zu berichten, dass es den Widerstand gegen Hitler gab. Ich werde dann häufig gefragt, was das wirkliche Erbe des Widerstands sei und was man daraus zu lernen hätte. Ich antworte immer wieder: «Wachsam bleiben und Mut zur Zivilcourage entwickeln» und diese Verpflichtung auch Kindern und anderen Menschen, die wir beeinflussen können, nahebringen. Wir

Jüngeren haben ab den späten 60er Jahren im 20.-Juli-Kreis intensiv darüber diskutiert, in welcher Verantwortung wir stehen, welches Erbe wir haben und was das für uns bedeuten muss. Manche Widerstandskinder haben der 68er Bewegung durchaus nahe gestanden. Mir war das fern.

M Wie ordnen Sie das ein, dass das so war?

B-L Das fällt mir ganz schwer. Es bleibt ein Phänomen, wenn man sich unseren Kreis von innen her anschaut, dass ein großer Teil heute politisch links steht. Einige sind sogar ganz bewusst in der VVN geblieben, auch wissend darum, dass sie von der DDR finanziert wurde. Ob dies ein Teil von völlig falsch gedeutetem Schuldgefühl gegenüber dem kommunistischen Widerstand ist? Ich weiß es nicht. Vielleicht war es auch eine Gegenreaktion. Denn manche dachten, die Väter, insbesondere, wenn sie Offiziere waren, standen zu weit rechts. Bei anderen war es die linke Familientradition. Außerdem gab es auch den kommunistischen Widerstand. Der wurde nur lange nicht gewürdigt. Die «Rote Kapelle» war selbst noch in den frühen 90er-Jahren nicht offiziell anerkannt und geehrt. Dazu kam es erst Mitte der 90er Jahre. Das liegt allerdings zum Teil auch daran, dass man nicht an die Quellen herankam. Erst durch den Mauerfall öffneten sich neue Archive. Als ich dann ein wirtschaftspolitisches Programm, das der Wirtschaftswissenschaftler Arvid Harnack für die «Rote Kapelle» formulierte, gelesen habe, dachte ich: «Das hätte sich gut mit den Vorstellungen meines Vaters vereinbaren lassen.»

M Mir geht gerade durch den Kopf, ob es nicht auch damit zu tun hat, dass diese Widerstandskinder der Bundesrepublik übel genommen haben, dass sie ihre Väter so lange als Verräter verachtet hat.

B-L So lange auch wieder nicht. Und so allgemein stimmt es auch nicht. Man hat sich zwar immer wieder über Globke und wieder eingestellte Täter aufgeregt. Aber ab 1952 und teilweise auch schon früher haben Witwen, Eltern und Nachkommen Renten von der Stiftung «Hilfswerk 20. Juli 1944» bekommen. Erinnert sei auch an das Bundesentschädigungsgesetz, an dem die Stiftung mitberaten hat. Im Nachhinein ist da viel Gutes vergessen worden. Da müsste man wirklich Grundlagenforschung betreiben. Auch deshalb bin ich der Meinung, dass man die Geschichte der Stiftung aufarbeiten müsste. Es gab viel frühe Hilfe. Es waren vor allem zunächst die Überlebenden des Widerstandes, die für die Bedürftigen der Freunde sorgten. Ab Anfang der 50er Jahre bis heute wird die Stiftung zum erheblichen Teil vom Staat finanziert. Richtig ist jedoch, dass die Bundesrepublik sich gleichzeitig mit der Würdigung des Widerstands und des Attentats schwertat, und zwar sowohl der Staat als auch die Kirchen. Erst in den 60er Jahren rang sich das Verteidigungsministerium durch, Kasernen nach Widerstandskämpfern zu benennen. Auch die evangelische Kirche benötigte den Anstoß durch die Bonhoeffer-Biografie von Eberhard Bethge, um Dietrich Bonhoeffer vollständig anzuerkennen. Und in der katholischen Welt hat es noch länger gedauert, bis ihre Märtyrer gewürdigt wurden. Bis heute ist der bedeutende Kreisauer Pater Alfred Delp nur wenigen bekannt.

M Was meinen Sie, gibt es ein Vermächtnis der Nachkommen?

B-L Ich denke, das Vermächtnis ist die Verpflichtung, für den anderen mit einzustehen, wachsam zu sein und unter Umständen mit viel Zivilcourage für Recht und Gerechtigkeit einzutreten. Und ein zweites, zwischenmenschliches Vermächtnis ist, sich nach wie vor um die Angehörigen und Nachkommen zu kümmern. Denn da ist immer noch viel Verletzung vorhanden, die jetzt mehr und mehr herauskommt, je älter wir werden.

M Wie genau sieht das aus? Heißt das, dass es den Nachkommen teilweise schlecht geht?

B-L Ja, bis hin zu Depressionen, Haftpsychosen, psychischen Verletzungen, Arbeitsunfähigkeit. Mir ist wichtig, dass wir menschlich füreinander einstehen. Und andere sind nicht nur psychisch, sondern im weitesten Sinne finanziell Opfer des Widerstands der Eltern. Von den älteren Söhnen und Töchtern haben manche kein Abitur machen können, sind nicht angemessen ausgebildet, weil sie schnell Geld verdienen mussten, um sich und die Familie zu ernähren. Und das, obwohl sie hochintelligent sind. Sie leiden darunter, im Sachbearbeiter-Status stecken geblieben zu sein. Viele Töchter sind auch allein geblieben, um für die Mutter und die Geschwister zu sorgen. Das ist für sie bis heute finanziell spürbar, weil sie kleine Renten und den Stachel im Fleisch haben: «Wir sind nicht akademisch gebildet. Wir sind eigentlich nicht anerkannt.» Das kommt sehr deutlich heraus. Auch hier müssen wir einander stützen.

M Was denken Sie bei dem Satz: «Der Widerstand hatte seinen Preis»?

B-L Das ist eine gute Formulierung. Sie summiert alles, was in den Interviews aufscheint sowohl in den Berichten und der Reflexion über den Widerstand als auch die Schicksale, die von ihm bestimmt wurden, im Guten wie im Schweren. Der Widerstand der Eltern hatte seinen Preis. Wir haben aber auch ein großes Erbe: Wir haben die schöne Freundschaft untereinander. Das Schwere, was wir gemeinsam haben, ist auch gleichzeitig die Kraftquelle für diese Freundschaften. Ich habe mit niemand anderem sofort so vertrauensvolle Gespräche, wie wenn ich merke, dass mein Gegenüber zum Widerstand gehört. Das geht vielen von uns so. Das ist ein großes Geschenk und eine große Hilfe und damit auch ein Preis in positivem Sinne. Aber wir haben auch den Preis des Familien- und des Vaterverlustes, der gesundheitlichen Folgen bei den Müttern und uns Nachgeborenen. Der Widerstand hat für uns zweierlei Preis, aber wir dürfen das Positive, das wir daraus schöpfen können, nicht vergessen.

Kurt Hahn *(1901–1944)*

Oberst Kurt Hahn, Chef des Stabes Heeresnachrichtenabteilung im OKH Berlin, hingerichtet September 1944 in Plötzensee.

Kurt Hahn trat 1922 als Kavallerist in die Reichswehr ein und beteiligte sich am 9. November 1923 als Unteroffizier an Hitlers Putschversuch in München. Nach seiner Versetzung in die Nachrichtenabteilung des Oberkommandos der Wehrmacht im Jahr 1934 wechselte er zunächst als Ausbilder für Funk- und Fernmeldetechnik an die Heeresnachrichtenschule nach Halle und schließlich 1937 zur Inspektion der Nachrichtentruppe nach Berlin. Nach dem deutschen Überfall auf Polen am 1. September 1939 nahm er an den Feldzügen in Polen und in der Sowjetunion teil. Unter der Leitung des Generals Erich Fellgiebel arbeitete Hahn seit 1943 als Oberst und Chef des Stabes in der Heeresnachrichtenabteilung und kam so in Kontakt zur militärischen Opposition. Eingeweiht in die Umsturzpläne der Verschwörer, hielt sich Hahn am 20. Juli 1944 im OKH-Lager Mauerwald bei Lötzen in Ostpreußen auf, nur einige Kilometer vom Ort des Attentats entfernt. Der Plan, nach einem Anschlag auf Hitler alle Nachrichtenwege zu blockieren, scheiterte. Am 12. August 1944 wurde Hahn verhaftet, am 4. September 1944 vom Volksgerichtshof zum Tode verurteilt und noch am selben Tag in Berlin-Plötzensee hingerichtet. Hahns Ehefrau erfuhr erst drei Wochen nach seiner Ermordung von der Vollstreckung des Todesurteils.

Interview mit Michael Hahn

M Ihr Vater war ein enger Mitarbeiter des Generals Erich Fellgiebel.

H Ja, Fellgiebel war sozusagen Chef und Freund in einer Person, wenn ich es richtig verstanden habe. Mutter hat mir das erzählt, und meine Weisheiten stammen auch aus dem Buch von Peter Hoffmann[1] beziehungsweise aus einem Buch von Peer Fellgiebel über seinen Vater. Da sind sehr viele militärisch-taktische und technische Dinge beschrieben, in die Vater involviert war. Er war ja Chef des Stabes unter Fellgiebel und mit ihm befreundet, da beide versierte und interessierte Reiter waren. Das hat wohl eine Männerfreundschaft ergeben, die bis zum Ende gehalten hat. Das war auch der Grund, warum Fellgiebel meinen Vater als Stabschef geholt hatte.

M Wie hat er geendet? Ist er erschossen worden?

H Nein. Er ist in Berlin-Plötzensee erhängt worden, im September 1944, und er wurde in Wilmersdorf verbrannt. Die Asche ist entweder auf die Rieselfelder in Berlin verteilt oder in die Spree geschüttet worden. Das ist nicht nachzuvollziehen. Es gibt kein Grab. Aber das habe ich alles aus Erzählungen der Mutter. Ich selber konnte es nirgends finden oder belegen. Es war ja vor meiner Geburt. Es gibt nur so ein kleines A-6-Zettelchen, da steht drauf: «Der ehemalige Oberst Kurt Hahn wurde durch den Strang hingerichtet, das Urteil ist vollzogen.» Fertig. Ohne Datum. Mehr existiert da nicht.

M Und wann sind Sie geboren?

H Ich bin im März 1945 geboren. Ich kenne meinen Vater nur aus den Erzählungen meiner Mutter, aus der Literatur und dem, was ich mir selber zusammengereimt oder in Berlin auf den Treffen der 20. Juli-Kinder erfahren habe. Bevor sich 1961 die Grenze schloss, war ich als Kleinkind mit der Mutter noch oft in Berlin-West. Ich kenne also noch die Gräfin Hardenberg[2] sehr gut und die erste «Garnitur» des 20. Juli, die Witwen und Hinterbliebenen. Allerdings habe ich damals noch vieles gar nicht wissen und hinterfragen können.

M Was ist Ihnen persönlich denn die wichtigste Erinnerung an diesen Ihnen unbekannten Vater?

H Die persönliche Erinnerung besteht quasi in den Bildern, die die Mutter aufgehoben hat. Für mich sind typische Bilder solche, auf denen er als Reiter in Farben[3] reitet. Er war Rennreiter und hat Turniere mitgeritten und viele Pokale gewonnen. Er war Ostpreuße und so zu dieser Reiterei gekommen. Er wollte Forstwirtschaft studieren. Aber aus Geldmangel kam er auf die Kadettenschule und wurde Offizier. Diese Bilder sind für mich eindrucksvoll. Dann gibt es ein paar wenige Bilder aus dem Krieg, aus dem OKH, auf denen mein Vater ein sorgenvolles Gesicht macht. Er war wohl schon in den Widerstand involviert.

M Wann war das?

H Das muss schon ziemlich früh gewesen sein. Ich meine, dass er zu den christlichen und den anderen Kreisen schon recht früh Kontakt hatte. Wie weit er der Mutter das alles erklärt hat und wie weit das belegbar ist, das kann wohl niemand mehr sagen.

M Sie haben ja ein besonderes Schicksal insofern Sie in der DDR groß geworden sind.

H Ja, das war eigentlich ein dummer Zufall. Mutter war in Berlin. Sie arbeitete in der Hollerith in Hechingen. Ihre Wohnung wurde ausgebombt, und Vater hat gesagt, es sei besser zu gehen, ehe niemand mehr weg durfte. Sie hat es geschafft, zu den Großeltern nach Sömmerda überzusiedeln, und ich sollte in Erfurt auf die Welt kommen. Weil die Frauenklinik 1945 von einer Luftmine getroffen wurde, kam ich im großelterlichen Haus zur Welt. Sömmerda war aufgrund des Wachstums der Fabrik der Urgroßeltern so groß geworden. Es war erst eine Nietenfabrik, dann eine Munitionsfabrik. Sie haben sie verkauft und hatten großen Immobilienbesitz, der dann enteignet wurde. Sömmerda war zuerst in der amerikanischen Zone, dann wurde es gegen einen Teil von Berlin getauscht und wurde russisch. Aber Mutter hatte dort eine Grundlage zum Wohnen und Leben. Sie gab Schneiderkurse. Sie war jemand, denn ihre Eltern, die Kronbiegels waren jemand, deshalb wollte sie nicht weg. Ich selbst war bis 1986 in der DDR. Das erste Mal bin ich als noch Minderjähriger 1961 – noch vor dem 13. August – mit meinem Schulfreund zusammen von dort weg und zur Patentante in den Westen gegangen. Die hat mich, weil noch minderjährig, zurückgeschickt. Nach dem 13. August war es aus mit Reisen. 1972 habe ich mit meiner geschiedenen Frau versucht, über Ungarn zu fliehen. Wir saßen im Kofferraum eines netten Bayern, und kurz vor der Grenze hielt der an und sagte: «Ich pack es nicht!» Wir mussten aussteigen. 1972 wollte mein Schwager über Bulgarien fliehen, aber das Flugzeug hatte Maschinenschaden. Er wurde festge-

Dipl.-Ing. Michael Hahn, wiss. Angestellter an der TU München, LVK.

nommen und in die DDR ausgeliefert. Danach wurde er gegen einen Häftling aus der Bundesrepublik ausgetauscht. Er kam also rüber und kam 1984 wieder in die DDR als «Devisenbringer». Er sagte: «Wollt ihr noch ausreisen? Ich habe jemand bei der schwedischen Botschaft.» Er wollte das über den Minister für Innerdeutsche Beziehungen, Herrn Windelen, arrangieren. Das hat auch geklappt. Es hieß, wir bräuchten «nur» einen Ausreiseantrag stellen. Das haben wir gemacht. Wir haben die Ausreise bekommen, und es ging alles seinen Gang. Meine Frau und ich mussten dann binnen 24 Stunden das «Vaterland aller Werktätigen» verlassen. Meiner Mutter habe ich nichts gesagt. Es musste aber alles verkauft und alle Erbschaften ausgeschlagen sein, dann durften wir mit dem Auto ausreisen.

M Was war der Grund, dass Sie so hartnäckig weggestrebt sind?

H Der Grund waren die politischen Verhältnisse und das nicht Weiterkommen im Berufsleben. Da ich viel Westverwandtschaft hatte und weil der Schwager in Wiesbaden als Verwandtschaft ersten Grades zählte, war ich «kaderpolitisch» für die DDR schon gestorben, ehe ich überhaupt angefangen hatte. Ich hatte Elektronik beziehungsweise Informationstechnik studiert, und damit bin ich nicht weitergekommen. Als Gruppenleiter wurde ich bedrängt, Parteimitglied zu werden, was ich ablehnte. Da wurde ich zum normalen Service-Ingenieur degradiert und die Karriere war zu Ende, ehe sie anfing. In meiner Stasi-Akte steht, mit wem ich westliche Beziehungen und Kontakte gepflegt hatte, wen ich zu Besuch hatte und dass ich ein staatsgefährdendes Element sei. Mein Stasi-Spitzel hat mich offenbar überall beschattet. Die Akte habe ich bei einer Stelle für Wiedergutmachung eingereicht. Ich hoffte auf eine berufliche Rehabilitierung und auf etwas mehr Rente, als die treuen Staatsdiener der DDR sie bekommen, die bis zum Ende ausgeharrt haben und dann plötzlich für nichts mehr verantwortlich waren. Das hat Ähnlichkeit mit dem «Dritten Reich», eben in anderer Form. Für meine Begriffe ist es besonders bitter für die Menschen in der DDR, denn sie haben zweimal etwas ähnliches mitgemacht. Mein Ex-Schwiegervater, der cirka 30 Jahre älter ist als ich, ist mit den Pimpfen und der HJ groß geworden und musste dann dienen. Er kam in Nord-Norwegen in Kriegsgefangenschaft. Ich hatte immer wieder den Eindruck, dass das seine schönste Zeit im Leben gewesen sei. Durch seine Heirat ist er in Erfurt steckengeblieben, hat in der DDR studiert und ist im Gummikombinat gewesen. Dann haben sie ihn im Fortkommen eingeschränkt, weil er nicht in die Partei eintrat. Er ist zweimal betrogen worden: einmal um seine Jugend und Entwicklungsmöglichkeiten und dann um seine Karriere. Er und seine Familie haben nach der Wende eine Entschädigung bekommen und haben sich ein sehr schönes Einfamilienhaus in Erfurt davon gekauft. Ich gönne es ihm von Herzen, denn er hat damit in sehr später Stunde so etwas wie eine Rehabilitierung bekommen. Die besten Jahre seines Lebens hat er unter zwei Diktaturen gelitten. Ich verstehe schon die Leute, die dann kapitulieren und sagen: «Das pack ich nicht mehr. Die besten Jahre meines Lebens sind mir genommen worden.» Ich habe auch mit 40 Jahren hier noch mal ganz neu anfangen können, als Hausmeister in Pöcking und als Techniker. Keine deutsche Firma wollte mich haben, denn ich war ein Sicherheitsrisiko. Das war ernüchternd, aber ich fühle mich inzwischen in Bayern wohl, es ist etwas wie eine Heimat. Nächstes Jahr bin ich zwanzig Jahre hier. Das werde ich feierlich begehen.

M Das heißt, für Sie hat es ein gutes Ende genommen, aber für die Menschen in der DDR …?

H Die Älteren sind um vieles betrogen worden. Für die gibt es keinen Neuanfang mehr. Sie würden hier nach heutigen Verhältnissen beruflich keinen Anschluss mehr finden.

M Aber es gibt ja auch die, die an diesen Staat geglaubt haben.

H Das waren leider nicht wenige. Letztes Jahr auf unserem Abiturtreffen war ich verwundert, wie viele doch noch an diesem alten Regime Gutes gefunden haben. Sie hatten da eben ihre Privilegien und dadurch ihre Vorteile. Das kann ich nachvollziehen, aber nicht billigen. Es wird wohl ähnlich gewesen sein beim Übergang vom Nationalsozialismus in die Bundesrepublik, und das gibt es ja heute auch noch. Es gibt immer «Ewiggestrige».

M War es in der DDR überhaupt bekannt, dass Ihr Vater im Widerstand war?

H Sicher. Manches konnten sie nicht verschweigen, zum Beispiel die «Weiße Rose» und auch die Gruppen um Harnack und Schulze-Boysen. Vom militärischen Widerstand wurde nur Stauffenberg erwähnt, sonst niemand. Aber der Geschichtslehrer in der Grundschule wusste davon, vielleicht von meiner Mutter. Einmal hat er im Unterricht davon gesprochen, und er wollte auch ein paar Sachen von mir wissen. Aber nur in einer einzigen Geschichtsstunde. Das verstehe ich. Der Zeitrahmen ist in der Schule einfach zu kurz. Auch in der «Erweiterten Oberschule» kam das «Dritte Reich» und auch der Widerstand dran. Der Geschichtslehrer hat auch gewusst, dass mein Vater im Widerstand war, und er hat ein paar Worte darüber verloren. Er hätte mich ja bitten können, mal ein Referat zu halten und darüber mehr zu sagen. Aber das ist wahrscheinlich aus Angst unterblieben, was ich ein bisschen schwach fand. Ich hatte damals meine Aversion gegen das kommunistische System schon entwickelt und auch nicht erwartet, dass der Widerstand erwähnt würde, bis auf Stauffenberg. Die DDR hatte ja einen glatten Schnitt gemacht: Sie fühlte sich für nichts verantwortlich. Die Geschichtsfälschung im Osten ist sicher nicht besser als die im Westen, wo die kommunistischen Widerstandsgruppen nicht erwähnt wurden. Da hat jede Seite gesündigt. In der DDR gab es zum Beispiel das «Abzeichen für gutes Wissen». Das hatte mit sachlichem Wissen gar nichts zu tun. Es ging um politisches Wissen. Es gehörte dazu, dass man sich dieses Abzeichen einmal erwirbt. Wir haben uns als Lehrlinge einen Spaß daraus gemacht und haben die einschlägige Lektüre gelesen. Da wurde der Prüfer sehr vorsichtig und sagte: «Ja meine Herrn, das ist alles bestens, wunderbar. Sie wissen das. Lassen wir das Thema sein.» Er hatte nämlich Angst, dass wir zum Beispiel in diesem Tauschhandel um die Bi- und Tri-Zone weiter nachfragen könnten. Das wurde in der DDR nicht gerne gehört, dass

Thüringen getauscht worden ist für einen Teil von Berlin. Man hat sich außerordentlich bedeckt gehalten. Es hätte jemand zu viel sagen oder wissen können, und das wollte man nicht.

M Wie hat das auf Sie gewirkt?

H Man musste es einordnen. Schließlich ist da der Alltag. Wir haben Familie, haben ein Kind, haben zu arbeiten, haben zu leben. Das Leben war anstrengend genug: die Lebensmittel heranzuschaffen oder selbst anzubauen. Für die Frauen eine Doppelbelastung. Da hat man sich allmählich in sein Schicksal ergeben. Meine Mutter hat sich auch in ihr Schicksal, in das System, ergeben und hat ihre Vorteile erkannt, indem sie unbehelligt blieb und sogar gewürdigt wurde. Denn es gab in der NDPD einen Herrn Dr. Homann, ein Jugendfreund von Mutter. Er kam am 20. Juli mit einem großen Auto nächtens in Sömmerda an und brachte einen großen Blumenstrauß und Geschenke. Er hatte ihr auch zu einer besseren Pension verholfen. Das war nicht offiziell, aber in Sömmerda wussten natürlich viele über Vater und Mutter Bescheid. Direkte Hilfen hat es jedoch nie gegeben. Wir haben Carepakete aus den USA und durch Gräfin Hardenberg Pakete aus Westdeutschland bekommen. Aber aus dem Osten kam nichts. Die hatten ja selber nichts. Nach der Wende ist der thüringische Ministerpräsident auf Mutter zugekommen und hat sie eingeladen. Auch der Bürgermeister von Sömmerda hat sich rührend gekümmert.

M Haben denn die Eltern der Mutter über die Widerstandstätigkeit Ihres Vaters gesprochen?

H Die Mutter der Mutter ist 1951 legal in den Westen ausgewandert und hat Lastenausgleich bekommen. Ich habe sie als Sechsjähriger noch erlebt, und sie war für mich glorifiziert, denn sie kam Weihnachten mit einem geräucherten Aal und anderem, was es in der DDR nicht gab. Aber über die Widerstandstätigkeit von Vater wurde in der Familie nicht geredet. Meine Mutter hat lange geschwiegen und später vieles nur erzählt, wenn ich danach gefragt habe. Mutter hatte wohl auch Angst. Die Diktatur des Ostens war ja auch nicht so ganz ohne. Sie fühlte sich da vielleicht auch Repressalien ausgesetzt. Es war ihr sicher auch unangenehm, von einer Diktatur in die andere geraten zu sein. Von meinem Onkel aus Trier wurde ihr ein paar Mal angeboten, in den Westen zu kommen. Er sagte: «Sie werde doch ihren Sohn nicht zum Kommunisten erziehen wollen?» Aber sie hat das abgelehnt. Das kann ich verstehen, denn sie hatte in der Bundesrepublik keine äquivalente Existenz.

M Noch eine etwas grundsätzlichere Frage: In der Familientherapie macht man die Erfahrung, dass Kinder von ihren Eltern sowohl Schuld- als auch Unschuldsgefühle unbewusst übernehmen. Das heißt, dass sie sich wie schuldige Täter oder wie unschuldige Opfer fühlen, obwohl das mit ihrem eigenen Leben gar nichts zu tun hat. Haben Sie das Gefühl, das könnte bei Ihnen auch in irgendeiner Weise passiert sein?

H Als Täter fühle ich mich sicher nicht und schuldig auch nicht. Ich bin ja nachgeboren und kann nun wirklich nichts mehr dafür. Andererseits bin ich rebellisch und sage: Bis hierher und nicht weiter. Das liegt wohl daran, dass die Mutter konsequent und kategorisch und sehr streng und der Vater ein echter Preuße und wohl auch entsprechend charismatisch war. Ich habe den Widerstandsgedanken sicher geerbt, aber ich war kein Widerständler in der DDR. Ich fühle mich weder als Opfer noch als Täter. Ich hab einfach entschieden, ich mache das, und bin über die Klinge gesprungen. Das war richtig und war auch notwendig. Ich brauchte weder psychologische Betreuung, noch bin ich jemandem etwas schuldig. Meinen Sohn wollte ich einmal an die Geschichte des ihm unbekannten Großvaters heranführen, aber er wollte davon nichts wissen. Er hat eine nette Freundin, hat also eine eigene Familie, es geht ihm gut, er ist selbständig, und ich kann nachvollziehen, dass er sich mit der Thematik nicht unbedingt auseinandersetzen will. Ich bin geteilter Meinung. Es ist auf der einen Seite richtig, das zu tun, und es gibt genug Bücher. Er ist erwachsen und kann sich damit selber ein Bild davon machen. Vielleicht besser als durch das, was ich subjektiv wiedergeben kann.

M Sie haben davon gesprochen, dass Sie sich weder als Opfer noch als Täter fühlen. Das ist ja etwas, was man über die Widerständler generell sagen kann. Würde Ihr Vater sich selbst eher als Opfer oder als Täter bezeichnet haben?

H Dadurch, dass er Offizier war und beim Attentat mitgemacht hat, war er auch Täter. Allerdings war er nur indirekt an dem Tötungsversuch beteiligt. Die Nachrichten waren nur ein indirektes Mittel, aber doch immerhin das Nervennetz der Armee.

M Und er stand dahinter.

H Er stand dahinter und hat sein Geld damit verdient, und er gehört in meinen Augen ganz eindeutig zu den Tätern. Die Zivilcourage zu sagen: «Ich mache diese Verrücktheiten nicht mit!», das halte ich für das einzig Richtige, was er machen konnte. Aber «Täter»? Fellgiebel und alle, die einen Offiziersrang im OKH hatten, waren im Grunde genommen alle Täter. Er gehörte schließlich nicht zur Zivilbevölkerung, die Opfer war. Er war Militär und damit war er Täter.

M Es ist ja auch eine Definitionsfrage. Die Tochter eines Mitglieds des zivilen Widerstands sagte einmal: «Mein Vater war Gegner, aber kein Täter.» Aber ab einem bestimmten Zeitpunkt waren die Widerständler auch Opfer.

H Natürlich, das ging mir ja genauso mit der Stasi. Wenn man in die Mühlen der sogenannten staatlichen Organe kommt, ist man Opfer. Das heißt: Sobald die Gestapo im Spiel war, waren Widerständler auch Opfer. Die Mitglieder des kirchlichen oder des kommunistischen Widerstands haben gesagt: «Wer Hitler wählt, wählt den Krieg.» Für mich waren das aber insofern keine «wirklichen» Widerständler, da sie nichts unternommen haben. Briefe oder Flugblätter schreiben, das genügt nicht in einer Militärdiktatur. Widerstand ist für mich tätlicher Widerstand, dass ich wirklich etwas tue.

M Und das bedeutet, zu den Tätern zu gehören und sich nicht nur Gedanken machen?

H Ja. Wenn ich mir Gedanken mache und andere überzeuge, dass sie etwas tun, dann ist es geistige Führerschaft. Das muss es auch geben.

M Wie geht es Ihnen damit, dass die Deutschen immer wieder als «Tätervolk» bezeichnet werden?

H Das stimmt und stimmt auch wieder nicht. Helmut Kohl hat es als die «Gnade der späten Geburt» definiert. Wer noch nicht geboren oder zu jung war, der kann ja nicht mehr Täter gewesen sein. Auf der anderen Seite halte ich es für wichtig, diese Erinnerung wachzuhalten als Mahnung für die Nachgeborenen, damit nicht wieder das Gleiche geschieht. Aber ständig Asche auf das Haupt zu streuen und zu sagen: «Wir sind das Tätervolk», das bringt keinen weiter und ist nach über 60 Jahren nicht mehr zeitgemäß. Andere Völker haben auch andere umgebracht: die Amerikaner die Indianer, und die sind kein Tätervolk; die Türken haben ihre Nachbarn umgebracht und sie bezeichnen sich auch nicht als Tätervolk. Das kann man beliebig erweitern. Mit solchen Begriffen sollte man vorsichtig und differenziert umgehen.

M Wie weit würden Sie sagen, dass Ihre Eltern, speziell Ihr Vater, Vorbildfunktion für Sie hatten?

H Ich würde sagen: gar nicht, weil ich dem Militärischen gar nichts abgewinnen kann. Bei der Volksarmee habe ich es zwar höchst unrühmlich bis zum Leutnant der Reserve gebracht. Das waren zweimal fünf Wochen während des Studiums. Aber ich habe eigentlich gar nichts übrig für alles Militärische. Ich habe weder das Vorbild des Vaters darin gesehen, der ja Militär war, noch hat mich dieser militärische Drill je begeistert. Das Einzige ist: Der Vater war bei den Nachrichten, und ich bin nun auch zufällig beim Elektronischen gelandet *(lacht)*. Vielleicht könnte er mir da ein Vorbild gewesen sein.

M So Sachen laufen meist unbewusst. Also bei Ihnen ist es …

H Zufall! Das ist Zufall.

M Sie haben allerdings vorher erwähnt, dass Sie in der DDR – ähnlich wie er – gesagt haben: «Bis hierher und nicht weiter»! Das heißt: «Hier fängt mein Widerstand an.»

H Aber das ist ein genetisches Erbe. Für eine Vorbildfunktion hätte ich ihn ja kennen müssen, hätte mich mit ihm austauschen müssen. Denn mehr als einige Abschnitte aus Büchern und die Erzählungen von der Mutter, die den Vater in rosarotem Licht für mich erscheinen ließen, kenne ich ja nicht. Als Kind habe ich mir Ersatzväter gesucht: zum Beispiel einen Zahnarzt mit drei Söhnen, die bei uns im Haus wohnten, und andere, ältere Herrn, die mit mir meinen Bastel- und Elektronikleidenschaften gefrönt haben. Insofern ist mir das gar nicht recht bewusst geworden, dass ich Halbwaise bin. In der Firma der Urgroßeltern gab es jemand, der mich wie seinen Sohn in dieser Firma arbeiten, werkeln und basteln ließ. Das war toll für mich. Insofern habe ich den Verlust nie so gefühlt.

M Kinder sind Überlebenskünstler.

H Ja, stimmt, die nehmen sich, was sie brauchen.

M Trotzdem waren Sie alleine mit Ihrer Mutter, und der Vater fehlte. Haben Sie das Gefühl, Sie waren so etwas wie ein Partnerersatz für die Mutter?

H Ja. Die Mutter hat sich an mich geklammert und ich mich sicher auch an sie. Nachdem die Oma 1951 weg war, war sie wirklich auf sich allein gestellt. Sie musste uns ernähren, musste sich um die Häuser kümmern. Das war nicht einfach in der DDR in den 50er Jahren.

Dieses Regime hat bis zum Ende nicht aus dem Vollen gelebt. Ich habe mich aber auch an sie geklammert. Sie hatte mal jemanden kennen gelernt an der Ostsee, da war ich elf Jahre alt. Sie fragte mich, ob ich mir vorstellen könne, dass er mein Vater würde. Ich war aber voller Protest: «Um Gottes Willen, du wirst doch nicht!» Ich habe ihr den ausgeredet. Aber was soll ein Kind anderes machen? Ich war elf Jahre alt und ohne Vater groß geworden, und dann plötzlich ein Mann in ihrem Leben! Auf der anderen Seite war Mutter auch lebenstüchtig genug, sich gegen alles mögliche zu wehren. Sie hatte die Kraft, sich durchzusetzen, und es ist ihr gelungen, allen Anfeindungen zu widerstehen. Auch heutzutage im Altersheim. Sie lebt da jetzt seit 2005 und wurde gleich in den Heimbeirat gebeten, und sie kommt dort gut zurecht.

M Spielt das bei Ihnen eigentlich eine Rolle, dass für Ihren Vater die politische Aufgabe wichtiger war als die Familie, etwa im Sinne von: «An uns hat er nicht gedacht?»

H Als politische Aufgabe würde ich das nicht definieren. Es kam aus seinem Beruf heraus. Ob er wirklich politisch so engagiert war, das kann ich schwer nachvollziehen, oder ob er nicht einfach technik- und organisationsverliebt war. Denn in der Partei war er ja nicht. Er war politischer Gegner geworden durch das Unvermögen der Führung und das Unvermögen des Führers, diesen Krieg zu gewinnen. Da ist wahrscheinlich sein Berufsverstand oder sein Menschenverstand ihm entgegengetreten und hat gesagt: «Das funktioniert nicht, was Hitler macht.» An seine Frau und sein ungeborenes Kind hat er sicherlich gedacht.

M Er war schon 1938 oder 1939 dagegen!

H Das würde mir auch so gehen, wenn ich in einer Firma wäre und mein Chef ordnete sinnlose Dinge an. Entweder ich kündige oder ich sage meinem Chef: «Das funktioniert nicht!» Wenn er es nicht wissen will, mache ich zumindest nicht mehr mit fliegenden Fahnen mit.

M Sie sehen das alles mehr pragmatisch.

H Das Pragmatische liegt in der Familie. Ich glaube nicht, dass mein Vater der Vordenker von irgendwas war. Er war eher berufspraktisch organisiert und hat deshalb später das Regime abgelehnt. Mutter hat auch sehr schnell diese Berufsschule aufgebaut in Sömmerda, und wenn Vater überlebt hätte, wäre er auch auf die Füße gefallen.

M Gibt es für Sie so etwas wie einen Widerstand um den Preis der Selbstzerstörung? Das heißt, dass man Widerstand leistet, obwohl man weiß, praktisch bringt es nichts oder nichts mehr?

H Und dass man dabei untergeht? Dazu bin ich auch wieder zu pragmatisch. Irgendwo muss es einen Sinn ergeben.

M Ich meine nicht, dass Sie so etwas machen würden, das war nicht meine Frage, sondern ob Sie denken, dass man den Widerstand auch so sehen kann?

H Das gibt es sicher. Das sieht man ja in den arabischen Ländern, wo die Leute sich aus Glaubensgründen, oder aus welchen Gründen auch immer, in die Luft sprengen und hoffen, damit die Amerikaner vertreiben zu können. Es ist für Außenstehende sehr schwer nachzuvollziehen, inwieweit die Amerikaner schon vor dem Krieg gehasst worden sind. Das Saddam-Regime ist als Diktatur beseitigt, aber heute sterben mehr Soldaten dort als vor dem Krieg. Die fanatischen Moslems bringen nach wie vor Leute um und werden das auch weiter tun. Die bezeichnen sich ja auch als Widerstandskämpfer. Diesen Widerstand gegen die Amerikaner kann ich sogar in gewissem Maße nachvollziehen. Wenn man mal da gewesen ist und die Verhältnisse dort kennt, versteht man das. Es ist zwar ein blinder Widerstand und eine blinde Wut, die da entsteht, und das führt sicher nicht zum Ziel. Aber es ist auch ein Widerstand, und es ist sicher aus bestem Willen und Herzen heraus getragen. Aber für meine Begriffe führt es zu nichts. So etwas gibt es und das hat es sicher im «Dritten Reich» gegeben und wird es auch immer geben. Ich zähle allerdings nicht zu den Leuten, die so was machen würden.

M Steckte Ihr Vater bei seiner Widerstandstätigkeit, Ihrer Meinung nach, in irgendeinem Dilemma?

H Ich denke, dass Mitglieder des militärischen Widerstands alle in einem Dilemma steckten. Sie kamen meist von der Kadettenschule und hatten auf Kaiser und Reich geschworen, sie standen vor der Fahne stramm und haben daran geglaubt. Das ist uns ja aberzogen worden. Dann haben sie einen weiteren Schwur auf Führer und Vaterland geleistet und haben erst mal geglaubt, dass das das Richtige ist, und sie wurden bitter enttäuscht. Ich denke, dass da Welten zerbrochen sind, beruflich wie auf der Ebene des Glaubens. Es ist für mich enorm schwer, mich da reinzuversetzen. Ich glaube, die heutige Jugend kann das überhaupt nicht mehr.

M Was glauben Sie, war das größte Dilemma für Ihren Vater?

H Ich denke, dass er erst an das Volk gedacht hat. So wenigstens hat es Mutter mir gesagt. Er fühlte sich ja zuerst verantwortlich für das Volk. Sie waren ja alle noch auf das Volk eingeschworen. Er hat unter deutschem Volk sicher auch seine Familie verstanden, seine Frau, seine Eltern und Schwiegereltern. Sein Kind kannte er ja nicht. Er wollte sie nicht in den sicheren Untergang führen, und deshalb hat er erst einmal mitgemacht. Aber wann er begonnen hat, das Regime mit anderen Augen zu sehen, und ob das für ihn ein Zusammenbruch der Welt war, das kann ich nicht sagen. Er war ja nicht in der Partei. Das sind schon eine Menge Widersprüche in sich. Aber diese Widersprüche kenne ich inzwischen durch die DDR-Diktatur genauso. Ich hatte auch das Abzeichen für gutes Wissen, das Abzeichen des Turn- und Sportbundes in Gold, die Herdermedaille in Silber und war Aktivist der sozialistischen Arbeit. Wenn sie «Leistungsträger» waren, kamen sie um bestimmte Auszeichnungen nicht herum. Ob sie dann davon Gebrauch machten oder nicht, das war gleichgültig.

M Würden Sie sagen, dass Sie unter dem vielleicht erdrückenden Bild eines «Heldenvaters» auch gelitten haben?

H Nein, gelitten ist nicht das richtige Wort. Ich habe keine Repressalien drüben gehabt, weil der Vater beim militärischen Widerstand war, aber ich hatte auch keinen Vorteil. Das war im Grunde neutral.

M Oder dass es so etwas wie eine Auflage, eine schwere Verpflichtung für Sie war?

H Nein. Weil die Situation im Osten eine andere war. Eine Diktatur war es zwar auch, aber man kam nicht in das KZ, wenn man dagegen war, schlimmstenfalls ins Gefängnis. Also wenn man nicht direkt Berührung mit den staatlichen Organen hatte, dann konnte man da auch zufrieden leben; es war eine Nischengesellschaft. Jeder verkroch sich in seine Nische und konnte da auch mit Brot und Milch und Bier, was billig war, ganz gut leben. Das ist ja in jeder Gesellschaft so: Wenn man sich nirgendwo engagiert oder aneckt, dann kann man in Frieden leben und hinterher groß tönen, man hätte es besser gewusst.

M Gab es in Ihrer Familie so etwas wie ein Elitegefühl, in dem Sinne, dass man Mitläufern oder Nazitätern gegenüber dachte: «Da gehören wir nicht dazu.»

H Das Gefühl etwas anderes oder was Besonderes zu sein, das war schon da. Erstens in der Schule: Wessen Vater war schon höherer Offizier im Nazi-Reich gewesen? Im Krieg gefallen sind viele und Repressalien hatten auch viele hinnehmen müssen. Viele waren in Kriegsgefangenschaft geraten, verstümmelt oder was sonst immer war. Aber wenige Kinder hatten Väter, die im OKH waren, und insofern war ich stolz; zumindest war es etwas Besonderes. Zweitens, dass die Urgroßeltern in Sömmerda sogar Ehrenbürger der Stadt waren, war auch etwas Besonderes, denn sie haben Enormes geleistet. Mein Vater ist in Sömmerda überhaupt nicht bekannt, und so spielte er in meiner Kindheit in Sömmerda auch keine dominierende Rolle.

M Ich weiß nicht, ob Sie damit konfrontiert waren, aber wie geht es Ihnen damit, dass die Widerständler lange Zeit auch als Verräter gesehen wurden?

H Ich habe das Phänomen an mir selber erlebt, damals, als ich den ersten Schritt in die Freiheit getan hatte. Ich wurde 1986 an der Grenze erst freundlich begrüßt. Es hieß: «Ihr Schwager wartet auf Sie.» Ich musste dann nach Gießen ins Auffanglager, durfte das Besuchsgeld abholen und musste meine Identität nachweisen. Da war jemand vom Bundesnachrichtendienst und fragte, wer mich geschickt hätte. Da ist mir erst einmal die Spucke weggeblieben. Er fragte auch, was ich denn hier wollte. Da hatte ich dann doch erst einmal Zweifel, ob ich hier richtig wäre. Und ich glaube, das ist dasselbe Phänomen, das den Widerständlern auch widerfahren ist.

M Sie haben das Gefühl, das am eigenen Leibe erlebt zu haben?

H Ja, das war ein merkwürdiges Gefühl: Keine Firma, die mich haben wollte! Ich hatte durch einen Onkel, der Präsident der bayerischen Grenzpolizei war, Bewerbungen bei Siemens und bei Rhode & Schwarz und anderen Firmen in München lancieren können. Die sagten zu mir: «Sie sind zwar qualifiziert, aber wir können Sie nicht einstellen. Sie sind ein Sicherheitsrisiko für uns.» Das war ziemlich deprimierend. So ähnlich sehe ich das beim Widerstand auch. Das ist wohl zutiefst menschlich. Von der Technischen Universität wurde mir die Diplomierungsurkunde im Original abverlangt. Man musste sie zum Ministerium einschicken, da wurde sie als ungültig abgestempelt. Ich bekam stattdessen ein Diplom von der TU München. Heutzutage muss ich darüber lachen, aber eigentlich ist so etwas eine Frechheit.

M Es gab ja Widerstandskämpfer, die es abgelehnt haben, Hitler zu töten. Sie wollten nicht, dass die neue Regierung sich auf einen Mord begründete.

H Das ist doch die einzig richtige Möglichkeit, einen solchen Diktator zu beseitigen. Da würde ich ablehnen, überhaupt zu diskutieren. Wenn das die einzige Lösung ist, jemanden umzubringen, um dem allem ein Ende zu bereiten, dann ist das legitim. Auch moralisch legitim.

M Die Widerstandskämpfer selber …

H Ja, die waren befangen in dieser preußischen Erziehung und durch das Aufwachsen im Kaiserreich. Heute ist man da freier, da denkt man anders. Wo im Fernsehen geballert wird an jeder Ecke, und das Blut fließt in Strömen. Zum Beispiel dieser verrückte Amokläufer in Erfurt in der Schule, der schießt einfach Lehrer über den Haufen. Die Jugend geht mit den Dingen anders um. Wenn denen was nicht passt, dann wehren die sich nicht nur verbal.

M Das hat Vorteile und, wie man sieht, auch Nachteile.

H Ich will der Gewalt nicht das Wort reden. Aber die Widerstandskämpfer von damals hatten Gewissensbisse, die man heute vermutlich nicht hätte. Insofern sind die Zeiten sehr anders. Ich lehne Mord auch ab, aber wenn der «Führer» eindeutig das Volk in den Abgrund führt und verrückt ist und die einzige Lösung darin besteht, den Mann zu beseitigen, um damit das Regime zu beseitigen, dann finde ich das richtig.

M Nun gab es auch Leute, die sich in dieser aussichtslosen Situation, wie sie am Schluss bestand, zurückgehalten und gedacht haben: «Das hat jetzt keinen Sinn. Ich halte lieber still.» Vor allem, wenn auch Kinder da waren. Man kann das Klugheit oder Feigheit oder Schläue nennen …

H Solche Leute nenne ich Opportunisten. Das ist die clevere Lösung. Ich kenne jemanden, der war im Grunde weder für das Nazireich noch für die Kommunisten, aber beruflich engagiert hat er sich da und dort. Er hat die Vorteile jedes Systems genutzt, den müsste man in die Täterspalte einordnen.

M Nun gab es allerdings auch Leute, die sich etwa so verhalten haben und deswegen hinterher Schuldgefühle hatten.

H Ja, das ist natürlich ein spätes Erwachen, und hinterher Schuldgefühle zu haben, ist sicher reinigend. Aber das nützt niemandem etwas. Viele haben später auch geglaubt, dass das nationalsozialistische System, das sie wunderbar fanden, auch mal wieder eine Renaissance feiern würde.

Ich weiß das aus Gesprächen mit meiner Mutter, dass sie – in Anbetracht des stalinistischen Systems – sich überlegt haben, ob da nicht ein Nationalsozialismus neuer Art auf sie zukommen könnte. Das wusste ja niemand, wie das noch werden würde. Insofern haben sich viele drüben außerordentlich bedeckt gehalten, um nicht in eine Schiene zu laufen, die sie dann hinterher bereuen. Es sind ja viele Dinge, die erst nach 50 oder 60 Jahren überhaupt zur Sprache kamen. Die Todesurteile, auch das meines Vaters, sind erst nach 50 Jahren revidiert worden. Er war ja Hoch- und Landesverräter und das Urteil war nach wie vor rechtskräftig. Das galt für alle, die damals gehenkt worden sind. Es ist erst 49 oder 50 Jahre nach dem Krieg revidiert worden. Da hat jemand geklagt, und es wurde ein Einzelurteil gefällt, und erst danach haben sie all diese Urteile annulliert. Erstaunlich, wie schwer man sich getan hat, diese Dinge juristisch zu akzeptieren.

M Trotz der Rede, in der Theodor Heuss 1954 den Widerstand als etwas Wertvolles anerkannt hat.

H Das war de facto, aber nicht de jure. Das ist was anderes. Ich habe auch den Eindruck, dass wir Deutschen uns mit diesen Dingen besonders schwertun. Die Italiener oder Franzosen etc. in ihrer aktiveren Art gehen doch eher mal auf die Barrikaden und sagen: «Das wollen wir nicht.» Aber die Deutschen sind so furchtbar belastungsfähig, was Demütigungen und Repressalien angeht, und was sie machen, das machen sie auch gründlich. Gründlich falsch oder gründlich richtig. Das ist eine besonders deutsche Eigenheit, die sowohl der Nationalsozialismus als auch der Kommunismus zu nutzen wussten.

M Abschließend noch die Frage: Welche innere Haltung macht uns Ihrer Meinung nach frei, um in Zukunft angemessen zu denken und zu handeln? Was könnte dazu führen, dass die Wunden aus dieser Zeit ausheilen?

H Ich meine, dass diese Wunden nie ausheilen. Ich genieße es zwar auch, jeden Tag hier die Möglichkeiten zu haben und mir manches leisten zu können. Aber das, was gewesen ist, das vergisst man nicht. Meine Mutter vergisst nicht, wie sie vor Freisler gestanden hat, oder andere Dinge, wie etwa die Tatsache, dass sie ausgebombt worden ist und dass sie auf den brennenden Häuserdächern in Berlin gelöscht hat. Solche Dinge, die bleiben hängen, das kann man nicht vergessen, nur verdrängen.

H Ich meine jetzt mehr die nächste Generation.

H Die es nicht erlebt haben, haben die Wunden ja nicht. Sie wissen es aus Erzählungen, aber wie weit das die Seele anrührt oder wieweit das verinnerlicht wird, das ist schwer zu sagen. Das Erlebte ist das, was hängen bleibt und was den Menschen auch prägt. Und das Erzählte ist ein Teil und das Gelesene ist auch ein großer Teil. Aber die selbst gemachten Erfahrungen, die prägend sind, und die Wunden, die einem zugefügt wurden, die bleiben erhalten.

M Gibt es für Sie so etwas wie ein Vermächtnis des Widerstandes?

H Vermächtnis würde ich es nicht nennen. Wir haben zwar eine Pflicht, daran zu erinnern. Das ist klar. Dafür haben wir anderen Völkern zu viel angetan, um das nach 60 Jahren schon abzulegen. Man sollte den Gedanken schon aufrechterhalten und weitervermitteln. Aber dass das nun breitgetreten wird an jeder Ecke und jeder ständig mit der Nase draufgestoßen wird, so wie uns das passiert ist, das weiß ich nicht, ob das sinnvoll ist.

Ewald von Kleist-Schmenzin

(1890–1945)

Die Familie von Kleist-Schmenzin (ca. 1943).

Ewald von Kleist-Schmenzin studierte nach dem Abitur Jura und nahm als Offizier am Ersten Weltkrieg teil. Anschließend lebte der christliche Konservative als Großgrundbesitzer auf dem pommerschen Gut Schmenzin. Als überzeugter Monarchist lehnte er die Weimarer Republik ab, fällte aber, anders als viele auf der Seite der politischen Rechten, schon frühzeitig ein vernichtendes Urteil über Hitler und seine Partei. In Reden und Flugschriften warnte er zum einen vor der Herrschaft der Nationalsozialisten, die in Deutschland chaotische Zustände hervorrufen werde, und zum anderen bemühte er sich, die Ernennung Hitlers zum Reichskanzler 1933 zu verhindern. Durch seine antinationalsozialistischen Aktivitäten geriet Kleist-Schmenzin schnell ins Fadenkreuz der NSDAP und der Gestapo. Im Mai und Juni 1933 wurde er zeitweilig verhaftet. Im Kampf gegen das NS-Regime knüpfte von Kleist-Schmenzin Kontakte zur militärischen Widerstandsgruppe um die beiden führenden Militärs Generaloberst Ludwig Beck und Admiral Wilhelm Canaris. Als Gesandter Becks reiste von Kleist-Schmenzin im August 1938 nach London, um Großbritannien von einer Abkehr ihrer Appeasementpolitik zu bewegen und sich gemeinsam mit der deutschen Opposition gegen das nationalsozialistische Regime zu stellen. Er kehrte jedoch mit der Einsicht zurück, dass die britische Regierung zu diesem Zeitpunkt unbedingt einen Krieg gegen Hitler vermeiden und nicht die unausgereiften Pläne der deutschen Widerständler unterstützen wollte. Im Bemühen, das Ausland vor der nationalsozialistischen Diktatur zu warnen und auf die Seite des Widerstandes zu ziehen, reiste er im August 1939 nach Stockholm, um die schwedische Regierung über die geplante Westoffensive zu unterrichten. Um den Nationalsozialismus zu besiegen, befürwortet er ein Attentat auf Hitler. Nach der gescheiterten Aktion wurde er am 20. Juli 1944 verhaftet, zum Tode verurteilt und am 9. April 1945 in Berlin-Plötzensee hingerichtet.

Interview mit Mechthild von Kleist

M Frau von Kleist, Ihr Vater stand mit Hans Oster in Verbindung?

v. K Schon vor dem Münchner Abkommen 1938 war Oster öfter bei uns, und mein Vater ist auch, soweit ich weiß, durch Oster nach London gekommen und hat Gespräche mit Lord Lloyd, Vansittart und Churchill geführt. Er kam dann sehr deprimiert nach Hause.

M Und das war 1938?

v. K Ja, ich glaube August 1938 ist er schon drüben gewesen.

M In manchen Personenlexika wird Ihr Vater nicht erwähnt, aber dafür ein Generalfeldmarschall, der zwar nicht «Schmenzin», aber auch Ewald heißt.

v. K Er heißt auch Ewald. Guido Knopp hat in einer Fernsehsendung über meinen Vater gesprochen und hat den Generalfeldmarschall gezeigt.

M Ist das ein Onkel, oder ist der gar nicht so nah verwandt?

v. K Er ist ein Onkel, aber schon etwas weiter entfernt. Mein Vater mochte ihn recht gerne, er war eigentlich auch gegen die Nazis, aber er war an seinen Eid gebunden. Mein Vater hat oft mit ihm gesprochen und sie waren sich eigentlich völlig einig, aber er hatte nicht die Kraft dazu, das durchzustehen; mein Vater war tief enttäuscht.

M Sie heißen Kleist-Schmenzin, das ist wohl eine andere Linie vom Stammsitz her.

v. K Eigentlich ist unser Stammsitz Dubberow, aber mein Großvater hatte eine Gräfin Kleist aus dem Baltikum geheiratet, deren Eltern rechtzeitig die Güter im Baltikum verkauft und Schmenzin gekauft hatten. Meine Großmutter heiratete Hermann von Kleist aus Pommern und hatte zwei Söhne. Der ältere Sohn bekam Dubberow und mein Vater das angekaufte Gut Schmenzin. Daher sind wir nun von Neu-Schmenzin. Nun waren im Kreise Belgard ja viele Familien Kleist. Ich glaube, es gab rund ein Dutzend Güter. Belgard ist eine Stadt in Pommern, die von den Kleists stark beinflusst wurde.

Mechthild von Kleist (2006).

M Aber jetzt zu Ihnen: Wenn in einer Familie Widerstand und Anpassung ist, kommt es meist zu großen Spannungen. Es heißt, dass der Generalfeldmarschall Ewald von Kleist anfänglich auch am Widerstand teilnahm, indem er die Offensive in Belgien an den Kriegsgegner verriet.

v. K Da bin ich überfragt. Aber er war auf alle Fälle sehr beliebt bei seinen Untergebenen.

M Vielleicht ist es doch Ihr Vater gewesen, der den Kriegsplan verraten hat? Jedenfalls war der Generalfeldmarschall auch sehr skeptisch, wie Sie ja schon sagten.

v. K Aber er war eben Offizier und als solcher hat er seinen Eid geleistet.

M Was ja eine sehr große Rolle spielte im militärischen Widerstand. Wann sind Sie denn geboren?

v. K Ich bin 1939 geboren.

M Das heißt, Sie haben den Tod Ihres Vaters bewusst erlebt?

v. K Meine Mutter – und damit auch ich – haben den Tod erst ungefähr ein halbes bis dreiviertel Jahr später erfahren. Sie hatte immer noch gehofft … Sie wusste zwar, dass er zum Tode verurteilt war, das hat sie noch in Wernigerode erfahren. Aber sie wusste nicht, ob mein Vater hingerichtet worden ist oder nicht. Sie hatte uns auch immer erzählt: «Vielleicht sind die Russen rechtzeitig gekommen und haben ihn verschleppt und er kommt vielleicht wieder.» Bis sie eben dann tatsächlich die Mitteilung erhielt, dass er tot war. Da brach für sie eine Welt zusammen.

M Wie alt waren sie da?

v. K Ich war damals sechs. *[Pause]* Ja, ich muss schon sechs gewesen sein.

M Haben Sie noch Erinnerungen an Ihren Vater?

v. K Ich kann mich an manche Sachen, einfache Sachen, erinnern. Beispielsweise versuchte er mir das Rechnen beizubringen, und ich war dafür gar nicht geeignet. Mein jüngerer Bruder konnte bis zehn zählen, ich immer nur bis drei. Jedes Mal, wenn mein Vater fragte: «Wie viel sind zwei Äpfel und ein Apfel?», antwortete ich: «Viele Äpfel», und dann fragte er: «Und wie viel sind zwei Pferde und ein Pferd?», da antwortete ich: «Ist ein Dreispänner.» Weil mich als Kind nur Pferde interessierten. Meine Begeisterung kam von meiner Mutter, die aus einer Reiterfamilie stammte. Dann kann ich mich an so kleine Dinge erinnern: Ich sah einen Fuchs, der eine Gans holte. Das habe ich ganz schnell meinem Vater gesagt, und er hat aus dem Fenster den Fuchs schießen können. Einmal fuhren wir im Zweispänner zu irgendeinem Nachbarn, und da sahen wir ein Mädchen mit einem großen Blaubeerkorb. Das Mädchen hatte weiße Schuhe mit brauner Spitze an und auf dem Weißen waren Blaubeerflecken. Mein Vater sagte: «Solche Schuhe zieht man ja auch wohl nicht zum Blaubeerpflücken an!» Das sind so Kleinigkeiten, an die ich mich erinnern kann. Natürlich erinnere ich auch noch diese Atmosphäre, wenn immer mal Leute in SS- und SA-Uniform kamen. Ich wusste als Kind natürlich nicht, was das für Leute waren. Aber dass man sich vor ihnen in Acht nehmen musste, dass man sich verstecken musste, und kein Wort sagen durfte, wenn sie im Haus waren, wusste ich. Dass es gefährlich war, wenn mein Vater ausländisches Radio hörte, und dass wir aufpassen sollten, dass keiner in die Nähe des Zimmers kam, in dem er war, das wussten wir. Nun sprachen mein Vater und seine Mutter oft französisch. Dadurch wusste ich, dass das, was mein Vater da im Radio hörte, auch nicht deutsch war.

M Was ist denn, wenn Sie so zurückdenken, das wichtigste Ereignis in dieser frühen Zeit?

v. K Die Flucht! Einwandfrei. Mein Vater war ja schon im Gefängnis.

M Wann genau war das?

v. K Das ist im Februar gewesen. Wir durften nicht trecken und mussten ausharren. Wir waren erst bei uns zu Hause im Waldbunker und nur meine Großmutter mütterlicherseits und unser Hauslehrer, ein Balte, waren im Schloss geblieben. Die ersten Russen waren eigentlich sehr freundlich, als wir wieder aus dem Bunker herauskamen, hatte aber eine neue Truppe das Kommando übernommen, und die haben im großen Salon alle Messer des Hauses «aufgebahrt» und die bekannten Greueltaten verübt. Die russischen Gefangenen, die bei uns arbeiteten, haben uns gesagt, dass man uns töten wollte. Sie haben sich vor uns gestellt, so dass wir durch die Hintertür fliehen konnten. Dann sind wir erst mal zu Fuß weiter. Zum Glück hatte mein ältester Bruder, kurz bevor die Russen kamen, meine drei ältesten Schwestern geholt.

M Der älteste Bruder war der, der am Attentat beteiligt war?

v. K Genau. Er war aus der Haft und aus dem KZ entlassen worden, und er war aus der Wehrmacht ausgestoßen. Er fürchtete, dass die Mädchen, die im Arbeitseinsatz gewesen waren, anstatt nach Berlin zu gehen – wie meine Mutter das verlangte – nach Hause kommen würden. Er hat sie nach Berlin gebracht und in den Zug nach München gesetzt, weil wir in München die Familie Hassell kannten. Die nahmen Reinhild auf. Annemarie und Sigrun haben sich so durchgeschlagen. Sie kamen die meiste Zeit wohl bei Zeugen Jehovas unter.

M Sie selbst sind also dann durch die Hintertür?

v. K Meine Mutter, meine Großmutter, mein älterer Bruder und mein kleiner Bruder, wir sind durch die Hintertür abgehauen.

M Ohne irgendwas?

v. K Ohne irgendwas, nur in den Kleidern, die wir gerade anhatten. Meine Mutter war schwer mitgenommen durch die Haft meines Vaters. Sie wog damals, obwohl sie 1,74 m groß war, nur noch 45 Kilogramm, und mein Bruder war schwer krank, der hatte kurz vorher Diphtherie gehabt. Da die erste Frau meines Vaters an Scharlach gestorben war, verfügte mein Vater, dass die Kinder ins Krankenhaus kommen, wenn wieder Scharlach im Haus ist. Wir drei Kleinen kamen ins Krankenhaus nach Bublitz, und da haben die Ärzte meinen jüngsten Bruder mit Diphtherie angesteckt. Sie haben gerade noch im letzten Moment, wie er schon blau war, einen Luftröhrenschnitt gemacht. Mit diesem Luftröhrenschnitt sind wir dann auf die Flucht gegangen. Der Junge konnte mit fünf Jahren eigentlich noch keine Treppe raufgehen, weil er eine schwere Herzschwäche hatte. Wir waren durch Krankheit stark geschwächt und kamen durch den Wald im hohen Schnee kaum vorwärts. Mein Bruder musste getragen werden. Die

Lage schien hoffnungslos. Im schon verlassenen Nachbarort beschlossen wir, das Leben zu beenden. Zurückgebliebene deutsche Soldaten retteten uns jedoch und nahmen uns in einem Transport Richtung Kolberg mit. Dabei sind wir von meiner Mutter getrennt worden. Wir Kinder fuhren im ersten Wagen und kamen unter Beschuss. Unser Auto war vollkommen zertrümmert. Zum Glück hatte nur mein älterer Bruder einen Streifschuss abgekriegt. Meine Mutter war vermutlich in einem der letzten Autos gewesen. Wir haben dann auch noch meinen Bruder verloren. Ihn haben wir aber auf einem Lastwagen wiedergefunden. Alle Flüchtlingstrecks waren zusammengeschossen und man sah die Halbtoten und Toten dort liegen, samt deren Viehzeug. Nach zwei Tagen haben wir meine Mutter in Kolberg wiedergefunden.

M Das ist ja ein Wunder.

v. K Ja. Wir haben den ganzen Beschuss Kolbergs mitgemacht und sind mit einem der letzten Schiffstransporte unter starkem Beschuss herausgekommen nach Swienemünde. Von dort aus sind wir nach Wernigerode, und in Wernigerode blieben wir ungefähr vier Monate. Als die Russen kamen, flohen wir über die Grenze nach Ahlen in Westfalen zu einer früheren Hauslehrerin von uns. Obwohl sie das ganze Haus voll mit Flüchtlingen hatte, hat sie uns aufgenommen. Später wurden wir dann von einem Herrn Jürs in seine Wohnung oberhalb seines Geschäfts aufgenommen. Dort hat meine Mutter erst einmal die Kinder eingesammelt. Meine Großmutter blieb noch bei der Hauslehrerin und ging dann später nach Lennepe, bei Wuppertal.

M Das ist wirklich eine dramatische und ungewöhnliche Jugend.

v. K Ja, das muss man schon sagen, besonders weil meine Mutter plötzlich so energisch wurde. Sie muss, wie meine älteren Geschwister sagen, früher eine ganz sanfte Frau gewesen sein, die eigentlich nur auf das gehört hat, was mein Vater sagte. Sie war nicht sehr informiert über die Sachen, die er machte. Er hat sie bewusst nicht eingeweiht, damit sie nicht in Gefahr gerät. Als meine Mutter dann plötzlich dastand ohne ein Haus, ohne zweite Wäsche oder irgendetwas, aber mit acht Kindern, da war sie überfordert. Als junge Frau mit 34 war das einfach zu viel für sie. Da wurde sie so energisch. Nun kam noch dazu, dass meine Großmutter mütterlicherseits furchtbar streng und ungerecht war, und das versuchte meine Mutter ein bisschen auszugleichen, was allerdings schiefging. Aber später, als wir dann unser Eigenes hatten, war sie dann schon sehr gerecht. Streng, aber gerecht. Sie tat alles, damit wir trotzdem eine gute Kindheit hatten. Wir wurden nicht wie heute erzogen, wir bekamen schon mal anständig Schläge. Aber meine Mutter hat uns nie aus Wut geschlagen. Sie hat uns später einmal gesagt, dass sie immer bis zweiunddreißig gezählt habe, ehe sie sagte: «Holt mal das Stühlchen.» Dann gab es mit dem Ausklopfer eine hinten drauf. Aber sie hat uns nie ins Gesicht geschlagen. Wir bekamen eins auf den Hintern, was uns eigentlich, muss ich ganz ehrlich sagen, überhaupt nicht gekratzt hat. Wir waren eben alle richtige Kleists. Das Einzige, was uns furchtbar war, war Folgendes: Mutter war Kirchenvorstand und wir mussten am Sonntag immer in die Kirche gehen. Weil wir aber immer so kurze Röcke und kurze Hosen anhatten, sah man die Spuren des Klopfers auf unseren Beinen. Alle sagten: «Guck mal, bei den Kleists hat's gestern wieder Dresche gegeben.» Das war das einzig Schlimme, nicht die Tracht Prügel. Die war uns eigentlich ziemlich egal, denn wir wussten ja, wenn wir dies und jenes machen, und wir sie bis zur Weißglut ärgerten, dann gibt es eben was.

M Von wann ab wussten Sie, was Ihr Vater wirklich getan hat? Das wurde Ihnen wahrscheinlich erst nach dem Krieg klar.

v. K Ja, vorher war es viel zu gefährlich etwas zu sagen.

M Wussten Sie davon gar nichts?

v. K Nein, überhaupt nichts.

M Sie sagten vorher, Ihre Mutter wusste auch wenig?

v. K Sie wusste wenig. Klar, sie wusste, dass mein Vater in England war. Aber mit wem er Kontakt hatte, das wusste sie nicht. Es kamen zwar immer viele Leute, aber die hatten dann andere Namen. Sie hat erst hinterher allmählich erfahren, wer das jeweils war. Aber mein Vater hatte sie nicht wirklich eingeweiht. Sie hat jedoch nach dem Krieg viel über den 20. Juli gesprochen. Wir sind damit aufgewachsen.

M Und in welchem Sinne? Wie haben Sie das in Erinnerung?

v. K Eigentlich immer positiv, in dem Sinne, dass mein Vater etwas Tolles gemacht hatte, dass er sehr mutig gewesen ist. Wir waren ja auch in Ahlen in Westfalen eigentlich wenig Nazis ausgesetzt, weil der Ort teilweise kommunistisch geprägt war. Meine Mutter hat uns immer gesagt: «Die Kommunisten helfen uns, obwohl dein Vater alles andere als kommunistisch war. Aber sie helfen uns, weil auch sie gegen Hitler gekämpft haben.» Erst hier in Starnberg haben wir negative Erfahrungen gemacht, da war ich aber schon vierzehn. Starnberg war ja eine Hochburg alter Nazis und da wurden wir sehr häufig angepöbelt mit «Ihr Verräter».

M Von Kindern?

v. K Ja. Zum Beispiel von dem Sohn eines hohen SS-Generals. Der hatte in etwa den gleichen Nachhauseweg wie wir und pöbelte uns manchmal an und sagte: «Euch hätte man auch erhängen sollen.» Aber wir waren so gefestigt, dass uns das zwar ärgerte, aber nicht traf, weil wir uns im Recht sahen.

M Haben Sie sich gewehrt?

v. K Natürlich, aber ich habe auch versucht, Abstand von diesen Leuten zu nehmen und nicht mit ihnen in Kontakt zu kommen. Meine Mutter hat auch gesagt: «Geh einen anderen Nachhauseweg.» Aber das war in Starnberg, in Ahlen haben die Leute uns geholfen. Auch die Bauern waren nett zu uns, viel netter als zu anderen Flüchtlingen, muss ich ganz ehrlich sagen.

M Sie haben alle von der Widerstandstätigkeit Ihres Vaters gewusst?

v. K Ja, offenbar. Auch die Fabrikbesitzer haben uns ausgeholfen mit Schuhen und so. Wir hatten in Ahlen die Engländer, die wussten über meinen Vater Bescheid und waren sehr freundlich zu uns. Aber für die Amerikaner, dann später in Bayern, für die waren wir eigentlich genauso wie alle anderen.

M Die wussten nichts davon?

v. K Die wussten überhaupt nichts, während die englischen Offiziere zumindest etwas wussten.

M Die Alliierten, vor allem die Briten, waren nicht interessiert, dass die Deutschen ihren Widerstand gut kennenlernen und einen Stolz darauf entwickeln.

v. K Das stimmt. Mein Vater hatte engen Kontakt zu Ian Colvin, einem Journalisten, in Berlin. Und der hat natürlich nach dem Kriege meinen Vater ein bisschen in England publik gemacht.

M Vielleicht noch ein bisschen mehr zu dem, was damals bei Ihnen psychisch passiert sein könnte. Ich stelle da jetzt einfach ein paar Fragen: Man weiß aus familientherapeutischen Erfahrungen, dass Kinder oft die Schicksale ihrer Vorfahren übernehmen, das heißt, dass sie zum

Beispiel unter den dramatischen Erfahrungen ihrer Eltern leiden, als hätten sie sie selbst erlebt.

v. K Nein, das kann ich absolut nicht sagen. Überhaupt nicht. Wir waren vielleicht durch die Flucht traumatisiert – das ging aber Millionen Anderen ebenso –, aber nicht durch unseren Vater.

M Ist vielleicht bei einem Ihrer Geschwister, vor allem unter den männlichen, die den Vater in einem gewissen Alter noch mehr brauchen, etwas hängengeblieben?

v. K Nein, das glaube ich keineswegs. Vielleicht bei meinem jüngeren Bruder, weil der seinem Vater unbeschreiblich ähnlich ist. Er war zwar für meine Mutter kein Ersatz für meinen Vater. Aber sie hat ihm doch sehr viel durchgehen lassen, weil sie dann immer sagte: «Genau wie der Vater.»

M Wie hat sich das auf Ihren Bruder ausgewirkt?

v. K Nicht sehr positiv, weil er dadurch ein bisschen eigenbrötlerisch wurde und genauso wie mein Vater einen ganz geraden Weg geht, ohne Kompromisse zu machen. Wenn er etwas für richtig hält, dann hält er das für richtig und da kann man nicht mit ihm diskutieren. Er ist, wie mein Vater, sehr gläubig, obwohl man es ihm keineswegs anmerkt, wie man es meinem Vater auch nicht angemerkt hat, der ja sogar aus der Kirche ausgetreten ist, wegen der «Deutschen Christen». Aber er ist sehr gläubig, meine Mutter war es auch. Er ist sehr rechtschaffen. Er geht gegen alles an, was er nicht für richtig hält.

M Er würde sich im Zweifelsfall auch selber schädigen?

v. K Ja. Absolut. Sehr häufig sogar. Er legt sich sogar mit der Polizei an, weil sie irgendjemanden ungerecht behandelt hat, was natürlich seinem Verhältnis zur Polizei nicht gerade guttut. Auch wenn er studentische Demonstrationen nicht für richtig hält, wie etwa die der Kommunisten oder Maoisten, macht er das auch. Dann hat er die natürlich auch alle gegen sich, aber es ist ihm völlig egal, was die Leute von ihm denken.

M Ist das etwas, was er von Ihrem Vater hat?

v. K Ja, ja schon ausgesprochen.

M Ist das Widerstand um den Preis der Selbstzerstörung?

v. K Das kann man eigentlich nicht sagen. Sondern Widerstand der Gerechtigkeit und seiner Auffassung in dieser Sache wegen, nicht Widerstand um des Widerstandes willen.

M Aber die Konsequenz kann ja sein, dass man sich selber in sehr dumme, wenn nicht sogar sehr gefährliche Situationen begibt und der Sache eigentlich nichts nützt.

v. K Ja, natürlich, aber wir sind so erzogen worden, dass man für seine Gesinnung einstehen muss. Allerdings hat mir diese Erziehung nicht gerade in meinem Beruf weitergeholfen, weil ich ständig im Clinch mit meinen Vorgesetzten lag. Das hat mir sehr geschadet, aber ich bereue es nicht.

M Sie sagen also: «Der Grundsatz ist richtig, aber er macht das Leben nicht leichter».

v. K So ist es. Es hat mich nicht vorwärts gebracht. Ich bin auch immer dazwischengegangen, wenn ich etwas nicht für richtig hielt. Zum Beispiel, wenn die Vorgesetzten hässliche Mädchen benachteiligten, obwohl die sehr fleißig waren, und Hübsche immer bevorzugt wurden. In meiner Abteilung waren dreiundsiebzig Leute. Ich saß häufig zwischen zwei Stühlen und habe mich häufig mit meinen Vorgesetzten gestritten, was sie mir natürlich heimgezahlt haben. Das war auch ganz klar. Aber das war mir egal.

M Ist das eine Kleistsche Eigenschaft?

v. K Ja!

M Hatten Sie jemals das Gefühl, dass Ihre Familie, durch den Widerstand Ihres Vaters und Ihres Bruders, sich für etwas Besonderes hielt, etwa gegenüber Täter- oder auch Mitläuferfamilien?

v. K Nein, das kann ich nicht sagen. Aber wir waren stolz, dass wir einen solchen Vater hatten. Aber dass wir uns für etwas Besonderes gehalten hätten, erlaubte schon unsere preußische Erziehung nicht. Ich kann mich erinnern, wie ich als dreijähriges Kind immer auf dem Feld mithelfen musste. Ich bekam ein kleines Körbchen, das musste ich voll Erdbeeren pflücken, während die Großen riesige Körbe hatten. So wurden wir von klein auf, sobald wir laufen konnten, an Pflichten gewöhnt. Klar, wir durften nicht mit den Zechenkindern spielen, aber das war aus einem anderen Grund: Meine Mutter wollte nicht, dass wir diese Läuse und dieses Benehmen übernahmen. Das galt weniger für meinen Bruder, der saß ja sowieso nur den ganzen Tag da und las und las, während ich der Junge war und mich mit andern Jungen auf der Straße prügelte. Dass wir was Besseres sind, das haben wir nicht so empfunden, auch in Starnberg nicht. Aber dass wir aus gesellschaftlichen Gründen anders waren als die Zechenkinder, das haben wir schon mitgekriegt, aber nicht wegen unseres Vaters.

M «Etwas Besseres» ist womöglich nicht richtig ausgedrückt. Gemeint ist mehr dieser gewisse Stolz, der ja in gewissem Sinne auch berechtigt ist.

v. K Ja, wir waren stolz auf unseren Vater, weil er den Mut gehabt hatte Widerstand zu leisten.

M Nun zu etwas anderem: Man spricht ja viel von Tätern und Opfern. Würden sie Ihren Vater als Opfer bezeichnen, und wie würde er sich selbst bezeichnet haben?

v. K Ich glaube schon als Täter. Aber nicht im schlechten, sondern im guten Sinn, denn er hat dagegen gekämpft, er war der Täter. Er war Opfer der Zeitgeschichte, wenn man es im Großen sieht. Aber aus anderer Perspektive war er Täter. Er hat ja schon 1932 Flugblätter herausgegeben zum Thema: «Der Nationalsozialismus ist eine Gefahr».

M Sie haben mit Ihrem Vater nicht darüber sprechen können, aber was glauben Sie, welche Frage Ihren Vater bezüglich seiner Widerstandstätigkeit am meisten beschäftigt hat? Die einen haben sich viele Gedanken gemacht, ob sie diesen Eid brechen dürfen, die anderen, ob sie töten dürfen.

v. K Nein, ich glaube nicht, dass diese Gesichtspunkte für meinen Vater ein Problem waren. Er war überzeugt, dass das, was er tat, richtig war. Er war natürlich in einem Dilemma wegen seiner Familie, denn er liebte seine Frau und seine Kinder sehr. Aber es gab auch diesen Fall, dass mein ältester Bruder zu ihm kam und sagte: «Vater, ich soll Hitler in einem Selbstmordattentat töten, muss ich das tun?» Da hat er gesagt: «Ja, du musst es tun.» Sie haben darüber sicher gesprochen, welche Konsequenzen das hat. Aber für meinen Vater gab es gar keine andere Möglichkeit. Denn er stand auf dem Standpunkt: Je länger Hitler am Leben ist, desto mehr Deutsche werden getötet und das geht nicht. Damit hatte er ja Recht, denn in den letzten Kriegsjahren sind viel mehr umgekommen als in den ersten.

M Auf der anderen Seite frage ich mich immer wieder, ob es nicht einen Bürgerkrieg gegeben hätte, wenn das Attentat geglückt wäre. Man weiß es nicht.

v. K Ja, es ist schwer zu sagen. Aber viele Menschen hatten den Krieg satt, und viele waren nur Mitläufer, weil ihnen gar nichts anderes übrigblieb. Ich weiß nicht, ob die Zahl solcher Menschen nicht doch recht groß gewesen ist.

M Der «Kreisauer Kreis» war jedenfalls wegen der drohenden Bürgerkriegsgefahr gegen den Attentatsversuch, in meinen Augen eine verständliche Haltung. Ihr Vater hatte, wie Sie sagten, eine klare Haltung und stand dafür ein. Er wollte den von ihm vorhergesagten Untergang Deutschlands abwenden. Dazu musste Hitler beseitigt werden. Eine derartige Haltung hat sich in den jeweiligen Familien verschieden ausgewirkt. In manchen Familien fühlten sich die Kinder vom Vater vernachlässigt, in anderen nicht.

v. K Klar, wie ich noch klein war, da habe ich natürlich überlegt: «Es wäre doch schön, wenn Vati noch da wäre, dann ginge es uns doch viel besser. Dann hätten wir auch ein Haus, dann hätten wir genügend zu essen und dann wäre da ein Vater, der für uns sorgen würde und so weiter.» Also rein materielle Überlegungen. Aber je älter man wurde, desto weniger hatte man solche Gedanken. Als man dann den Hintergrund kapiert hatte, war das eigentlich keine Frage mehr.

M Es war ja vieles noch überhaupt nicht bekannt nach dem Krieg. Hatte Ihr Vater etwas erzählt?

v. K Nein, mein Vater hat mir nichts erzählt.

M Aber in der Familie?

v. K Ja, meine Geschwister wussten Bescheid und meine Mutter natürlich. Sie hat uns damals sehr viel erzählt.

M Was wussten die Geschwister denn?

v. K Der Älteste wusste genau Bescheid. Der war auch im Infanterie-Regiment 9, in dem ein großer Teil kritisch gegenüber Hitler eingestellt war. Mein zweitältester Bruder war im Internat, kam mit siebzehn Jahren an die Front und war damals politisch nicht so leidenschaftlich engagiert. Aber gewusst haben die Älteren das schon.

M Wie alt waren denn die Älteren?

v. K Der Älteste war zweiundzwanzig und die Jüngste war dreizehn. Die haben schon einiges mitgekriegt. Die Schwestern und mein zweitältester Bruder nicht so viel, weil sie im Internat waren. Aber dass unsere Familie unbedingt gegen die Nazis war, das war ihnen bekannt.

M Ich erinnere mich aus meiner Familie, dass ich nicht verstand, warum mein Vater dagegen war. Er hat mit uns Kindern darüber nicht gesprochen. Wie ich es dann an einem Wutausbruch von ihm merkte, hat es mich zutiefst erschreckt, und ich habe mich geschämt, weil ich das Gefuhl hatte: Alle anderen sind dafür. Der Vater meiner besten Freundin war im Feld und «opferte» sich fürs Vaterland.

v. K Dafür war ich zu klein. Aber ich weiß nicht, ob meine Geschwister so etwas gefühlt haben. Ich weiß nur eine Anekdote meiner Großmutter väterlicherseits: Wir bekamen eine neue Hauslehrerin und die war Nazi. Sie hieß Fräulein F. und meine Mutter und mein Vater fingen meine Großmutter vor dem Haus ab und sagten: «Sag um Himmels Willen kein Wort gegen die Nazis, unsere neue Hauslehrerin ist eine furchtbare Nazisse, dass du dich ja nicht verplapperst!» Was macht meine Großmutter? Rauscht rein und sagt: «Und das eine will ich Ihnen sagen, Frau F., wir sind alle keine Nazis!» Insofern herrschte bei uns ein ziemlich offener Ton und das haben meine älteren Geschwister mitbekommen.

M Da stand wohl, so wie Sie das jetzt schildern, ein großes Selbstbewusstsein dahinter, dass Sie und Ihre Geschwister den Widerstand für völlig normal hielten.

v. K Ja, die Familien auf den Nachbargütern waren auch oft dagegen.

M Insofern gab es ein größeres Umfeld?

v. K Ja. Da waren auch Bonhoeffer und alle, die aufgrund ihres Glaubens dagegen waren. Wir gehörten ja zur «Unierten Kirche». Mein Vater war der Patron unserer Dorfkirche. Unter den Nazis kam ein «Deutscher Christ» als Pastor, und unser Pfarrer wurde versetzt. Also gingen wir nicht mehr bei uns in die Kirche, sondern fuhren viele Kilometer mit dem Kutschwagen, um in die andere Kirche zu gehen, an der unser alter Pfarrer war. Das ist sicherlich aufgefallen. Auf dem Lande ist das auch noch immer etwas anderes. Wir waren irgendwie abgeschottet. Unsere Leute hätten niemals meinen Vater verpfiffen, auch wenn sie Nazi waren. Sie waren ja von ihm mehr abhängig als von den Nazis. Denn früher gab es keine Krankenkasse, keine Sozialversicherung. Es lief vieles übers Haus. Wenn jemand krank wurde, dann wurde das Krankenhaus von uns bezahlt, was dann nach dem Kriege die große Katastrophe für alle war. Auch für uns, weil wir keine Rentenversicherung, keine Krankenversicherung und gar nichts hatten.

M Wir haben ja schon angesprochen, dass nach dem Krieg der Widerstand wenig Anerkennung fand, bis dahin, dass sie als Verräter bezeichnet wurden. Sie sagten, dass Sie damit gut umgehen konnten, gerade aus diesem größeren Familienzusammenhang heraus.

v. K Ja, und aus dem preußischen Denken heraus.

M Was verstehen Sie unter «preußischem Denken»?

v. K Gerechtigkeit, das heißt für das Einstehen, was man denkt und auch sein Wort halten. Bei uns gab es das nicht, dass man etwas versprach und nicht hielt. Auch eine gewisse Hilfsbereitschaft gehört dazu.

M Verantwortungsgefühl für andere?

v. K Ja, Verantwortungsgefühl und auch Pflichtgefühl. Zum Beispiel bin ich in den zweiunddreißig Jahren, die ich im Büro war, nur zweimal zu spät gekommen.

M Wir haben auch schon darüber geredet, dass es Widerstandskämpfer gab, die es abgelehnt haben, Hitler zu töten, weil eine neue Regierung nicht auf einem Mord begründet sein sollte. Ihr Vater war aber offenbar ganz klar der Meinung, dass das unvermeidbar war.

v. K Ja, meiner Ansicht nach kann man einen Diktator gar nicht anders aus dem Weg schaffen.

M Ich kannte einen schwer Kriegsversehrten, der in München studierte, als dort die «Weiße Rose» aktiv war und wahrscheinlich davon wusste. Er hat nicht lange nach Kriegsende mir gegenüber geäußert, dass das «Kindereien» gewesen seien, die letztlich nichts gebracht hätten. Kann es sein, dass solche Menschen eine besondere Art von «Überlebensschuld» fühlten? Es waren womöglich solche Menschen, die aus diesem Schuldgefühl heraus gar nicht wollten, dass vom Widerstand viel die Rede war.

v. K Da weiß ich jetzt nicht ganz, worauf Sie hinaus wollen. Die Scholl-Geschwister stammen ja aus einer Familie, wo der Vater schon sehr früh Anti-Nazi war. Denen war es sozusagen in die Wiege gelegt, dagegen zu sein. Außerdem macht man das in jungen Jahren, glaube ich, immer so. Das ist das Recht der Jugend. – Ich mache einen Konversationskurs in Englisch, in dem wir ganz offen miteinander umgehen, und neulich kamen wir auf dieses Thema zu sprechen. Die einen sagten: «Wir haben ja gar nichts richtig gewusst.» Und ein paar andere sagten: «Wir wollten es auch gar nicht wissen. Wir haben nie hinterfragt.» Einige aber sagten: «Das ist das Problem, dass wir nie hinterfragt haben! Wir wussten, dass die Juden neben uns alle verschwanden, aber wir haben nie gefragt, was mit ihnen passiert ist.»

M Als abschließende Frage: Wie wird es den Täter- und Opferkindern wohl am ehesten möglich sein, aufeinander zuzugehen und in der Zukunft angemessen zu handeln?

v. K Unsere Generation kann man schon gar nicht mehr als Tätergeneration sehen. Und ich lehne es auch vollkommen ab, dass man heute der Jugend ununterbrochen ein Schuldgefühl einimpft. Das soll nicht bedeuten, dass sie vergessen sollen, was ihre Großeltern und Urgroßeltern getan haben. Aber dieses pausenlose Wachhalten von Schuldgefühlen, wie es manche Kreise betreiben, das halte ich für verhängnisvoll. Das ist bei vielen unserer Gruppe des 20. Juli auch so, dass sie immer rückwärts schauen. Wir müssen aber vorwärts schauen und nicht rückwärts, damit es uns nicht geht wie Lots Frau, dass wir zu einer Salzsäule erstarren. Wenn wir der Jugend ununterbrochen Schuldgefühle aufoktroyieren, bereiten wir damit den Nährboden für einen neuen Nationalismus. Kein Mensch zwingt den Amerikanern Schuldgefühle auf, dass sie die Indianer ermordet haben oder den Australiern, die die Aborigines auf dem Gewissen haben. Kein Mensch sagt etwas dagegen. Aber wir werden pausenlos mit dem Mord an den Juden bombardiert. Ich finde, das muss endlich aufhören! Was keineswegs bedeuten soll, dass man es vergessen soll. Unsere Zukunft sind die Jugendlichen, und wenn wir denen pausenlos Schuldgefühle einimpfen, für was sollen sie denn noch leben?! Sie können nur leben, wenn sie eine positive Perspektive haben, aber nicht, wenn man immerzu sagt: «Ihr seid schuld, ihr müsst zahlen!» Das muss ein Ende haben! Aber dadurch, dass wir keine charakterfesten Politiker mehr haben, werden wir das auch nicht erreichen. Jeder hängt nur noch an seinem eigenen Vorteil. Es gibt nur wenige Leute, die sich wirklich noch einsetzen. Man muss hinausgehen und versuchen etwas anderes zu machen. Wie ich arbeitslos geworden bin, habe ich mich auch nicht hingesetzt und gesagt: «Nach 32 Jahren haben sie mich rausgeschmissen, nur weil ich zu alt war.» Ich habe gesagt: «Was soll's?» und habe mir Arbeit gesucht. Hier geputzt, dort die Kinder gehütet und so weiter.

M Gibt es irgend etwas, was Sie noch gerne sagen würden zu diesem Thema? Wie zum Beispiel zu der Tatsache, dass Ihr Vater im Widerstand war, wie das auf Sie persönlich und auf Ihre Geschwister gewirkt hat?! Wo haben Sie zum Beispiel das Gefühl: «Das hab ich von ihm mitbekommen»?

v. K Vielleicht die Stärke, dass man einfach auch mal seine Meinung sagt, auch wenn sie nicht so akzeptiert wird; auch den Mut zur Diskussion und zu versuchen, auf den Standpunkt des Anderen zu hören, ihm wirklich zuzuhören.

Fabian von Schlabrendorff

(1907–1980)

Fabian und Luitgarde von Schlabrendorff, geb. von Bismarck, im Jahr ihrer Verlobung 1938.

Fabian von Schlabrendorff, aus einem märkischen Adelsgeschlecht stammend, trat bereits während des Jura-Studiums als entschiedener Gegner des Nationalsozialismus auf und äußerte sich regimekritisch in konservativen Zeitschriften. Als Reserveoffizier der Reichswehr und späterer Ordonnanzoffizier bei Henning von Tresckow gehörte er seit 1938 dem militärischen Widerstand an. In diesem Zirkel fungierte Schlabrendorff als ständiger Verbindungsmann zwischen der «Heeresgruppe Mitte» und der Berliner «Abwehrzentrale». Gemäß seiner Auffassung, «daß Pflicht und Ehre von uns fordern, alles zu tun, um Hitler und den Nationalsozialismus zu Fall zu bringen und damit Deutschland und Europa vor der Gefahr der Barbarei zu retten», begab sich Schlabrendorff im Sommer 1939 auf eine von Admiral Wilhelm Canaris eingefädelte Friedensmission nach Großbritannien. Wenn auch die Gespräche mit den konservativen Politikern Lord Lloyd und Winston Churchill am Ende ergebnislos blieben, so hatte der deutsche Widerständler wenigstens auf die Existenz einer Opposition innerhalb des nationalsozialistischen Systems hingewiesen. Nach der deutschen Niederlage in Stalingrad 1943 planten Schlabrendorff und Tresckow, unter der Mitwisserschaft der Berliner Verschwörerzentrale, ein Attentat auf Hitler, der im März 1943 zur Sondierung der militärischen Lage nach Smolensk reiste. Der Versuch scheiterte, weil die in Hitlers Flugzeug deponierte Zeitbombe aufgrund der Kälte nicht zündete. Nach dem Attentat am 20. Juli 1944 wurde Schlabrendorff als Mitverschwörer verhaftet, gefoltert und trotz Freispruch im Gestapo-Gefängnis in der Prinz-Albrecht-Straße und den Konzentrationslagern Sachsenhausen, Flossenbürg und Dachau gefangengehalten. Nach seiner Gefangenschaft nahm Schlabrendorff, der dem Gedenken an den 20. Juli 1944 auch historisch und in der Öffentlichkeit eng verbunden blieb, seinen

Beruf als Rechtsanwalt und Notar auf. Im Juli 1967 wurde er zum Bundesverfassungsrichter in Karlsruhe bestellt. Das Richteramt übte er bis ins Jahr 1975 aus.

Interview mit Herzeleide Stökl

B-L Herzeleide, du bist eine von den wenigen «20. Juli-Kindern», die ihren Vater behalten durften. Was ist deine wichtigste Erinnerung aus deiner Jugendzeit? Das muss nichts mit dem Widerstand zu tun haben.

S Die Abfahrt aus Pommern. Wir sind ja nicht mit dem allgemeinen Flüchtlingszug so spät wie möglich geflohen, sondern schon im August 1944 aus Pommern aufgebrochen: meine Mutter[1] mit drei ganz kleinen Kindern und einem Kind im Bauch. Ich war mit viereinhalb Jahren die Älteste. Meine Mutter hatte zwei jüngere Brüder, die zehn und zwölf Jahre alt waren, und die fuhren auch mit.

B-L Wie seid ihr geflohen?

S Wir sind damals mit dem Zug über Dresden gefahren, nicht über Berlin, weil man Angst hatte, dass in Berlin Bomben fallen. Das war in Dresden noch nicht der Fall. Wir haben in Dresden eine kurze Nacht geschlafen und sind dann mit dem Zug weiter nach Oberfranken zur Verwandtschaft gefahren.

B-L Dein Vater war damals in Berlin in Haft?

S An dem Tag, als wir losfuhren, war er noch nicht in Haft. Erst zwei Tage später wurde er inhaftiert, und zwar in Russland in der «Heeresgruppe Mitte».

B-L Wusste damals deine Mutter um seine Verbindung zum Widerstand?

S Meine Mutter wusste wohl, dass er Verbindung zum Widerstand hatte, aber sie wusste nicht viel, weil mein Vater der Meinung war, je weniger sie wüsste, desto weniger wäre sie gefährdet.

B-L Eigentlich gehörte dein Vater zum militärischen Widerstand, weil er Offizier war und dieses frühe Buch «Offiziere gegen Hitler»[2] geschrieben hat. Aber ursprünglich kommt er aus dem zivilen Widerstand.

S Ja, und zwar schon sehr früh. Er hat 1926 sein Abitur gemacht und sich schon als Student, zuerst in Halle und später in Berlin, um die Nazi-Bewegung gekümmert. Ich erinnere mich noch sehr gut daran,

*Herzeleide Stökl,
geb. von Schlabrendorff 2007.*

dass er später immer gesagt hat: «Die Leute, die sagen, sie hätten das nicht gewusst, die haben die entscheidenden Bücher nicht gelesen.» Und zwar waren das Hitlers «Mein Kampf» und Rosenbergs «Mythus des zwanzigsten Jahrhunderts». Die hat er sehr früh gelesen und daraus hat sich seine widerständige Haltung schon von vorneherein klar ergeben. Bereits als Student hat er Nazi-Versammlungen gestört und in Anti-Nazi-Bünden mitgemacht. Er hat oft seine Beine in die Hand nehmen und laufen müssen, um nicht verprügelt zu werden.

B-L Inwieweit hat ihn das später beruflich beeinträchtigt, dass er unangepasst war? Denn wenn er 1926 Abitur gemacht hat, war er mit seiner Juristenausbildung wohl 1933 fertig.

S Nein, er ist erst 1934 fertig geworden. Er hat ziemlich lange für sein Studium gebraucht, weil es in der Familie kein Geld gab. Sein Vater war schon tot, und er hat während des Studiums immer wieder bei Banken, Zeitungen und Anwälten gearbeitet. Zu deiner 1. Frage: Ich denke, unangepasste Menschen haben nahezu immer mehr Schwierigkeiten. Das ist sozusagen normal.

B-L Du hast mal erzählt, dass er in enger Verbindung zu Ewald von Kleist-Schmenzin stand.

S Ja, das stimmt. Dazu ist es während seiner Studienzeit bei einer Tagung des Hochschulrings Deutscher Art auf dem Gut Schmenzin gekommen. Mit Ewald von Kleist hatte er einen Gleichgesinnten, wenn auch wesentlich Älteren gefunden. Kleist war ein entschiedener Nazi-Gegner. Er hat auch schon in den 30er Jahren im Gefängnis gesessen.

Aber sie haben ihn immer wieder freigelassen. Vater und Ewald von Kleist wurden gute Freunde. Sie haben vor allem Schriften und Artikel gegen die Nationalsozialisten verfasst.

B-L Es war ein großes Geschenk, jemanden im direkten Umfeld zu haben, mit dem man offen reden konnte, mit dem man eines Geistes war.

S Eben, das konnte man auch nicht ganz offen machen, das musste man versteckt halten. Im Laufe dieser Jahre, das muss im Sommer 1939 gewesen sein, kurz nachdem sich meine Eltern verlobt hatten, war mein Vater auf einer der vielen Hochzeiten des pommerschen Adels und hat dort meinen Onkel mütterlicherseits, Gerd von Tresckow, kennen gelernt. Der ist auf ihn zugekommen und hat gesagt: «Mein Bruder Henning möchte dich sehen.» Dann ist er sofort am nächsten Tag bei Henning erschienen.

B-L Diese Verbindung zu von Tresckow ist noch vor dem Krieg entstanden?

S Ja, richtig. Gerd und Henning von Tresckow waren Vettern meiner Mutter.

B-L Wie und wann hast du von der Widerstandstätigkeit deines Vaters erfahren?

S Da war ich etwa elf oder zwölf Jahre alt. Als ich einmal längere Zeit bei Ursula, der älteren Schwester meines Vaters, meiner Patentante, wohnte, hat sie mir von seinem Buch «Offiziere gegen Hitler» erzählt, das er schon im Mai und Juni 1945 geschrieben hatte. Sie gab mir das Buch zu lesen, und da war ich doch sehr erschüttert. Dieses Buch zu lesen gehört, was meinen Vater angeht, zu den eindrucksvollsten Erlebnissen meiner Kindheit. Das hat mir die Augen geöffnet. Ich wusste vorher nicht, dass er von den Nazis so brutal gefoltert wurde. Ich ahnte nichts von seiner widerständigen Arbeit. Das hat er uns Kindern mit Absicht verschwiegen. Er wollte uns nicht nur nicht mit hineinziehen in seine Gegnerschaft zu den Nationalsozialisten – die es ja auch nach dem Krieg noch gab –, er wollte uns auch nicht belasten. Da wir nichts wussten und damals auch noch ziemlich klein waren, konnten wir ihn auch nicht fragen, ganz abgesehen davon, dass man damals seinen Eltern gegenüber schüchtern war. Das Verhältnis von Kindern gegenüber Eltern war allgemein respektvoller als heute. Man wagte gar nicht, alle Fragen zu stellen, die man vielleicht gerne gestellt hätte. Meine Mutter, die ja ebenfalls nichts wusste, konnte man auch nicht fragen.

B-L Hast du auch nicht gefragt, nachdem du das Buch gelesen hattest?

S Nachdem ich das Buch gelesen hatte, habe ich wohl manchmal versucht zu fragen. Aber mein Vater hat es abgelehnt, von sich selbst zu erzählen. Er hat gesagt, er müsse in Vorträgen und Seminaren vor Studenten, Schülern und anderen Leuten so viel erzählen, dass er zu Hause gerne von diesem Thema verschont bleiben wolle. Das konnte ich damals sehr gut verstehen, weil ich nun wusste, wie sehr er noch immer litt. Ich konnte mir gut vorstellen, dass er mit dem Verdrängen dieser schlimmen Erlebnisse glaubte, dass sie ihn nicht mehr belasteten. Heute sehe ich das ganz anders. Er hatte sich die schlimmen Erfahrungen auch einmal vom Leib geschrieben, so dass er vielleicht glaubte, es wäre falsch, seinen Kindern darüber noch mehr zu berichten. Das wäre aber nach meiner heutigen Erkenntnis gar nicht falsch gewesen.

B-L Es hätte euch manches leichter gemacht und ihm vielleicht auch. Damals sah man das nicht. Die Psychologie und ihre heilenden Kräfte waren gerade in den gläubigen Familien, wie der euren, eigentlich nicht anerkannt. Man machte das mit sich und seinem Glauben aus, und vielleicht mit dem Partner. Aber sich den Kindern so zu öffnen und Leid zu teilen, das war nicht üblich.

S Nein, das war in keiner Weise üblich.

B-L Deine Mutter habt ihr später auch nicht gefragt?

S Doch, wir haben sie schon gefragt, aber sie konnte uns keine Antwort geben.

B-L Daran kann man sehen, dass auch eure Eltern dieses Thema wenig berührte. Wie war das dann unter euch Geschwistern? Habt ihr euch ausgetauscht oder war der Widerstand des Vaters unter euch auch kein Thema?

S Da ich die Erste war, die das Buch gelesen hatte und als Älteste immer bevorzugt behandelt wurde, hat es eine Weile gedauert, bis ich mich mit meinem ältesten Bruder darüber ausgetauscht habe. Die anderen waren anfangs noch zu jung.

B-L Euer Vater blieb aber doch nach wie vor sehr in die Erforschung des Widerstands involviert, etwa durch Berichte und Aufsätze, die wissenschaftliche Arbeit und die Zeitzeugenschaft, zudem war er sehr intensiv in der Stiftung «Hilfswerk 20. Juli 1944» als Justitiar und als ganz wichtiger Mann im Vorstand eingebunden. Auch dies war bei euch kein Thema? Auch nicht, dass deine Tante, Lonny von Hanstein, als Mitarbeiterin in der Stiftung war?

S Ja, wir wussten natürlich, dass er das machte. Wir wussten über die Mitarbeit von Tante Lonny Bescheid. Das ist klar. Aber wir haben darüber nicht diskutiert. Wir haben uns etwas berichten lassen. Es war bei uns zu Hause noch ein bisschen so, dass die Kinder bei den Mahlzeiten eigentlich schwiegen, wenn der Vater da war, und das war selten genug.

B-L Und viel Zeit, etwa gemütliche Abende, gab es kaum, wenn der Vater so stark eingespannt war.

S Das gab es erst später, als ich 16, 17, 18 Jahre alt war. Aber da wollte er uns auch nichts aus der Zeit des Widerstands erzählen. Da war er wieder in einem einigermaßen guten gesundheitlichen Zustand, vorher stand es um seine Gesundheit manchmal sehr schlecht, so dass er als Freiberufler einmal ein Jahr lang überhaupt nichts verdient hat. Für eine Familie mit sechs Kindern war das sehr hart. Aber später, als es ihm wieder viel besser ging und ich ein junges Mädchen war und auch gerne ausging, da ging es um gegenwärtige Themen. Er hatte immer großes Interesse an den politischen Dingen. Deshalb wurde in diesen Gesprächen die gegenwärtige Politik behandelt.

B-L Kann es sein, dass der Widerstand bei euch in der Familie weniger diskutiert wurde als in anderen Widerstandsfamilien, in denen der Vater tot war, weil durch die Beschäftigung mit dem Widerstand der Vater weiterlebte? War bei euch das Heute und die Zukunft wichtiger, das Leben in die Zukunft gerichtet? Insbesondere den jungen Witwen war es häufig wichtig, ihren Kindern von ihrem Vater zu erzählen, ihn als einen besonderen Menschen darzustellen.

S Ja, das ist mit Sicherheit auch ein Grund.

B-L Was bedeutete der Widerstand deines Vaters in der weiteren Familie? Deine Tanten waren sehr mit deinem Vater verbunden. Wenn ich es richtig sehe, waren beide Tanten ganz entschieden gegen Hitler. Hast du den Eindruck, dass die drei Geschwister sich nach dem Krieg über ihr Erleben ausgetauscht haben?

S Ja, den Eindruck habe ich, dass sie sich ausgetauscht haben. Aber ich war niemals dabei.

B-L Ist das Gespräch und der Austausch unter den Widerstandsleuten mit dem gleichen Erleben leichter, was dann aber nicht in den Rest der Familie getragen wurde?

S Ja, ich weiß, dass mein Vater auch andere Überlebende öfter gesehen hat. Mit denen hat er sich mit Sicherheit ausgetauscht.

B-L Dein Vater hat sich sicherlich zu den Widerstandstätern und nicht zu den Opfern des «Dritten Reiches» gezählt. Er war stark gefoltert und malträtiert worden. Hat er artikuliert, dass man ihn schlimm behandelt hat, dass er ein Opfer des «Dritten Reiches» war? Oder war auch das bei ihm kein Gesprächsthema?

S Es war mit Sicherheit kein Gesprächsthema im Alltag. Aber ich denke, er hat sich selbst als beides empfunden. Er hat mit Sicherheit die Täterschaft in den Vordergrund gestellt und seine Leiden, die er erlitten hat, in den Hintergrund. Das war mir immer eindeutig. Aber er hat viel von anderen erzählt, die auch gelitten haben. Er hatte in der Nachkriegszeit sehr viel mit jenen zu tun, die ihre Rechte verteidigen mussten. Er hat sich für ganz viele von ihnen in Prozessen eingesetzt. Ich denke, dass er immer wieder hervorgekehrt hat, dass es viele Menschen gab, die gelitten haben, und nicht nur Widerstandsleute, sondern z. B. auch Juden oder Zigeuner. Davon haben wir schon erfahren. Viel lieber allerdings hat er uns von dem Mut oder der Tapferkeit von Freunden während der Nazizeit erzählt.

B-L Es haben nicht viele Leute des Widerstandes überlebt, die so nah am Geschehen waren wie dein Vater. Die, die überlebt haben, haben zum Teil nicht leicht daran getragen. Sie fühlten sich nicht selten schuldig, überlebt zu haben. Hast du zu Hause so etwas auch gespürt?

S Ja, deutlich, vor allem, wenn er von seinen nicht mehr lebenden Freunden sprach. Die meisten waren ja umgekommen. Er fühlte sich, glaube ich, oft allein. Das ist für ihn sicher schwer zu tragen gewesen.

B-L Damit steht er nicht allein.

S Gleichwohl war er froh, dass er lebendig war. Das hat er mal gesagt.

B-L Meinst du, dass er Kraft aus der Gemeinschaft der im Widerstand Verbundenen geschöpft hat, auch durch seine Arbeit in und für die Stiftung «Hilfswerk 20. Juli 1944»? War ihm das wichtig?

S Ja, natürlich. Das war ihm wichtig. Er hatte ja sehr gute Freunde dort.

B-L Einen so bedeutenden Vater zu haben, der später als Bundesverfassungsrichter eine wichtige Rolle in der Bundesrepublik spielte, inwieweit ist ein solcher Vater Vorbild oder auch erdrückend?

S Das ist schwer zu beantworten. Ein Vorbild wurde er für mich in gewisser Weise schon: als ich wusste, worum es bei ihm in der Vergangenheit gegangen war. Ich glaube nicht, dass es für mich erdrückend gewesen ist, weil ich ein Mädchen war. Aber es könnte sein, dass es für meine jüngere Schwester, die Juristin ist, und die Brüder eine Rolle gespielt hat. Aber darüber möchte ich nicht an deren Stelle Auskunft geben.

B-L Ging die Vorbildfunktion auch in Stolz auf einen solch mutigen Vater über?

S Aber sicher. Das hat wie alle Empfindungen gewechselt. Mal war es Stolz, mal fühlte man sich ausgeschlossen von anderen. So ist es mir oft in der Schule gegangen oder in anderen Kreisen. Ich wusste damals ganz genau, dass es nicht daran liegt, dass wir einen adeligen Namen tragen, sondern daran, dass mit unserer Familie etwas gewesen ist, was mit anderen Familien nicht war. Sie schauten mit Skepsis auf uns und fanden, dass wir eigentlich nicht zu ihnen gehörten. So habe ich es zumindest empfunden.

B-L Hast du das in der Schule auch von den Lehrern zu spüren bekommen?

S Nein, von den Lehrern nicht, vielleicht in der Grundschule, aber nicht von den Lehrern im Gymnasium. Denn das war eine Schule, deren Schulleiter in späteren Jahren sehr eng mit meinem Vater befreundet war. Dort spielte das daher keine Rolle. Aber von Kindern mit Sicherheit.

B-L Ist euch einmal der Gedanke gekommen: Unser Vater ist ein Heldenvater und einer, den man nicht anfassen kann?

S Das haben uns andere Kinder gesagt, wenn es um dieses Thema im Fach Geschichte ging. Vielleicht hat uns das mit Stolz erfüllt, dass sie das gesagt haben, aber selber so gedacht haben wir sicher nicht. Dazu zeigte sich unser Vater uns viel zu menschlich.

B-L Aber es ist doch durchaus nahe liegend, ein Elitegefühl zu entwickeln, wenn man merkt, die anderen Kinder empfinden den Vater als Helden. Kann das möglicherweise auch so weit gehen, dass man sagt: «Wir sind etwas Besseres als die anderen»? Ist dir das bewusst oder unbewusst in den Sinn gekommen?

S Das war etwas, was unser Vater immer versucht hat, uns klar zu machen, dass wir höchstens in unserer geistigen Haltung eine Elite sein können, dass wir aber nicht besser sind als andere Menschen. Wir durften noch nicht einmal auf einen Adelsball gehen.

B-L Das kann ich mir bei deinem Vater und auch bei deiner Mutter, die beide so starke Persönlichkeiten, aber dennoch nach außen so bescheiden waren, gut vorstellen. Man hat es einfach gemerkt, dass sie etwas Besonderes waren. Insofern kann ich mir vorstellen, dass die, heute würde man sagen Schickimicki-Gesellschaft, nicht die ihre war.

S Das spielte auch bei der Auswahl des Internats für meine Brüder eine große Rolle. Auf ein Schickimicki-Internat kamen sie auf keinen Fall.

B-L Gab es während der Pubertät Zeiten mit widerständigem Verhalten gegenüber den Eltern, wo man sich dagegen aufgelehnt hat, dass der Vater dieses Risiko auf sich und die Familie genommen hat? Habt ihr eurem Vater innerlich Vorwürfe gemacht, dass er die Verantwortung für die Politik und das Volk höher stellte als die Verantwortung für die Familie?

S Ich kann mich nicht daran erinnern, dass wir so gedacht haben.

B-L Vielleicht deshalb nicht, weil ihr das Glück hattet, dass der Vater zurückkehren konnte?

S Ja, er hat auch immer davon geredet, dass das etwas Besonderes gewesen ist, dass ausgerechnet er am Leben geblieben ist. Er hatte wohl eine Vorahnung bei seiner Verhaftung, dass er am Leben bleiben würde. Er hatte eine Pistole in seinem Nachttisch und hätte sich ohne Weiteres in dem Moment seiner Verhaftung erschießen können. Aber er hat eine innere Bremse gehabt und wohl gedacht, dass er vielleicht am Leben bleiben würde. Henning von Tresckow hatte ihm ja auch mit auf den Weg gegeben, er müsse am Leben bleiben.

B-L Das macht es wohl auch leichter, wenn man dann das Glück hatte, weiterleben zu können und zu dürfen.

S Ja, auf jeden Fall.

B-L Wie ist dein Vater damit umgegangen, dass es nach dem Krieg lange gedauert hat, bis der deutsche Widerstand anerkannt wurde? Zunächst einmal waren die Widerständler Verräter. Wir waren durchaus, wie du es ja auch schon erzählt hast, sogar als Kinder einer Widerstandsfamilie in der Schule als Außenseiter angesehen. War das bei euch ein Thema? Habt ihr das gespürt?

S Ich denke, dass wir das gespürt, aber nicht beredet haben.

B-L Der Vater hat auch nie artikuliert, dass er darunter litt, als Verräter zu gelten? Denn sein Buch ist sicher zunächst auch kritisch aufgenommen worden, zumal es ganz früh erschienen ist.

S Es ist damals in der Schweiz erschienen. Ich denke, das hat ihm auch im Ausland zu einer gewissen Popularität verholfen. Denn es ist auch sehr bald ins Englische und Französische übersetzt worden. In den ersten Nachkriegsjahren ist es in Deutschland wohl nur wenig gelesen worden. Ganz sicher hat er auch in späteren Jahren darunter gelitten, von einem Großteil der Bevölkerung als Verräter angesehen zu werden. Sicher war das auch ein Grund, weshalb er sich politisch wenig äußerte oder einmischte.

B-L Wie war das bei euch in der weiteren Familie? Haben sich nach dem Krieg alle in Hochachtung um deinen Vater geschart oder hattet ihr in der Familie auch Mitglieder, die Hitler akzeptiert oder angehangen haben und die deinem Vater hinterher Vorwürfe gemacht haben?

S An Vorwürfe kann ich mich nicht erinnern. Erst wesentlich später lernte ich, dass es in der weiter entfernten Verwandtschaft einige gab, die zeitweilig auf der Seite Hitlers gestanden hatten, aber eben nur zeitweilig. Ich erinnere mich z. B. an eine Patentante, die als ganz junge Frau einen Posten im BDM hatte, die aber später eine besonders große Verehrerin meines Vaters war.

B-L War dein Vater einer von den Widerstandskämpfern, der trotz seiner Bindung im Glauben das Ja zum Tyrannenmord gesagt hat?

S Ja, er schreibt auch in seinem Buch «Offiziere gegen Hitler» über dieses Thema.

B-L Inwieweit musste er sich dazu durchringen oder hatte er zum Attentat sehr schnell ein klares Urteil?

S Er ist uns immer nur mit ganz klaren Urteilen gegenübergetreten. Er hat das, was ihn bedrängte, mit sich abgemacht und ist dann bei seiner Meinung geblieben. So stelle ich mir vor, war das auch mit dieser Entscheidung. Für ihn spielte der Glaube eine ganz große Rolle. Er hat viel Kontakt zu evangelischen und katholischen Geistlichen gehabt, und er hat sich auch bis an sein Lebensende – das habe ich gerade in seinen Briefen festgestellt – mit ihnen über das Thema Tyrannenmord unterhalten.

B-L Weißt du, wie er dazu stand, dass andere, beispielsweise die Kreisauer, insbesondere Helmuth James Graf von Moltke, ganz entschieden gegen den Tyrannenmord waren?

S Mein Vater hat immer wieder gesagt und geschrieben, dass Tyrannenmord für den Einzelnen das schwerwiegendste Problem und der äußerste Ausnahmefall auch in einem totalitären Staat sei, und die Situation im «Dritten Reich» schätzte er genauso ein. Er hielt die Tötung Hitlers für die einzige Möglichkeit für Deutschland, sich der Nazityrannei zu entledigen. Und so dachten viele, nicht nur in der Wehrmacht. Trotzdem hat er die Männer und Frauen des Widerstands, die nicht so denken konnten, hoch geachtet.

B-L Wie würdest du das selber empfinden?

S Da kann ich ihm nur beipflichten. Das sehe ich ganz genauso. Ich habe Geschichte studiert und deshalb auch andere Situationen kennen gelernt, in denen solche Entscheidungen notwendig waren. Da bin ich vollkommen seiner Ansicht. Nachdem ich weiß, wie perfide die Nazis geherrscht haben, erscheint mir undenkbar, wie man sie, ohne den Tyrannenmord einzubeziehen, erfolgreich hätte bekämpfen können.

B-L Aber du kommst auch mit seiner Akzeptanz der anderen Meinung, der Ansicht der «Kreisauer», klar?

S Ja, damit komme ich auch klar.

B-L Wie hat sich dein Vater zu der Position geäußert, dass man sich nicht so exponieren solle, sondern sich aufsparen für danach, um dann das andere Deutschland aufzubauen?

S Ich denke, über so eine Meinung hat mein Vater nur gelächelt. Die Lage Deutschlands war zu ernst und dieser Gedanke zu wenig Erfolg versprechend. Er verlangte nicht von anderen, aber von sich das Opfer, denn es könnte einmal zu spät sein. Und deshalb lag ihm so viel an der Anerkennung des Opfers seiner Freunde.

B-L Er hat sich lebenslang dafür eingesetzt, diese Anerkennung zu erreichen und ein Stück einzufordern. Was ist für dich das Vermächtnis des Widerstands?

S Das Bleibende am Widerstand ist für mich in allem entsetzlichen Geschehen der tröstliche Gedanke, dass es in dieser Zeit Deutsche gab – und zwar nicht wenige –, die sich nicht nur in ihr Kämmerlein zurückgezogen und gesagt haben: «Das machen wir nicht mit!», sondern die sich gewehrt haben und für das Wohl des Vaterlandes ihr Leben aufs Spiel gesetzt haben.

B-L Du hast vier Kinder. Hast du versucht, deinen Kindern nahezubringen, was es für sie in ihrem Leben heißt, dem Vorbild des Großvaters gerecht zu werden?

S Ja, durchaus. Wir haben sogar sehr viel darüber geredet, denn meine Kinder kamen alle in einem bestimmten Alter in die Situation, ein Referat in der Schule über den Widerstand halten zu müssen.

B-L Wussten die Lehrer, wer sie sind?

S Natürlich wussten die Lehrer das. Besonders in unserer kleinen Inselschule hier spricht sich das herum. Aber dieses Thema war wichtiger als die Schule. Ich habe es sogar erlebt, dass eine Tante von mir, die schon sehr hinfällig war, an ihrem Krankenbett mit meinen beiden ältesten Söhnen gesprochen und gesagt hat: «Ich habe heute Nacht von eurem Großvater geträumt: Sag meinen Enkeln, sie sollen immer für die Gerechtigkeit in der Welt einstehen.» Das hat die beiden stark beeindruckt. Darüber haben wir noch oft gesprochen.

B-L Gibt es für dich noch einen anderen Auftrag oder ein Vermächtnis aus dem Widerstand?

S Ich kann nicht so viel mit Vaterlandsliebe anfangen. So gerne ich Deutsche bin, so sehr habe ich doch auch gelernt, mich in anderen Ländern unter anderen Menschen wohlzufühlen. Ich kann dieses Deutschland nicht so stark in den Himmel heben wie die Generation meiner Eltern.

B-L Aber dieses Eintreten für die Gerechtigkeit beeindruckt mich sehr. Ich habe es bisher immer auf die Formel gebracht: die Verpflichtung zur Zivilcourage. Was kannst du damit anfangen?

S Eine ganze Menge. Darüber hatten wir auch schon im Elternhaus viele Gespräche. Damals gab es die Auseinandersetzungen mit der APO und den 68ern. Zivilcourage spielte in manchem Gespräch eine große Rolle, aber auf die damaligen Ereignisse bezogen. Zivilcourage wurde auch von uns gefordert in Situationen, in denen andere in Gefahr gerieten. Die damalige Kampfansage der Jugend empfand mein Vater eher als unnötigen Aufstand mit übertriebenen Mitteln.

B-L Aber ihr habt das nicht als Widerstand empfunden?

S Nein, gar nicht. Mein Vater hat immer wieder betont: «Das ist kein Widerstand, wir leben in einem freien demokratischen Staat!» Da könne man nicht von Widerstand sprechen, weil ja jeder seine Meinung frei äußern könne.

B-L Du hast vor einiger Zeit mal gesagt, dass du dich im Kreis der Nachkommen und Überlebenden des Widerstands deutlich anders, wohler fühlst als in einem anderen Umfeld. Worauf führst du das zurück?

S Ich weiß nicht genau, weshalb das so ist. Ich empfinde das einfach so. Ich fühle mich einfach aus dem gemeinsamen Schicksal heraus als Freundin besser akzeptiert. Ich denke, dass es für Familien, in denen die Väter andere Wege mit den Nazis gegangen sind, auch nicht leicht ist, sich mit Kindern von Widerständlern zu befreunden. In meiner Jugend habe ich gedacht, das sei egal, das mache doch nichts. Aber ich habe dann doch festgestellt, dass man anders behandelt wird.

B-L Ist man unmittelbarer?

S Man wird vielleicht von Nicht-Widerstandsleuten als ein bisschen abgehoben betrachtet. Vielleicht auch ein wenig fremd.

B-L Es ist schon eigenartig, wie viel uns in diesem Kreis verbindet. Ich stelle das auch in der Enkelgeneration fest und immer wieder in unserer Söhne- und Töchtergeneration, wenn Angehörige neu zu uns stoßen, die man von den 20. Juli-Gedenkfeiern entfernt kennt oder die man noch gar nicht kannte. Man hat nach kurzer Zeit Zugang zueinander, ist sich vertraut, hat das Gefühl, sich schon lange zu kennen.

S Ja, das ist es. Mich erinnert das immer an das Bibelwort, in dem es heißt: «Die Sünden der Väter werden verfolgt bis ins dritte und vierte Glied» (2. Mos. 20,5), wobei ich diese Art von Anti-Nazismus nicht als Sünde bezeichnen kann, aber es ist eine Untat damit verbunden gewesen. Es war eben doch ein Mord, der geplant wurde.

B-L Bis ins dritte und vierte Glied verfolgt auch uns gelegentlich noch die Nicht-Akzeptanz derer, die nicht zum Widerstand gehört haben. Aber begleitet uns nicht auch die Harmonie und das Verständnis mit denen, die widerstanden haben, und ihren Familien?

S Ja, durchaus. Das sehe ich auch so.

B-L Insofern haben wir ein gutes Erbe der Väter.

S Ich will sogar sagen, wir haben ein verpflichtendes Erbe der Väter und ein Erbe, das in unser Leben hineinwirkt, das uns mit Stolz auf sie sehen lässt, auch wenn sie damals ihr eigentliches Ziel nicht erreichen konnten.

Hans Georg Klamroth

(1898–1944)

Verlobung 1921: Hans Georg Klamroth und Else Podeus.

Hans Georg Klamroth, aus einer großbürgerlichen und wilhelminisch geprägten Familie stammend, war zunächst als Unternehmer in Halberstadt tätig. Er war ein Sympathisant der NS-Bewegung und wurde Mitglied sowohl der NSDAP als auch der SS. Im Rang eines Majors der Reserve diente Klamroth als Abwehroffizier in der Wehrmacht während des Zweiten Weltkriegs in Dänemark und der Sowjetunion. Über seinen Vetter zweiten Grades und Schwiegersohn, Oberstleutnant Bernhard Klamroth, kam er in Kontakt zum militärischen Widerstand um Claus Graf Schenk von Stauffenberg. Am 10. Juli 1944 wurde er über die Umsturzpläne der Verschwörer informiert und nach dem gescheiterten Attentat von der Gestapo verhaftet. Zusammen mit anderen Widerständlern wie Adam von Trott zu Solz, Hans-Bernd von Haeften sowie seinem Vetter Bernhard Klamroth wurde er vom Volksgerichtshof zum Tode verurteilt und am 26. August 1944 in Berlin-Plötzensee wegen Hochverrats hingerichtet. Klamroth zählte nicht zum aktiven Verschwörerkreis, sondern starb als Mitwisser, der seine Informationen über den geplanten Staatsstreich nicht preisgab.

Interview mit Wibke Bruhns

B-L Was ist die einprägsamste Erinnerung deiner Jugend?

B Darüber habe ich noch nie nachgedacht. Ich denke, dass es die Zeit war, als ich mit meiner Mutter[1] in Schweden war und mich so ausgegrenzt fühlte, weil ich Deutsche war.

B-L Wann war das?

B Das war 1949, vielleicht 1950. Nach der Gründung der Bundesrepublik war meine Mutter im diplomatischen Dienst. Abgesehen davon, dass ich die Sprache erst lernen musste, durften einige Kinder in der Schule in Stockholm nicht mit mir spielen, weil ich Deutsche war. Wir konnten an unserem Weihnachtsbaum auch keine schwarz-rot-goldenen Fähnchen haben, wohingegen in schwedischen Familien immer die Flagge dabei war. Ich bin mit den Pfadfindern im Sommer auf eine Tramp-Tour durch Europa gestartet – die Schweden haben drei Monate Sommerferien –, aber wir sind nur bis zum Brenner gekommen. Dort war Schluss, weil ich kein Visum hatte. Die schwedischen Kinder hätten natürlich herüber gedurft, aber ich nicht. Wir haben es dann noch einmal in Frankreich und Luxemburg probiert, sind aber meinetwegen nicht rein gekommen. Das bedeutet, ich habe denen die Ferien versaut.

B-L Wie waren die Reaktionen?

B Die waren hinreißend. Die Leiterinnen waren über sich selbst empört, dass sie daran nicht gedacht hatten, dass man das vielleicht besorgen müsste.

B-L Das muss aber sehr früh gewesen sein.

B Diese Sommerreise war schon 1950/51. Bei diesen Pfadfindern – es waren christliche Pfadfinder – war die Begrenzung, dass man nicht mit mir spielen durfte, aufgehoben.

B-L War nicht bekannt, wessen Kind du bist? Das Kind eines Widerstandskämpfers?

B Nur, dass ich ein deutsches Kind war. Dass ich die Tochter meines Vaters[2] war, hat in meiner ganzen Kindheit und Jugend keine Rolle gespielt.

B-L Wann und wie hast du von der Widerstandstätigkeit deines Vaters erfahren?

B Ich gehe mal davon aus, dass ich nach der Hinrichtung davon erfuhr, aber das weiß ich eben nicht mehr. Da war ich sechs Jahre alt. Ich weiß aus dieser frühen Kindheit überhaupt nichts mehr, weil ich eine sogenannte Amnesie habe. Meine Erinnerung setzt mit dem Großangriff auf Halberstadt am 8. April 1945 ein. Da ist Halberstadt so stark bombardiert worden wie Dresden. Diesen Angriff kann ich malen, aber alles, was davor war, ist zugeschüttet oder verbrannt. Das ist auch in der Psychoanalyse nicht mehr hochgekommen. Ich kann mich an gar nichts erinnern. Ich weiß aber, dass meine Mutter ihren Kindern erzählt hat, dass der Vater hingerichtet wurde, und so wird sie es auch mir erzählt haben. Ganz sicher.

B-L Das war damals ganz mutig, denn es sollte ja nicht erzählt werden. Genauso, wie die Leute nicht sagen durften, dass sie im KZ waren.

B Ich habe aber nirgendwo in den Unterlagen eine entsprechende Weisung gefunden. In den Tagebüchern meiner ältesten Schwester habe ich Aufzeichnungen aus Oktober/November 1944 gefunden. Da ist deutlich die Rede vom Widerstand.

B-L Ihr habt nicht nur den Vater, sondern auch den Onkel[3] verloren. Das war ein Vetter deines Vaters?

B Ja. Ich kann mich an ihn überhaupt nicht erinnern, denn er war andauernd im Krieg.

B-L Wie hat deine Mutter über den Widerstand des Vaters berichtet? Sie war wohl eine sehr politische Frau, sonst wäre sie später nicht in den diplomatischen Dienst gegangen. War der Widerstand des Vaters bei euch Tagesgespräch?

B Nein, überhaupt nicht. Ich glaube auch nicht, dass meine Mutter aus politischen Gründen im diplomatischen Dienst war. Sie war im diplomatischen Dienst, weil sie Geld verdienen musste. Sie konnte sich auch nicht einfach einen anderen Beruf aussuchen. Sie hatte ja nichts gelernt. Sie war Managerin eines großen Hauses, aber sie hatte keine Berufsausbildung. Es war ja auch kein Geld mehr da. Das Auswärtige Amt hat sie im Schnellverfahren auf das Grundgesetz eingeschworen. Das war ein Lehrgang von sechs Wochen für diplomatische und konsularische Vertretungen. Mehr war das nicht. Sie musste arbeiten, weil sie wie die meisten der «20.-Juli-Witwen» keine Kriegsopferversorgung bekam. Das hat bis 1957 gedauert, bis der Prozess endlich entschieden war. So lange hat sie Geld verdient. Aber Gespräche über den Vater – das war die ursprüngliche Frage – hat es bei uns nicht wirklich gege-

Hans Georg und Else Klamroth mit ihren fünf Kindern 1938.

ben. Natürlich habe ich gefragt, als ich alt genug war. Ich merkte aber, dass sich die Antworten auf Stereotypen, auf das, was man so sagte, reduzierten – so würde ich das heute bezeichnen, damals fiel mir das nicht auf. Es war ja auch keine sonderlich widerstandsfreundliche Zeit, um es milde auszudrücken. Aber in der Familie fand auch keine Glorifizierung statt, außer dass sie irgendwie Helden waren. Der Hauptpunkt, warum diese Gespräche jedenfalls zwischen meiner Mutter und mir nicht stattgefunden haben, war ihre Traurigkeit. Damals habe ich das immer auf die Tatsache geschoben, dass ihr Mann ungerechtfertigter Weise hingerichtet wurde. Ich habe das ganze Ausmaß dessen, was da bei ihnen auch in ihrer Zweisamkeit passiert war, gar nicht erfasst. Sie waren alle beide keine Nazis. Er, wenn überhaupt, nur kurze Zeit. Wenn sie denn reflektiert hätten, hätten sich beide fragen müssen, welchen Anteil sie eigentlich an dem hatten, was nicht nur das Land ins Verhängnis, sondern eben auch ihn an den Galgen gebracht hat. Denn sie waren nicht von Anfang an aufrechte Nazi-Gegner. Wie sie das überhaupt geschafft hat, in den diplomatischen Dienst zu gelangen, obwohl sie Parteimitglied war, ist mir ein Rätsel.

B-L Ich vermute aber, dass das durch den Tod des Vaters und die Tatsache des Widerstands ausgeglichen oder negiert wurde. Es waren ja nicht alle geborene Widerständler. Viele Parteimitglieder sind erst später zum Widerstand gekommen. Aber die Tatsache, dass die Familie diese Opfer gebracht hat und dass sie eben erkannt hat, dass diesem Regime gewehrt werden muss …

B Ich weiß gar nicht, ob meine Mutter das vor dem Tod des Vaters so erkannt hat. Nachher sicherlich schon. Aber dann gab es eben bei den beiden noch ein zusätzliches Kreuz, das sie zu tragen hatte, nämlich die fehlende Versöhnung nach einem schweren Ehezerwürfnis. Wenn normale Verhältnisse geherrscht hätten, hätte sie sich von meinem Vater scheiden lassen. Dieses Zerwürfnis ist nicht mehr ausgeräumt worden, bevor er starb. Und das hat sie, wie ich ihren Aufzeichnungen aus der Zeit nach dem Krieg entnehmen kann, sehr gequält. Was ich gut nachvollziehen kann.

B-L Weißt du, ob an deine Mutter das Ansinnen herangetragen wurde, sich nach der Verhaftung eures Vaters von ihm scheiden zu lassen?

B Ich weiß, dass das nicht der Fall war. Das war viel zu kurz. Er ist am 30. Juli verhaftet worden, am 15. August wurde er zum Tode verurteilt und am 26. August hingerichtet. Sein Vetter Bernhard ist noch vorher verhaftet worden, am 21. Juli, und wurde sofort nach dem Verfahren am 15. August abends hingerichtet.

B-L Du deutetest an, dass der Widerstand nicht anerkannt war und als Verrat galt. Habt ihr das auch im Ausland gespürt, denn ihr wart ja zunächst einmal in Schweden?

B Also, ich war erst ein bisschen in Schweden, dann war ich in einem deutschen Internat, dann war ich wieder in Schweden, dann war ich wieder in einem deutschen Internat. Aus beiden Internaten bin ich wegen Aufmüpfigkeit herausgeflogen. Das zweite Internat war 1955 in Plön. Da hat mich der Schulleiter mit der Bemerkung verabschiedet, es sei ja nicht verwunderlich, dass ich einen schlechten Charakter hätte, mein Vater sei schließlich Hochverräter gewesen.

B-L Inwieweit hast du das von Kind zu Kind in der Internatsklasse gespürt?

B Den Kindern war das völlig egal. Ich habe das nur bei den Lehrern gemerkt. Es hat wirklich lange gedauert, bis ich im Kopf so weit war, dass ich diese Einstellung hinterfragen konnte.

B-L Bei deinen Eltern und in eurer Situation kommt mir natürlich auch die Frage: Waren sie nicht Opfer und Täter?

B Ja, natürlich waren sie beides. Ich habe keine Ahnung, ich kann es einfach nicht beurteilen, wann der Vater begriffen hat, dass er dem falschen Regime dient. So weit dir das überhaupt etwas nützt, wenn du Offizier bist. In den Unterlagen und Tagebüchern finde ich darüber überhaupt nichts. Er hätte das wahrscheinlich auch nie hineingeschrieben. Aus den Kindertagebüchern meiner Mutter, die nach dem Krieg geschrieben wurden, habe ich nur erfahren, dass sie wirklich keine Ahnung hatte. Das kann daran liegen, dass die beiden Schwierigkeiten hatten, miteinander zu reden. Oder daran, dass er sie schützen wollte. Zum dritten daran, dass er vielleicht nicht sicher sein konnte, wie sehr sie den Nationalsozialisten verbunden war. Das kann ich alles nicht beurteilen.

B-L Kannst du etwas zu den Familien- und Freundesnetzwerken sagen, ohne die der Widerstand nicht funktioniert hätte?

B Ja, natürlich. General Fritz Lindemann und General Eduard Wagner tauchen da auf. Deshalb denke ich, dass mein Vater nicht erst – so wie es im Urteil steht – Anfang Juli 1944 begriffen hatte, worum es sich gehandelt hat. Und er wird es ihnen auch nicht auf die Nase gebunden haben. In den Berichten merkt man ganz genau, dass beide Seiten gepokert haben. Er war ja ein versierter Abwehrmann und wird schon versucht haben, sie mit ihren eigenen Waffen zu schlagen.

B-L Auch wenn bei euch der Widerstand nach dem Krieg wenig thematisiert wurde und wenig präsent war, hattet ihr nicht doch das Gefühl, ihr seid etwas anderes? Ihr seid eine Elite, etwas Besseres? Wie habt ihr das empfunden?

B Ich weiß nicht so recht, ob das mit dem Widerstand zusammenhängt oder damit, dass wir in Halberstadt das erste Haus am Platze waren. Wir waren natürlich etwas Besseres.

B-L Wie kannst du dir erklären, dass deine Mutter den Widerstand des Vaters so wenig thematisierte und den Vater nicht heroisierte, was ja viele Witwen taten?

B Ich bin zu diesen Treffen hier in Berlin gegangen, weil ich von Kindern, also von Menschen meiner Generation, gerne hören wollte, wie es denn in deren Familien war. Und da habe ich dann eine ganze Reihe getroffen, in deren Familien darüber auch nicht geredet wurde. Das Schweigen dieser ganzen Generation hat sich durchaus bis in diese Kreise hinein fortgesetzt. Ich habe über dieses Schweigen so meine eigenen Theorien.

B-L Welche?

B Ich glaube, dass sie wachen Kindern gegenüber nicht merkwürdig dastehen wollten. Denn die Frage: «Was für einen Anteil hast du an dem, was da passiert ist?» liegt auf der Hand. Wie war die Sensibilisierung gegenüber dem Schicksal der Juden, selbst wenn man davon ausgehen kann, dass das nicht an jeder Straßenecke zu spüren war? Nachdem ich begriffen hatte, dass es 1933 tatsächlich 450 000 deutsche Juden gab und noch 250 000 im Jahr 1938, dann hast du nicht das Gefühl, dass das ein Schicksal ist, das dir jeden Tag auf den Nägeln brennt, weil du geringe Veränderung nicht wahrnimmst. Das, was Victor Klemperer[4] erlebt hat, haben eben nur seine Freunde mitbekommen, aber andere nicht. Nach dem Krieg hatten die meisten sowieso etwas anderes im Kopf, als darüber nachzudenken, was mit den Juden passiert war. Trotzalledem wäre es natürlich nach dem Krieg eine Frage gewesen: «Ihr habt alle gewusst, dass der Nationalsozialismus so antisemitisch ist, ihr habt alle gewusst, dass es eine Mordmaschinerie gab. Und was ist mit den Kommunisten geschehen?» Mit denen hatten wir zwar nichts zu tun. Aber dass Menschen in diesem Land ausgegrenzt waren, das wird mit der Zeit nicht verborgen geblieben sein. Stattdessen haben sie alle ihre Fahnen herausgehängt und ihre Kinder ins Jungvolk geschickt. Auch die «20.-Juli-Witwen» waren ein Teil davon. Sie haben Winterhilfswerksfiguren gekauft oder auch verkauft, haben die Eintöpfe gegessen und fanden die Fackelzüge toll.

B-L So dass das ein Stummsein über das eigene Versagen war? Auf der anderen Seite gibt es natürlich auch die Über-Heroisierung der Väter – insbesondere gegenüber den Söhnen. Das ist die andere Seite.

B Aber schau dir doch unsere Gesellschaft als solche an, schau dir doch einfach an, wie lange das gedauert hat, es war doch nicht so, dass da jedes Jahr in Plötzensee oder im Bendlerblock ein Gedenken stattfand. Es hat doch lange gedauert!

B-L Es gab zwar 1946 eine kleine Feier. Aber erst seit den 50er-Jahren gibt es die jährlichen Feiern.

B War das wirklich jedes Jahr in den 50er-Jahren? Also ich erinnere mich an die Feier 1954. Das war die erste große Feier. Da hat sich mein damals 16-jähriges Herz so unendlich empört über die Tatsache, dass die Witwen dort mit Schleiern herumsaßen. Und ich wusste einfach, dass viele von denen, nicht nur meine Mutter, gegen die Bundesregierung prozessierten, um die Wiedergutmachungsgelder zu bekommen, und alle z. B. als Heimleiterinnen in irgendwelchen Internaten ihr Geld verdienten und ihre Kinder ernährten. Auf der anderen Seite dröhnte es vom Podium herunter, dass dieses das wahre Deutschland sei. Das war nichts für mich. Nein!

B-L Die Ehrungen gingen zunächst eigentlich mehr aus den eigenen Kreisen hervor. Der persönliche Referent von Adenauer, Ernst Wirmer, der Bruder von Josef Wirmer, Bundesminister Jakob Kaiser und Eugen Gerstenmaier und einige andere haben Adenauer, nahegebracht, sich um die Würdigung des Widerstands und die Versorgung der Überlebenden und der Nachkommen zu bemühen.

B Aber ich hatte nicht das Gefühl, dass die Leute in diesem Land vor lauter Ehrerbietung die Luft angehalten haben. Ich denke, dass die unmittelbar Betroffenen sich tatsächlich ihre eigenen Verstrickungen klarmachen mussten. Das musste überhaupt jeder, deswegen ist diese Generation auch die schweigende Generation. Was sollten sie denn sagen? Dementsprechend war es dann auch, als die 68er anfingen, endlich mal dieses Thema auf die Tagesordnung zu setzen. Was habe ich heute in der Zeitung gelesen? Dass die Bundesregierung durchaus wusste, wo Adolf Eichmann sich aufgehalten hat und dass sie das den Israelis nicht gesagt hat, weil sie Angst hatten, dass er gegen Globke aussagt. Das sind Papiere, die jetzt von der CIA veröffentlicht werden mussten. Es war einfach eine sehr ambivalente Zeit.

B-L Geschichte bleibt spannend und bedrückend. Es konnten nicht alle, die in irgendeiner Weise schuldig geworden sind, ausgetauscht werden. Ich weiß von einem Gespräch zwischen Constantin von Dietze und meinem Vater.[5] Die zwei Freiburger Professoren waren schon früh im Widerstand aktiv, beide überlebten. Sie sagten nach dem Krieg: «Wir haben als Beamte überlebt. Wir sind schuldig geworden.» Kompromisse musste jeder eingehen, auch wer früh im Widerstand war.

B Das ist genau der Punkt. Ich habe versucht, deutlich zu machen, wie gut es den Deutschen bis 1938 ging. Bis dahin ging es vielen doch blendend.

B-L Und die Deutschen, die weitsichtiger waren, haben es auch nicht geschafft, das Ausland für sich einzunehmen. Dass bei euch dieser Widerstand nicht heroisiert wurde, war vielleicht auch auf die Ehrlichkeit deiner Mutter zurückzuführen. Hat sie vielleicht nicht heroisiert, weil sie sehr wohl gesehen hat, wie ambivalent sie und dein Vater in ihrer Haltung gegen den Nationalsozialismus waren?

B Sie hat natürlich den Tod des Vaters heroisiert: «Wenn man so stirbt, dann ist das ein Ehrentod.» Diese Begriffe spielten damals durchaus eine Rolle. Ich gehe aber davon aus, dass sie als erwachsene Frau im diplomatischen Dienst durchaus einen Bonus hatte.

B-L Sie repräsentierte sozusagen das andere Deutschland. Aber inwieweit hat sie euch den Vater und sein mutiges Widerstehen als Vorbild dargestellt?

B Ich kann mich daran überhaupt nicht erinnern. Ich kann mich nur daran erinnern, dass sie den Vater gelegentlich als so eine Art schwarzen Mann herausgezogen hat, nach der Devise: «Das hättest du dich nicht getraut, wenn der Vater noch lebte.» Kurz vor dem Abitur habe ich angefangen, mich für den Widerstand zu interessieren. Ich habe gelesen, was Carl Goerdeler aufgeschrieben hat. Ich war entsetzt und versuchte, mit ihr darüber zu reden. Von ihr kam dann aber nur: «Davon verstehst du nichts.»

B-L War das eine Schutzbehauptung?

B Ja, da bin ich ganz sicher. Du darfst aber auch nicht vergessen, dass ich mit meiner Mutter nach dem Krieg so gut wie gar nicht mehr zusammengelebt habe. Ursula war in Hamburg auf der Rundfunkschule, Barbara studierte irgendwo und Jochen war in Hannover oder Braunschweig in der Lehre bei Siemens. Sabine studierte in Heidelberg. Dann war nur noch ich da. Und meine Mutter war durch ihre Diplomatentätigkeit wirklich überfordert, die sie bis zum Ende des Prozesses noch machen musste. Dass sie eine hysterische Angst hatte, dass sie ihn nicht gewinnen würde, sehe ich aber nur an ihren Aufzeichnungen. Sie hatte diese Angst, weil sie keine Pension vom Auswärtigen Amt bekommen hätte und in Halberstadt auch kein Geld mehr war. Hysterisch klingt natürlich so abwertend. Aber sie war vollkommen verzweifelt bei dem Gedanken, sie würde dann letztendlich von ihren Kindern abhängig sein. Das war für sie eine entsetzliche Vorstellung. Ich glaube, sie wäre aus dem Fenster gesprungen, wenn sie den Prozess verloren hätte. Da bin ich ziemlich sicher.

B-L Und dann hat sie mit dem diplomatischen Dienst aufgehört?

B Ja, nachdem die Wiedergutmachung geregelt war. Es war aber gar nicht viel Geld, das sie bekam, denn er war ja kein Berufsoffizier. Er war selbständig. Es drehte sich also nur um die Fortzahlung seines Gehaltes als Offizier. Wobei die DDR sich ja wunderbar verhalten hat.

Sie hat meiner Mutter eine OdF-Rente[6] ausgesetzt, 220 Mark oder so. Die Rente wurde sogar noch gezahlt, als sie im Westen war. Sie hat sie also nicht nur für ein paar Monate bekommen, sondern über mehrere Jahre. Da hat sich offenbar in den Köpfen der real existierenden Sozialisten der Junker mit dem Antifaschisten gestritten. Und der Antifaschist hat gesiegt. Deshalb sind wir auch nicht enteignet worden.

B-L Aber das Vermögen Deines Vaters war doch schon enteignet?

B Die Firma war kaputt. Sie war zerbombt, da war nichts mehr außer den Grundstücken. Aber was machte man mit denen in der DDR? Gar nichts. Die Grundstücke haben uns jetzt sehr geholfen, als das Elternhaus als Hotel wieder aufgebaut bzw. restauriert wurde. Das Vermögen wurde nicht enteignet. Und es gibt in Halberstadt auf dem Friedhof tatsächlich eine Gedenkstelle, wo alle tapferen Halberstädter Kommunisten aufgeführt sind, die umgekommen sind. Und da steht auch der Vater drauf.

B-L So wie du die Familie schilderst, seid ihr durch den Widerstand des Vaters und dann auch durch den Eisernen Vorhang sehr zerrissen worden. Habt ihr denn überhaupt noch als Familie existiert?

B Ja, das tun wir immer. Das tut der ganze Clan.

B-L Auch in der Form, dass ihr ein festes Zuhause hattet, wo man sich Weihnachten traf?

B Nein, so nicht. Wir trafen uns bei meiner Mutter. Sie hatte eine kleine Wohnung in Hamburg. Das waren zweieinhalb Zimmer. Wir waren alle aus dem Haus. Dass ich in Internaten war, hatte damit zu tun, dass meine Mutter im Prinzip die Verantwortung für mich im Ausland gar nicht übernehmen wollte, weil sie so große Probleme hatte, sich überhaupt in die Arbeit hineinzufinden. Die Arbeit ist ihr psychisch schwergefallen, in Schweden nicht, aber dann in England, dort musste sie Wiedergutmachungsfragen regeln. Das muss ihr wirklich schwergefallen sein, weil sie eine ausgewiesene Antisemitin war. Ich darf das gar nicht zu Ende denken, wie das eigentlich in ihrem Kopf ausgesehen haben muss.

B-L Aber welche Rolle spielte dann bei euch der Vater? War er ein Über-Vater?

B Bei meinen älteren Geschwistern mit Sicherheit. Barbara sagte kurz vor ihrem Tod: «Wir müssen jetzt zu Vater gehen und uns die Gnade holen.» Ich habe sie daraufhin völlig fassungslos gefragt: «Meinst du den Herrgott? Oder meinst du tatsächlich den Vater?» Sie meinte unseren Vater. Barbara hat eben 40 Jahre lang die Funktion des Vaters bei meiner Mutter übernommen. Sie war es, die sich um die Geschwister kümmerte, die immer mal wieder aus dem Ruder liefen.

B-L Sie war im Grunde der Partnerersatz. Habt ihr anderen Kinder das akzeptiert?

B Ich natürlich erst einmal nicht und Sabine auch nicht. Und Ursula war dann auch bald weg und lebte ihr eigenes Leben. Sie bekam 1949 auch schon ihre erste Tochter. Aber Barbara hat sich für meine Mutter bis zu deren Tod verantwortlich gefühlt. Sie war immer in ihrer Nähe – was auch nötig war, denn meine Mutter war gesundheitlich sehr angeschlagen. Schon während des Krieges hatte sie immer Tabletten geschluckt. Wir waren schon eine ziemlich durcheinandergeratene Familie. Das muss man schon sagen.

B-L War sie schon durch die Kriegseinwirkung so beeinträchtigt oder erst durch den 20. Juli?

B Nein, ich glaube schon durch den Krieg. Aber ich kann das nicht genau beurteilen. Ich weiß einfach nur aus den Aufzeichnungen, dass nach dem 20. Juli immer wieder die Gestapo im Haus war. Das muss eine schwere Zeit gewesen sein. Die Freunde blieben weg. Sie hat anonyme Kondolenzbriefe bekommen. Und mit Sicherheit auch Beschimpfungen.

B-L Daher kam wahrscheinlich auch diese – heute würde man sagen – Drogenproblematik.

B Sie wird es sich dadurch nicht erleichtert haben. Aber sie war schon Jahre vorher vorhanden. Das weiß ich, weil Bernhard immer erzählte, wie hoch der Pervitin-Bedarf[7] an der Front war. Das wurde an die Soldaten verteilt. Davon schickte er auch nach Hause. Alkohol spielte ebenfalls eine große Rolle. Ich habe das so formuliert: Der Krieg ist krank, das Land ist krank. Wieso sollten die Leute gesund sein?

B-L Wenn sie nicht irgendwo einen anderen Halt hatten. Sei es im Glauben …

B Sie waren keine Christen. Also Else jedenfalls nicht. Inwieweit das bei Hans Georg der Fall war, weiß ich nicht. Aber sonst eigentlich keiner in der Familie. Sie waren zwar alle immer Presbyter im Kirchenvorstand. Und die Familie fühlte sich für die Liebfrauenkirche verantwortlich, weil die reformiert war. Da wurden in besseren Zeiten noch

Kirchenfenster gestiftet und ein Kleinkinderschulverein oder das Diakonissenhaus des Cecilienstiftes finanziert. Die Klamroths waren schon sehr mit der Kirche verbunden. Meine Mutter war allerdings eine absolute Agnostikerin. Sie hatte gar nichts mit der Kirche am Hut. Bei ihr muss man wirklich sagen, dass die gesundheitliche und seelische Zermürbung aufgrund des schweren Ehezerwürfnisses gekommen war. Zu diesem Zerwürfnis kam noch das volle Haus hinzu: 16, 18, 20 Leute zu verköstigen, ihre Mutter schwer krank – sie ist Weihnachten 1943 gestorben –, der Sohn an der Front und lange Zeit keine Nachricht von ihm. Das ist ja kein Einzelfall. Die Frauen haben damals unter großem Druck gestanden. Wenn ich mir die Belastungen anschaue, mit denen diese Frau zu kämpfen hatte, dann finde ich, hat sie sich noch erstaunlich gut durchgeschlagen. Aber sie hat sich nie wirklich davon erholt. Sie hat ein schweres Leben gehabt. Diese Generation, die um die Jahrhundertwende geboren wurde, hatte die heile Welt der Wilhelminischen Zeit erlebt. Konservativ und deutsch-national wie sie waren, fanden sie das alles toll. Und dann ging es mit dem Ersten Weltkrieg los, und dann kam diese schreckliche Weimarer Republik. Die letzten Jahre waren ja die schlimmsten.

B-L Was möchtest du deinen Kindern und Enkelkindern als Vermächtnis des Widerstands auf den Weg geben?

B Die Antwort wird dich jetzt überraschen. Ich habe das Gefühl, dass es das Leben meines Vaters ist, nicht meins. Er hat dafür bezahlt. Ich bin voller Empathie – das ist vielleicht noch ein zu geringes Wort – wegen seines Todes. Aber der Widerstand als solcher ist bei mir nie ein Thema gewesen. Er war für mich ein Beispiel dafür, dass ich mich vielleicht doch nicht so dafür schämen müsste, Deutsche zu sein. Ich habe lange Zeit nichts damit am Hut gehabt, Deutsche zu sein. Gar nichts. Ich war Europäerin. Und der grüne Pass war ein Dienstleistungsdokument. Sehr praktisch. Er machte alles, was er sollte. Die D-Mark war auch gut. Das war aber auch alles. Ich habe immer meine politischen Vorstellungen auf Europa ausgerichtet. Ich war, nachdem ich alt genug war, wirklich hysterisch in meiner Ablehnung der Adenauer-Zeit, weil ich plötzlich irgendwie begriff, wie restaurativ das alles war. Ich habe meine Mutter dann tatsächlich bei der nächsten Wahl – 1957 hat er, glaube ich, die absolute Mehrheit bekommen – dazu überredet, SPD zu wählen. Sie behauptete, dass sie das für den Rest ihres Lebens auch weiter so gemacht hätte. In den 60er-Jahren fing ich an, mich für Deutschland zu interessieren, weil die Figur von Willy Brandt ein Symptom für dieses doppelzüngige Deutschland war, für die Art und Weise, wie die Union, die Wirtschaft und auch die Bevölkerung über ihn hergefallen sind. Und auf was für einen fruchtbaren Boden fielen solche Sachen wie «Brandt alias Frahm» und das mit der norwegischen Uniform in Deutschland. All dies hat mich sehr politisiert, die Stigmatisierung dieses Mannes, vom dem ich wusste, er hatte eine makellose Biographie. Ich wünschte mir, es gäbe noch ein paar mehr Menschen, die so eine Biographie hätten. So habe ich angefangen, mich für Politik zu interessieren. Dann habe ich begriffen, was für eine Biographie Kurt Schumacher hatte und dass es noch ein paar mehr Anständige gab. Erst in dieser Zeit habe ich angefangen, mich wirklich für Deutschland zu interessieren. Ich hatte nicht die geringsten Probleme, dieses Land zu verlassen. Nicht ahnend, dass es auch ein ganz bequemer Zustand ist: Du bist in deinem Gastland und kannst sagen: «Was machen die denn hier in meinem Gastland?» Aber es geht dich eigentlich nichts an. Und Deutschland ist weit weg, das geht dich auch nichts an – jedenfalls nicht wirklich. Aber diese lange Zeit, in der ich im Ausland war, hat mich letztendlich auch dazu bewegt, wieder zurück nach Deutschland zu kommen, weil ich mir diese Form von Unverbindlichkeit, die man entwickelt, wenn man im Ausland lebt, selber nicht mehr durchgehen lassen konnte. Das war eine Zeit lang sehr praktisch, aber jetzt stell dich mal hin, zahle in Deutschland deine Steuern und kümmere dich mal wirklich um dein Land. Ich weiß nicht, ob das ein widerständiges Erbe ist. Ich weiß nur, dass ich mein ganzes Leben lang aufmüpfig war. Das kann aber auch einfach eine Charaktereigenschaft sein. Aber es hat mich wirklich unglaublich sensibilisiert für falsche Töne, Doppelzüngigkeit und dergleichen.

B-L Ist das vielleicht auch mit darauf zurückzuführen, dass du zuerst angefeindet wurdest, weil du zum einen in Schweden als die Deutsche ausgegrenzt und zum anderen in den deutschen Internaten auch durch die Lehrer als Tochter dieses Vaters zur Außenseiterin wurdest?

B Ich würde gerne «Ja» sagen, aber ich bin nicht sicher, ob das wirklich stimmt. Eine gewisse Wachheit ist sicher daraus entstanden. Und die moralischen Kriterien des Anstands waren mir auch immer eine Form von Verpflichtung. Ich habe sie nicht aus dem Christentum gezogen, sondern aus einer zunächst einmal sehr linken Einstellung. Ich weiß nur, dass nach dem Erscheinen meines Buches sich viele Leute, die ich seit ewigen Zeiten kenne, gemeldet haben und sagten, dass sie gar nichts vom Widerstand meines Vaters gewusst hätten. Nein, wieso oder woher auch? Es war nie wirklich Teil meines Lebens. Ich habe mich zunächst davon ferngehalten, weil der Vater immer nur ein Toter war. Ich hatte ein tiefes Misstrauen gegen dieses Helden-Gerede. An den Helden-Lektüren über den Widerstand habe ich nichts gefunden. Allerdings habe ich immer gesagt, dass mit dieser Art der Geschichtsschreibung den Menschen, die betroffen sind, Unrecht getan wird. Diese Säulenheiligen! Das ist doch einfach nicht zu fassen, das ist doch gruselig. Und es stimmt auch so nicht. Die Menschen, die die Männer des Widerstands so beschreiben, begehen in meinen Augen eine ungeheure Grenzüberschreitung, indem sie sich die Menschen zurechtmanipulieren. Sie tun ihnen Unrecht.

B-L Sie nehmen ihnen die Chance, wirklich als Mahner und als Vorbild zu dienen.

B Und die Größe dieser Leute hängt doch auch unter anderem damit zusammen, dass sie Menschen mit allen Licht- und Schattenseiten waren.

B-L Dein Vater war ja nicht von Beginn an im Widerstand. Die, die am Anfang dagegen waren und wache Augen hatten – wodurch auch immer –, hatten es doch sehr viel leichter als diejenigen, die sich zuerst vom NS-System gefangennehmen ließen, begeistert waren und dann erkennen mussten, dass sie auf dem falschen Weg waren, sich schuldig gemacht hatten und dann die Entscheidung trafen, umzukehren.

B Ich denke, das ist schwieriger. Das kannst du auch in der Bibel nachlesen: «Der Herrgott liebt auch die Sünder». Aber sich auch darüber klarzuwerden, dass du wirklich auf das falsche Pferd gesetzt hast, ist schwierig. Denn diese Begeisterung für Hitler hatte durchaus etwas mit Patriotismus zu tun. Sie waren deutsch-nationale Menschen, denen das Gemeinwohl im engeren wie im weiteren Sinne ungeheuer am Herzen lag. Und dieses protestantische, strikte, moraldurchsetzte Leben, was da eine Rolle spielte, das vertrug sich irgendwann nicht mehr mit dem Nationalsozialismus. Und die haben mit Sicherheit geglaubt, dass das, was sich jetzt nach diesen schweren Jahren von 1928 bis 1933 abspielte, ein Segen für Deutschland ist. Obwohl sie mit den

Nazis nichts anfangen konnten. Ich habe zig lateinische Zitate, die Hans Georgs Ekel und Widerwillen gegenüber diesen Proleten und deren Straßenschlachten zum Ausdruck bringen. Er war, so wie alle anderen auch, latent antisemitisch. Aber doch nicht so, dass er irgendjemanden umgebracht hätte. Glücklicherweise habe ich Anmerkungen von ihm gefunden, als die SA vor der Liebermann-Ausstellung in München postiert war und einen Heine-Abend in Düsseldorf störte. Er war außer sich darüber, dass so etwas möglich ist. Oder auch über die Krawalle um den Remarque-Film «Im Westen nichts Neues».[8] Die haben ja nahezu die Kinos gesprengt. Aber, als es dann so weit war, hatte er wohl durchaus das Gefühl, dass das was werden könnte, wenn man Modifizierungen einbringen würde.

B-L Ich denke, man muss berücksichtigen, dass gerade in christlich geprägten Landstrichen oft Antijudaismus und nicht unbedingt wirklicher Antisemitismus vorherrschte. Dein Vater hat doch dafür das beste Beispiel geliefert, wie er mit dem jüdischen Freund umgegangen ist.

B Das kann man natürlich immer sagen: Da kommen sie alle, und alle haben einen besten jüdischen Freund. Er hat 1934 Dr. Hans Litten zu seinem Privatsekretär gemacht, als der gerade 1933 oder 1934 sein zweites Examen gemacht hatte und das Gesetz zum Berufsbeamtentum erlassen worden war, wonach er als Jude nicht mehr in den Staatsdienst aufgenommen wurde.[9] Mein Vater hat ihn eingestellt und bis zu seiner eigenen Verhaftung mit durchgezogen. Er hat dafür gesorgt, dass der nicht eingezogen und uk gestellt wurde, weil er in der Firma unabkömmlich war. Hans Litten ist erst verhaftet worden, nachdem der Vater verhaftet worden war. Er kam in ein Zwangsarbeiterlager in der Nähe von Halle. Da ist er kurz vor Kriegsende, weil alles schon so chaotisch war, ausgebrochen. Er hat überlebt und war in all den Jahren danach eine große Stütze für meine Mutter. Und es gab auch noch diese Firma in Göttingen. Hierüber gibt es einen Schriftwechsel, den habe ich bei der Stasi gefunden; Hans Georg muss denunziert worden sein. Er hatte eine Dependance in Göttingen aufgemacht, hat aber eben auch für eine jüdische Göttinger Firma die Geschäfte betrieben. Daraufhin gab es ein Schreiben der Göttinger NSDAP an die Halberstädter NSDAP, er müsse aus der Partei ausgeschlossen werden, weil er Geschäfte mit jüdischen Händlern führe. Das verlief aber im Sande.

Da gibt es noch einen Brief von ihm an die NSDAP in Halberstadt, wo er sagt, dass das, was er da mache, geschäftlich vernünftig sei. Ich weiß aber aus Dokumenten, die ich gefunden habe, dass alles Geld, was dieser kleine Laden verdiente, an die ehemalige Eigentümerfamilie ging. Er hat nur deren Geschäfte abgewickelt. Er hatte so gesehen keine Berührungsängste mit Juden, überhaupt nicht. In Halberstadt gab es zwar eine wichtige jüdische Gemeinde, aber das waren orthodoxe Juden und mit ihnen hatte man nichts zu tun. Aber einer von ihnen war zum Beispiel zusammen mit meinem Großvater im Stadtrat. Privat haben sie sich nicht gesehen. Wie denn auch, wenn er schon im Ersten Weltkrieg, wo es darum ging, die «roten Horden» Lenins zu bekämpfen, von den Judenlümmeln schreibt? Ich behaupte einfach, dass die Juden ihnen fremd waren, aber das war es dann auch. Da gibt es natürlich diesen richtig wunden Punkt, der mich bis heute fassungslos macht, und zwar ist das die Einführung des Arierparagraphen[10] in die Satzung des Familienverbandes der Klamroths im Mai 1933 ohne Anlass. Es war wirklich ohne Not.

B-L Ohne Not, es war der Zeitgeist.

B Ja natürlich, der Zeitgeist. Die Begründung im Protokoll ist die, dass sie sagten, man müsse jetzt immer den Beweis arischer Herkunft beibringen. Offensichtlich hatte das Innenministerium gesagt: «Wenn ihr einen Familienverband habt und es sind nur Arier drin, dann braucht ihr diese langwierigen Dinge nicht zu machen, um euren Ariernachweis zu bekommen. Es reicht, wenn ihr Papiere ausgebt und diese die jeweilige Mitgliedschaft im arischen Familienverband ausweisen.»

B-L Vielleicht war das auch ein Schutz.

B Aber das hat natürlich nicht funktioniert.

B-L Was ist die Summe, die wir daraus für unser eigenes verantwortungsvolles politisches Leben zu ziehen haben?

B Anstand und fehlende Korrumpierbarkeit, Zivilcourage, das gehört alles dazu. Das ist alles dasselbe, das ist ein Wertekanon. Ich möchte auch gar nicht angeben, ob das christliche oder humanistische Werte sind. Wenn ich irgendetwas davon mitnehme, und das tue ich natürlich, weil ich diesen Vater nicht verleugne, dann sind es diese Werte. Allerdings habe ich immer das Gefühl gehabt: Schmücke dich nicht mit fremden Federn!

B-L Aber versuche, dem nachzueifern?

B So ja. Natürlich. Und merkwürdigerweise habe ich dann später eine Affinität für Soldatenfriedhöfe entwickelt. Im Elsass hat man viel damit zu tun. Da musste ich fast an jeder Straßenecke halten, weil ich an keinem vorbeifahren konnte. Und ich sehe immer irgendwelche 20-Jährigen mit Bauchschuss auf einem novemberkalten Schlachtfeld krepieren. Den Vater habe ich immer, wenn es um den Tod ging, da miteingemeindet. Ich weiß, dass ich in Israel manchmal aufgelaufen bin, wenn ich bei den ungeheuren Opfern, die dieser Zweite Weltkrieg gekostet hat, erstens Russen, Franzosen und Deutsche und in einem Atemzug auch Juden, Zigeuner und Homosexuelle mitgenannt habe. Ich wurde dann immer etwas schräg angeschaut, so nach dem Motto, ob die Juden denn nicht ein Sonderopfer wären. Ich glaube letztlich nicht. Ich habe aber vollstes Verständnis, wenn man als Jude auf die eigenen Opfer schaut, das natürlich anders sieht und die Zigeuner und die Homosexuellen nicht wirklich im Blick hat.

B-L Siehst du eine Chance, dass diese NS-Zeit und das, was damit durch uns und über uns gekommen ist, ausheilen kann?

B Die NS-Zeit werden wir nicht los. Das halte ich für ausgeschlossen. Das finde ich aber auch gut so. Eine Schluss-Strich-Diskussion ist für mich völlig fremd. Wie heißt denn noch dieser schreckliche Bombenkrieg-Autor?[11] Von ausländischen Zeitungen wurde ich oft gefragt, wer das denn sei. Und diese Opfer-Diskussion, ob die Deutschen Opfer gewesen wären. Dazu sage ich immer, dass es auch schuldige Opfer gibt. Was soll denn diese ganze Diskussion? Natürlich waren sie Opfer, wenn in Halberstadt oder Dresden die Bomben auf die Häuser fallen und die Deutschen in den Kellern sitzen. Dann sind sie doch Opfer.

B-L Und ist auch der Soldat, der sich dessen nicht erwehren kann, Opfer? Das ist ja auch die Diskussion um unsere Väter. Sie sind Täter und Opfer zugleich.

B Ja, natürlich sind sie das. Das ist nicht zu trennen. Die Vorstellung, dass Opfer immer die guten, reinen, unschuldigen Lämmer sind, ist abwegig. Das ist vielschichtiger. Ich denke wirklich – jetzt als Metapher – Auschwitz wird uns nicht loslassen. Das ist in Ordnung. Diese Verpflichtung bleibt uns. Deshalb bin ich ja so empört über diese Fressmeile am Holocaust-Mahnmal hier in Berlin.

B-L Mich stört ungemein, dass das Denkmal nicht als Gedenkstätte angenommen wird und Kinder darin Nachlaufen spielen.

B Wobei das die jüdische Gemeinde hier in Ordnung findet. Das kann ich auch gut verstehen. Die Leute sonnen sich auch auf diesen Steinen. Das darf man zwar nicht, aber sie tun es dennoch. Ganz am Anfang sprangen die Leute sogar von Stein zu Stein. Mich hat es aber nicht gestört, weil ich irgendwie das Gefühl hatte, dass das Leben aus den Ruinen ist. Mir vermittelt das, dass das Mahnmal angenommen und integriert ist. Es reicht doch, wenn andere Leute das reflektieren und daran denken. Wie gesagt, die hiesige jüdische Gemeinde fand es völlig in Ordnung. Ich kann mir jedoch nicht vorstellen, dass sie diese Fressmeile auch in Ordnung findet.

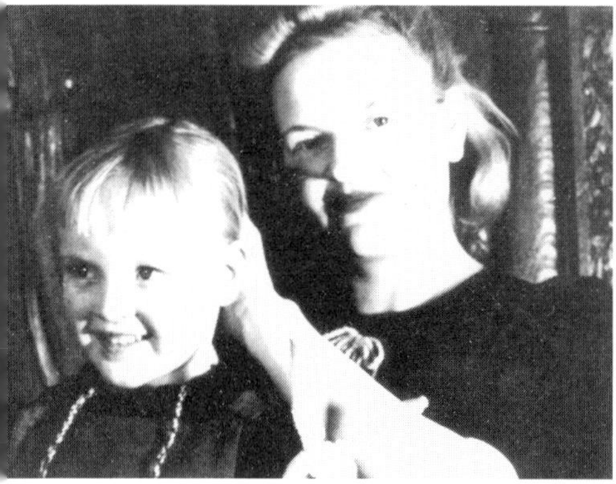

Erika von Brockdorff

(1911–1943)

Erika von Brockdorff mit ihrer Tochter Saskia

Erika von Brockdorff, geboren in Kolberg an der pommerschen Ostseeküste, besuchte nach der Mittleren Reife eine Haushaltsschule in Magdeburg. Von dort aus zog sie im Alter von achtzehn Jahren nach Berlin, wo sie zuerst als Hausangestellte und später, nach einer Zusatzausbildung zur Stenotypistin, als Bürokraft tätig war. Der nationalsozialistischen Herrschaft gegenüber äußerst kritisch eingestellt, nahm Brockdorff Anfang der vierziger Jahre Kontakte zur Widerstandsgruppe «Rote Kapelle» auf. Ihre Wohnung fungierte dabei als Versteck für die Funkgeräte, die ihr Mitstreiter Hans Coppi für seine Funkversuche nach Moskau benötigte. Im Herbst 1942 wurde die antifaschistische Widerständlerin gemeinsam mit anderen Mitgliedern der «Roten Kapelle» in Haft genommen. Auf Hitlers Befehl wurde das Urteil im Januar 1943 in ein Todesurteil umgewandelt. Vor dem Reichskriegsgericht zeigte sich Erika von Brockdorff wenig eingeschüchtert. Nach der Einzelhaft im Berliner Polizeigefängnis Alexanderplatz wurde sie ins Frauengefängnis Charlottenburg transportiert. Dort wurde sie nach vier Monaten am 13. Mai 1943 hingerichtet.

Interview mit Saskia von Brockdorff

S Welche Erinnerung an Ihre Jugend ist für Sie die wichtigste?

v. B An meine Kindheit habe ich nur punktuelle Erinnerungen. Ich fühlte mich schuldig, weil ich mich besser an die Wohnung erinnern konnte, in der wir gelebt haben, als an meine Mutter. – Relativ früh, wohl schon mit zweieinhalb, bin ich das erste Mal zu meinen Großeltern nach Pommern gebracht worden. Mein Vater[1] ist 1939 gleich eingezogen worden. An die Zeit bei meinen Großeltern habe ich sehr schöne Erinnerungen. Der Großvater war Briefträger und trug auch Geld aus. Zwischendurch muss ich noch einmal in Berlin gewesen sein. Das belegen Fotos, die ich zum Teil gar nicht kannte und die ich erst später in der Gedenkstätte gesehen habe. Dann bin ich aber doch wohl wieder zu meinen Großeltern gekommen. Die nächste Erinnerung, die ich habe, ist, dass meine Großeltern den Brief mit der Nachricht von der Hinrichtung meiner Mutter bekamen. Meine Großmutter hatte einen Zusammenbruch, obwohl sie sonst immer eine starke Frau war. Ich habe mitbekommen, dass sie meinem Vater mit die Schuld daran gegeben hat. Ich wusste aber nichts Genaues und dann erschien auf einmal mein Vater in Wehrmachtsuniform und holte mich da weg. An die unmittelbare Zeit danach habe ich keine Erinnerung. Ich kam dann in ein Nazikinderheim irgendwo an der Ostsee, weiß aber nicht auf wessen Veranlassung. Es war eine bedrückende Zeit in diesem Kinderheim.

S Das muss nach 1943 gewesen sein.

v. B Ja, meine Mutter ist am 13. Mai 1943 hingerichtet worden, das muss im Frühsommer 1943 gewesen sein, weil mein Vater da zum Strafbataillon verurteilt wurde. Er hat schon Anfang August 1943 geheiratet und war dann wieder an der Front. Als regulärer Soldat war er in Frankreich gewesen, und im Strafbataillon war er in der Sowjetunion.

S Wann haben Sie das erste Mal von der Widerstandstätigkeit Ihrer Mutter gehört?

v. B Eigentlich erst nach 1945, als ich erfahren habe, dass meine Mutter hingerichtet worden ist, wobei ich mir erst einmal unter «hingerichtet» auch nichts so richtig vorstellen konnte. Aber ich war immerhin schon siebeneinhalb Jahre alt. Ich konnte mir dann auch nicht erklären, warum mir Kinder so feindselig begegnet waren. Irgendwas musste sich doch herumgesprochen haben. Ich bin, als ich dann von meinen Großeltern kam, in Berlin ein zweites Mal eingeschult worden, obwohl ich bereits in der 1. Klasse war.

S Sie sind nach ihrer Zeit im Nazikinderheim wieder zurück zu den Großeltern?

v. B Nein, aus dem Heim konnte mich die zweite Frau meines Vaters abholen, deren Eltern galten als politisch zuverlässig. Meine Stiefmutter ist mit achtzehn Jahren in die NSDAP eingetreten. Ich war in dem Kinderheim höchstens zwei, drei Monate. Aber das hat gereicht, muss ich sagen. Das Nazikinderheim war eine schlimme Erfahrung. Wir mussten jeden Morgen vor einem großen Hitlerbild aufmarschieren. Eine böse Erfahrung dort wird mich bis an mein Lebensende beherrschen: Es gab zum Mittagessen Fisch, aber ich hatte Bauchschmerzen und wollte nicht essen. Als man mich nötigte, habe ich erbrochen und musste das Erbrochene dann essen. Seitdem kann ich Fisch und Meerestiere nicht mehr essen und schon der Geruch davon verursacht mir Übelkeit.

S Und die zweite Frau Ihres Vaters hat Sie mit nach Berlin genommen?

v. B Die wohnte in Berlin, wie ihre ganze Großfamilie, ihre Eltern, eine Tante, eine Schwester und Familienangehörige oder weitläufig Verwandte. Da habe ich mich allerdings auch nicht besonders wohlgefühlt, weil ich das einzige Kind unter all den Erwachsenen war. Jeder fühlte sich bemüßigt, mich zu erziehen, und ich hatte nicht das Gefühl, dass ich da besonders gern gesehen war. Ich war eben sozusagen das Anhängsel von diesem Mann, aber nun weiß Gott kein geliebtes Familienmitglied. Von Mitschülern wurde ich mehrmals verprügelt. Aber ich weiß nicht genau warum. Eine Bekannte hat mir gesagt, um die Zeit hätte es in Berlin keinen Unterricht gegeben. Ich weiß aber nicht, ob das durchgängig so war. An die Klasse erinnere ich mich nicht, aber an den Hort, in dem ich nach der Schule war, an den erinnere ich mich genau. Da habe ich irgendwie gelernt, gewissen Kindern aus dem Wege zu gehen und mir genau anzusehen, wer es war.

S Wie war es nach 1945? Sie waren erst siebeneinhalb Jahre alt?

v. B Ich ging weiter zur Schule in Berlin-Friedenau, bis schließlich mein Vater wiederkam. Während dieser Zeit hat sich Greta Kuckhoff sehr rührend um mich gekümmert. Die wohnte im Nachbarhaus und hatte einen Sohn in meinem Alter, den kannte ich von klein auf. Obwohl die Familien scheinbar keinen engen Kontakt hatten, weil Kuckhoff zu dem inneren Kreis der Schulze-Boysen-Leute gehörte. Die einzelnen Gruppen oder Gruppierungen sollten nicht soviel voneinander wissen. 1946 ist mein Vater dann zurückgekommen. Er hat sich nur sehr kurz in dieser Großfamilie aufgehalten und dann dafür gesorgt, dass wir eine andere Wohnung bekamen. Wir zogen nach Schöneberg in eine große, düstere Altberliner Wohnung. Mein Vater hatte sich sehr schnell mit einer anderen Frau zusammengetan, die eine leitende Stellung bei der Organisation «Opfer des Faschismus» innehatte, Eva Lippold. Sie war selbst neuneinhalb Jahre im Zuchthaus gewesen und war sehr aktiv bei OdF.[2] – Aber ich war nur eine ganz kurze Zeit bei ihm und Eva Lippold, wir lebten damals in Hermsdorf, sie hatte eine Wohnung eines ehemaligen SS-Mannes bekommen, alles picobello eingerichtet mit Flügel usw. – Zunächst war ich auf Schloss Sacrow. Dort hatte man alle möglichen Leute, die aus KZs oder Zuchthäusern kamen, in dem Winter untergebracht. Ich war dort das einzige Kind zwischen lauter fremden Leuten. Wenn sich da nicht ein Mann – der mir damals sehr alt erschien, weil er auch so viel durchgemacht hatte – meiner angenommen und aufgepasst hätte, dass ich mich wasche und so, wäre ich verloren gewesen. Der hat mir Damespielen beigebracht. Da haben wir jeden Abend unendliche Partien Dame und Mühle gespielt. Er ist mit mir im Park spazierengegangen, ich wusste gar nicht, was ich da sollte. Aber ich denke, das war wieder so eine Aktion meines Vaters. Eva Lippold hatte die Verbindung und er hat gesagt, dass ich dorthin soll. Nun muss man gerechterweise sagen, dass sie ziemlich krank war. Sie hatte große Probleme mit der Galle und ich habe auch einen Herzanfall von ihr miterlebt. Sie war natürlich kein gesunder Mensch, aber trotzdem verstand ich nicht, warum ich da nun hinmusste. Ich bin dann von Sacrow abgehauen. Wie ich das geschafft habe, weiß ich nicht mehr. Jedenfalls war ich auf einmal in der S-Bahn und bin nach Schöneberg nach Hause gefahren. Es gab Krach und dann habe ich auch wieder eine absolute Erinnerungslücke. Schließlich kam ich in ein Kinderheim in Caputh bei Potsdam. Es kann durchaus sein, dass dieses Kinderheim ein ehemaliges jüdisches Kinderheim war. – Na ja, da ging es eigentlich. Da hatte ich nicht so schreckliches Heimweh, wohl weil die anderen Kinder und die Betreuer nett waren. Dann bin ich von meinem Vater nach Hermsdorf geholt worden. 1948 fuhren wir nach Dänemark. Es wurden Kinder von Antifaschisten von einer linken Gruppe nach Dänemark eingeladen und da war ich dann mit Hans Coppi und Bärbel Saefkow[3] und mit Ule Kuckhoff u. a. zusammen. Wir kamen aus Berlin. Es war das Erholungsheim einer dänischen Reederei, das im Winter nicht gebraucht wurde. Und ich muss sagen, wir sind dort richtig aufgepäppelt worden. Dann sind wir von Helsingør nach Kopenhagen mit dem Zug gefahren und waren in einem Abteil, wo bereits eine Frau saß. Als sie uns deutsch sprechen hörte, wurde sie sehr böse und hat unseren Begleiter beschimpft. Er hat ihr wohl auf Englisch gesagt, was wir für Kinder seien. Da verwandelte sich die Frau völlig, sie machte ihren Korb auf und jeder bekam einen wunderschönen Apfel.

S Haben Sie als Kinder untereinander das Thema Eltern angesprochen?

v. B Überhaupt nicht. Wir haben uns wie ganz normale Kinder verhalten, waren sicherlich auch manchmal unmöglich. Die Betreuer waren sehr nett, was uns sehr beeindruckt hat. Wir sind bis nach Weihnachten dort geblieben. Kurz vor Weihnachten fuhren sie mit uns nach Kopenhagen und jedes Kind durfte sich ein Paar Schuhe aussuchen, und ein Spielzeug. Mein Vater war, als ich zurückkam, gegen Spielzeug, und als ich elf Jahre alt war, hat er mir auch die ganzen Spielsachen weggenommen, vor allen Dingen meinen geliebten Teddybär. Deshalb habe ich jetzt noch einen auf dem Bett sitzen. Er hat alles Spielzeug weggegeben, zum Teil an einen behinderten Jungen und zum Teil auch an die Tochter eines Malers, die jünger als ich war, aber das konnte ich gar nicht verstehen. Stattdessen bekam ich «Das Kommunistische Manifest» zu lesen und ein Lineal und einen Bleistift zum Unterstreichen.

S Mit elf Jahren?

v. B Ja. – Aber ich habe nur bis zum Sommer 1949 bei meinen Eltern gelebt. Mein Vater arbeitete in Ostberlin und dann sind er und Eva Lippold auch in den Osten gezogen, nach Glienicke-Nordbahn, das ist bei Frohnau. Ich lebte aber nur noch ein halbes Jahr mit ihnen in diesem Haus, bis sie mich nach Thüringen für zweieinhalb Jahre ins Internat geschickt haben. Nur einmal durfte ich in den großen Ferien nicht nach Hause kommen. Das habe ich meinem Vater sehr übelgenommen. Offenbar wollte er mich wieder nicht. Dieses Gefühl hat sich durch meine ganze Kindheit gezogen: Mein Vater will mich nicht.

Umso bemühter war ich natürlich, seine Liebe zu erringen, die ich eben nicht bekam. Das hat später meine Beziehung zu Männern sehr beeinträchtigt.

S Was haben Sie damals über Ihre Mutter gewusst?

v. B Das ist mein anderer Groll, den ich trotz einer Therapie auch bis jetzt noch nicht ganz verarbeitet habe. Als ich meinen Vater einmal nach ihr gefragt habe, hat er mir ziemlich wütend gesagt: «Der Kampf ist noch nicht zu Ende und ich darf darüber nicht sprechen, das wollen die sowjetischen Genossen nicht.» Ob das eine Ausrede war oder nicht, ich weiß es nicht. Ich weiß bloß, dass mein Vater Dinge, die meine Mutter für mich gemacht hatte wie eine von ihr noch im Gefängnis für mich gestrickte Hose und einen Pullover mit Norwegermuster, nicht aufgehoben hat. Der war halt auf einmal weg. Auch habe ich nie ihre Briefe zu sehen bekommen, nie! Ich habe erst im Winter vor zwei Jahren in der Gedenkstätte den letzten Brief meiner Mutter an mich gesehen und einen Zettel, den sie kurz vor ihrer Hinrichtung geschrieben hat. Darauf steht, dass ich ihre Puderdose als Andenken an sie bekommen soll. Ich habe all diese Dinge nie zu sehen bekommen. Ich wusste jahrelang nicht, was mein Vater damit gemacht hat. Ich habe dann mal gestöbert, als meine Eltern nicht da waren, als ich schon eine Jugendliche war, und da habe ich ein kleines Fotoalbum gefunden. Darin waren Bilder von mir und meiner Mutter, als ich noch recht klein war, vielleicht eineinhalbjährig. Da habe ich mir etliche richtig geklaut. Mein Vater hielt alles unter Verschluss. Wir wohnten in einem Haus über zwei Etagen, da hingen ein Foto von meiner Mutter und eines von Hermann Danz, das war der Verlobte von Eva Lippold, der auch von den Nazis umgebracht worden war, im Treppenhaus nebeneinander. Das war alles. Es wurde nicht darüber gesprochen, und ich habe das sehr persönlich genommen. Ich habe erst etwas begriffen, als Naomi Bubis[4] mal bei Alfred Biolek darüber sprach, dass sie das meiste über die Nazizeit von einem ihrer Großeltern erfahren hat, nicht von ihrem Vater, der Studenten, Schülern und Soldaten darüber berichtete. Bis dahin hatte ich das Schweigen meines Vaters als eine Gemeinheit empfunden. Andererseits hielt er mir meine Mutter als Vorbild hin, wenn es darum ging, mich zu tadeln, zum Beispiel wegen meiner Unsportlichkeit, oder weil ich nicht so intelligent sei wie meine Mutter. – Man muss dazu sagen, dass er sich immer einen Sohn gewünscht hat. Ich war in der Schule immer gut, da konnte er sich gar nicht beklagen. Aber alles, was ich machte, war ihm nie gut genug, niemals. Ich habe erst vor zehn oder 15 Jahren von meiner Tante erfahren, dass er das Abitur überhaupt nicht geschafft hat. Aber mir hat er das Leben zur Hölle gemacht, weil ich das Abitur nur mit 2,6 gemacht habe. Meine Eltern sind auch nicht zu der Abiturfeier gekommen, da war ich wieder die Einzige, bei der die Eltern nicht da waren. Alles was ich machte, war ihm nie gut genug. – Er legte auch keinen Wert auf irgendwelche Erinnerungsstücke. So etwas aufzuheben wäre doch gut gewesen. – Aber dass mein Vater, wie ich dann erst 1993 in der Gedenkstätte erfahren habe, sämtliche Briefe meiner Mutter und auch sehr viele Fotos an den Pionierpalast gegeben hat, das zeigt doch, dass er wusste, dass die Sachen ihren historischen Wert haben. Nur ich sollte sie nicht haben. Ich habe wirklich nichts dagegen, dass das auch andere Menschen erfahren, aber warum sollten es alle anderen wissen können und ich nicht? Ich habe den Abschiedsbrief meiner Mutter an meinen Vater erst in einem italienischen Buch gelesen. Ich bin als Dolmetscherin sehr oft mit Gewerkschaftlern, Kommunisten und ehemaligen Partisanen unterwegs gewesen, unter anderem auch in Ravensbrück. Da habe ich auch von meiner Mutter erzählt. Das nächste Mal kam ein Journalist, für den ich zu dolmetschen hatte, mit einem Buch, das ich heute noch habe: Briefe europäischer, zum Tode verurteilter Widerstandskämpfer, letzte Briefe, und da habe ich dann das erste Mal den Brief meiner Mutter gelesen, auf Italienisch.

S Haben Sie eine Idee, warum Ihr Vater nicht darüber gesprochen hat?

v. B Ich denke zum einen, dass er damit zu kämpfen hatte, dass ich meiner Mutter so ähnlich bin. Er soll sie angeblich sehr geliebt haben und dass es auch wohl so war, das zeigen auch ihre Briefe. Aber, weil ich ihr sehr ähnlich sehe, wollte er mit mir nicht leben. Zum anderen glaube ich jedoch, die tiefere Ursache war, dass er einen massiven Schuldkomplex hatte, dass er überlebt hat und sie nicht. Aber nicht alle Überlebenden haben sich ihren Kindern gegenüber so verhalten. Natürlich spielt sicherlich auch eine Rolle, dass sie alle sehr jung waren: Meine Mutter war 33, als sie hingerichtet wurde, und mein Vater ist 1915 geboren und war natürlich auch sehr jung. Er war ja noch Student, als ich auf die Welt kam. Er studierte an der Hochschule der

Künste. Ich denke auch, mein Vater und Eva Lippold wollten jetzt einen Schlussstrich ziehen und hatten ein wahnsinniges Nachholbedürfnis, wollten jetzt noch mal ein ganz neues Leben anfangen. Vielleicht war ich ihnen beiden damit auch im Wege. Das kann man auch nicht von der Hand weisen. Später in meiner Pubertät hatte Eva Lippold als Frau mehr Verständnis für mich als mein Vater. Das muss ich auch sagen, aber eine Mutter war sie natürlich für mich nicht.

S Die erste Stiefmutter, seine zweite Frau, hatte Ihr Vater offensichtlich geheiratet, um für Sie eine Mutter zu haben?

v. B So hat er es später immer begründet. Ob das so stimmte, weiß ich nicht, weil ich in der Gedenkstätte das Tagebuch von Elfriede Paul gelesen habe. Sie war eine Ärztin, die auch zur Schulze-Boysen-Gruppe, zur «Roten Kapelle» gehörte, und die die letzten fünf oder fünfeinhalb Wochen mit meiner Mutter zusammen in einer Zelle verbrachte, bevor sie nach Plötzensee kam. Sie hat geschrieben, dass meine Mutter einen Brief von ihrer Schwester bekommen hatte, dass mein Vater noch zu ihren Lebzeiten mit dem Gedanken gespielt hat, mich von den Großeltern wegzuholen und zu dieser Frau zu bringen und dass die Frau sich sehr um meinen Vater bemüht hätte. Solche Sachen habe ich erst vor kurzem erfahren, das tut einem dann auch ziemlich weh. Andererseits erklärt mir das manches, und ich sage mir: «Da brauchst du dich nicht zu wundern, dass er so gehandelt hat.» – Wenn die Sprache auf meine Mutter oder auf meine Eltern kam, habe ich immer mit einem wahnsinnigen Zorn über meinen Vater gesprochen. Ich habe dann eine Therapie angefangen, weil das einfach nicht mehr so weiterging, mit so einem Zorn zu leben. Alleine kam ich einfach mit vielen Dingen nicht zurecht. Ich denke, dass ich deshalb auch mit meinem eigenen Sohn ziemlich viele Fehler gemacht habe, dass er da auch einiges miterleiden musste, weil ich einfach zu nichts anderem fähig war.

S War Ihre Mutter für Sie ein Vorbild?

v. B Es wurde so schwierig, weil sie eigentlich kein Vorbild in dem Sinne war, dass ich das hätte mit Inhalt anfüllen können. Sie war mehr eine Säulenheilige für mich, weil sie mir immer nur vorgehalten wurde, wenn ich irgendetwas nicht richtig gemacht hatte. Mein Vater hat nie gesagt, du bist so humorvoll oder so gerechtigkeitsliebend wie deine Mutter. – Eigentlich bin ich von ihm enteignet worden. Ich hatte eigentlich keine Mutter, sondern ich hatte ein Wesen, das irgendwo als die große Richterin über mir schwebte. Es mag natürlich auch so sein, dass ich mich von ihr verlassen gefühlt habe, weil ich so früh zu meinen Großeltern kam. Sie war aber berufstätig und zu damaligen Zeiten war es nicht so einfach, ein Kind unterzubringen. – Das Zerwürfnis zwischen meinem Vater und mir war sehr groß, weil ich später einen Peruaner geheiratet habe, der in der DDR in Weißensee an der Kunsthochschule studiert hatte. Ich bin mit ihm nach eineinhalb Jahren Nervenkrieg nach Peru gegangen – erst dann habe ich die Erlaubnis für Heirat und Ausreise bekommen. Mein Vater und ich waren vorher schon sehr distanziert und haben uns dann 27 Jahre nicht gesehen. Ich habe mich erst zwei Jahre vor seinem Tod gemeldet. Er hat geglaubt, ich hätte für die Stasi gearbeitet und etwas gegen ihn unternommen, was natürlich absurd war. Ich hatte ein kleines Kind und war jahrelang alleinerziehend, da blieb sowieso keine Zeit, sich oft zu sehen. Außerdem hatten sie mich im Stich gelassen, als ich um 1963 herum Gelbsucht bekam und in Quarantäne musste. – Eine Freundin hat wegen meines kleinen Sohnes meine Eltern angerufen, aber meine Eltern waren nicht bereit, ihn zu holen. Das war natürlich für mich eine Wiederholung und ich habe dann gedacht: «Wenn die in so einer Situation nicht zu mir stehen, wozu brauche ich sie dann noch?»

S Ihr Vater war ja auch im Widerstand.

v. B Darüber weiß ich nicht viel, und ich glaube, es ist nicht viel bekannt, weil er als Soldat in Frankreich war. Was er da gemacht hat und ob er überhaupt was gemacht hat, hat er mir nicht erzählt. Für mich war es ziemlich erschreckend, nach seinem Tod einen Ordner mit lauter Briefen an meine Mutter zu finden. Mir gegenüber hat er sich ja immer als lupenreiner Widerstandskämpfer und vor allen Dingen als Kommunist dargestellt. Die Briefe haben mich richtig beschämt. Er war in einem Lazarett für psychisch angegriffene Soldaten und schrieb, dass er lieber an die Front wolle um «richtig zu kämpfen». Ich war so schockiert, dass ich den Ordner Hans Coppi gegeben habe. Nach so vielen Jahren war ich wieder von ihm enttäuscht. Ich versuchte immer, ihm zu gefallen, und war, bis zu einem gewissen Moment, eine total brave, angepasste DDR-Jugendliche, politisch auf dem richtigen Wege.

S War die Tatsache, dass Ihre Mutter im Widerstand war, bei den Großeltern, bei denen Sie eine Zeitlang gelebt haben, ein Thema?

v. B Sie kam aus einer sehr kleinbürgerlichen Familie aus Pommern. Meine Mutter ist nach Berlin gegangen, was ihre Eltern vermutlich nicht gerade guthießen, und lernte da ihren Mann kennen. Ich weiß auch von meiner Tante, dass ihre Familie diese Heirat zwischen einer einfachen Frau und dem Grafen von Brockdorff für einen Mesalliance hielt, die Eltern meiner Mutter wahrscheinlich auch. – Mein Vater hat sich nach 1945 den Eltern meiner Mutter gegenüber sehr mies verhalten. Es muss 1947 oder 1948 gewesen sein, da bekamen er und seine neue Frau einen Brief von meinen Großeltern. Die hatten wohl die Flucht aus Pommern überstanden, waren irgendwo in der Nähe von Magdeburg gelandet und baten ihn um Hilfe. Da hat er gesagt: «Ich denke gar nicht daran, diesen Nazis zu helfen.» Sie waren keine Widerstandskämpfer, aber sie waren auch keine Nazis, sie waren nur einfach Leute wie es in Deutschland Millionen gab. Schon um meiner Mutter willen hätte er ihnen doch eigentlich helfen müssen. Schließlich haben er und seine Frau in der DDR ein recht privilegiertes Leben gelebt, aber er dachte gar nicht dran. Er war Chefredakteur der Zeitschrift «Bildende Kunst», dann Vize-Museumsdirektor in Dresden und zuletzt Direktor des Märkischen Museums in Berlin. Eva Lippold war Parteisekretärin des Schriftstellerverbandes. Künstler und Funktionäre, alles was Rang und Namen hatte, ging bei uns in Glienicke ein und aus. Erst nach seinem Tod habe ich erfahren, dass er Ende der 50er Jahre aus der SED ausgeschlossen worden ist – das hat er mir natürlich auch verheimlicht. – Lange Zeit wollte ich von der Widerstandstätigkeit meiner Mutter gar nichts wissen. Ich bin auch erst 2003 das erste Mal nach Plötzensee gefahren, weil ich vorher dachte, ich könnte es nicht. Ich denke, dass dieses Verweigern einerseits Trotz war und andererseits aber auch Selbstschutz. Ich wollte mein eigenes Leben leben, ich wollte nicht immer nur die Tochter von Erika von Brockdorff sein und immer an ihr gemessen werden.

S Wenn Sie in einer Situation wären, wo Sie glauben, Widerstand leisten zu müssen, würden Sie das so tun wie Ihre Mutter?

v. B Ob ich so mutig wäre wie meine Mutter, das habe ich mich immer gefragt und konnte es nie mit einem glatten «Ja» beantworten. Besondere Umstände bringen auch besondere Seiten eines Menschen zum Vorschein – die guten wie die schlechten. Aber ich denke schon, dass ich nie zu einer überzeugten Nazianhängerin geworden wäre. Bei mir ist es immer so, dass ich für andere wesentlich besser eintreten kann als für mich selbst. Ein Mitläufer und jemand, der zu allem «Ja und Amen» sagt, das war ich nie in meinem Leben. Das ist wahrscheinlich so eine Mischung aus Veranlagung, Erziehung und auch Umständen. Aber mich haben schon viele Sachen empört, und in den 80er Jahren war ich sehr aktiv bei Amnesty International.

S Kennen Sie so etwas wie ein Gefühl von Überlegenheit gegenüber Menschen aus Mitläufer- oder Täterfamilien?

v. B Ob ich das je anderen Menschen gegenüber ausgespielt habe, weiß ich nicht, es kann aber durchaus sein. Ich habe mich oft auf der guten Seite gefühlt. Natürlich habe ich mich bemüht, je älter ich wurde, auch die andere Seite zu sehen. Ich denke, man darf Menschen nicht einfach verurteilen, man muss versuchen, dahinterzukommen, was sie bewegt hat. Bloß wenn ich auf Leute treffe, die die Nazizeit wirklich aktiv verteidigen, da werde ich sehr schnell zornig. Heute kann sich jeder über diese Zeit informieren. Warum jemand da hineingeraten ist, steht auf einem anderen Blatt.

S Oft wird von den Deutschen als Tätervolk gesprochen.

v. B In den 70er Jahren, als ich mit meinem Mann Urlaub in Spanien oder Italien gemacht habe, wollte ich mich nicht gern als Deutsche zu erkennen geben. Aber ich denke, es gibt auch gute Gründe, sich nicht zu verstecken, und ich verhalte mich nach der Formel: «Ich bin zwar nicht persönlich schuldig geworden, aber ich übernehme Verantwortung.» Das beruhigt mich persönlich sehr. Es war trotz allem einfach mein Glück, dass meine Eltern sich so entschieden hatten.

S Täter und Opfer kann man ja auf verschiedene Weise sein. Täter ist ja ein Wort, das von «tun» kommt. Wie würden Sie Ihre Mutter sehen? Als Opfer oder als Täterin?

v. B Als Täterin war sie als Widerstandskämpferin tätig. Aber ich glaube nicht, dass sie sich je als Opfer gefühlt hat nach all den wenigen schriftlichen Zeugnissen, die ich von ihr habe. Bis relativ zum Schluss hat sie versucht, sehr gefasst und gelassen zu sein. Sie hat sogar Lieder gepfiffen und andere Mitgefangene aufgeheitert. Sie hat angeblich bei dem Todesurteil gelacht. Aber sie hat nicht gelacht, weil ihr der Tod willkommen gewesen wäre, sondern meiner Ansicht nach hat sie gelacht, weil diese ganze zweite Gerichtsverhandlung für sie eine Farce war. Sie wollte den Nazis nicht ihre Betroffenheit zeigen. Das ist sogar soweit gegangen, dass der Pfarrer Poelchau sie als oberflächlich und leichtsinnig bezeichnet hat. Das hat mich, als ich es das erste Mal gelesen habe, empört. Aber dann habe ich mir gesagt: «Sie wollte nicht zeigen, was für Ängste und was für Kummer sie hatte, sondern sie wollte stark sein.»

S Wie sehen Sie das jetzt?

v. B Ich stelle es mir ganz schrecklich vor, im Januar mein Todesurteil zu bekommen und erst im Mai hingerichtet zu werden. Die ganze Zeit dazwischen muss für sie eine Achterbahn der Gefühle gewesen sein: Mal war sie tief verzweifelt, mal hat sie wieder Hoffnung geschöpft.

S Ihre Mutter hat sich also nicht als Opfer gefühlt.

v. B Sie wollte sich nicht von ihnen zum Opfer machen lassen, das glaube ich nach allem, was ich von ihr weiß.

S Ich weiß es von meinem Vater auch. Die Bezeichnung «OdF», also «Opfer des Faschismus» war für ihn schrecklich.

v. B Es hat mich auch im Nachhinein noch mal so wütend gemacht, als ich gelesen habe, dass die DDR alle «Opfer des Faschismus» in die «Vereinigung der Verfolgten des Naziregimes» aufnahm und dann zwischen den Einzelnen Unterschiede machte. Das ging sogar so weit, dass die Verfolgten unterschiedliche Lebensmittelkarten bekamen. Da bin ich selbst heute noch fassungslos, wie Leute, die selber gekämpft und Schreckliches erlebt haben, mit anderen umspringen konnten. Aber scheinbar ist die Ideologie da stärker als alles andere, und diese Instrumentalisierung des Widerstandskampfes hat mich immer mächtig zornig gemacht. Deswegen kann ich selbst heute noch kaum mit Leuten, die der DDR sehr verhaftet sind, darüber sprechen, weil dann sofort wieder Ungerechtigkeiten zur Sprache kommen. Zum Beispiel hatte der Militärverlag der DDR über die Herbert-Baum-Gruppe ein Büchlein herausgegeben. Das ist wahrscheinlich längst eingestampft, aber in der Bibliothek der Jüdischen Gemeinde haben sie alle Bücher, die zum Widerstand erschienen sind. Irgendwann ist mir das in die Hände geraten, weil Charlotte Holzer, eine der wenigen Überlebenden der Baum-Gruppe, mir gegenüber mal gesagt hat, sie hätte eine Zeit mit meiner Mutter in der Zelle verbracht. Sie hat sie sehr idealisiert und eine wunderbare, leuchtende Heldin aus ihr gemacht. Als mir nun dieses eine Buch über die Baum-Gruppe in die Hände fiel, stand auf jeder zweiten Seite fettgedruckt «KPD». Vielleicht ist in dem ganzen Heftchen zweimal erwähnt worden, dass das junge Juden waren. Solche Sachen – da bin ich immer noch empfindlich.

S Im Widerstand gab es ja verschiedene Richtungen: Die einen wollten Hitler töten, um einen neuen Staat aufzubauen, die andern sagten: «Auf einen Mord kann man keinen Staat aufbauen.» Wie sehen Sie das?

v. B «Wo Recht zu Unrecht wird, wird Widerstand zur Pflicht», hat jemand gesagt. Ich denke, wenn es wirklich den Verursacher betrifft, dann kann man Gewalt rechtfertigen. Das Naziregime war so auf diesen Hitler zugeschnitten, dass sicherlich etwas bewirkt worden wäre, wenn das Attentat gelungen wäre.

S Man kann ja auch «Widerstand um den Preis der Selbstzerstörung» leisten. Ist das etwas, was für Sie nachvollziehbar ist?

v. B Ja und nein. Nachvollziehbar theoretisch schon, aber ich denke, dass auch diese Leute von der «Roten Kapelle» oder von anderen Widerstandsgruppen nicht von vornherein gesagt haben «Wir opfern uns jetzt», sondern sie sind da hineingewachsen. Das hat langsam eine Eigendynamik entwickelt, die ich bei meiner umfassenden Beschäftigung mit Zeitzeugenberichten nachvollziehen konnte. Die Nachwelt ist nicht bereit, so etwas als Prozess darzustellen. Es soll einen Anfang und ein Ende geben, und was dazwischen war, bleibt offen, rätselhaft oder es interessiert nicht.

S Gibt es für Sie persönlich so etwas wie ein Vermächtnis des Widerstandes?

v. B Für mich persönlich gibt es so etwas wie eine moralische Kondition. Ich sage mir: da sind meine Grenzen und das sind Dinge, die würde ich nie tun. Aber ich bin nicht bei jeder Demo dabei und suche nicht die direkte Konfrontation mit Neonazis. Dazu bin ich zu geschädigt aus meinen DDR-Zeiten, und ich hätte immer Sorge, für eine Sache instrumentalisiert zu werden. Vielleicht hätte ich das in jungen Jahren richtig gefunden, aber heutzutage denke ich eben, dass ein demokratisch verfasstes Land, wie wir es nun mal sind, andere Möglichkeiten bietet, als sich auf der Straße zu prügeln.

S Hat es Sie beschäftigt, dass Ihre Mutter sich dieser politischen Aufgabe verschrieben hat, dass sie ihr Leben aufs Spiel gesetzt und auch verloren hat? Was mag sie gedacht haben in Bezug auf ihre kleine Tochter?

v. B Vor zwei Jahren bin ich jede Woche zu der Psychologin gegangen, mit der ich arbeite. Da haben wir herausgefunden, dass ich auch auf meine Mutter zornig war, weil ich mich von ihr als kleines Kind verlassen gefühlt habe. Das hatte ich lange Jahre nicht zugelassen. Ich hatte früher meine Abneigung, mich mit der ganzen Geschichte zu beschäftigen, darauf geschoben, dass in der DDR die Taten der «Roten Kapelle» erst verschwiegen und dann als Heldentum gefeiert wurden. Aber heutzutage denke ich, dass es auch das Gefühl war: Sie hat mich verlassen.

S Da ist eine interessante Frage, die mich selbst auch berührt: Ist es so, dass Sie sich neben einer solchen «Heldenmutter» erdrückt fühlen, gar keinen Platz daneben finden konnten?

v. B Ja, und das ist auch ein Grund, warum ich mich jahrelang sehr wenig um die Geschichte der «Roten Kapelle» und um all das gekümmert habe. Ich wollte mein eigenes Leben leben, ich wollte nicht immer nur die Tochter von Erika von Brockdorff sein, ich wollte einfach ich sein. Aber das war mir bis vor kurzem nicht bewusst. – Meine Mutter ist trotz aller Ambivalenz als Vorbild immer präsent gewesen und ich weiß nicht, ob ich das je ganz aus meinem Leben herausbekomme.

S Glauben Sie, dass es möglich ist, dass Kinder Teile des Schicksals ihrer Eltern übernehmen?

v. B Ja, ich denke aufgrund dessen, dass ich keinerlei richtige Familie erlebt habe, konnte ich das auch meinem Sohn nicht geben. Da spielen allerdings zwei Sachen zusammen: einerseits, dass ich es nicht vorgelebt bekam, und andererseits fand man es in der DDR ganz natürlich, dass Kinder in Kinderkrippen kamen, oder in Kinderheime.

S Ich habe noch eine Frage: Was glauben Sie, was war in Bezug auf den Widerstand für Ihre Mutter der bestimmende Gedanke?

v. B Ich glaube, dass sie ein Mensch war, dem Gerechtigkeit sehr am Herzen lag, und das habe ich von ihr geerbt. Das kann im Kleinen sein mit irgendeinem Tier, aber erst recht im größeren Zusammenhang liegt mir Gerechtigkeit sehr am Herzen und ich glaube, das war bei ihr auch ein bestimmender Faktor. Aber sehr viel kann ich dazu nicht sagen, weil ich so wenig mit ihr zusammengelebt habe.

S Was war wohl der ausschlaggebende Punkt bei Ihrem Vater, wissen Sie da etwas?

v. B Das weiß ich nicht, nein. – Mein Vater hat mir immer erzählt – aber da muss man vorsichtig sein –, dass er schon als Jugendlicher sich heimlich zu KPD-Versammlungen geschlichen hat, und weil er ja nun adlig war, hat er sich dann immer umgezogen, um nicht aufzufallen. Aber ansonsten weiß ich das nicht, weil er sich nach dem Krieg jeder Erklärung dazu verweigert hat. Er hat nur negativ über seine Familie gesprochen, aber er hatte ja nicht die Herkunft wie man sie in der DDR gern gehabt hätte: Arbeiter- und Bauernsohn. Er hatte wohl große Ängste, die nicht ganz unberechtigt waren, weil er schon – wie gesagt – Ende der 50er Jahre aus der SED ausgeschlossen worden ist. Außerdem hatte er, glaube ich, auch einen massiven Schuldkomplex, dass er überlebt hat und meine Mutter nicht.

S Also eine Art von Überlebensschuld? – Nun gab es ja zwei Möglichkeiten: sich aktiv am Widerstand zu beteiligen oder stillzuhalten nach dem Motto: «Ich werde später noch gebraucht». War das bei Ihrem Vater auch so?

v. B Sicherlich war das ein Stück so, weil er gleich 1939 eingezogen worden ist. – Ich habe diesen Ordner von Feldpostbriefen meines Vaters an meine Mutter geerbt, und das sind Briefe eines ganz normalen Landsers. Mein Vater war 24 Jahre alt, und nicht unbedingt ein ausgereifter Mensch. Das ist das eine. Außerdem gab es wahrscheinlich auch eine Briefzensur. Dass er da keine politischen Ideen vom Stapel ließ, ist verständlich. – Man muss sich davor hüten, dass man die Briefe aus der heutigen Sicht beurteilt.

Nachbemerkung

Einige Zeit nach dem hier abgedruckten Gespräch erhielt ich in der Gedenkstätte Deutscher Widerstand Einblick in sehr persönliche Briefe an und von meiner Mutter, sowie in das Tagebuch von Elfriede Paul, die fünf Wochen mit ihr zusammen in einer Zelle war. In dem Tagebuch beschreibt Elfriede Paul meine Mutter nicht als «makellose Heldin», sondern als eine empfindsame, zweifelnde und sich dann doch wieder zu großer seelischer Kraft aufraffende Frau.

All das veränderte meine Haltung zu meiner Mutter tiefgreifend und bewog mich im Jahr 2006, an ihrem Todestag, dem 13. Mai, einen Stolperstein vor unserer letzten gemeinsamen Wohnung, in der Wilhelmshöher Straße 17, Berlin-Friedenau, legen zu lassen. Es war eine sehr bewegende Feier. Dort habe ich meine Mutter ein bisschen wiedergefunden.

Hans Jürgen von Bülow

(1908–1995)

Dr. Hans Jürgen von Bülow, Jurist im Strafvollzug, im Alter von 80 Jahren.

Hans Jürgen von Bülow wollte ursprünglich Pfarrer werden, studierte aber auf Wunsch seines Vaters Jura, das er 1932 mit einer Promotion über den «Sonderstrafvollzug am Täter aus Überzeugung» abschloss. Nachdem er zunächst Hilfsaufseher im Strafvollzug war, wurde er mit einer «kriminalbiologischen» Forschungsarbeit betraut, die nicht das erwünschte Ergebnis brachte und das Ausscheiden aus dem Strafvollzugsdienst zur Folge hatte. Bis zu seiner Einberufung arbeitete er als Berufsberater. Im Zweiten Weltkrieg nahm er u. a. am Polen- und Russlandfeldzug teil und wurde 1942 als Leutnant in die der Abwehr unterstellten «Division Brandenburg» abkommandiert. Nach der Heimkehr aus der Kriegsgefangenschaft war er als Gefängnisdirektor im Strafvollzug tätig.

Interview mit Gabriele von Bülow

M Woran denkst du zuerst, wenn du, als Tochter eines am Widerstand beteiligten Vaters, dir die Nachwirkungen auf dich und deine Familie vor Augen führst?

v. B Ich denke im Moment an einen Bericht meines Vaters über seine Erfahrungen bei der «Division Brandenburg», den er 1994 – ein Jahr vor seinem Tod – geschrieben hat. Er kam im Frühjahr 1942 durch einen Soldatenkameraden dorthin. Der Bericht ist ganz aus einer Insiderperspektive geschrieben. Ich muss mir die Zusammenhänge mühsam etwas zusammenreimen. Aber offensichtlich war es so, dass ein Kamerad ihm gesagt hatte, er kenne da einen wilden Haufen, ob er nicht auch dazugehören wolle. Klar wollte er! Alles besser, als nach Russland. Er kam dann doch nach Russland, hatte eine kleine Verwundung, aber das war nicht so tragisch. Im Herbst 42 kam er dann zur «Division Brandenburg» unter dem Major Friedrich Wilhelm Heinz. Der war, wie mein Vater, aus dem rechtskonservativen Lager, aber antinationalsozialistisch eingestellt. Mein Vater wurde dann von diesem Major Heinz in die Zusammenhänge des 20. Juli eingeweiht. Er sollte einen Oberleutnant, der immer die Kontakte herstellte zum Grafen Schwerin in Berlin, mit dieser Tätigkeit ablösen, weil dieser junge Oberleutnant so oft nach Berlin fuhr. Das fiel schon 1943 auf, und sie haben das so getarnt, dass sie die Nachricht herausgaben, es würde ein Aufstand geplant von Zwangsarbeitern. Irgendwo in einer Firma würde ein Aufstand geprobt und sie hätten sich vorzubereiten für den Fall des Falles. Mein Vater hat immer die Verbindung nach Berlin gehalten und seine Aufgabe bestand darin – nach einem erfolgreich vollzogenen Attentat auf Hitler – mit einem Bataillon der «Division Brandenburg» beim Sturm auf die Reichskanzlei mitzumachen. Er schilderte mir einmal genau, wie am 20. Juli die Nachricht durch das Radio kam, dass Hitler nur leicht verletzt sei. Danach kam seine bekannte Rede mit den «paar ehrgeizigen Offizieren»[1]. Er hat es erst gar nicht glauben können. Er hat gedacht, es sei eine Finte. Er hat – wie geplant – das Bataillon auf dem Kasernenhof antreten lassen, hat scharfe Munition verteilt und es stundenlang stehen lassen. Schließlich sickerte durch, dass das Attentat wirklich fehlgegangen war. Er schilderte dann noch ein paar kritische Situationen, in denen seine Beteiligung hätte auffliegen können, aber er wurde von einem menschlichen SS-Mann, der dann der spätere Kommandeur des Bataillons wurde, gedeckt. Major Heinz hatte sich abgesetzt. Er wurde intensiv gesucht, sein Name war bekannt. Von ihm kam ein Telegramm, und mein Vater hätte es diesem SS-Mann anzeigen müssen. Aber er hat erst nach drei Tagen gemeldet, wo Heinz abgeblieben war, und als sie ihn dort suchten, war er schon weg. Der Oberkommandeur hat meinen Vater gefragt: «Warum zeigen Sie mir das erst jetzt an, nach drei Tagen? Wo war denn das Telegramm?» Mein Vater dachte: «Ehrlich währt am längsten», und sagte: «In meiner Schublade.» Da hätte der ihn durchdringend angesehen und gesagt: «Ist das ihr Freund?» Mein

Gabriele von Bülow, Psychoanalytikerin in Berlin.

Vater sagte: «Ja.» Der Kommandeur sagte: «Dann ist es verständlich», und damit war die Sache erledigt. Das war natürlich auf des Messers Schneide, der hätte ihn genauso gut verpfeifen können. Mein Vater hat ihn dann nach dem Zusammenbruch des Nationalsozialismus, als dieser ehemalige SS-Mann in einem Lager war, dadurch einen kleinen Dienst erweisen und etwas helfen können, dass er das publik machte. Das ist so die wesentliche Geschichte um den 20. Juli herum. Dann gibt es eine sehr schöne anrührende Geschichte aus dem Krieg in Russland von einer Befehlsverweigerung, die dazu führte, dass Frauen und Kinder ihr Leben behalten konnten. Das war Ostern 1942 in Russland, alles verschneit, und die Kompanie, in der mein Vater als Leutnant war, hatte den Auftrag, ein Partisanendorf, das vor ihnen lag, auszuräuchern, und die Partisanen «unschädlich» zu machen. Sie hatten durch Ferngläser gerade noch in das Dorf hineingesehen und konnten erkennen, dass sich dort Partisanen bewegten, und der Kompaniechef hatte schon den Feuerbefehl gegeben. Da hörte mein Vater plötzlich eine innere Stimme, die ihm im Befehlston sagte: «Nicht schießen!» Das war ganz klar und deutlich, dem konnte er sich nicht widersetzen. Er hat das dann seinem Kompaniechef gesagt, wir dürfen nicht schießen, da unten sind gar keine Partisanen. Der hat ihn erst mal für verrückt erklärt, und gesagt, sie hätten doch selber gerade durch die Ferngläser geschaut. Er hat aber darauf bestanden, dass das keine Partisanen sind. Da hat der Kompaniechef ihm erlaubt, dass er sich ein paar Männer aussuchte. Mit denen sollte er unter Feuerschutz in das Dorf gehen und nachschauen. Sie kamen dann in das einzige größere Haus, gingen hinein und fanden einen großen Versammlungsraum vor, in dem lauter Frauen und Kinder vor einem Kruzifix knieten und beteten. Es war an Ostern.

M Was aus dieser Vergangenheit deines Vaters, glaubst du, hat auf dich gewirkt? – Manche Widerstandskämpfer, die überlebten, hatten doch große Schwierigkeiten in der frühen Bundesrepublik akzeptiert zu werden, weil sie von manchen als Verräter angesehen wurden.

v. B Mein Vater war noch ein knappes Jahr in britischer Kriegsgefangenschaft, wo ihn meine Mutter schließlich rausgeholt hat. Ich weiß das nur von meiner Mutter. Mein Vater hat darüber wenig gesprochen. Er war, wie viele, die aus dem Krieg kamen, von den ganzen Kriegserlebnissen unendlich verstört, worunter die Ehe auch entsprechend litt. Er war dann eine Weile auch – wie es meine Mutter empfand – übermäßig religiös orientiert, schon in der Kriegsgefangenschaft. Von ihm weiß ich, dass der Widerstand für ihn tatsächlich ein Gewissenskonflikt war: Er hatte ja seinen Eid vor Gott auf Adolf Hitler geschworen. Mein Vater war ein sehr gläubiger Mensch und das war für ihn nicht eine leere Formel, das hat ihm was bedeutet. Das ging ihm durch und durch, dass er da seinen Eid, den er ja vor Gott geleistet hatte, gebrochen hatte. Zudem sah er sich als deutscher Soldat, der sein Vaterland verteidigt. Das war damals eben die gängige Meinung. – Heute habe ich ein bisschen mehr Abstand, aber als junges Mädchen war das für mich immer schwer zu begreifen, diese ganzen Widersprüchlichkeiten. Einerseits diese Festigkeit seines Standpunktes und die Zivilcourage, die mein Vater mehrfach im Nationalsozialismus bewiesen hat. Dass er aber andererseits «zugab» – für ihn war es kein Zugeben –, dass er gerne Soldat war. Das waren für ihn zwei ganz verschiedene Stiefel, er hatte da immer den Spruch drauf: «Ich war gerne Soldat, nur der Krieg hat gestört». Wenn ich mich da einzufühlen versuche, kommen natürlich psychologische Gründe dazu. Mein Vater hatte eine sehr unglückliche Beziehung zu seinem Vater und hatte dann unter den Soldaten und Vorgesetzten ein ganz intensives Gemeinschaftserlebnis mit Männern, was ihm unglaublich viel gegeben hat, schlicht und ergreifend, «nur der Krieg hat gestört». Er war bestimmt kein kriegslüsterner Mensch, aber es war nun mal Krieg, und unter den Bedingungen hat er ganz wichtige menschliche Erfahrungen mit Männern gemacht. Er hat dann – das ist so die andere Seite – im März 1945, da war er an der Westfront – noch einen kleinen militärischen Sieg errungen in der

Rückeroberung einer Stadt gegen die Engländer (Wistedt). Er wurde dadurch ein kleiner Held. Das war für mich schwierig – ich gehöre ja zur 68er Generation – diese Seiten von meinem Vater zu akzeptieren. Ich habe die Welt nicht begriffen, wie er mit strahlenden Augen über diese Heldentat erzählte. Die Engländer wurden dabei als Gegner erlebt, das war ganz wichtig: Die Russen waren Feinde, aber die Engländer waren Gegner. Das war wie ein ritterliches Spiel. Er war ganz stolz und glücklich darüber, dass es fast kein Blut gekostet hatte auf beiden Seiten. Das Rührende ist, dass beide Seiten noch über viele Jahre Kontakt hatten und mein Vater auch eingeladen wurde von den Engländern, das war eine ganz herzliche Beziehung. Ich habe das alles nicht begreifen können. Und was habe ich mich erregt, wenn mein Vater Peter Merseburger im Fernsehen sah und murmelte: «Dieser alte Itzig», «Itzig» ist ein abwertendes Wort für Jude. Ich habe ihn dann angegiftet: «Vati, was sagst du da?» Mein Vater war wirklich weit davon entfernt, Antisemit zu sein, und trotzdem war das in dieser Generation bis in die Knochen drinnen, so eine gewisse Antipathie.

M Du hast gerade erwähnt, dass dein Vater die Engländer als Gegner und die Russen als Feinde bezeichnet hat. Meinst du, er hat das von Hitler übernommen, oder war das auch seine eigene Sichtweise, dass die Menschen im Osten anders behandelt wurden als die im Westen?

v. B Die Geschichte, in der er sich eingesetzt hat für das Leben dieser russischen Frauen und Kinder, zeigt, dass er die Russen nicht als Untermenschen erlebt hat. Davon war er von seiner ganzen religiösen Einstellung und familiären Sozialisation weit entfernt. Er hat diese NS-Ideologie wirklich nicht verinnerlicht. Feinde waren sie, die östlichen Nachbarn, aber nicht Menschen, die auszurotten sind.

M Wie war das für dich, dass dein Vater einerseits begeistert beim Militär, andererseits aber im Widerstand war?

v. B Ich war das einzige Kind, ich hätte noch einen Bruder gehabt, der 7 Jahre vor mir – also mitten im Krieg – 1943 als Totgeburt zur Welt kam. Insofern war ich familiendynamisch auch der Sohn der Familie, und wir hatten heftige politische Diskussionen in den 60ern. Anfang der 70er Jahre haben wir heftig miteinander gestritten und diskutiert, aber seine Widerstandszeit war da nicht Thema. – Das ist ganz merkwürdig, das kam dann erst in den letzten Jahren vor seinem Tod, wo er dann Dinge aufgeschrieben hat. Ich muss sagen, ich finde es schade, ich bereue es. 1994 war ja der 50. Jahrestag des 20. Juli, da war er schon 86, ein knappes Jahr vor seinem Tod. Ich denke, er hätte sich schon eine öffentliche Anerkennung gewünscht oder eine Ehrung. Er war aber einfach schon zu hinfällig, um sich darum zu kümmern. Es tut mir leid, dass ich mich darum nicht gekümmert habe. Das liegt mir auf der Seele, und ich finde das sehr schade, im Nachhinein.

M Dieses Totschweigen war ja ein allgemeines Phänomen damals. Das war in meiner Familie ähnlich: Erst ganz langsam kam das dann heraus. – Zweierlei ist mir jetzt durch den Sinn gegangen: Einerseits gibt es ja diese Schuld des Überlebens. Was muss in ihm vorgegangen sein in dem Wissen: «Die sind alle ermordet worden, aber ich habe es überlebt, einfach durch Glück?» Das andere ist, dass es schief gegangen ist, und dass das deutsche Volk insgesamt eigentlich nicht dahinter stand. Das war für die Menschen, die damals unheimlich viel riskiert haben, doch eine schwere Situation.

v. B Darüber kann ich nur spekulieren, weil er darüber nicht gesprochen hat. Ich denke, die Haltung meines Vaters hat sich in seinem späteren Berufsleben in der Bundesrepublik ausgedrückt. Er wurde ja, wie gesagt, Jurist im Strafvollzug und dann Gefängnis- und Zuchthausdirektor. Er hat sich lange Jahre für die Möglichkeit der Begnadigung von Lebenslänglichen eingesetzt, bis es dann schließlich dazu kam. Damals war lebenslang wirklich lebenslang, die Möglichkeit der Begnadigung ist erst später eingeführt worden. Er hat sich sehr für bessere Bedingungen im Strafvollzug eingesetzt, auch für gute Arbeitsmöglichkeiten der Gefangenen und humane Behandlung. Da gab es einen großen Eklat, den ich als Fünfzehnjährige mitbekommen habe. Er hat sich damals mit dem hessischen Justizminister Lauritzen,[2] der später auch in der Bundesregierung war, angelegt, weil man von ihm verlangte, einen Ausbrecherkönig, den man ihm in die Anstalt gelegt und der schon Einzelhaft hatte, auch noch Fesseln anzulegen und eine Leibesvisitation durchzuführen. Mein Vater hatte sich geweigert, das zu tun und es kam, wie es kommen musste: Er ist ausgebrochen. Es gibt einige Indizien dafür, dass das Ganze auch eine Intrige gewesen ist, weil mein Vater dem Justizminister missliebig war. Es kann gut sein, dass die ihn da bewusst hinverlegt haben, weil er bisher überall ausgebrochen war. Sie haben das dann zum Anlass genommen, meinen Vater strafzuversetzen und zu degradieren. Als 57jähriger wurde er zweiter Mann in einer Jugendstrafanstalt in Kassel. Aber es ging damals ein Aufschrei durch die gesamte liberale, bundesdeutsche Presse, und ich war sehr stolz auf meinen Vater. Ich habe seine Trauer und ohnmächtige Wut mitbekommen, aber er hat sich nicht beugen lassen. Man hat im Justizministerium gedacht, man könnte ihn jetzt frühzeitig pensionieren und damit abschieben. Das hat er aber nicht mit sich machen lassen, er hat dann bis 65 gearbeitet, und sie haben ihm immerhin noch den Regierungsdirektor gegeben ein Jahr vor der Pension, so dass er dann wenigstens eine sehr schöne Pension hatte. So hat er noch einmal in seinem Leben wirklich Zivilcourage gezeigt. Er hat sich nie parteipolitisch engagiert. Er war ein Konservativer, aber ein humanistisch liberaler Konservativer. Er ist seinen eigenen Weg gegangen, und etwas von dieser Einstellung habe ich auch. Ich bin auch nie da, wo der «mainstream» ist, das ist mir viel zu langweilig. Ich bin ja auch bei einer non mainstream psychoanalytischen Schule, der Deutschen Akademie für Psychoanalyse Günter Ammons gelandet, bei den Rebellen, wenn man so will ... Ich mache jetzt Traumatherapie-Weiterbildung bei Peter Levin. Mich interessiert einfach immer, wo was vorangeht und weniger, dass ich mich irgendwo etabliere, niederlasse. Das ist schon eine Geisteshaltung, die mich sehr mit meinem Vater verbindet, die sicher von ihm kommt.

M Das klingt so, als ob du einen größeren Teil von positiven Dingen von ihm mitgekriegt hast.

v. B Das, worüber ich jetzt gesprochen habe, betrifft mehr die geistige Ebene, die Metaebene. Auf einem ganz anderen Blatt steht die emotionale Ebene. Was da für mich immens schwierig war in der Beziehung zu meinem Vater, das hat nicht so viel mit unserem Thema zu tun. Das sind andere, sehr persönliche Dinge. Insofern ist es nicht so, dass alles nur so leicht und unproblematisch war. Das war für mich ein weiter Weg, dass ich das jetzt auseinanderhalten kann, dass ich das Konstruktive, was ich von meinem Vater bekommen habe, sehen, schätzen und auch trennen kann von dem Bereich, der auf einer psychischen Ebene mehr belastet ist. Da habe ich Jahrzehnte damit zu kämpfen gehabt und habe mich noch immer nicht ganz befreit, weil ich eine ausgesprochene Vaterstochter und mit ihm sehr identifiziert bin.

M Diese 68er Zeit, und was du an Fragen an ihn hattest, das hat sich also kreativ aufgelöst zwischen euch?

v. B Er hat sich solchen Diskussionen eigentlich immer gestellt. Wir hatten unsere Gespräche immer beim Abwaschen: Er hat abgewaschen und ich habe abgetrocknet. Da haben wir uns ausgetobt in der Küche – meine Mutter war dann schon im Wohnzimmer auf der Couch – und wir haben stundenlang miteinander geredet und gekämpft. Er hatte eine unendliche Geduld mit mir, muss ich wirklich sagen, er ist nie als autoritärer Vater aufgetreten. Nach dem Tod meiner Eltern, als ich den Haushalt auflöste, fand ich eine Ansichtskarte von mir vor, die ich meinen Eltern 1969 von einer Reise nach Jugoslawien geschrieben hatte. Diese Reise war organisiert von der hessischen Landeszentrale für politische Bildung, die stark marxistisch orientiert war. Da stand zum Schluss: «Liebe Grüße aus meinem sozialistischen Vaterland». Als ich das las, dachte ich: «Oh Gott, meine armen Eltern, mein armer Vater!» Ich dachte, ich sehe nicht recht! Was mein Vater sich da wohl gedacht haben mag, als er diese Karte bekam? Aber er hat das mit stoischer Gelassenheit über sich ergehen lassen, und es kam deswegen nie zu einem Bruch. Er hat auch aus seiner Religiosität nie einen Hehl gemacht, aber er hat nie versucht, mich zu indoktrinieren. Mein Vater ist interessanterweise der einzige Bülow, der im Widerstand gewesen ist. Das ist ja eine große Familie, an die tausend gibt es von uns. – Sein Bruder war Berufsoffizier und sein ältester Sohn hat Anfang der 70er Jahre den Wehrdienst verweigert. Das war für meinen Onkel ein ziemlicher Brocken, aber er hat auch die menschliche Größe gehabt, ihn dabei zu unterstützen und hat ihm das Geld gegeben, um den Prozess durchzufechten. Das war eine Haltung, die ich einfach angenehm finde, nicht so kleinbürgerlich, ideologisch, sondern großzügig. – Ich war 1968 ein knappes Jahr in Paris, aber nicht im heißen Mai, sondern im Herbst nach dem Abitur, als Au-pair-Mädchen. Dabei habe ich mich genau informiert über die ganze linke Szene und habe den «Spiegel» und sonst was gelesen und bin brav im Anschluss zu den Jungsozialisten gegangen. Es hätte schlimmer kommen können für meine Eltern.

M Du konntest so den für die damalige Zeit fast normalen Weg der Ablösung durchmachen. In anderen Familien konnten die Kinder es nicht wagen zu diskutieren und die Dinge in Frage zu stellen, weil zu viel Unsicherheit herrschte. Das ist bei euch offenbar sehr gut möglich gewesen?

v. B Mindestens auf dieser intellektuellen Ebene. Nicht aber auf der seelischen oder psychischen Ebene, das ist mir erst später klar geworden. Übrigens auch durch eine Familienaufstellung hier in Berlin. Der Leiter hat sich meinen Kriegsvater herausgepickt für die Familienaufstellung und hat sich nicht geniert, meinen Vater zwischen Hitler und Stalin zu stellen. Da stockte mir der Atem. So was kannte ich noch nicht und dabei wurde die unglaubliche Zerrissenheit meines Vaters deutlich. Der Leiter der Aufstellung meinte, dass mein Vater eigentlich knapp vor dem Verrücktsein war, und ich habe – als einziges Kind und sehr an meinen Vater gebunden – seelisch vieles übernommen, ganz sicher. Da ist eine massive, übermäßige Bindung zwischen mir und meinem Vater, mit der ich seit Jahrzehnten ringe, um mich davon zu lösen. Das ist das eigentliche schwere Erbe für mich. Mein Vater hat mir auf der Ebene, auf der er das bewusst beeinflussen konnte, viel Freiheit gegeben und gelassen und sehr viel Vertrauen auch in mich gehabt. Er hat mir sehr viel Freiheit gelassen, vielleicht ein bisschen zu viel. Auf der anderen Seite hat er mir dadurch auch sehr viel mitgegeben. Aber er selber war auf der psychischen Ebene sehr verstrickt, auch in Dinge, die jetzt gar nichts mit dem Widerstandsgeschehen zu tun haben. Unter was ich einfach zu leiden hatte, ist eine übermäßige Bindung an ihn, die aber sicher ein Stück mit seinem Kriegserleben zu tun hat. Sowohl das Soldatsein als auch seine Beteiligung am Widerstand und diese innere Zerrissenheit, die ihn tief geprägt hat.

M Diese innere Zerrissenheit ist etwas Allgemeines in den Widerstandsfamilien, schon aus der Situation heraus. Wenn man sich da hineinzudenken versucht: einerseits zu wissen, dass da etwas geschehen muss. Andererseits auch zu wissen, dass man damit womöglich die Heimat den Russen und damit dem Bolschewismus ausliefert. Außerdem die Tatsache, dabei töten zu müssen. Dass die Betroffenen darüber gar nicht reden können und in Ruhe gelassen werden wollen, kann ich mir gut vorstellen.

v. B Bevor Du kamst, hat mich die letzten anderthalb Stunden davor eine unendliche Traurigkeit erfasst, ich hätte losheulen können. Ich wusste erst gar nicht, was mit mir los ist. Dann dachte ich, das hängt jetzt mit dem bevorstehenden Interview zusammen und mit meinem Vater. Sicher ist es die immer wieder hochsteigende Trauer über seinen Tod vor 8 Jahren. – Aber vielleicht ist es auch seine Traurigkeit, die natürlich von einem Mann wie ihm nicht zugelassen wurde. Er hat seinen Beruf gehabt und ihn geliebt. Er hat da auch wirklich viele gute Dinge gemacht, aber um einen hohen Preis. Diesen Preis haben auf emotionaler Ebene meine Mutter und ich ein Stück geteilt. Das sage ich jetzt ohne Bitterkeit, so war es eben.

M Vielleicht hängt mit seiner Zugehörigkeit zum Widerstand auch zusammen, dass er im Strafvollzug war und diesen Beruf geliebt hat. Das ist doch eher eine Strafe, sich so was auszusuchen. Andere Leute gehen ins Kloster oder tun sonst außergewöhnliche Dinge.

v. B Seine Arbeit mit den Langzeitbestraften, das war ihm die liebste, die wichtigste Zeit in seinem Leben. Das heißt auf Deutsch: die Zeit mit diesen Mördern und Totschlägern!

M Glaubst du, dass das mit einer Überlebensschuld zu tun hat, dass er sich mit solchen Leuten so stark identifizierte, die eingebunkert werden. Oder war das schon so bei ihm, ehe der Krieg begann?

v. B Die Entscheidung, als Jurist in den Strafvollzug zu gehen, fiel am Ende der Weimarer Republik. Das hat also nichts mit seinen Kriegserlebnissen zu tun. Ich denke, das sind eher klassische familiäre Hintergründe. – Ins Kloster gehen wäre – wie du sagtest – tatsächlich auch eine Möglichkeit für ihn gewesen.

M Trotzdem nehme ich an, dass die Tatsache, dass die anderen mit dem Leben bezahlt haben und er davongekommen war, ihn beschäftigt haben muss, und das hat wohl auch damit zu tun, dass du als Kind unbewusst diese große Bindung aufgebaut hast.

v. B Das habe ich interessanterweise so noch nie gesehen, aber es leuchtet mir ein. Mein Vater hat einen pietistischen Hintergrund. Bei uns wurde immer die Losung gelesen, und er hatte schon eine Jesus-Christus-Identifizierung, die ich übernommen hatte. Ich habe selber keine bewusste Erinnerung daran, aber meine Mutter erzählte mal von mir als Fünfjähriger Folgendes: Es war Karfreitag und ich hätte hemmungslos geschluchzt und geweint und sei gar nicht zu beruhigen gewesen. Meine Mutter, die da eher nüchtern war, sagte: «Warum weinst du denn so?» «Die haben den lieben Jesus ans Kreuz geschlagen!», schluchzte ich, und meine Mutter hat meinen Vater gescholten, dass er das Kind so belasten würde. Das würde jetzt tief in meine Geschichte gehen: Das hat schon nachhaltige Spuren hinterlassen. Natürlich, als «Seelsorger» im Gefängnis hat er sich schon identifiziert mit Bibelsprüchen: «Ich bin gekommen, um die Gefangenen zu befreien» und Ähnliches, ganz sicher. Und ich habe das übernommen, indem ich mich jetzt bemühe, mich selber und andere Menschen von seelischen Fesseln zu befreien. Ich denke, da ist ganz sicher eine Familientradition, aber das ist ja auch in Ordnung. Wir haben ja alle unsere Motivation und Hintergründe für das, was wir tun, bewusste und unbewusste.

M Du hast Neffen und Vettern, Nichten und Cousinen: Ist da noch was, was dir da auffällt, was damit zusammenhängen könnte?

v. B Wie gesagt, im Widerstand war mein Vater der einzige Bülow; mein Onkel war ja Berufsoffizier im Krieg und ist mal ziemlich schwer verwundet worden, aber er hat Glück gehabt, es war nicht so beeinträchtigend für sein Leben, er hat damit ganz gut leben können. Er ist sogar noch ein halbes Jahr älter geworden als mein Vater. Was aber interessant ist: Mein Lieblingscousin, Alexander von Bülow, das ist der älteste Sohn des Bruders, der, der den Wehrdienst verweigert hat. Er und mein Vater hatten eine sehr gute Beziehung, die haben sich geliebt, da war schon eine große Affinität zwischen den beiden.

M Der Widerstand hatte in Deutschland einen sehr merkwürdigen Stand. Es ist tragisch, wie durch die äußeren Bedingungen und durch das Scheitern etwas ins Zwielicht geraten ist, was im Grunde eine große menschliche Qualität hatte. Auch das ist etwas, was sicherlich auf die Nachkommen wirkt: Zum Beispiel hat die Tochter eines Widerstandskämpfers, der umgebracht wurde, erzählt, dass sie nach dem Krieg per Anhalter gereist ist. Sie kam ins Gespräch mit dem Lastwagenfahrer, der sie mitgenommen hatte und der sagte, als sie ihm erzählte, wessen Tochter sie war: «Ach du armes Verräterkind». Solche Dinge sind diesen Menschen wirklich passiert.

v. B Ich denke gerade an Willy Brandt, dem sie auch übel zugesetzt haben, weil er emigrierte und auch im Widerstand war. Ich habe nicht darüber nachgedacht, aber man kann ahnen, dass das auch ein wichtiger Grund dafür ist, dass mein Vater in den ganzen ersten Jahrzehnten meines Lebens eigentlich nicht mit mir darüber gesprochen hat. Merkwürdig, es wurde nie wirklich Thema.

M Mir persönlich wurde erst durch meine familientherapeutische Arbeit klar, dass Widerstandskämpfer auf ihre Nachkommen eine fatale Wirkung haben können. Zuerst konnte ich es gar nicht glauben, dass sich daraus zum Teil schwere Belastungen ergeben haben. Vielleicht hat das mit der schwierigen Situation zu tun, in der der deutsche Widerstand gewesen ist. Bei anderen Völkern, zum Beispiel bei den Polen, scheint das ganz anders zu sein. Dort ist es die Quelle eines gesunden Selbstbewusstsein, zum Widerstand zu gehören. Bei uns haben ja nur wenige den Kopf und den Mut gehabt, sich daran zu beteiligen, und man sollte doch denken, die Kinder mit solch mutigen Eltern hätten es, verglichen mit Täterkindern etwa, leichter, aber häufig ist das gar nicht der Fall. Das könnte mit dem Zwielicht zusammenhängen, das lange in Deutschland herrschte. Es gab ja doch noch viele überzeugte Nazis. Es ist ja sehr merkwürdig, wie der Widerstand in der unmittelbaren Nachkriegszeit totgeschwiegen wurde.

v. B Vor etwa zwei Jahren hatte ich ein sehr nettes junges Mädchen in der Therapie aus der ehemaligen DDR, und sie hatte, und hat immer noch einen Freund, der bei der Bundeswehr in der Offiziersausbildung in Brandenburg ist. Sie erzählte ihm, sie sei jetzt bei mir in Therapie und ich hieße Gabriele von Bülow. Er hätte aufgeschrieen: «Dann frag sie doch mal, ob sie mit dem Hans Jürgen von Bülow irgendwie verwandt ist, der damals in der ‹Division Brandenburg› das und das gemacht hat.» Sie hat mir das erzählt, und mich überlief es am ganzen Körper, denn das war mein Vater. Da war ich doch erstaunt, muss ich sagen. Ich hatte keine Ahnung, dass das doch so tradiert wird und finde das bemerkenswert, dass die jungen auszubildenden Bundeswehroffiziere, jedenfalls in Brandenburg, das erfahren.

Julius Leber

(1891–1945)

Sommer 1931: Julius Leber und Tochter Katharina «Didi» in der Lübecker Gertrudenstraße.

Julius Leber, aufgewachsen in einer kleinbäuerlichen Familie, absolvierte zunächst eine kaufmännische Lehre, bevor er 1912 das Abitur nachholte und Volkswirtschaft sowie Geschichte studierte. Nach dem Ausbruch des Ersten Weltkrieges meldete er sich 1914 zum freiwilligen Kriegsdienst und erhielt zahlreiche militärische Auszeichnungen. Auch nach Kriegsende blieb Leber zunächst beim Militär, bis er 1921 die Stelle des Chefredakteurs beim sozialdemokratischen «Lübecker Volksboten» antrat. Bereits in jungen Jahren war er der SPD beigetreten; 1924 gelang ihm als Abgeordneter der SPD-Fraktion der Einzug in den Reichstag. Seine politischen Gedanken kreisten dabei stets um den «demokratischen und sozialen Arbeiterstaat». Als Wehrexperte seiner Partei war es Lebers Ziel, Arbeiterschaft und Armee auf eine gemeinsame republikanische Ebene einzuschwören, weil er vor allem das Selbstbildnis der Reichswehr als eine Art «Staat im Staate» kritisierte. Innerhalb seiner Partei fand er für seine staatspolitischen Vorstellungen nur wenig Verständnis, weil der Großteil der Abgeordneten wehrfeindlich eingestellt war.

Weder als Publizist noch als Politiker scheute der ambitionierte Republikaner die Auseinandersetzung mit der politischen Rechten. Diese Haltung machte ihn rasch zu einem der ersten Opfer des nationalsozialistischen Regimes. Gleich nach Hitlers Machtübernahme wurde Leber nach einer tätlichen Auseinandersetzung mit Nationalsozialisten am 31. Januar 1933 verhaftet und vier Jahre in den Konzentrationslagern Esterwegen und Sachsenhausen gefangengehalten. Nach seiner Freilassung arbeitete er als Kohlenhändler in Berlin und nahm Kontakte zu sozialdemokratischen Freunden auf, woraus sich im Laufe der Zeit ein Widerstandskreis bildete. Im Herbst 1943 entwickelte Leber enge Beziehungen zum Kreisauer Kreis, zur Widerstandsgruppe um Carl Friedrich Goerdeler sowie zu Claus Graf Schenk von Stauffenberg, mit dem ihm ein nahezu freundschaftliches Verhältnis verband. Im Gegensatz zu anderen Vertretern des sozialdemokratischen Widerstandes war Leber der Meinung, dass im Sinne einer breitgefächerten, anti-nationalsozialistischen Volksbewegung auch die Kommunisten in die Umsturzpläne eingeweiht werden müssten. Nach einem Treffen mit kommunistischen Oppositionellen wurde der führende Sozialdemokrat Opfer einer Gestapo-Bespitzelung. Leber, als Innenminister der neuen Regierung vorgesehen, wurde noch vor dem Attentat auf Hitler am 5. Juli 1944 verhaftet, zum Tode verurteilt und am 5. Januar 1945 in Plötzensee hingerichtet.

Interview mit Katharina Christiansen

M Welche Erfahrung hat Sie, als Tochter von Julius Leber, nach Ihrer Meinung am meisten geprägt?

C Ich war vier Jahre alt, als mein Vater 1933 ins KZ kam. Ich habe lebhafteste Erinnerungen an meinen Vater, zum Beispiel in unserem wunderschönen Garten. Damals hatte ich einen jungen Vater und eine junge Mutter, das war ganz toll. Es kamen viele Menschen zu uns, und alle bewunderten meinen Vater. Ich konnte die Leute nicht alle gut leiden. Aber meine Mutter machte und organisierte das alles. Sie war aus sehr gutem Haus, während mein Vater ein elsässischer Bauer war, noch dazu das uneheliche Kind von Katharina Schubetzer. Er wurde nachher von einem Tagelöhner namens Jean Baptiste Leber adoptiert, den seine Mutter später geheiratet hat. Leber ist also nicht sein Geburtsname. Er hieß eigentlich Julius Hieronymus Schubetzer.

Er hat in Lübeck bei der SPD Karriere gemacht und wurde dann politischer Chefredakteur einer Lübecker Zeitung – der linksgerichteten Zeitung «Der Volksbote». Dann heiratete er meine Mutter Annedore Rosenthal und sie bekamen zwei Kinder: meinen Bruder Matthias und mich. Ich war das absolute Lieblingskind meines Vaters. Ich bin die ältere, und mein Bruder hat sich 1963 das Leben genommen. Er war von Anfang an von dieser Sache geprägt und hat es viel schlechter verkraftet als ich. Er war von Natur aus ein sehr grüblerisch veranlagter Mensch; es gab in unserer Familie einige Selbstmorde. Mein Großvater, der Vater meiner Mutter, hat sich kurz nach der Machtübernahme von Hitler auch das Leben genommen. Aber Anfang 1933 war alles noch harmonisch bei uns in der Familie, und dann war plötzlich der Vater einfach weg. Meine Mutter sagte uns, er müsse ein Buch schreiben. Mein Vater ist daraufhin für vier Jahre in verschiedenen Gefängnissen und Lagern verschwunden, und meine Mutter hatte kein Geld. Sie hat zusammen mit meiner Großmutter Kleider genäht, um uns durchzubringen. Sie hat auch alles Mögliche angestellt, um meinen Vater zu sehen. Mein zwei Jahre jüngerer Bruder war damals auch schon auf der Welt. Er war weinerlich, und mein Vater war ein Bauer: Er wollte keine Komplikationen und mit mir gab es keine. Ich habe das alles irgendwie weggesteckt, und das hat mein Vater ganz toll gefunden, das hat er mir später einmal erzählt. Jedenfalls war er dann für vier Jahre weg. Stattdessen kamen die Großeltern Rosenthal ins Haus, und eines Tages war der Großvater tot. Wir erfuhren nicht einmal, dass er sich das Leben genommen hatte, denn die Kinder durften nicht belastet werden. Es wurde also immer ärmlicher und grauenvoller bei uns. Meine Mutter war ständig unterwegs, auf der Suche nach ihrem Mann. Ich schlafe seit dieser Zeit nicht mehr richtig gut. Eines Tages sind wir dann nach Berlin gezogen. Wir haben unser Haus in Lübeck aufgegeben, damit der Vater entlassen würde, denn nach Lübeck hätten sie ihn nie entlassen. Dort war er viel zu populär. Eines Tages war er also wieder da. Meine Mutter hatte in Berlin ein kleines Haus eingerichtet. Es war ärmlich und nicht schön. Sie hat ihm so ein kleines «Herrenzimmer» mit den alten grünen Möbeln, die ich heute noch besitze, eingerichtet. Als er wiederkehrte, hatte er keine Haare mehr. Ich fragte ihn: «Vati, warum hast du denn so abbe Haare?» Ich bin damals schon in die Schule gegangen, kam aber nicht auf den Gedanken, dass mein Vater im Gefängnis gewesen war. Ich wurde zwar gelegentlich von irgendwelchen Kindern angesprochen: «Sag mal, ist dein Vater noch im Gefängnis?» Ich antwortete darauf immer: «Nein, mein Vater ist nicht im Gefängnis. Er schreibt ein Buch.» Ich habe aber auch nicht nach diesem Buch gefragt. Sehr viel später, als wir Kinder schon verhaftet waren, habe ich die ganze Geschichte der Frau Knoche erzählt, der Frau des SS-Manns, der uns gerettet hat.[1] Der habe ich auch vom KZ erzählt, so dass ich wohl doch eigentlich alles wusste. Aber ich habe vor mir selbst so getan, als ob ich es nicht wüsste, weil ich mit meiner Mutter nicht darüber sprechen wollte. Das ist bis zuletzt so geblieben, dass ich mit meiner Mutter nicht über meinen Vater gesprochen habe. Ich fand das alles so unsäglich. Meine Mutter wollte weinen, sie wollte meinen Vater als Helden feiern und das hat sie auch gemacht. All diese Bücher, die sie geschrieben hat,[2] sind über Helden. Damit habe ich dann gelebt. Als Vater aber wieder da war, hatten wir wunderbare Gespräche miteinander. Ich habe mich zwar auch über ihn geärgert, und er war für mich durchaus kein «Wundervater». Er hat mich auch wütend gemacht. Ich habe sein Temperament geerbt.

M Wie lang blieb er denn bei der Familie?

C Er kam 1937 aus dem KZ heraus. Wir hatten dann zusammen ein richtig erlebnisreiches Leben; und wir sind mit der Familie in den Urlaub gefahren. Etwas aus dieser Zeit werde ich nie vergessen: Wir hatten eine Mitschülerin, die Kinderlähmung gehabt hatte. Sie sollte aber trotzdem mitturnen und wurde von der Turnlehrerin mies behandelt, weil sie störte. Ich war eine sehr gute Schülerin und zu der Zeit gerade Klassensprecherin. Da habe ich meinen Turnbeutel genommen und ihn der Lehrerin um die Ohren gehauen. Die sagte dazu nur: «Was für ein schlechtes Benehmen!» Ich fing furchtbar an zu heulen, habe meinen Turnbeutel genommen und bin nach Hause gegangen. Mein Vater fragte mich, was jetzt schon wieder passiert sei? Da habe ich ihm die Geschichte erzählt. Als ich mich ein wenig beruhigt hatte, sagte er zu mir: «Spar dir mal deinen Revolutionsgeist für die Zeit auf, wenn du ihn wirklich brauchst. In den meisten Fällen hilft ein vernünftiges Gespräch.» Mit diesem Rat bin ich ganz gut durch mein Leben gekommen – bis zum heutigen Tag, wo ich 78 Jahre alt bin.

M Ihr Vater kam also wieder nach Hause. Was passierte dann?

C Zunächst war er arbeitslos. Um entlassen zu werden, mussten er und meine Mutter unterschreiben, dass nicht er, sondern meine Mutter die Familie ernährt.[3] Er hat sich dann ohne Geld nur mit seinem Namen in eine völlig heruntergekommene Kohlenhandlung in Berlin-Schöneberg eingekauft.[4]

M Und Sie wussten damals nichts von seiner Widerstandstätigkeit?

C Nein, ich wusste nur, dass er Hitler absolut hasste und alles gegen ihn tun würde. Wenn ich mal mit einem politischen Witz nach Hause kam, hat er sich total gefreut. Mir war klar, dass meine beiden Elternteile vehemente Gegner des Naziregimes waren.

M Und wie war das für Sie?

C Wir lebten mit meiner Cousine Brigitte zusammen. Sie war ein halbjüdisches Kind; die Mutter war in England, der Vater gestorben, und sie hätte eigentlich nach Theresienstadt geschickt werden können. Aber mein Vater hat ihrer Stiefmutter Anni, die ebenfalls bei uns lebte, immer wieder gesagt, dass das «ihr Kind» sei und dass sie das auch allen sagen sollte, die danach fragten.

M Und wie war das für Sie mit Ihren Klassenkameraden?

C In meiner Klasse war ein sehr gemischtes Publikum. Ich war sehr eng mit einer ebenfalls halbjüdischen Mitschülerin befreundet. Die fragte mich eines Tages: «Habt ihr etwa was mit den Nazis?» Ich sagte darauf: «Nein, wir haben nichts mit ihnen zu tun!» Gudrun Himmler, die Tochter von Heinrich Himmler, war gleichfalls eine Klassenkameradin. Sie lebt jetzt noch in der Nähe von München. Sie hat die «Stille Hilfe»[5] gegründet. Also irgendwelche Probleme mit den Nazis gab es für uns nicht in der Schule. Ich lebte in einem Elfenbeinturm. Wir waren mit den Dahrendorfs und den Harnacks befreundet. Die wohnten um uns herum. Wir sind mit den Dahrendorfs und mit Ludwig Schwamb (ebenfalls nach dem 20. Juli zum Tode verurteilt) verreist. Mit Ralf Dahrendorf bin ich heute noch befreundet, und den jüngeren Sohn Franz habe ich kürzlich in Berlin besucht. Wir waren so eine kleine geschlossene Gesellschaft.

M Insofern hatten Sie keine Probleme mit den Nazis?

C Gar nicht, ganz im Gegenteil. Das ganze Theater fing dann erst an, als wir aus Berlin raus mussten zur sogenannten Kinderlandverschickung. Wir sind mit der Großmutter bei den Eltern unserer Tante Anni, der zweiten Frau meines verstorbenen Onkels, geblieben, in Hordorf bei

Halberstadt. Dort gingen wir auch zur Schule. Später wurden wir auch verhaftet. Eines Tages kam die Gestapo und nahm uns mit.

M Wie haben die Klassenkameraden da reagiert?

C Wir sind ja wiedergekommen und ich sollte von der Schulleitung bestraft werden, weil ich unentschuldigt gefehlt hatte. Aber ich habe erzählt, was passiert ist und dass wir gar nicht absichtlich die Schule geschwänzt hatten. Da wurde ich entschuldigt. Die Mitschüler erfuhren nichts.

M Das heißt, es war also mehr oder weniger unbekannt, was da mit Ihren Eltern und Ihnen passierte?

C Nach dem Krieg wussten sie es alle im Dorf. Da waren dann alle auf einmal unsere guten Freunde. Vor allem in der Zeit des Zusammenbruchs und als dann später die Amerikaner kamen. Wir Geschwister waren damals zwei Jahre in diesem Ort und unsere Eltern kamen uns alle vier bis sechs Wochen besuchen. Mein Vater sah bei diesen Besuchen immer sehr sorgenvoll aus. Ich habe noch ein Foto von ihm, auf dem sieht man, dass er vor Sorgen nicht mehr wusste wohin. Am meisten beschäftigte ihn wohl meine erwachende Vorliebe für Jungs, die besonders einem hübschen Kerl in der Uniform eines Flakhelfers galt. Meine Eltern fuhren wieder zurück, und da kamen immer wieder diese schrecklichen Angriffe auf Berlin. Ihre Nachbarn, Eltern einer inzwischen 18-jährigen Tochter, waren ausgebombt und kamen zu meinen Eltern in den Keller. Diese Nachbarin erzählte mir später, dass mein Vater überhaupt nichts mehr von dem Krieg, von den Bomben und von Hitler habe wissen wollen. Er wollte nur wissen, wie lange so eine Verliebtheit bei ganz jungen Mädchen dauert. Er war also meinetwegen total mit den Nerven am Ende. Aber mein Vater, das muss ich sagen, war auch kein Kostverächter gewesen, und ich habe noch eine ältere Halbschwester. Er hat im Elsass einen sehr schlechten Ruf gehabt. Er war ein sehr gut aussehender, schöner Mann, als er jung war. – Im Sommer 1944 sollten wir noch einmal mit den Eltern an die Kurische Nehrung verreisen, woraus aber nichts wurde. In einem Brief schrieb ich damals: «Wie schade und wie traurig, dass wir jetzt nicht mehr zusammen verreisen können. Aber Vati musste ja wohl zum Volkssturm.» Da haben sie uns immer noch nicht gesagt, was jetzt eigentlich wirklich los war.

M In Ihrer Familie wurde also nicht darüber gesprochen?

C Nein, überhaupt nicht. In Hordorf lagen mein Bruder und ich einmal nachts im Bett und hörten draußen eine Stimme. Es war die Tochter des Bürgermeisters. Sie rief: «Anni, Anni», das war meine Tante, «komm mal raus, ich muss dir etwas sagen! Schick die Kinder nicht zur Schule, die werden morgen abgeholt.» Da dachte ich: «Wir hauen ab. Ich nehme meinen Bruder und wir fahren nach Berlin.» Das war aber gar nicht möglich. Ich habe zu meiner Tante gesagt: «Wir können doch hier nicht einfach so bleiben!» Sie fing an zu weinen. Ich ahnte also, dass mit den Eltern etwas passiert war. Da habe ich meine Tante gefragt: «Wurden meine Eltern verhaftet?» Sie hat es schließlich zugegeben, und da ist es mir wie Schuppen von den Augen gefallen, wie ein Puzzle haben sich die Unerklärlichkeiten meines Lebens zusammengefügt.

M Dadurch, dass Sie erfahren haben, dass Ihre Eltern verhaftet wurden, haben Sie dann auch verstanden, dass das mit der Nazigegnerschaft zusammenhing?

C Ja. Da gab es ja auch diese großen Schauprozesse. Über meinen Vater wurde allerdings erst sehr spät verhandelt.[6] Er war ja gar nicht wegen des 20. Juli verhaftet worden, sondern wegen konspirativen Zusammenkünften mit Kommunisten. Dann haben sie Moltke verhaftet und dann plötzlich gemerkt, wen sie mit Leber haben. Mein Vater wurde dann gefangengehalten und grauenvoll behandelt. Meine Mutter ließ mich Mitte Dezember nach Berlin kommen, um noch einmal mit Gudrun Himmler Kontakt aufzunehmen, damit sie bei ihrem Vater für meinen um Gnade bittet. Meine Mutter dachte sich da immer wieder so Sachen aus, aber ich war der Meinung, dass das keinen Sinn hatte. Sie hat mir erzählt: «Ich wurde angerufen von einem Herrn Lange, Kriminalrat der SS. Der ist der Oberste in Plötzensee. Der leitet die Erhängungen. Der hat mir gesagt, wenn ich nach dem Krieg ein gutes Wort für seine Frau einlegen würde, dann täte er die Hinrichtungspapiere Vaters immer wieder nach unten.» Tatsache war, dass Vater nicht gleich am Tag der Verurteilung umgebracht wurde. Dann haben wir natürlich gedacht, dass wir das schaffen, bis der Krieg zu Ende ist. Wir haben daher kein Aufsehen um Vater gemacht. Wir ließen die Idee wieder fallen. Dann kam es kurz vor Weihnachten zur Invasion der Deutschen in den Ardennen. Da hat dieser Herr Lange wieder angerufen und gesagt: «Frau Leber, das wird mir zu brenzlig. Da kann auch etwas Unangenehmes passieren und dann bin ich dran.»

Am 5. Januar 1945 ist Vater dann schließlich umgebracht worden. Bis dahin konnte seine Hinrichtung immer wieder verschoben werden. Ich erlebte verschiedene Fliegerangriffe auf Berlin. Wir saßen dabei in einer Art Splittergraben im Garten. Ich weiß noch, dass meine Mutter weinte und weinte. Sie sagte, die Gefangenen in der Lehrter Straße würden nicht in den Keller geführt und mein Vater würde vielleicht von Fliegerbomben erschlagen. Ich dachte mir, er wird doch sowieso erschlagen. Aber sie sagte: «Nein, vielleicht schaffen wir es ja bis zum Kriegsende.» Wir fuhren dann nach Hordorf, um mit dem Bruder Weihnachten zu feiern. Mutter ist danach gleich wieder zurückgefahren und hat weitergekämpft. Am 6. Januar 1945 wurde sie schriftlich von Vaters Tod in Plötzensee benachrichtigt. Diese Benachrichtigung habe ich noch. Sie durfte dann seine Schlüssel, seinen Ehering und noch ein paar Sachen abholen. Das Ganze hat Mutter viel Geld gekostet. Die Erhängung ungefähr 1000 Mark. Ich bin aus der ganzen Geschichte jedenfalls voller Wut herausgekommen. Mein Bruder hat geweint und geweint. Es war so schrecklich. Man konnte damals ja nicht großartig schreiben oder telefonieren. Mutter lebte ja in Berlin. Sie kam nach Hordorf, und wir schauten gerade aus dem Fenster und wussten noch gar nichts. Als wir sie, ganz schwarz gekleidet, kommen sahen, wussten wir sofort alles.

M Und dann noch diese «Sippenhaft»! – Wie war das für Sie?

C Das war überhaupt nicht schlimm. Ich habe da zwar auch die Heulerei bekommen, aber das war mehr eine diplomatische Heulerei. Denn ich wusste, dass wir nicht verhört werden würden, wenn ich plärre. Ich habe geheult und geheult. Wir saßen da auf dem Gestapo-Hauptquartier in Dessau; da kam auf einmal ein SS-Mann Knoche, ein netter Kerl und ein hübscher Mann, und sagte: «Du kommst jetzt mit zu meiner Frau nach Hause und kannst ein bisschen bei den Kindern helfen. Deinen Bruder kannst du auch mitnehmen.» Dann haben wir bei denen gewohnt und wurden nicht nach Ravensbrück gebracht, wie der Befehl lautete. Ich habe insofern geholfen, dass ich den Abwasch gemacht habe. Ansonsten konnte ich ja auch nichts. Und die Kinder waren auch schon ziemlich groß. Das Kriegsende rückte heran, und dieser SS-Mann sah immer so aus wie ein Mann, wenn der Dackel nicht gehorcht. Er sagte immer wieder: «Wir müssen doch den Krieg noch gewinnen!»

M Sie wussten ja, auf welcher Seite Sie waren. Wie hat sich das für Sie angehört, was er da sagte? War das nicht eine irre Situation?

C Ja, natürlich. Das war Wahnsinn. Dann kam auch noch ein anderer Hauptmann, auch in schwarzer Uniform. Der hat mit mir geflirtet. Ich war ganz beunruhigt und wusste gar nicht, was ich machen sollte. Und da ging mir plötzlich auf, dass die alle Leute suchten, die einmal nett über sie aussagen würden, wenn der Krieg verloren ging. Aber bei dem Knoche glaube ich das nicht einmal. Er hat uns bei der Polizei abgeholt. Da haben wir ihn das erste Mal gesehen. Wir waren ja eigentlich verhaftet, aber wir haben nie eine Zelle von innen gesehen. Sie wussten nicht so recht, was sie mit uns machen sollten. Wir waren ja auch keine Juden oder «Untermenschen», sondern Kinder aus guten deutschen Familien. Es wäre sehr unpopulär gewesen, wenn sie uns umgebracht hätten. Aber das war natürlich auch nur eine Hoffnung. Jedenfalls habe ich mich da durchgeschlängelt. Seitdem habe ich auch eine ganz bestimmte Art, mit Polizisten umzugehen. Wir durften alles, nur nicht zu Hause anrufen, damit die Eltern nicht merkten, dass wir dort relativ frei wohnten. Und schreiben durften wir auch nicht. Ich sehe immer noch meine arme Großmutter, als wir in der Limousine mit den beiden SS-Typen abfuhren. Sie war stark gehbehindert, humpelte dem Auto hinterher und sagte: «Schlagt uns doch alle tot! Schlagt doch die ganze Familie tot!» Mein Bruder war total verängstigt und weinte.

M Können Sie etwas Ähnliches berichten?

C Ich war natürlich vollkommen schockiert über den Tod meines Vaters. Ich wollte auch gar nicht so viel darüber nachdenken. Und dazu kam, dass das Sterben allgegenwärtig war, das darf man nicht vergessen. In meiner Klasse sind immer wieder Mädchen gekommen, die sagten: «Mein Vater ist in Stalingrad geblieben. Ich möchte jetzt nach Hause.» So viel Tote! Dadurch konnte man sein eigenes Schicksal gar nicht mehr so empfinden. Aber ich glaube nicht, dass mich das irgendwie besonders geprägt hat. Ich glaube, ich bin als leichtsinniger und leicht erregbarer Mensch geboren. Und diese Eigenschaften haben mich irgendwie über diese Geschehnisse hinweggebracht. Ich fresse nichts in mich hinein und reagiere mich durch Ausbrüche und Zorn ab. Ich bin sehr extrovertiert. Mein Bruder war genau das Gegenteil.

M Er fühlte sich schuldig?

C Ja. Mein Bruder hat auch Psychologie studiert. Dann hat er noch Medizin studiert, um Therapeut für Kinder zu werden. Er selbst war als Kind schrecklich. Es ist nicht so leicht, mit einem gestörten Kind zu leben, selbst als liebende Schwester nicht. Aber nachher, als wir beide erwachsen waren, haben wir uns sehr gut verstanden. Er wollte auch bei mir leben. Es war selbstquälerisch, dass er immer wieder bei unserer Mutter gelebt hat. Dort hat er sich auch erhängt. Ich denke manchmal, er wollte seine Mutter strafen. Ich weiß es nicht. Es ist nicht so einfach für die Kinder. Die Kinder müssen ja auch denken: «Haben die Eltern denn nicht an uns gedacht?» Mein Vater hat einmal geäußert: «Jetzt kann man für seine Kinder nichts mehr tun, als für sie zu sterben.» Als ich das viel später erfuhr, dachte ich: «Das ist ja nun wirklich fein. Für Deutschland hat er was getan, aber für uns nicht. Wir hatten nur den Ärger und den Kummer, und dann wurden wir auch noch arm.» Der Staat hat uns ja nicht entschädigt. Wenn ich nicht meine lockere Art gehabt hätte, hätte ich mich in dieser ganzen Verzweiflung vielleicht auch umgebracht. Denn diese ewig heulende Mutter war schrecklich. Ich weiß noch, dass ich und mein Vater schlecht einschlafen konnten. Für mich ist noch heute Schlafen im Bett ein Grauen, etwas, was man muss, nicht darf. Ich habe deswegen eine Psychotherapie gemacht, aber der Therapeut sagte: «Seien Sie froh, dass Sie keine schlimmeren Folgen davongetragen haben.» So nehme ich jetzt seit vielen Jahren abends eine Schlaftablette.

M Hatte Ihr Vater für Sie oder Ihren Bruder eine Vorbildfunktion?

C Für mich ja. Ohne Zweifel. Aber nicht in jeder Hinsicht. Er hat mir nie verhohlen, dass er etwas mit Frauen gehabt und ganz schön viel getrunken hat. Vorbildlich war, dass man auf der Welt gerecht zu sein hat. Ich eifere danach, eine fast fanatische Gerechtigkeitsverfechterin zu sein. Wenn ich über ihn bzw. über meine Eltern nachdenke, denke ich auch über mich nach. «Ach, so bin ich doch auch. Das habe ich von ihnen.» Jetzt, wenn ich das alles so erzähle, könnte ich losheulen. Ich bin, wie gesagt, sehr extrovertiert. Mein Vater war es auch. Was er von sich erzählt hat, das waren so pralle, so wunderschöne Geschichten aus dem Elsass. Jedes Mal hat er eine Tracht Prügel bekommen als Bezahlung für ein besonders lustvolles Erlebnis. Er sagte: «Man muss im Leben immer bezahlen. Man soll sich nicht aus seiner Verantwortung schleichen.» Das habe ich von ihm gelernt und ich versuche, es auch zu tun.

M Bei Ihnen ist das mit der Vorbildfunktion klar. Was schätzen Sie, wie das bei Ihrem Bruder war?

C Ich glaube, dass es bei ihm im Grunde sehr ähnlich war. Aber er war irgendwie psychisch belastet. Ein Großvater und zwei von dessen Schwestern haben sich auch das Leben genommen.

M Wie war das für Sie, dass der Vater gefehlt hat? Wie alt waren Sie eigentlich bei seinem Tod? Haben Sie das Gefühl, dass Sie zu einer Art Partnerersatz für Ihre Mutter wurden?

C Bei seinem Tod war ich 15 und wurde bald 16 Jahre alt. Nein, ich wurde kein Partnerersatz. Meine Mutter ist ein sehr starker Mensch. Sie hat eine unglaubliche Karriere gemacht: Sie hat die SPD mit aufgebaut, war dann Herausgeberin des «Telegraf», einer Berliner Zeitung. Dann hat sie eine eigene Zeitschrift herausgegeben, mit der sie wegen der Währungsreform Schiffbruch erlitten hat. Sie hat unter anderem eine Handwerkerlehrstätte ins Leben gerufen für Kinder, die keine Arbeit hatten. Das war eine segensreiche Geschichte. Sie hat als Erste dem Widerstand ein Gesicht gegeben und «Das Gewissen steht auf» geschrieben. Dieses Buch hat sie auch mit eigener Initiative und mit eigenem Geld herausgebracht.

M Also das ist für Sie klar: Sie waren nicht der Partnerersatz für Ihre Mutter?

C Nein, überhaupt nicht. Sie war auch gut bekannt und sehr eng befreundet mit dem Generalvikar von Berlin. Sie ist zum Katholizismus übergetreten. In ihrer Jugend war sie aus der evangelischen Kirche ausgetreten und in die SPD eingetreten, übrigens bevor sie meinen Vater kennenlernte.[8]

M Und warum ist sie dann später zum Katholizismus übergetreten?

C Angeblich deshalb, weil der Bischof von Berlin der Einzige war, der ein Gnadengesuch unterschrieben hat. Und der Bischof von Osnabrück[9] angeblich auch. Aber ich glaube, dass sie immer schon eine Vorliebe für das Mystische hatte. Aus dem katholischen Glauben hat sie sehr viel Kraft geschöpft. Aber mich hat sie eigentlich in Ruhe gelassen.

M Und Ihren Bruder?

C Nein, meinen Bruder nicht. Als er in England studierte, wurde sogar ein kleiner geschmückter Weihnachtsbaum dorthin geschickt. Sie liebte Matthias viel mehr als mich, auch wenn sie das immer bestritten hat. Aber sie hat mich genug geliebt, und sie hat mir alles Mögliche hinterlassen, geistig wie materiell. Meinen Bruder liebte sie jedoch abgöttisch. Ich weiß noch, wie er 1963 zu Fasching bei uns in München war und dann wieder nach Berlin zurückmusste. Ich sagte zu ihm: «Bleib doch noch ein bisschen da.» Nein, er musste nach Berlin zurück. Er hat sehr viel getrunken und sprach dann immer Englisch: «But she must not interfere. She must not interfere!» Sie wollte immer alles für ihn regeln.

M Daher kam es ja vielleicht auch, dass er, wie Sie sagten, sie vielleicht strafen wollte.

C Ja, wieso hängt er sich auch sonst auf und warum tut er das im Haus?

M Ihr Vater wurde erhängt. Vielleicht liegt das noch näher. Es ist eine tragische Geschichte.

C Ja, es ist eine tragische Geschichte. Matthias war sehr nett, sehr klug und sehr fein. Meine Cousine schwärmt heute noch von ihm. Sie hat auch ein Bild von meinem Vater, er war ihr großes Idol. Ich bin auch stolz auf meinen Vater, aber ich hätte ihn lieber lebend gehabt. Manchmal kommen auch so ältere Interviews von mir im Radio, und dann höre ich, was ich früher so gesagt habe. Es wird immer stärker, dass ich wirklich nur an der Person interessiert bin und nicht an der Aktion, also nicht mehr daran, was er getan hat, sondern wie er war. Ich habe ihn gerngehabt. Ich habe ja zwei Mal ganz idiotisch geheiratet. Meine Mutter hat gejammert und gejammert. Mein Vater dagegen hätte ein Machtwort gesprochen, glaube ich.

M Sie sagten, Sie hätten seine Person mehr geschätzt als seine Aktion?

C Ja, seine Person war mir wichtiger. Sie war mir wichtiger als diese Aufsehen erregenden Sachen, die er gemacht hat. Er war ja der Spiritus rector des Widerstands gegen Hitler. Ich will nichts gegen Goerdeler sagen, aber er hätte Goerdeler ausgepunktet, denn er war sehr beliebt. Viele Leute, die mich sehen, brechen in Tränen aus, weil sie noch an meinen Vater denken. Freya von Moltke sagte zu mir: «Die klügsten Eltern der Welt haben Sie gehabt! Den Goerdeler haben wir ja auch gemocht, aber den Leber haben wir noch viel lieber gehabt.» Er war ein hinreißender Mensch, witzig und wenn er so erzählte … Dass er ein Bauer war, glaubte man nicht. Er war hochtalentiert.

M Wie schätzen Sie das bei sich ein: Hatten Sie eine Art Elitegefühl aufgrund Ihrer Herkunft?

C Ja, absolut. Was die Politik betrifft, bin ich ein Snob. Da kann mir keiner irgendetwas. So bin ich auch durchgekommen. Ich habe viel gelesen, weil ich sehr früh meine Kinder bekommen habe und nicht berufstätig war. Ich war sehr früh geschieden und musste die Kinder ernähren. Da bin ich, weil ich gut schreiben konnte, zu einer Zeitung gekommen. Wenn ich Jürgen Springer sah, den Fotografen, der öfter mit mir gearbeitet hat, dachte ich immer: Mein Vater war doch viel besser als Axel Cäsar. Wenn er überlebt hätte, hätte er nicht nur ein, sondern zwei Zarenreiche aufgebaut. Ich bin dagegen auch sicher, dass sehr viele Bekannte und viele Leute, die mich mögen, mich bestimmt nicht so gerne gehabt hätten oder mich vielleicht gar nicht hätten kennenlernen wollen, wenn ich nicht die Tochter meines Vaters gewesen wäre.

M Bei vielen Widerstandskämpfern gab es die Frage: «Entsteht daraus nicht ein Bürgerkrieg?» Was, denken Sie, hat Ihren Vater in diesem Zusammenhang am meisten beschäftigt? War ihm völlig klar, dass man das jetzt machen muss, egal was daraus entsteht? Oder hatte er doch auch Zweifel, ob das jetzt noch der richtige Zeitpunkt ist?

C Wir haben natürlich nicht darüber gesprochen. Er hat Stillschweigen darüber bewahrt.

M Und in Ihrer Fantasie? Was glauben Sie da? Hat es bei ihm so etwas wie Zweifel überhaupt gegeben?

C Was ich weiß, ist: Als er aus diesem Lager kam, in dem er so furchtbar behandelt wurde, da gibt es Beschreibungen von Augenzeugen, wie schlecht es ihm ging. Ich weiß noch, dass er, als er 1937 zurückkam, in seinem Sessel saß und hinausschaute, Zigarre rauchte und sagte: «Nie wieder Politik! Nie wieder Politik!» Er wollte nicht mehr. Er hatte genug von alldem. Er war vier Jahre im KZ gewesen.

M Sie hatten also eher das Gefühl, er hatte mehr Zweifel darüber, ob er da noch einmal mitmachen sollte, als darüber, ob der Widerstand an sich sinnvoll war?

C Wenn ich den Biografen glauben darf, was auch zu meinem Vaterbild passt, dann hat er sich von den Militärs angezogen gefühlt. Stauffenberg und er haben sich sehr gut verstanden. Als er verhaftet wurde, hat Stauffenberg gesagt: «Ich hole ihn raus! Ohne Leber mache ich keinen Aufstand. Ich hole ihn raus.» Mein Vater wurde dann am 5. Juli 1944 wegen konspirativer Geschichten mit Saefkow und anderen verhaftet.

M Und Sie meinen, dass Ihr Vater in dieser Situation kein Dilemma mehr gehabt hat?

C Er hatte ein Dilemma wegen seiner Familie, und er hat sich große Sorgen gemacht. Er wusste aber bis zuletzt nicht, dass wir verhaftet waren. Das hat ihm meine Mutter nicht gesagt, um ihn zu schonen. Aber es kommt in seinen Briefen an sie heraus: «Ich vertraue Dir. Du schaffst das schon! Auch mit Matthias, der es so schwer im Leben hat. Bei dem Kathrinchen müssen wir uns nicht so viel Sorgen machen.» Er hat sich ja auch vor dem Freisler in einer Art behauptet, dass der ihn den «Lenin der Widerstandsbewegung» genannt hat. In solchen Situationen war er stark.

M Wie ist es Ihnen damit gegangen, dass es in Westdeutschland lange gedauert hat, bis der Widerstand anerkannt wurde und es Unterstützung gab?

C Ja, vor zwei Jahren sind die Ermordeten doch erst offiziell rehabilitiert worden! Unglaublich, nicht? Ich muss jetzt eine Geschichte erzählen von meinem Sohn, ein Teufelsbraten, ein hochintelligenter und hübscher Mann, der aber nicht sehr viel aus sich gemacht hat. Es war 1974. Ich habe damals bei meinem zweiten Mann, er war Däne, in Kopenhagen gelebt. Ich bin zum 20. Juli-Treffen nach Berlin gekommen, wo mein zwanzigjähriger Sohn bei seinem Vater lebte. Ich war mit ihm zu diesem Treffen verabredet, wohin er immer sehr gerne kam. Wir hatten aber vor dem Treffen keine Gelegenheit, miteinander zu reden. Dann kam doch diese unglückselige Veranstaltung mit Filbinger.[10] Vor dem Reichstag standen schon die ganzen Demonstranten mit Delegationen aus Israel. Ich habe allein auf der Treppe gesessen und geahnt, dass mein Sohn sich da in irgendeiner Form innerlich auf etwas vorbereitete. Wie immer hatten die Leute vom Widerstand keine Plätze, was ich schon längst nicht mehr übel nahm. Das war halt so. Dann kam Filbinger und nahm das Mikrofon. Ich sagte mir: «Nein, das muss ich nicht haben» und bin hinausgegangen. Da jagte ein Mensch an mir vorbei zum Mikro und rief hinein: «Ich bitte Sie um fünf Minuten Gehör. Ich bin der Enkel von Julius Leber.» Und da war das tatsächlich mein Sohn und er hat den Filbinger geohrfeigt. Das gab natürlich ein furchtbares Theater. Er wurde hinausgeschmissen. Filbinger aber hat sich wieder aufgerappelt, er war hingefallen, und weitergeredet.[11] Während dieser Rede kamen auch mein Sohn und

Annemarie Renger zu mir,[12] die damals Hausherrin im Reichstag war. Ich bin heute noch gut mit ihr befreundet, und sie sagte: «Es tut mir so furchtbar leid. Kommen Sie doch mit zu mir nach oben in mein Büro. Wir trinken etwas zusammen. Es kommen noch ein paar andere Leute. Wir müssen uns mal darüber unterhalten, was passiert ist.» Ich habe dann gefragt: «Warum erlaubt ihr das denn überhaupt?» Die Situation war, dass Helmut Schmidt[13] abgesagt hatte, und der nächste Ranghöhere in der Bundesregierung war Filbinger. Aber dass der Vorstand der «Stiftung Hilfswerk 20. Juli» Filbinger akzeptiert hat! Ich sagte dazu: «Es ist unsere Ehre, die da beschmutzt wird. Das war wirklich unglaublich.»

M Der Widerstand war ja damals noch umstritten, und die meisten Familien der Widerständler haben kein Geld bekommen. Ich weiß nicht, wie es bei Ihnen war.

C Nein, wir haben nichts bekommen. Der Rentenanspruch meiner Mutter ist abgelehnt worden. Später hat mein Vater die vier Jahre im KZ vergütet bekommen. Dafür gab es eine Sondervergütung von ungefähr 1,50 Mark am Tag, die meine Mutter als seine Erbin bekam. Meine Mutter ist für sechs Wochen in Moabit und wir für die zwei Monate Haft bei der Familie Knoche entschädigt worden. Das waren nur Pfennigbeträge. Aber wir haben uns trotzdem gefreut und das Geld auch genommen. Ein Rentenanspruch wurde aber abgelehnt, weil Vater ja ein Verbrecher war. Eugen Gerstenmaier hat später die «Lex Gerstenmaier» lanciert und erwirkt, dass alle Leute, die am Widerstand beteiligt waren, eine Rente bekamen, auch wenn sie immer wieder ihre Ämter verloren hatten. Aber meine Mutter starb in demselben Jahr. Sie hat also davon nichts mehr gehabt. Geld war dennoch nie unser größtes Problem. Sie hat sich durchgekämpft.

M Was denken Sie, was Ihr Vater geantwortet hätte, wenn man ihn gefragt hätte: «Fühlst du dich mehr als Täter oder mehr als Opfer?» Was hätte er gesagt?

C Als Opfer hat er sich bestimmt nicht gefühlt. Ich glaube, ich habe schon gesagt, dass er der Meinung war, dass man für alles bezahlen und die Konsequenzen tragen muss. Da war er sehr gerecht. Er hat sich auch nicht für unschuldig gehalten. Er wusste ganz genau, was er riskierte. Er wusste, dass das Risiko groß war. Offensichtlich hat er nur bei seiner Familie einen Denkfehler gemacht. Wir hätten doch auswandern können. Ins Elsass hätte er gekonnt. Seine Mutter hat dort noch gelebt, als er aus dem KZ kam. Wir hätten damals verschwinden müssen.

M Sah sich Ihr Vater als Täter?

C Er fand, dass er genau das Richtige getan hat. Er hat im KZ gesehen, wozu diese Brüder fähig waren, auch den Juden gegenüber. Ich glaube zwar nicht, dass mein Vater sich besonders für die Juden eingesetzt hätte. Aber wenn jemand, wer auch immer es war, tatkräftige Hilfe brauchte, dann hat er nicht gezögert.

M Dann sagt man ja auch, dass das Deutsche Volk ein «Tätervolk» sei.[14] Wie geht es Ihnen damit?

C Unsere Familie hat ja, was die Politik betrifft, eigentlich in einem Elfenbeinturm gelebt. Aber ich habe schon gewusst, dass es da die Bösen und die Guten gibt. Ich bin dann nach 1948 von meiner Mutter nach Frankreich geschickt worden. Sie hatte Angst, dass ich wieder verhaftet werden könnte. Ich hatte nämlich an einer Studenten- und Schülerzeitschrift mitgearbeitet, von deren Redaktion einer verhaftet und von den Russen verschleppt worden war. Ich wurde in Frankreich oft gefragt, ob ich mich für die Deutschen denn nicht schämte. Ich sagte dazu: «Es gibt ja auch ein paar andere Deutsche, und die sind dann besonders toll, weil die nämlich Schwierigkeiten hatten, toll zu sein.» Ich hatte keine Probleme damit, mich als Deutsche zu erkennen zu geben. Ich ging in Paris auf eine Modeschule. Dort war eine Jüdin, die mich nicht leiden konnte. Das habe ich absolut akzeptiert. Ich ging ja nicht mit einem Schild herum, dass ich die Tochter eines Widerstandskämpfers war. Ich musste mich da schon durchbeißen. Aber innerlich habe ich mich dabei sehr gut gefühlt. Außerdem habe ich jede freie Minute Französisch gepaukt – als Hommage an meinen toten Vater, dessen zweite Sprache es war.

M Haben Sie denn nach dem Krieg frei darüber gesprochen, wer Sie sind? Manche haben sich damit ja sehr schwer getan.

C Ja natürlich, absolut! Damit hatte ich kein Problem. Auch, dass ich sehr stolz darauf bin; bei mir im Haus habe ich auch keine wie auch immer gearteten Äußerungen darüber geduldet. Jeder, der so etwas sagte wie «Auschwitzlüge», der flog einfach raus. Auch mein Bruder war diesbezüglich sehr hart. Übrigens auch mein Mann, was zu den wenigen netten Erinnerungen an unsere junge Ehe gehört.

Richard Kuenzer

(1875–1945)

Richard Kuenzer mit Tochter Monika im Sommer 1938 am Thuner See.

Richard Kuenzer war Jurist und als Diplomat im Kaiserreich bis 1922 tätig. Im Ersten Weltkrieg geriet er drei Jahre in Kriegsgefangenschaft. Nach dem Krieg erhielt er keine angemessene Stellung mehr und wurde 1923 in den einstweiligen Ruhestand versetzt. Als Mitglied der Zentrumspartei wurde er «Politischer Direktor» des Parteiorgans «Germania». Nach heftigen Auseinandersetzungen mit Franz von Papen beendete er diese Tätigkeit jedoch bereits 1927. Er arbeitete fortan als Wirtschaftsexperte und seit 1931 als selbständiger Devisenberater. Kuenzer unterstützte jüdische Auswanderer bei der Regelung ihrer finanziellen Angelegenheiten. Als Gegner Hitlers gehörte er dem «Solf-Kreis» an. Dieser Oppositionszirkel um Johanna Solf wurde im Januar 1944 durch einen Gestapo-Spitzel denunziert und ihre Gründerin in Gestapogefängnissen und Konzentrationslagern inhaftiert. 1943 wurde Kuenzer verhaftet, später gefoltert und ohne ein gerichtliches Urteil im April 1945 ermordet.

Interview mit Monika Popitz-Kuenzer

M Frau Popitz-Kuenzer, Ihr Vater hat sich in den dreißiger Jahren bis Anfang der vierziger Jahre sehr um Juden gekümmert. Wussten Sie davon?

P Ich habe jetzt erfahren, dass bei uns sogar auch einmal Juden versteckt waren. Eine Jüdin hat das aufgeschrieben. – Das war alles in Berlin, im Westend. Ich hatte richtig Angst um ihn, denn ich habe das mitbekommen. Er war auch nicht so furchtbar vorsichtig. Nach 1938 hatte er sehr viel zu tun, weil er dann als Devisenberater viele Juden bei der Auswanderung beraten hat. Und nachher hat er denen, die nicht rauskamen und untergetaucht waren, Lebensmittelmarken besorgt. Im «Solf-Kreis» hat man solche Sachen besprochen. Ich weiß noch: für eine Familie hat er Lebensmittelmarken besorgt, für Vater, Mutter und Sohn. Dann kam erst der eine nicht mehr und dann der andere, und schließlich kam niemand mehr. Sie waren alle entdeckt worden. Sie hatten einen Turm Koffer in unserem Mädchenzimmer deponiert. – Bei der Verhaftung gab es eine stundenlange Hausdurchsuchung und als sie in das Zimmer kamen, hat unser Mädchen Hildchen gesagt: «Das sind meine.» Und dann haben sie die Koffer nicht angeschaut. Das hat mich schon damals sehr beeindruckt. Das weiß ich noch genau, so etwas vergisst man nicht.

M Ihr Vater hat also vor allem Juden geholfen oder stand er auch direkt mit den Leuten vom 20. Juli in Verbindung?

P Nein, nicht so sehr. Er hatte wohl Verbindungen. Wenn wir in den Sommerferien bei meinem Großvater in Remseck[1] waren, dann besuchte er immer Eugen Bolz in Stuttgart. – Er spielte für meinen Vater eine große Rolle.

M Wann wurde Ihr Vater verhaftet?

P Schon im Juli 1943, am 5. Juli 1943.

M Wegen der Unterstützung für Juden?

P Es ist eben nicht ganz geklärt, was den Ausschlag gegeben hat. Max-Joseph Metzger, ein Geistlicher aus der katholischen Friedensbewegung, kam in den «Solf-Kreis» und ist im Juni 1943 verhaftet worden. Er wurde wahrscheinlich gefoltert und hat über meinen Vater ausgesagt. Metzger hat wohl vermutet, dass mein Vater schon verhaftet und zum Tode verurteilt wäre. Ich glaube, auf diese Aussage hin ist er verhaftet worden.

M War das wegen der Hilfe für Juden?

P Ja, und auch wegen seiner Äußerungen über Hitler, und dass er den Krieg für unsinnig und von vorneherein für verloren hielt.

M Wie ging das dann weiter?

P Er wurde 1943 verhaftet, kam zunächst in die Prinz-Albrecht-Straße. Das Gebäude wurde von Bomben getroffen und so wurde er 1944 nach Ravensbrück verlegt. Das ist ja eigentlich ein Frauen-KZ. Aber nach dem 20. Juli gab es dort auch einen Männertrakt, weil so viele inhaftiert wurden. Wir wissen, dass er im Verhör furchtbar misshandelt wurde. Isa Vermehren beschreibt in ihrem Buch «Reise durch den letzten Akt»,[2] dass er nachts in eine Decke gewickelt in seine Zelle getragen worden sei und dann 14 Tage bei offener Zellentür wieder so einigermaßen zurechtgepflegt wurde. Nachher sei er, wie alle anderen Gefolterten, furchtbar ernst gewesen. Er wurde im Herbst 1944 wieder nach Berlin zurückverlegt in das «Zellengefängnis Moabit» in der Lehrter Straße. In der Nacht vom 22. auf den 23. April 1945 ist er mit anderen aus der Lehrter Straße in das Ulap-Gelände, ein ruiniertes Ausstellungsgelände in der Nähe des Lehrter Bahnhofs, geführt worden. Sie wurden dort mit Genickschuss getötet. Kurz darauf war der Krieg zu Ende. – Meine Mutter, die in Sippenhaft gewesen war, aber inzwischen wieder frei war, fuhr, sobald man das wieder konnte, nach Berlin und schaute natürlich in das Gefängnis, und das war leer und niemand wusste etwas. Dann traf sie andere Frauen, die nach ihren Männern suchten, und es dauerte eine ganze Weile, bis man diese Toten fand. Sie sind in das Leichenschauhaus der Charité gebracht worden, das an die Mauer des Dorotheenstädtischen Friedhofs grenzte. Diese Mauer war durch Bomben etwas zerstört und dahinter war ein riesiger Bombentrichter. In den sind sie alle gelegt worden, mit vielen Kriegstoten aus der Gegend. Erst im Mai hat man das in Erfahrung gebracht.

M Wo waren Sie denn in dieser Zeit?

P Ich war in Ilmenau in Thüringen bei der jüngsten Schwester meiner Mutter, weil meine Mutter Angst hatte, dass sie unter Umständen auch verhaftet würde. Meine Schule in Berlin wurde auch evakuiert. Der Mann der Schwester war Arzt, er wurde gebraucht. Ich bin in Ilmenau in die Schule gegangen bis 1945. Ende 1945 kam meine Mutter und dann sind wir zusammen zu meinem Großvater nach Remseck bei Stuttgart gezogen.

M Wann sind Sie denn weggekommen von Berlin?

P Ziemlich gleich nach der Verhaftung, also 1943. Zuerst war ich in Freiburg bei anderen Verwandten und dann eben bei der Schwester meiner Mutter. Da war ich zwölf Jahre alt.

M Bei der Verhaftung waren Sie zu Hause?

P Ja, das weiß ich noch ganz genau. Mein Vater und ich saßen beim

Mittagessen, das war ein Montag, wir waren morgens aus Werder, unserem Wochenendhaus, wieder nach Berlin gefahren, weil ich in die Schule sollte und meine Mutter blieb draußen, um Marmelade zu kochen. Da klingelte es und vom Balkon konnte man sehen, wer da unten geklingelt hat. Es war ein Polizist, der das Arbeitsbuch von unserem Hildchen sehen wollte. Er hat es angesehen und dann ging er wieder. Ich habe zu meinem Vater gesagt: «Ich bin so erschrocken. Ich habe gedacht, Du wirst verhaftet.» Da sagte er: «Die kommen nicht in Uniform, die kommen in Zivil.» Da klingelte es wieder und 8 Leute standen unten und ich dachte: «Jetzt kommen sie!» Und da waren sie es wirklich. Sie haben drei Stunden Hausdurchsuchung gemacht und haben ihn dann mitgenommen. Danach habe ich ihn nie mehr gesehen. Meine Mutter durfte ihn noch mehrmals besuchen. In den Sommerferien 1944 war ich bei meiner Mutter in Werder und da war er ja schon in Ravensbrück, da hatte sie Besuchserlaubnis für uns bewirkt. Wir fuhren zusammen nach Drögen bei Fürstenberg in Mecklenburg. In Drögen war die Sicherheitspolizeischule, wo das Treffen stattfinden sollte. Es gab Fliegeralarm in Berlin und wir fuhren danach durch die brennende Stadt, die Fenster des Zuges waren kaputt. Wir kamen nach Drögen und brachten einen Koffer mit sauberer Wäsche mit und bekamen einen Koffer mit schmutziger wieder. Und dann hieß es: Wir dürften meinen Vater nicht sehen. Ohne Erklärung. Das war sehr schlimm. Meine Mutter war ganz außer sich. Da war bestimmt diese Folterung gewesen, dieses nächtliche Verhör. Es stellte sich heraus, dass nicht mal ein Brief dabei war, was sonst immer der Fall war. Wir hatten auch einen abgegeben. – Wir saßen danach in einem Wäldchen und da sagte ich zur Mutter: «Du, weißt du was, da gehe ich jetzt hin.» Ich war eine Göre zwischen 13 und 14, und ich bin hingegangen und habe gesagt: «Hören Sie» – so drückte sich eine Tante von mir aus – «hören Sie, bei der Wäsche war ja gar kein Brief dabei!» Sie haben dann gesucht und auch einen gefunden. Aber da war ganz viel schwarz durchgestrichen. Aber dann hatten wir wenigstens ein Lebenszeichen.

Meine Mutter wurde im September 1944 verhaftet. Sie hatte einen Bruder, der ein Frühnazi war, schon vor 1933, und als mein Vater in die Familie kam, hat er seinen jungen Schwager überzeugt, so dass der sein Parteibuch zurückgegeben hat. Später hat er für den «Solf-Kreis» Kurierdienste ins Ausland gemacht. Er war Journalist und durfte reisen. Nach der Verhaftung meines Vaters hat ihm jemand geraten, auch zu verschwinden. Er hat sich zunächst nach Finnland und dann nach Schweden abgesetzt und hat dort ein unvorsichtiges Radiointerview gegeben, so dass er in Abwesenheit zum Tode verurteilt wurde. Daraufhin kam seine ganze Familie in Sippenhaft. Meine Mutter in Potsdam, mein achtzigjähriger Großvater in Remseck auf dem Hohenasperg,[3] die Schwester meiner Mutter mit ihrem Mann, dem Journalisten Nikolas Benckiser. Nur die Tante und der Onkel in Ilmenau nicht, weil der Arzt natürlich gebraucht wurde. Im Januar 1945 ist meine Ilmenauer Tante nach Berlin gefahren, um meine Mutter zu besuchen. Sie war auch die Letzte, die meinen Vater gesehen hat. Sie war merkwürdigerweise einmal mit Wolfram Sievers[4] liiert. Das war ein ganz schlimmer SS-Mann, der nach dem Krieg zum Tode verurteilt wurde. Den hat sie aufgesucht und mit dessen Hilfe einen Brief an Himmler geschrieben, er möchte doch meine Mutter freilassen, damit sie sich um meinen Vater kümmern könnte. Sie böte sich an, statt meiner Mutter ins Gefängnis zu gehen. Sie sage das nur mir, dass ich es wüsste. Ihrem Mann hätte sie nichts davon gesagt, damit er sich nicht aufregt. Dann erfolgte nichts mehr. Lange nach Kriegsende kam ein Brief von Himmler, er würde ihr hochherziges Angebot nicht annehmen, aber er würde meine Mutter freilassen. Meine Mutter kam also raus, mit der Auflage, Werder nicht zu verlassen. Aber dann war ja schon alles zu Ende.

M Sie hatten ja schon angedeutet, dass Sie große Angst hatten. Sie haben die Bedrohung sehr bewusst mitbekommen. Wie sind Sie damit umgegangen?

P Ja, ich hatte tatsächlich immer Angst um meinen Vater.

M Es war Ihnen also klar, dass man um ihn Angst haben musste, weil er sich so verhielt. Inwieweit haben Sie wirklich verstanden, worum es ging?

P Es herrschte eine gewalttätige, rechthaberische Atmosphäre: vieles war verboten, man sollte sich an Vorschriften halten. Man bekam ja auch mit, wie gegen die Juden vorgegangen wurde.

M Sie konnten also verstehen, warum er dagegen war?

P Ja, ich habe das immer für das Richtige gehalten.

M Sie hatten von Ihrer Familie her das Gefühl, er ist gegen etwas Schlimmes. Er hat Recht.

P Ja. Hitlers Reden waren ja auch fürchterlich. Mein Vater war so angewidert und das hat er mir auch erzählt. Zum Beispiel wenn Hitler redete und man im Restaurant saß, dann standen die Leute auf und hoben die Hand zum Hitlergruß. Das hat mein Vater nie gemacht. Er war ja schon vorher ein paar Mal angezeigt worden. – Einmal passierte Folgendes: Wir hatten ja ein Hausmädchen, dieses Hildchen, die ging weg, nachdem sie geheiratet hatte. Da kam eine andere, das war Selma. Meine Eltern unterhielten sich gerade über jemanden beim Mittagessen und ich fragte: «Ist der Nazi?», als Selma gerade etwas reinbrachte. Ich war das so gewohnt. Aber an der Reaktion der Eltern merkte ich, dass ich was falsch gemacht hatte. Die Eltern versteinerten und als Selma wieder draußen war, haben die Eltern mir erklärt warum. Von da an wusste ich, dass das gefährlich war. – Solche Unvorsichtigkeiten habe ich gelassen. Dann ist Hildchens Mann gefallen und sie kam wieder zu uns.

M Was würden Sie denn, wenn Sie zurückdenken, als die wichtigste Erfahrung für Sie in dieser Zeit bezeichnen?

P Das ist schwer zu sagen. Aber das Bleibendste ist natürlich die Verhaftung meines Vaters. Da war ich ja die ganze Zeit dabei. Ich hab die ganze Zeit geheult. Es war schrecklich. Hildchen war nicht in der Wohnung, die war in der Waschküche unten, da bin ich hinunter. Sie kam herauf, dann war wenigstens jemand da.

M Ich hätte nun gerne gewusst, ob Ihnen auch verständlich vorkommt, wenn ein Frau heutzutage morgens beim Aufwachen manchmal Ängste hat, dass es plötzlich an der Haustür läutet und sie abgeholt wird. Ihre Mutter war «Vierteljüdin» und hat das wohl öfter erlebt. – Man hört ja immer wieder, dass Menschen traumatische Erfahrungen ihrer Eltern oder anderer Angehöriger übernehmen. – Bei Ihnen liegt es etwas anders, Sie haben es persönlich miterlebt.

P Meine Kinder sagen allerdings, dass ich ihnen zu wenig davon erzählt habe. Es fiel mir tatsächlich lange Zeit schwer, über all das zu sprechen.

M Das ging vielen so.

P Auf der anderen Seite sagt mein Sohn, ich solle mich nicht immer mit meinem Vater beschäftigen. Aber es ist mir einfach wichtig. Ich habe zum Beispiel alle Briefe, die mein Vater meiner Mutter geschrieben hat, die möchte ich der Öffentlichkeit zugänglich machen.

M Noch eine andere Frage: Es gibt heute eine größere öffentliche Diskussion über Opfer und Täter. Als was glauben Sie, hätte Ihr Vater sich selbst bezeichnet, als Täter oder als Opfer?

P Bestimmt eher als Opfer, denn «Täter» könnte man ihn wirklich nicht nennen. Aber das Wort «Opfer» passt bei ihm auch nicht. Eher das Wort «Gegner».

M Es ist interessant, dass der Widerstand eigentlich weder zu den Tätern noch zu den Opfern gehört. Diese Menschen waren keine Täter in dem Sinne, in dem Nationalsozialisten das gewesen sind. Aber ich bin sicher, dass die meisten die Bezeichnung «Opfer» weit von sich gewiesen hätten.

P Nein, das passt gar nicht.

M Und wie geht es Ihnen damit, dass die Deutschen immer wieder als «Tätervolk» bezeichnet werden?

P Das kann man natürlich. Es gibt ja immer noch genug Nazis und die Rechtstendenz spielt auch wieder eine große Rolle. Ich finde das schlimm.

M Sie empfinden es also als stimmig, die Deutschen so zu nennen?

P Ich würde es nicht so verallgemeinern. Es gab ja auch Gegner. «Tätervolk», das hat doch schon was Pauschales. Aber es gibt wirklich viele, die noch Nazis sind.

M Hatten oder haben Ihre Eltern aus Ihrer Sicht eine Vorbildfunktion für Sie?

P Ich habe das zwar nicht so empfunden, aber mein Vater ist schon ein Vorbild. Das Wort «Vorbild» kommt mir seltsam vor. Aber ich fand es eben ganz richtig, dass er das gemacht hat, obwohl es so traurig war.

M Sie standen voll dahinter?

P Ja. Als ich in Waiblingen in die Schule ging, habe ich in einer Schülerzeitung einen Artikel über diesen Besuch mit meiner Mutter in Ravensbrück geschrieben. Die Reaktion der Mitschüler hinterher war merkwürdig. Ich habe mit einer Freundin darüber gesprochen. Sie meinte: «Das klingt doch alles ein bisschen unglaubhaft». Da war ich wirklich böse und wollte von ihr nichts mehr wissen. – Nach dem Krieg hatte ich Unterricht von einem Lehrer, der in einer Napola[5] Lehrer gewesen war, den mochte ich gern. Aber viel geredet habe ich mit dem nicht darüber. Viele Lehrer waren sehr nett und wussten genau, was mein Vater getan hat.

M Sie haben also nicht erlebt, dass Sie als «Verräterkind» angesehen wurden?

P Ich habe das zwar nicht direkt erlebt, aber ich glaube, in Waiblingen war das schon so.

M Es wurde nicht direkt ausgesprochen, aber es war die Einstellung?

P Das spielte schon eine Rolle, und die Leute vom 20. Juli wurden ja nun wirklich als Verräter angeprangert. Das fand ich furchtbar, abscheulich und dumm.

M Theodor Heuss hat es ja 1954 klargestellt, dass man sich eigentlich schämen müsste, dass man da nicht dabei war. Er hat es offenbar so empfunden. Wie fanden Sie das?

P Ich fand das widerwärtig, dass es so spät war. So was Ahnungsloses! Die Leute wollten einfach nicht wissen, wie es war.

M Ja, es ist erstaunlich, wie lange das gedauert hat.

P Diesen grauenhaften Hitler haben die auch noch gut gefunden! Wie kann man das nur! Darüber muss ich mich immer wieder schrecklich aufregen.

M Ich persönlich habe die Faszination, die von Hitler ausging, als Kind schon irgendwie gespürt. Ich kann nachvollziehen, wie man da hineingeraten konnte. – Noch eine andere Sache: Was glauben Sie, hat Ihren Vater persönlich bezüglich seiner Widerstandstätigkeit am meisten beschäftigt? Denken Sie, er war in einem Dilemma oder gab es für ihn gar keine Frage, dass er das tun muss? Es gab ja viele Befürchtungen. Etwa die Angst vor dem Bürgerkrieg. Oder: Was passiert mit meiner Familie?

P Nein, ich glaube, für ihn war klar: Er musste gegen das Unrecht angehen. – Aber ich wusste natürlich auch nicht viel, auch meine Mutter nicht.

M Sie haben den Eindruck, dass Ihr Vater nicht von irgendwelchen Zweifeln verfolgt war? Zum Beispiel wie diejenigen, die sich überlegt haben, ob man Hitler wirklich umbringen soll und darf.

P Jedenfalls anfangs war er gegen eine Ermordung. Er sagte, das gäbe dann wieder eine Dolchstoßlegende.

M Haben Sie unter dem erdrückenden Vorbild dieses Heldenvaters auch gelitten?

P Nein, gelitten habe ich nicht. Aber mein Sohn sagt, dass er mich zu viel beschäftigt. Ich sollte doch mal für mich selbst was tun. Ich habe ihm geantwortet: «Gerade jetzt, wo ich möchte, dass er etwas bekannter wird, geht das gar nicht anders.»

M Für manche war es ja belastend, so ein riesiges Vorbild vor sich zu haben.

P Nein, für mich war er immer … er war eben besonders. Er war auch so liebevoll.

M Gibt es in Ihrer Familie ein Elitegefühl?

P Nein, Elite nicht. Aber mein Vater ist für mich immer eine herausragende Persönlichkeit gewesen und er ist für seine Überzeugung gestorben.

M So etwas hat ja zwei Seiten: Es gibt auch Familien, in denen die Kinder das Gefühl hatten: «Wir waren nicht wichtig. Die Politik und was da im Kopf des Vaters war, das war wichtig. Aber uns hat er eigentlich vergessen.»

P Nein, das stimmt bei mir gar nicht. Er war ein ganz lieber Vater.

M Sie haben genau gespürt, wie wichtig Sie ihm waren. Er war offenbar viel zu Hause. Wenn Sie zurückblicken, wie haben sich diese frühen Erfahrungen, die ja viel mit schlimmen Ängsten zu tun haben, mit diesem Vater, der Ihnen so früh genommen wurde, auf Ihr Leben ausgewirkt? War das eher eine Stärkung oder konnten Sie schwer damit umgehen?

P Es war für mich immer wichtig. Aber mein Selbstbewusstsein war nicht gut, ich hatte Schwierigkeiten im Umgang mit anderen Menschen. Es fiel mir schwer, Kontakte zu knüpfen und zu halten. Wie eine Angst. Ich traue mir nicht genügend zu.

M Sie bringen das in Zusammenhang mit Ihren frühen Erfahrungen.

P Weiß ich nicht, aber ich stelle es eben fest.

M Es ist ja auch schwer zu sagen.

K Die große Angst hat sicher eine Rolle gespielt.

M Es gab auch die Haltung von Menschen, die eigentlich dagegen waren, sich aber zurückhielten, weil sie aktiven Widerstand für aussichtslos hielten.

P Ich hätte das wahrscheinlich auch getan. Ich wäre nie so mutig gewesen.

M Sie können das also nachvollziehen?

P Ja, ich hätte mich nie getraut. Das finde ich aber nicht gut. Ich kann es bei mir nicht ganz akzeptieren. Aber es ist so, ich weiß es.

M Manche sagen, dadurch, dass es 1944 aussichtslos war, war es auch unklug, etwas zu unternehmen.

P Das finde ich allerdings nicht. Wenn der 20. Juli erfolgreich gewesen wäre, hätten die ja gleich den Krieg beendet. Das wäre ganz erstaunlich gewesen, was da passiert wäre.

M Man kann darüber verschiedener Meinung sein.

P Man hätte ja ungeheuer viele Menschenleben gerettet.

M Ja, womöglich. Aber es hätte auch ein Bürgerkrieg ausbrechen können. Die Widerständler haben selber gezweifelt: Moltke und die Kreisauer waren zum Beispiel der Meinung, dass man es zu Ende gehen lassen müsse.

P Es gab natürlich verschiedene Meinungen.

M Jetzt noch etwas Grundsätzliches. Was ist Ihrer Meinung nach wichtig für die Zukunft?

P Wichtig ist, dass man zu sich selbst steht. Mir fällt das manchmal auch nicht so leicht. Sehr weit bin ich auch noch nicht, aber ich versuche es.

M Gibt es für Sie ein Vermächtnis der Menschen, die aktiv Widerstand geleistet haben?

P Mein Vermächtnis ist, dass ich dafür sorge, dass der Widerstand bekannter wird. Da bin ich bis jetzt leider faul gewesen. – Von den Freunden meiner Eltern sind fast alle umgebracht worden. – Mein Vater war ja noch gar nicht verurteilt. Von denen, die mit ihm 1945 erschossen wurden, waren mehrere verurteilt, manche auch nicht. Aber er wusste, dass es ein Todesurteil geben würde.

M Würden Sie noch gerne etwas sagen in diesem Zusammenhang, vor allem bezüglich dessen, was Sie erlebt haben?

P Dass man das nie wieder erleben möchte, dass um Gottes willen keine rechtsnationale Regierung mehr kommt. Das möchte ich auf keinen Fall.

Hans Christian Asmussen *(1898–1968)*

Hans Christian Asmussen studierte nach Abitur und Kriegsdienst von 1919 bis 1923 in Kiel und Tübingen Theologie. Im Anschluss daran war er für zwei Jahre Hilfsgeistlicher am Diakonissenhaus in Flensburg, bevor er 1926 Pastor in der schleswig-holsteinischen Gemeinde Albersdorf wurde und 1932 das Pastorenamt an der Hauptkirche St. Trinitatis in Hamburg-Altona übernahm. Im Januar 1933 bereitete er durch die Veröffentlichung von «Wort und Bekenntnis Altonaer Pastoren in der Not und Verwirrung des öffentlichen Lebens» den Boden für eine evangelische Gegnerschaft zum Nationalsozialismus. Der daraus resultierende Konflikt sowie der Sieg der «Deutschen Christen» bei den Kirchenwahlen in der schleswig-holsteinischen Kirche führten schließlich Anfang 1934 zu Asmussens bis 1945 andauernden Suspendierung aus dem Pfarrdienst. In der Zeit des «Kirchenkampfes» wurde auch er, wie so viele anderen Geistliche, mehrmals inhaftiert. Trotz allem nahm Asmussen innerhalb der «Bekennenden Kirche» eine Führungsrolle ein. Bereits 1934 wirkte er gemeinsam mit dem Schweizer Theologen Karl Barth an der Ausarbeitung der «Barmer Theologischen Erklärung» vom Mai 1934 mit, die sich nachdrücklich gegen die nationalsozialistische Ideologie und den staatlichen Totalitätsanspruch aussprach. Daneben war Asmussen auch im Bruderrat vertreten. Zudem gründete und leitete er 1935 die Kirchliche Hochschule in Berlin-Dahlem. Nach Kriegsende wurde der evangelische Geistliche zum Vorsitzenden des Bruderrates der EKD und zum Leiter der Kanzlei der EKD in Schwäbisch Gmünd gewählt. Bei einer Ratstagung der neugegründeten EKD im Oktober 1945 in Stuttgart war Asmussen neben Otto Dibelius und Martin Niemöller an der Formulierung des Stuttgarter Schuldbekenntnisses beteiligt. Inhalt dieser ersten Erklärung, die weltweites Gehör fand, war die Benennung der Mitschuld evangelischer Christen an den Verbrechen des «Dritten Reiches». Als Propst in Kiel nahm er 1949 seine Tätigkeit in der schleswig-holsteinischen Evangelischen Landeskirche auf und engagierte sich stark für die Ökumene. 1955 nahm Asmussen, der auch weiterhin zahlreiche theologische Abhandlungen verfasste, seinen Abschied aus dem Kirchendienst.

Elsbeth und Hans Asmussen Mitte der 1930er Jahre.

Interview mit Dr. Doris Asmussen

B-L Welches waren die prägenden Erlebnisse in Ihrer Jugend?

A Ich denke, die Familie und das, was der Familie im Laufe der Jahre passiert ist. Ich bin 1930 geboren, habe also das «Dritte Reich» bewusst miterlebt, und trotzdem war es eine behütete, schöne Jugend. Und diese Jugend ist auch vor einem bösen Erwachen 1945 bewahrt worden. Für uns war der Zusammenbruch 1945 eine Befreiung. Im Vergleich mit anderen haben wir gar nicht besonders viel gelitten. Ich weiß zum Beispiel, dass für manche die Vertreibung ein Erlebnis ist, über das sie nie hinweggekommen sind. Für mich gab es auch einmal so etwas wie eine Vertreibung. Ich war zu der Zeit allerdings noch ganz klein, vier Jahre alt. Anfang 1934 wurde mein Vater in Altona aus dem Pfarrdienst hinausgeworfen. Er musste innerhalb kürzester Zeit das Haus verlassen. Da ist meine Mutter[1] mit uns Kindern in die Schweiz gefahren. Daran kann ich mich noch erinnern, denn das muss ein ziemlicher Einschnitt gewesen sein. Wahrscheinlich hauptsächlich deshalb, weil wir uns von meinem Vater trennen mussten. Das war eine sehr weite Reise. Es war Nacht. Außerdem hatten wir unseren Hund zurücklassen müssen, und das war für alle sehr schwer. So etwas kann man natürlich nicht mit Vertreibung vergleichen. Das ist klar. Insgesamt hatten wir eine glückliche Jugend. Aber es passierte auch immer wieder etwas. Zum Beispiel eine andere Erinnerung, die schon ein bisschen ernster ist: Als die Straßenkämpfe in Altona waren, das muss 1933 gewesen sein, war mein Vater im Talar auf der Straße, um den Verwundeten und Sterbenden beizustehen. Meine Mutter war nicht zu Hause. Mein älterer Bruder Jes war damals vielleicht

Doris Asmussen Mitte der 1980er Jahre.

sechs oder sieben, und ich muss vier Jahre alt gewesen sein und Reimer, mein jüngerer Bruder, zwei. Da hat Jes das Kommando übernommen und hat uns veranlasst, die Läden an den Fenstern zu schließen, als die Schießerei auf der Straße losging. Reimer, ich und er selbst mussten unter den Tisch, bis die Schießerei vorbei war. Dann wurden die Läden wieder aufgemacht und dann kamen auch meine Eltern wieder. Sowohl mein Vater als auch meine Mutter waren sehr auf die Familie angewiesen und legten großen Wert darauf. Das ergab sich auch von selber, denn man musste ja zusammenhalten. Es ist wohl inzwischen psychologisch erforscht, dass sich eine Wagenburg-Mentalität ergibt. Es kann sein, dass wir die hatten.

B-L Seit wann wussten Sie um die Widerstandstätigkeit?

A Ich wusste immer Bescheid. Ich weiß nicht, ob meine Eltern mir das jemals gesagt haben, aber ich bin da hineingewachsen. Jes haben sie aufgeklärt, glaube ich, als er sechs oder sieben war. Meine Mutter hat später erzählt, dass er da bitterlich geweint hat, denn er hatte sich schon sehr an den «Führer» gewöhnt. Aber das hat er dann auch schnell überwunden.

B-L Es war auch ganz offenes Gesprächsthema am Tisch?

A Ja, das war es.

B-L Und wie haben sich die Eltern davor geschützt, dass Sie als Kinder damit überfordert waren und plapperten und damit zur Gefahr für die ganze Familie wurden?

A Das wurde uns eben gesagt, dass wir nichts weitererzählen sollten.

Zwei oder drei Mal habe ich dieses Versprechen gebrochen. Einmal, da war ich fünf, in Bad Oeynhausen. Reimer und ich gingen in den Kindergarten. Wir gingen durch den Park und es gab ein Gewitter. Ein Parkwächter hat uns in einem Geräteschuppen Unterschlupf gewährt. Wir kamen mit dem Mann ins Gespräch, er äußerte sich zum schlimmen Gewitter und wie gefährlich es sei. Und darauf habe ich geantwortet: «Aber lange nicht so gefährlich wie die Gestapo.» Jetzt wollte er gerne wissen, was das ist. Das wusste ich damals aber nicht zu erklären. Aber ich weiß noch, dass ich gesagt habe, vor denen müsse er sich unter allen Umständen hüten. Es kam nichts weiter dabei heraus. Später noch einmal in Berlin, ich muss etwa elf Jahre alt gewesen sein, ich ging schon aufs Gymnasium, mein Vater war im Gefängnis und es war Fleckfieber ausgebrochen. Das habe ich einer Freundin erzählt, mit der ich zusammen von der Schule nach Hause ging und habe hinzugefügt, dass man das nicht wissen und auch nicht weitersagen darf. Natürlich durfte es in Nazigefängnissen kein Fleckfieber geben. Sie hat mir dann ebenfalls etwas von ihrem Vater erzählt, der bei der Waffen-SS war. Das durfte ich auch nicht weitersagen. Mir ist sehr nachgegangen, dass ich diese Unvorsichtigkeit begangen hatte.

B-L Haben Sie das Ihren Eltern gestanden?

A Nein, das habe ich nicht. Mein Vater war ja sowieso im Gefängnis. Das wussten die anderen übrigens. Ich musste zum Beispiel einmal um einen Tag frei bitten, denn meine Mutter hatte erreicht, dass auch mein jüngerer Bruder und ich meinen Vater im Gefängnis besuchen durften. Jes war schon 14 Jahre alt und hat den Prozeß z. T. verfolgt; zwischen drei und 14 durften keine Kinder ins Gefängnis. Aber meine Mutter hatte es dennoch durchgesetzt. Und dabei hatte ich ein Erlebnis, das ich nie vergessen werde. Wir mussten alle in einem Vorraum warten. Das war im Gefängnis am Alexanderplatz. Es war zwar ein Gestapo-Gefängnis, war aber noch in den Händen der blauen Polizei. Die Polizisten haben sich sehr bemüht, den politischen Gefangenen entgegenzukommen. Einer von ihnen kam in den Warteraum und sprach ganz leise mit einer jungen Frau. Sie fing daraufhin an zu weinen. Dann hat ihr der Polizist, das weiß ich noch ganz genau, den Arm um die Schulter gelegt und sie zusammen mit ihrem kleinen Kind hinausgeführt. Danach habe ich meine Mutter gefragt, was denn los sei. Da hat sie gesagt, dass man ihr erzählt hatte, dass ihr Mann ins

KZ gekommen sei. Das hat sich mir sehr tief eingegraben, denn damals wusste ich schon, dass das KZ etwas ganz besonders Schlimmes sein musste. Ich hatte mir selbst einmal ein KZ von außen ansehen müssen. Ein Pfarrer aus der Nähe von Heilbronn saß in Sachsenhausen. Seinen Namen habe ich leider vergessen. Seine Frau kam zu uns und wollte ihn besuchen. Sie hatte natürlich keine Besuchserlaubnis bekommen. Nun wollte sie das KZ wenigstens von außen sehen. Ich war damals vielleicht neun Jahre alt. Mir wurde, da sonst niemand da war, aufgetragen, mit der Frau zu Pfarrer Kurt Scharf zu fahren, er hat uns dann erklärt, wie wir gehen müssten. Ich habe sie um dieses KZ herum begleitet. Sie hat natürlich viel geweint. Das hat sich mir eingeprägt. Etwa 100 Meter von der Mauer weg war ein kleiner Zaun. Zwischen der Mauer und dem Weg lag Rasen. Überall standen Schilder, dass man nicht darauf treten durfte. Man sah auch die Türme, die Posten in ihnen und ihre Gewehre. Wir sind natürlich nicht hineingekommen. Ich bin mit der Frau am Zaun auf und ab gegangen.

B-L War die Widerstandstätigkeit und die Ablehnung von Hitler ein ganz offenes Thema in Ihrem Elternhaus?

A Ja, denn sonst hätten meine Eltern mir erklären müssen, warum ich zum KZ sollte. Etwa zur gleichen Zeit musste ich ein Zettelchen von meinem Vater zu Dietrich Bonhoeffer bringen. Ich glaube, das war im Auswärtigen Amt oder bei einer Botschaft. Außerdem gab es ja immer wieder Hausdurchsuchungen durch die Gestapo.

B-L Und wie war die Situation mit Ihren Klassenkameradinnen und Freundinnen? Konnten Sie die mit nach Hause bringen?

A Ja, schon. Wenn fremde Kinder dabei waren, hat man natürlich nichts gesagt, das ist klar. Man war ja so geschult darin, möglichst nichts Gefährliches zu sagen. Auch wurde bei uns, sobald das Gespräch irgendwie auf Politik oder die kirchlichen Angelegenheiten kam, ein Kaffeewärmer über das Telefon gestülpt. Denn man nahm an, dass man über das Telefon abgehört wurde. Jes, mein älterer Bruder, hat Fremdsender gehört. Mein Vater hat dann nur gesagt: «Wenn du das noch einmal tust, dann stelle danach doch bitte auf einen deutschen Sender zurück. Das ist nämlich sehr gefährlich.» 1943, als wir ausgebombt wurden, mußten wir alle drei zur Übernachtung zur Familie von Pfarrer Hans Böhm[2] irgendwo außerhalb von Berlin. Da saßen wir bei Böhms, sieben Kinder zwischen 5 und 16, und die Eltern waren alle nicht da. Dann hat Jes irgendwann gesagt, jetzt hören wir mal, was die aus London zu sagen haben. Jes war damals etwa 16 Jahre alt. Und dann hat er uns erklärt, was über die Bombenangriffe gesagt wurde. Er wollte wissen, wann der nächste Angriff kommt, wie der Angriff ausgegangen war. Die Böhm-Kinder wussten auch alle um den Widerstand ihrer Eltern.

B-L Inwieweit hat es damals und heute Ihr Leben bestimmt, dass Sie anders als die anderen aufwuchsen, anders waren?

A Das ist schwer zu sagen. Sicher hat das mein Leben beeinflusst und bestimmt, aber ich kann es schlecht erklären. Andere Leute haben andere Traumata. Ich habe noch heute Angst vor Verfolgung, mehr als damals. Ich sehe auch keine Filme an und lese keine Bücher, in denen von dem Schrecklichen die Rede ist. Aber als Kind konnte man vieles als Abenteuer einordnen. Schlimmer ist, dass man ein doppeltes Bewußtsein hatte. Man wusste, dass alles, was einem beigebracht wurde, unter dem Zeichen der Nazi-Ideologie stand, auch in der Schule, bis in das englische Vokabular hinein. Man hat bei allem, was man gelernt hat, überlegt, ob das stimmen kann oder nicht. Zum Beispiel Geschichte oder Biologie wurde zu Hause kritisch diskutiert. Aber ich habe das auf alle Fächer übertragen. Ich kann mich entsinnen, dass ich mit zehn oder elf Jahren einen Aufsatz über die Bombardierung von Coventry geschrieben habe. Darin habe ich unsere Flugzeuge die flüchtenden Menschen in den Straßen erschießen lassen und Ähnliches. Meine Mutter war über den Aufsatz entsetzt. Aber ich wusste, dass man so etwas schreiben musste, also habe ich es geschrieben. Und ich wusste auch, dass das gelogen und gemein war. Man lebte ein Doppelleben und das ist nicht gut für einen Menschen. Schon gar nicht für ein Kind.

B-L Hat es Sie für den Rest Ihres Lebens misstrauisch und skeptisch gemacht?

A Dieses Bewusstsein, alles zu prüfen, habe ich immer beibehalten. Ich habe 1950 in Kiel angefangen an der Universität zu studieren, war dann in Germersheim an der Dolmetscherschule und danach in Heidelberg. Während meines Germanistikstudiums habe ich so manches gefunden, was noch recht nazistisch war. Aber das hat 1955 niemand mehr hören wollen. Trotzdem habe ich bei allem überlegt, ob das stimmen kann. Das tue ich auch heute noch. Aber ich habe, glaube ich, kein Misstrauen gegenüber Menschen entwickelt – zumindest kein sehr starkes. Wir waren auch gelehrt worden, zwar den Nationalsozialismus und den NS-Staat zu verabscheuen, bei den einzelnen Nazis jedoch zu differenzieren. Als ich dann als Lehrerin in die Schule kam, hat es mich gewundert, dass die Schüler alles geglaubt haben, was man ihnen inhaltlich und methodisch so beigebracht hat. Ich war maßlos erstaunt. Selbst die 68 er, mit denen ich im heftigsten Streit lag, waren mir gegenüber ganz offen. Man warf mir nur vor, ein «falsches Bewußtsein» zu haben.

B-L Inwieweit war Ihr Urvertrauen durch das zwiespältige Leben im «Dritten Reich» beeinflusst?

A Das weiß ich nicht. Ein Kollege, der Psychologie lehrte, hat mir einmal gesagt: «Sie haben ja überhaupt kein Urvertrauen.» Ich weiß nicht, ob das stimmt.

B-L Was hat Ihre Eltern zum Widerstand befähigt, den Widerstand bewirkt und auch durch den Widerstand getragen?

A Das war der Glaube. Mir gefällt das Wort «Widerstand» nicht so unbedingt, weil es sich für meine Eltern um eine religiöse Frage handelte, die den Widerstand nötig machte. Man kann meine beiden Elternteile darin als vollkommen ungebrochen bezeichnen. Man könnte sie im Schillerschen Sinn als naiv bezeichnen. Ganz eindeutig und uneingeschränkt ging es ihnen darum, den Weg zu gehen, den Gott sie führte.

B-L Und aus welchem Verantwortungsbewusstsein heraus hat Ihr Vater so gehandelt, wie er gehandelt hat?

A Das weiß man aus der Bibel, es ist selbst Jesus Christus so gegangen, dass er politisch geworden ist. Man kann sich dem nicht immer entziehen. Meinem Vater ist es halt passiert, dass er politisch geworden ist. Schon allein deshalb, weil 1932 Hitler in Albersdorf in Schleswig-Holstein erschien, als ein Parteifreund von Hitler beerdigt wurde. Da fiel mein Vater zum ersten Mal auf. Seit der Zeit war er im Visier der Nazis – von Anfang an, noch bevor sie überhaupt an der Macht waren. Und später, wenn Sie jetzt auf den 20. Juli anspielen – die Frage des Tyrannenmordes ist natürlich eine ganz schwierige Frage. Die muss jeder für sich selber beantworten.

B-L Wie haben Ihre Eltern die Frage gelöst?

A Ich kann mich erinnern, das muss 1944 gewesen sein, dass mein Vater sich mit Walter Bauer[3] im Steinbruch in Schwäbisch Hall getroffen hat. Bei diesem Treffen haben sie darüber gesprochen. Sie haben zueinander gesagt: «Wenn wir deswegen unseren Kopf verlieren, dann ist es für eine gute Sache.» Das hat mein Vater zu Hause erzählt.

B-L Wissen Sie, wie Ihr Vater persönlich zum Tyrannenmord stand?

A Ich glaube kaum, dass er eine Lösung für alle denkbaren Fälle hatte. Soviel ich weiß, hat es die auch weder im Alten noch im Neuen Testament noch in der frühen Christenheit gegeben.

B-L Was hat Ihren Vater am meisten beschäftigt und dazu getrieben, gegen Hitler zu sein?

A Die religiöse Frage und weil mein Vater eine große Liebe zur Kirche hatte. Es war ja eindeutig, dass die Kirche gleichgeschaltet werden sollte. Das musste verhindert werden. Abgesehen davon war es wohl schwer verständlich, wie man für Hitler sein konnte

B-L Sie haben eben in unserem Vorgespräch darauf angespielt, dass es insbesondere die seelsorgerliche Aufgabe war, der er sich als Pfarrer verpflichtet fühlte.

A Er wollte sicherstellen, dass die Kirche weiterhin das Wort Gottes predigen, die Sakramente verwalten und auf diese Weise – so wie es der Apostel Paulus und die anderen Apostel auch getan haben – die Menschen zum Heil bringen konnte.

B-L Aber Ihr Vater hat sehr bewusst den Schritt vom Kirchenkampf in den politischen Kampf getan. Insofern war er nicht nur «Bekennende Kirche».

A Ja, das hat er. Obwohl er nicht zu den radikalen Flügeln der «Bekennenden Kirche» gehörte. In Dahlem, in Martin Niemöllers Gemeinde St. Annen, gab es die Tendenz, die Nazis irgendwie herauszufordern. Meine Mutter verwies uns demgegenüber auf den Propheten Daniel, der die Löwen in der Grube auch nicht am Schwanz gezogen habe. Zugleich hat sie oft den Stapo-Mithörern und -Mitschreibern in den BK-Gottesdiensten bedeutet, wie man sich bei einer solchen Gelegenheit zu benehmen habe, z. B. den Hut abnehmen, aufstehen beim Gebet usw. Und womit wir die Nazis wirklich geärgert haben und wovon auch niemand abließ, waren die sog. Fürbittlisten, d. h. man betete im Gottesdienst namentlich für die Inhaftierten. Das finde ich auch heute noch gut.

B-L Inwieweit hat Sie das Schicksal der Eltern damals direkt betroffen, hatten Sie Schwierigkeiten in der Schule oder im Freundeskreis?

A Ich erinnere mich, dass ich einen Tag frei bekommen musste, um meinen Vater im Gefängnis zu besuchen. Das musste ich unserer Klassen lehrerin vortragen. Sie hat zwar ein wenig die Nase gerümpft, aber sonst weiter nichts gesagt und aus der Klasse auch niemand. Ich wusste auch von dem einen oder anderen Lehrer, dass er in der BK war und konnte eine christliche Einstellung bei anderen vermuten: Wie viele Oberschul-Direktoren haben z. B. 1940/41 Religionsunterricht gegeben, noch dazu tadellos christlich und nicht germanisch oder sonst was. Man hat sich nicht verstellt und doch erkannt – s. o. doppeltes Bewusstsein.

B-L Und es bedeutete für Sie keine Ausgrenzung, dass Ihr Vater im Gefängnis war? Das gab keine Schwierigkeiten?

A Nein, ich kann das nicht behaupten, denn ich hatte immer Freunde.

B-L Inwieweit haben Ihre Eltern für Sie und auch für Ihr Umfeld Vorbildfunktion? Damals und heute.

A Sie waren für meine Brüder und für mich Vorbild im Gehorsam gegenüber dem, was man als Gottes Willen erkennt. Natürlich waren wir in anderen Dingen nicht immer einig mit den Eltern. Wir wurden zu nichts gezwungen, auch nicht dazu, am Sonntag in die Kirche zu gehen. Mein älterer Bruder Jes hat später Theologie studiert. Auch dazu wurde er nicht von den Eltern animiert, obwohl mein Vater dann doch sehr stolz auf ihn war. Wir mussten immer selbständig sein, unsere Eltern bestanden darauf. Insofern war es eine harte Erziehung, denn das ist nicht leicht. Wir haben uns auch oft so entschieden, wie es die Eltern nicht so gerne hatten.

B-L Inwieweit hatte dieses Elternhaus Auswirkungen auf Sie?

A Dahingehend, dass man kritisch an die Dinge herangeht. Ich bin schon ziemlich kritisch. Ich glaube zwar nicht, dass man die Welt grundsätzlich besser machen kann, man soll aber alles tun, um da, wo man ist, Unrecht zu bekämpfen, dem Recht zur Geltung zu verhelfen, die Armen zu unterstützen und der «Stadt Bestes zu suchen». Das ist schon ziemlich viel, um die Welt zu verbessern.

B-L Glauben Sie, dass sich das Schicksal Ihrer Eltern auf Ihr Leben nachher ausgewirkt hat? Positiv oder traumatisierend?

A Natürlich hat es sich in irgendeiner Form ausgewirkt. Ich merke das noch heute. Man hat einfach andere Erfahrungen als andere. Zum Beispiel schwärmten manche meiner Freundinnen heute noch mit aller Unschuld von ihrer Zeit im BDM und im Arbeitsdienst, ohne hinzuzufügen, wie sie damals betrogen wurden. Ich kann noch verstehen, wenn sie sagen, dass sie dumm waren. Aber sie sehen es gar nicht ein. Das ärgert mich schon ganz gewaltig.

B-L Wie war Ihr eigenes Erleben mit dem BDM?

A Ich habe mich hinauswerfen lassen. Ich weiß nicht mehr genau, wie. Es war in Berlin, ich war elf Jahre alt. Ich muss wohl ein so scheußliches Mundwerk gehabt haben, dass die Führerin beschlossen hatte, mich an einen anderen Bann zu verweisen. Aber da bin ich erst einmal gar nicht hingegangen. Das habe ich selbst entschieden. In Schwäbisch Gmünd mussten wir dann alle in die HJ, da war das alles ganz anders. Meine Mutter wurde zur Polizei zitiert und gefragt, warum wir nicht in der HJ seien. Sie hat gesagt, dass das doch freiwillig sei. Das war natürlich eine vorgespielte Naivität. Aber sie hat es fertiggebracht, dass ich krankgeschrieben wurde. Auf jeden Fall war ich draußen. Von meinen Brüdern weiß ich nicht mehr, ob sie drin waren oder nicht. Aber da Sie nach einschneidenden Erlebnissen aus meiner Jugend fragen, in Schwäbisch Gmünd waren alle Kameraden schön brav Nazis. Da gab es keine christlichen Jugendgruppen. Die waren alle in der HJ. Als dann die Amerikaner einzogen, waren die Kinder plötzlich alle wieder in evangelischen oder katholischen Jugendgruppen. Das hat mich wirklich zutiefst getroffen. Wenn die Menschheit so ist, dann ist sie natürlich auch in der Lage, alles Mögliche mitzumachen.

B-L Ihr Vater war eine sehr prägende und faszinierende Persönlichkeit, ein mutiger Mann. Haben Sie ihn als Heldenvater gesehen?

A Nein, bestimmt nicht. Mein Vater war in vieler Hinsicht sehr mutig, aber ich glaube nicht, dass der Mut sein hervorstechendster Charakterzug war. Meine Mutter war mutig. Sie ging bei Fliegeralarm hinaus, um die Erste beim Anstehen zu sein. Mein älterer Bruder Jes ebenfalls. Er ist in Berlin mit dem Blockwart aufs Dach gestiegen, um die Brandbomben zu löschen. Da war er 16 Jahre alt. Er hatte keine Angst, meine Mutter auch nicht. Die zwei waren mutig. Aber ich bin nicht mutig. Mein Vater musste aus seiner Überzeugung heraus bestimmte Dinge tun, und die hat er, so gut er konnte, getan. Aber nicht aus Mut oder Heldentum.

B-L Diese bestimmenden Eltern – ich weiß, man sagte von Ihren Eltern, wenn sie beide im Zimmer seien, wäre der Raum voll. Haben diese Eltern nicht erdrückt?

A Dieser Ausspruch stammt von mir. Ich glaube nicht, dass sie uns Kinder erdrückt haben. Ich habe es auch bei meinen Brüdern nicht festgestellt. Es ist jedenfalls nie davon geredet worden. Das kam auch daher, dass mein Vater immer Zeit für uns hatte, auch zum Spielen. Bei uns wurde sehr viel gespielt und musiziert. Man konnte meinen Vater überhaupt nicht stören. Das Studierzimmer stand immer offen, und wenn uns Kindern etwas einfiel, dann haben wir unseren Vater eben unterbrochen. Und meine Mutter hatte auch immer Zeit für uns. Ich habe wohl später mal gespürt, dass ich mich gegen meine Eltern durchsetzen musste, aber ich kann nicht sagen, dass ich darunter gelitten hätte oder eingeengt worden wäre, weil ich Zuwendung und Anteilnahme spürte und eine immens große Freiheit hatte. Wie das meinen Brüdern gegangen ist, weiß ich nicht.

B-L Wie stark war die Wirkung Ihrer Eltern auf Ihre und die nachfolgende Generation?

A Auf mich hatten sie bestimmt Auswirkungen. Aber ich glaube, die Neffen und Nichten haben nur noch eine blasse Ahnung.

B-L Aber glauben Sie nicht, dass es für die Enkel erdrückend ist, an einem so mutigen Großvater gemessen zu werden, der die «Barmer Erklärung», das «Stuttgarter Schuldbekenntnis» und andere wichtige Texte mit formuliert hat?

A Sie wissen ja kaum noch, worum es sich dabei handelt. Renata und Christoph begegnen wohl hin und wieder in Schleswig-Holstein dem Namen ihres Großvaters und sogar Matthias gelegentlich in seinem Beruf. In letzter Zeit hat sich allerdings ein Interesse am Großvater entwickelt, das mich erstaunt. Besonders bei Bernadette, die ja wirklich gar nichts wusste. Christoph und Renata haben ihren Vater so gut wie gar nicht gekannt, ihren Großvater kurz. Aber offensichtlich nicht genug. Dabei hingen meine Eltern sehr an ihren Enkelkindern. Meine Eltern sind durch alle Gefahren sicher hindurchgesegelt, bis mein älterer Bruder Jes, der Vater von Christoph und Renata, starb. Dass Jes ihnen weggestorben ist, das hat sie wirklich zutiefst getroffen, obwohl ich aus dieser Zeit einen Brief von meinem Vater an ein Gemeindeglied in Albersdorf habe, in dem er über den Tod von Jes schreibt:

«Aber wir nehmen auch dies aus Gottes Hand.» Und trotzdem hat sie dieser Tod auf einmal alt werden lassen.

B-L Hatten Ihre Eltern und Ihre Familie aus diesem Widerstehen heraus ein Elitebewusstsein?

A Nein, sie hatten ganz bestimmt kein Elitebewusstsein.

B-L Sie haben angedeutet, dass Sie weniger gelitten haben als viele andere. Daraus entnehme ich, dass Sie auch nicht das Gefühl hatten, aus Eigenverdienst der bessere Teil Deutschlands zu sein.

A Nein, sowieso nicht aus eigenem Verdienst. Und besseres Deutschland? Nein, die einen wussten es nicht besser, und dann gibt es natürlich immer Schufte, die sind hochgekommen, und die anderen haben sich von ihnen verführen lassen. Und wieder andere hatten zu viel Angst oder keinen festen Boden unter den Füßen. Wir hatten das Glück, dass wir so geführt worden sind.

B-L Wie gehen Sie mit dem Begriff «Tätervolk» um? Die Deutschen als Tätervolk?

A Das lässt sich nicht leugnen. Das ist so. Es hat keinen Zweck, das abzustreiten. Es wäre besser, sich zu überlegen, welche Folgerungen man daraus zu ziehen hat. Es abstreiten zu wollen, ist lächerlich.

B-L Es gab die Position im «Dritten Reich», lieber abzutauchen und sich für danach aufzusparen.

A Dazu kann ich nur das Gleiche sagen wie zum Thema Tyrannenmord: Man muss wissen, was man zu tun hat. Die einen werden mit einer Situation konfrontiert, der sie nicht ausweichen können. Sie müssen Farbe bekennen. Die anderen können sich aufbewahren. Die Frage ist nur, wieviel Schuld man sich wissentlich und willentlich aufgeladen hat. Dass man versagt hat und dass man nicht so toll ist, wie man gedacht hat oder wie andere Leute das von einem denken, das ist eine andere Frage.

B-L Glauben Sie, dass die Wunden aus der NS-Zeit heilen können und wenn ja, wie?

A Wen meinen Sie jetzt? Die, die es immer noch nicht gemerkt haben?

B-L Ja, zum einen die. Aber ich glaube, die werden wir nicht bekehren können. Aber es sind ja doch tiefe Wunden geschlagen worden. Denken wir an das jüdische Volk. Denken wir an die Sinti und Roma. Denken wir an die «Randgruppen».

A Nein, natürlich nicht. Abgesehen von der Solidarität, die man diesen

Gruppen bekundet, kann man ihnen auch nur dasselbe sagen: Man muss das, was einem widerfahren ist, in Gottes Hand legen. Eine Freundin von mir ist weiland aus dem Baltikum vertrieben worden und hat alles, ihre Familie, verloren. Sie hat den Schluss daraus gezogen, ihr Herz nicht mehr an irdisches Gut zu hängen. Aber nicht, dass sie jemals sagen würde, sie sei bis an ihr Lebensende verletzt und verwundet. Sie denkt an ihre Heimat. Bitter für sie ist nicht, dass sie vertrieben wurde, sondern dass ihr Vater Nazi war, und das mit Recht. Eine Jüdin aus Polen, die ich nach dem Krieg kannte, war erstaunt zu hören, dass auch Christen verfolgt worden waren. Ich finde es noch heute entsetzlich, dass sie Nazis und Christen gleichsetzen konnte.

B-L Gibt es für Sie ein Vermächtnis des Widerstandes?

A Natürlich, dass man nicht alles einfach über sich ergehen lassen soll und möglichst bald Konsequenzen zieht, so gut man kann. Wenn wir Demokraten sein wollen, was wir ja wohl auch sind, dann ist es unsere vordringlichste Aufgabe, regelmäßig und rechtzeitig zu sagen: «Da mache ich nicht mit. Das geht nicht. Ihr müsst das anders machen.» Als Demokraten haben wir diese Aufgabe, überall mitzudenken und dort, wo wir Unrecht oder Dummheit erkennen, dieses anzusprechen und zu versuchen, so gut wir können, dagegen vorzugehen.

B-L Im Nationalsozialismus war es nicht einfach, die ganze Wahrheit herauszufinden. Karl Barth war 1943 oder 1944 in Freiburg und berichtete über die Konzentrationslager und die vieltausendfache tägliche Vernichtung von Insassen. Meine Mutter sagte dann abends zu meinem Vater: «Selbst ein Mann wie Karl Barth übertreibt und sagt, dass 30.000 Menschen am Tag vernichtet werden. 300 sind doch schlimm genug. Warum muss er so übertreiben?» Man konnte es sich einfach nicht vorstellen.

A Das haben wir auch in seinem vollen Ausmaß nicht gewusst. Ich denke trotzdem, dass jeder Mensch die Judenvertreibung sehen konnte. Das konnte man doch nicht übersehen.

B-L Nun, Sie waren wirklich insofern Elite, als dass Sie um das Geschehen wussten. Sie waren in Berlin. Ihr Vater war in der BK–Leitung, da weiß man einfach schon mehr.

A Ich kann auch nicht den Schluss ziehen, dass ich jemand anderen verurteilen könnte, weil er nichts gewusst haben will. Wir haben aus alldem zu lernen, demütig zu sein und zu erkennen, dass all unser Bemühen und Tun nur dann für unser Vaterland und die Welt gelingen kann, wenn wir uns, so gut wir können, nach Gottes Willen richten und alles in seine Hand geben. Aber irgendwo fragt man sich ja dann doch, wie man das übersehen konnte. Eigentlich muss es doch jeder Mensch 1938 nach der «Fritsch-Affäre»[4] gewusst haben.

B-L Spätestens nach der «Reichspogromnacht» 1938.

A Das kann doch nicht verborgen geblieben sein!

B-L Um so dankbarer müssen wir sein, dass es mutige Menschen gab, die...

A Ich würde lieber sagen gehorsame Menschen, die versucht haben, gehorsam zu sein. Da sind ja auch solche, die nicht gläubig sind, und sie waren ebenfalls Gott gehorsam. Dazu muss ich nicht unbedingt Christ sein. Es reicht doch, wenn ich sage, dass das Unrecht ist. «Ich will das nicht. Ich mache da nicht mit!»

B-L Aber gehört dazu nicht auch Mut, zu sagen: «Ich mache da nicht mit»? Denn das war ja durchaus lebensgefährlich.

A Solange man es nicht ausgesprochen hat...

B-L Bei unseren Eltern war es ganz sicher so, dass der Mut aus der Kraft des Glaubens kam. Ich denke, dass das doch eins der großen Vermächtnisse ist, dass man sich dem Recht verpflichtet fühlt. Und das trifft für alle zu, die widerstanden haben, ob sie aus dem Glauben oder aus der humanistischen Überzeugung oder aus der sozialen Verantwortung heraus gehandelt haben. Bei Sozialdemokraten z. B. stellt sich manchmal die Frage, woher die Kraft kam. Aber es ist doch auch bemerkenswert, dass viele zum Schluss den Weg zum Glauben gefunden haben und darin die Kraft zum Sterben.

A Davor kann man sich nur in Ehrfurcht verbeugen. Etwas möchte ich noch hinzufügen. Es wurde gerade wieder der Geschwister Scholl gedacht. Eine Frau kommentierte: «Frau Asmussen, die waren doch dumm, dass sie sich in Lebensgefahr begeben haben, oder nicht?» Es kann ja wohl mit der Welt nicht besser werden, wenn jemandem im Angesicht der Geschwister Scholl eine derartige Argumentation in den Sinn kommt!

B-L Wie sind Sie in der Familie damit umgegangen, dass die, die Hitler widerstanden haben, lange Zeit als Verräter gebrandmarkt oder sogar negiert wurden?

A Das habe ich überhaupt nicht erfahren. Aber man hat nach dem

«Stuttgarter Schuldbekenntnis» meinen Vater und andere beschuldigt, dass sie das Nest beschmutzt hätten.

B-L Gab es jemals bei Ihnen und Ihren Brüdern die Diskussion, dass die Eltern die Verantwortung gegenüber der Politik und vor Gott höher gestellt haben als die Verantwortung für die Kinder, für die Familie und für das Glück der Familie?

A Ja, eindeutig, dem war so. Wir haben durch den Widerstand der Eltern nur relativ wenig verloren. Aber es hätte auch anders kommen können. Erlauben Sie mir eine abschließende Bemerkung:

Wie viele andere habe ich seelische Verletzungen aus dem Erlebten zurückbehalten, wobei mir das grundsätzliche Mißtrauen gegenüber aller Belehrung und sogar Information insofern am schlimmsten erscheint, als es an Unaufrichtigkeit grenzen kann, wenn man seine Bedenken nicht zum Ausdruck bringt.

Meine Eltern, in diesem Zusammenhang vor allem mein Vater, waren für uns zwar unbedingt Vorbilder, aber keine Helden, die man ihres Verhaltens wegen zu bewundern hatte. Sie handelten nach ihrem Glauben und Gewissen. Dass das «Reich Gottes», um es einmal so auszudrücken, Vorrang hatte, war selbstverständlich. Wir lernten das aus der Bibel. Außerdem verfügten meine Eltern über eine gehörige Portion Humor, und wir wussten uns geliebt. Vor allem aber bestanden sie auf unserer Selbstständigkeit und unserem freien Handeln und Denken. Das gibt einem ein starkes Eigengewicht.

Was die Anfeindungen als Vaterlandsverräter anbelangt, so kann ich nur sagen, dass ich das selbst nicht erfahren habe. Unser Berliner Mundwerk und die Fäuste meiner Brüder hätten solche Vorwürfe womöglich auch schnell geregelt. Viel schlimmer erscheint mir (nicht nur in Bezug auf das 3. Reich übrigens), dass einem heute so oft ein völliger Mangel an Unrechtsbewusstsein begegnet. Gegen Irrtümer, Ängste, Ehrgeiz, ja schwere Fehler ist niemand gefeit. Wo aber das Unrecht gar nicht mehr bemerkt, nicht beim Namen genannt, geschweige denn bereut wird, steht es schlecht um eine Gesellschaft, und die Demokratie hat schlechte Chancen.

Hannelore Thiel

(1924–1998)

Hannelore Kehrberg (früher Thiel) im Jahr 1982.

Hannelore Thiel, aus einer bürgerlichen Familie stammend, weigerte sich während der nationalsozialistischen Herrschaft dem Jugendverband «Bund Deutscher Mädchen» beizutreten, weshalb sie zur Strafe ihr Abitur nicht machen durfte. Stattdessen absolvierte sie in einer Fabrik eine Ausbildung zur Technischen Zeichnerin. In dieser Zeit lernte sie Fritz Thiel kennen, den sie im Januar 1942 im Alter von siebzehn Jahren heiratete. Der gelernte Uhrmacher hatte sich 1935 freiwillig zur Luftwaffe gemeldet und sich zum Funker ausbilden lassen. Wegen des Verdachts auf Hochverrat saß er 1936/37 für einige Monate in Untersuchungshaft. Thiel, der sich gegen das NS-Regime stellte, traf beim Besuch eines Abendgymnasiums auf gleichgesinnte Mitschüler, woraus sich rasch ein oppositioneller Kreis bildete. Gemeinsam mit ihrem Mann besuchte Hannelore Thiel illegale kommunistische Schulungsabende und nahm 1942 Verbindung zur antifaschistischen Spionage- und Widerstandsgruppe «Rote Kapelle» um Harro Schulze-Boysen auf, an deren Widerstandstätigkeiten beide aktiv teilnahmen. Fritz Thiel und Harro Schulze-Boysen planten eine Protestaktion gegen die Berliner Propaganda-Ausstellung «Das Sowjetparadies», wozu sie in der gesamten Stadt Zettel verteilten. Seine Frau, zu diesem Zeitpunkt hochschwanger, war an dieser Aktion nicht beteiligt, was sie im späteren Prozess vor der Todesstrafe rettete. Nach der Verhaftung von Harro Schulze-Boysen brach über die Mitglieder der «Roten Kapelle» eine Verhaftungswelle herein. Am 16. September 1942 wurden auch Fritz und Hannelore Thiel verhaftet. Während ihr Mann im Mai 1943 wegen Vorbereitung zum Hochverrat in Berlin-Plötzensee hingerichtet wurde, wurde die gerade 18-jährige Hannelore Thiel zu sechs Jahren Haft verurteilt. Bis zu ihrer Freilassung saß sie zuerst in mehreren Berliner Gefängnissen und wurde dann zur Zwangsarbeit ins Außenlager Rathenow transportiert, das zum größten deutschen Konzentrationslager für Frauen in Sachsenhausen gehörte. Nach dem Zweiten Weltkrieg zog sie mit ihrem zweiten Mann nach Ostdeutschland.

Interview mit Regine Sarstedt

S Wie ist das heute für dich, wenn du – mit viel Abstand – auf deine Mutter und das schaust, was sie während der Zeit des Nationalsozialismus gemacht hat und wie es ihr damit ergangen ist?

RS Ich kann schon sagen, dass ich glücklich darüber bin, dass sie Widerstand geleistet hat. Ich habe da auch selbst viel gelernt für mich. – Ich war zwar ängstlich, aber nie ein Duckmäuser. Ich weiß aber nicht, ob ich den Mut gehabt hätte, so weit zu gehen wie sie. Andererseits war ihr Leben zerstört, nachdem sie aus dem KZ kam. Da kann ich mich auch fragen: «Hat sich das gelohnt oder nicht?» Denn uns hat es ja sozusagen zum Teil mitzerstört. Unser Leben war schon immer überschattet davon.

S Hast du das als Kind auch so wahrgenommen, dass das damit zusammenhing?

RS Als Kind wusste ich das überhaupt nicht.

S Wann hast du erfahren, dass deine Mutter im Widerstand war?

RS Irgendwann hat mein Klassenlehrer gesagt: «Deine Mutter war eine Heldin, die hat gegen die Verbrecher gekämpft.» Ich weiß nicht, ob ich damals darüber nachgedacht habe, keine Ahnung. Als ich so zehn oder zwölf Jahre alt war, habe ich die alten Briefe oder Zettel gefunden, die ihr Mann damals in den Frauenknast hat einschmuggeln lassen. Ihr erster Mann ist ja hingerichtet worden. Mit etwa zwölf Jahren habe ich begonnen, mich ernsthaft dafür zu interessieren. Aber erzählt hat mir meine Mutter nie davon.

S Niemals?

RS Später, als ich erwachsen war, und angeregt durch «One by One»,[1] habe ich sie dann gezielt gefragt.

S Was weißt du über deine Mutter und woher weißt du etwas?

RS Ich habe über die «Rote Kapelle» alles gelesen, und hier und da hat sie mir etwas erzählt. Ihr Mann hat wohl versucht, die Funkgeräte zu reparieren, und sie hatte sie im Kinderwagen versteckt und zu jemand anderem gebracht, als die ersten Mitglieder der Gruppe verhaftet wurden. Vorher haben sie Zettelklebeaktionen gemacht. Sie konnte da aber nicht mitmachen, weil sie schon schwanger war.

S Was hat sie deinem ältesten Bruder erzählt, der ja von ihrem ersten Mann war? Was hat sie euch denn erzählt, wo dieser Mann geblieben ist?

RS Mein ältester Bruder ist nicht bei uns aufgewachsen. Als sie im KZ war, hat seine Oma – ihre Mutter – ihn versorgt und hat ihn dann auch sozusagen behalten.

S Ihr hattet also gar keinen Kontakt?

RS Kontakt gab es, aber ich habe nie danach gefragt während der Zeit. – Als ich schon auf der Erweiterten Oberschule (EOS) war, da hat unsere Lehrerin gefragt, ob meine Mutter nicht mal in der Schule sprechen würde. Meine Mutter war ja nie eine Kommunistin und hat es abgelehnt zu sprechen. Ich habe gesagt: «Du kannst aber stolz darauf sein, was du gemacht hast und das war doch etwas Gutes.» Aber sie hat sich geweigert.

S Ich meine, es ist ja dennoch erstaunlich, dass du nie gefragt hast die ganzen Jahre. Hast du für dich eine Erklärung?

(Pause)

RS Ich glaube, ich habe nicht gefragt, weil ich gemerkt habe, dass meine Mutter nicht erzählen konnte. Kurz vor ihrem Tod habe ich dann sehr viel gefragt und da hat sie, wenn sie eine halbe Stunde erzählt hatte, irgendwann angefangen zu weinen, da musste ich auch aufhören. Sie hat immer in einer Weise erzählt, als ob die Dinge eigentlich nicht ihr passiert seien. – Ganz schlimm war es, als sie die Nachricht vom Tod ihres Mannes durch Pfarrer Poelchau bekommen hat. Da ging es ihr wohl sehr schlecht.

S Sie hat dir also erzählt, wie der Pfarrer Poelchau ihr die Nachricht von der Hinrichtung ihres Mannes brachte. Hat sie irgendwann einmal für sich geschaut, wie sie damit umgehen kann? Du sagtest, wenn sie darauf angesprochen wurde, dass sie eine Heldin sei, dann hat sie das ein Stück weit abgewehrt?

RS Ja. Sie hat sich dann schon irgendwie gefreut, aber dann kam auch sehr schnell die Abwehr.

Regine Sarstedt im Jahr 2005.

S Ein abgeschlossenes Kapitel?

RS Ja. – Nach der Befreiung aus dem KZ ist sie nach Hause gegangen und hat gesagt, sie will nie darüber sprechen und ein neues Leben anfangen. Sie hat auch ihrer Mutter kein Wort davon erzählt.

S Wo war dein Bruder? Vielleicht hat sie den Sohn auch deshalb bei der Oma gelassen?

RS Das ging hin und her: Sie hatte den Sohn erst zu sich genommen, aber die Oma hatte sich an das Kind gewöhnt und wollte es gerne wiederhaben. Dann hat meine Mutter meinen Vater kennengelernt und sie sind von Schöneberg in den Osten gezogen. Da hat die Oma dann wohl gesagt: «Nein, der Junge geht nicht mit in den Osten». – Sie war nicht kommunistisch, aber mein Vater war ein alter Kommunist. – Ab da war der Junge in West-Berlin.

S Hat denn dein Vater etwas erzählt über seine Frau oder über seine eigene Geschichte?

RS Mein Vater hat ein bisschen erzählt, wie er – noch vor 1933 – arbeitslos wurde, weil er im kommunistischen Jugendverband war. Er wollte mir auch immer wieder erzählen, dass er von den Nazis verurteilt werden sollte wegen Wehrkraftzersetzung. Aber da kam das Kriegsende dazwischen, da hat er unheimliches Glück gehabt. Aber ich wollte das alles nicht hören, und im Nachhinein bin ich da auch ziemlich traurig drüber.

S Du wolltest es nicht hören?

RS Ja. Mein Vater war ein sehr autoritärer Mensch. Ich habe kein gutes

Verhältnis zu ihm gehabt. Ich war damals auch in dieser Phase, in der ich mich für die Frauenbewegung interessierte und da habe ich mir gesagt, die Geschichte meiner Mutter sei viel wichtiger als die meines Vaters.

S Du sagtest vorhin: Es hat im Grunde genommen Euer ganzes Leben geprägt oder überschattet, wie Ihr aufgewachsen seid. Magst du davon etwas mehr erzählen? – Ihr habt in Berlin gewohnt, in Ostberlin?

RS Ja, am Prenzlauer Berg. – Wenn ich mich mit heutigen Augen betrachte, war ich damals wohl depressiv. Eigentlich war ich ein sehr lebendiges Kind; meine Schwester und mein Bruder waren ruhig. Aber ich durfte meine Lebendigkeit überhaupt nicht zeigen oder musste immer leise sein. Es hieß immer: «Papa, der arbeitet zu viel». Aber eigentlich war auch meiner Mutter der Krach und meine freudigen Lebensäußerungen zu viel. Wenn ich einmal ungezogen war, hieß es: «Mama hat so viel Schweres erlebt, du musst ganz artig sein, du musst Rücksicht nehmen». – Es war eine depressive Atmosphäre zu Hause. Meine Mutter hat am liebsten zu Hause gesessen und geheult.

S Warum konnte deine Mutter nicht einfach sagen: «Ich will jetzt leben?»

RS Sie wollte leben. – Die ersten Jahre, als wir klein waren, haben wir auch noch viel unternommen. Der große Einbruch kam eigentlich 1961 mit der Mauer, weil sie danach ihren erstgeborenen Sohn nicht mehr sehen konnte. Das war wie ein Schatten, und meine Mutter hat zugenommen in der Zeit. Sie hat viel Konfekt gegessen und sich regelrecht einen Panzer zugelegt.

S Dein ältester Bruder wurde im Gefängnis geboren?

RS Nein, kurz vorher, 1942, ein halbes Jahr vor der Verhaftung.

S Dann hat er also als Säugling oder als Kleinkind seine Mutter auch nicht gehabt.

RS Ja, als Säugling.

S Und wie geht es ihm?

RS Er ist leider 1996 gestorben. Er hat Krebs bekommen. Er war nicht so depressiv wie ich, aber er muss trotzdem ziemlich darunter gelitten haben.

S Aber du bist vorher schon in den Westen gegangen. Hattest du denn zu ihm Kontakt?

RS Ja, ich bin sogar für drei Wochen zu ihm gezogen, weil ich nicht gleich eine Wohnung hatte. Wir haben uns auch sehr gut verstanden, und ich habe sehr an ihm gehangen.

S Hat deine Mutter gemerkt, dass ihr Kinder sehr belastet wurdet durch die Situation?

RS Ich glaube nicht, dass sie darüber nachgedacht hat. Ich weiß noch, als ich ihr von «One by One» erzählte, da sagte sie nur: «Das ist für dich bestimmt ganz gut, dass du da bist.»

S Was hat sie eigentlich damals bewogen, im Widerstand aktiv zu sein?

RS So genau weiß ich es nicht. Ich weiß nur, dass sie sich geweigert hatte, zu den BDM-Mädels zu gehen. Sie durfte wohl deswegen auch kein Abitur machen und hat dann in einer Fabrik Technische Zeichnerin gelernt. Da hat sie ihren Mann kennengelernt, und der war eben Kommunist. Sie fand die Ideen gut und sie gingen dann zu Schulungsabenden; er wollte gegen die Nazis etwas unternehmen.

S Die Schulungsabende müssen ja auch schon illegal gewesen sein.

RS Ja. Das war kurz vor Kriegsausbruch und auch noch danach.

S Dann hat deine Mutter sich damals mit den kommunistischen Ideen eine Zeit lang identifiziert. Danach war das aber wieder anders?

RS Danach wollte sie wirklich nur noch einen Mann und Kinder haben und alles vergessen. – Mein Vater war in der SED, wenn auch nicht sonderlich aktiv. Ich glaube, nach dem Aufstand in Ungarn 1956 hat er gemerkt, dass das alles nicht stimmt. Meine Mutter dagegen hat sich kaum für Politik interessiert, sie hatte ja auch drei kleine Kinder.

S Wie hat sich deine Mutter selbst gesehen? Als Opfer oder als Kämpferin?

RS Sie hat sich sicher als Kämpferin für etwas Gutes gesehen. – Ich selbst denke, dass sie auch ein Opfer war, weil sie so jung gewesen ist, als sie verurteilt wurde. Eineinhalb Jahre saß sie in verschiedenen Berliner Gefängnissen, immer in Einzelhaft, und dann kam sie nach Rathenow und war nur mit polnischen und französischen Frauen zusammen. Da hat sie sich schon als Opfer gefühlt.

S Sie hat sich einerseits als Kämpferin gefühlt und andererseits aber auch als Opfer?

RS Ja. Diese Opferhaltung habe ich auch übernommen.

S Diese «Opferhaltung»? Wie meinst Du das?

RS Zum Beispiel, dass ich immer schnell denke, dass die Ungerechtigkeiten woanders liegen. – Ich bekomme oft nur die Zwischentöne mit und fühle mich dann als Opfer. Da bin ich sehr, sehr empfindlich. – Meine Mutter hat darunter gelitten, dass man zwar die jüdischen Opfer anerkannte, nicht aber die aus den Widerstandsgruppen.

S Wie erlebst Du den heutigen Umgang mit dem Widerstand während der Nazizeit?

RS Da erlebe ich nicht viel. – Meistens werden nur die Männer des Attentats vom 20. Juli 1944 geehrt. Oder man liest nur etwas von der «Roten Kapelle» und deren Anführern. Eine Ausnahme ist der Film, den der Sohn von Roloff[2] über die Frauen der Widerstandskämpfer der «Roten Kapelle» gemacht hat, da wurde auch meine Mutter gezeigt. Das fand ich wirklich richtig toll, wie er das gemacht hat. Aber das ist selten. Dann werden jetzt eben solche beachtet, die Juden versteckt haben. Finde ich auch alles wichtig, aber das andere fällt doch ziemlich unter den Tisch.

S Ich war sehr vorsichtig darüber zu reden, dass mein Vater im kommunistischen Widerstand oder überhaupt im Widerstand war. Kennst du das auch?

RS Diese Vorsicht kenne ich, zumindest beim kommunistischen Widerstand.

S Was ist es wohl, das das so schwer macht?

RS Ich denke, weil der Kommunismus – das ist jetzt meine private Sicht – auch etwas Braunes hatte. Wenn ich mir bestimmte Sachen, die es in der DDR gab, anschaue, gab es die auch in der Nazizeit, z. B. in der Erziehung von Kindern. Und die Härte, die die Nazis hatten, hatten zum Teil auch Kommunisten. Ich war nach meinem Abitur FDJ-Sekretärin und war auch ganz davon überzeugt, dass wir die besseren Menschen sind. Dieses Absolute und diese Schwarz-Weiß-Malerei haften dem Kommunismus als etwas Schlechtes an, auch was sie dann im Namen des Kommunismus gemacht haben, etwa die Auslieferung der Juden an die Nazis in Russland.

S Für dich ist es nicht schwierig, über Widerstand zu sprechen.

RS Nein. Das finde ich nach wie vor wichtig. – In der DDR haben sie versucht, mich für die Stasi-Mitarbeit zu gewinnen. Ich war nicht so mutig und habe einfach abgelehnt. Ich habe allerdings immer wieder gesagt: «Ich merke mir keine Namen, da können Sie fragen wie Sie wollen!» Das hat irgendwann geklappt, und sie haben sich nicht mehr für mich interessiert. Dann kam das Gegenteil: Sie haben versucht, mich zu kriminalisieren. Da habe ich mich dann auch zur Ausreise entschlossen. – Aber ich finde es wichtig, solche Sachen nicht mitzumachen, auch heute noch, etwa gegen die Neonazis. Denn wenn alle wie die Herde dem Leithammel hinterherlaufen, kommt etwas Schlechtes dabei heraus. Wir leben in keiner gerechten Gesellschaft.

S Eine andere Frage: Du warst in Rathenow?

RS Ja, endlich vor einem Jahr mit einer Freundin von «One by One». – Aber es war überhaupt nicht herauszubekommen, wo nun dieses KZ, diese Außenstelle, war, in der meine Mutter gewesen ist. Wir haben es dann mehr oder weniger durch Zufall von einem älteren Herrn erfahren, der sagte, er hat einmal, als 16-Jähriger, Frauen in Gefängniskleidung immer im Kreis laufen sehen. Das war genau hinter diesen Zeiss-Ikon-Werken, wo meine Mutter als Zwangsarbeiterin gearbeitet hat. Da war ein völlig brachliegendes Gelände, und wir haben gedacht, dass es nur hier gewesen sein kann. – Ich möchte immer die Dinge in Erfahrung bringen, das zieht sich so durch mein Leben. Ich beschäftige mich damit, sammle Informationen, fange an, Kontakte aufzunehmen und merke aber, ich kann es nicht durchhalten. Dann brauche ich wieder eine ewig lange Pause, bis ich weitermachen kann.

S Was heißt, du kannst es nicht durchhalten? Du hältst es nicht aus?

RS Ja, ich merke, ich muss das wieder wegschieben. Ich kann mich dann damit nicht mehr befassen.

S Das klingt für mich im Moment wie deine Mutter, nicht?

RS Das ist wohl das Gleiche. – Ich habe mich sehr mit ihr identifiziert, und ich glaube, damit kann man nicht fertig werden. – Wenn ich einmal im Kino bin und da kommt eine Gefängnisszene, dann muss ich immer hinausgehen, das kann ich nicht aushalten.

S Egal in welchem Gefängnis?

RS Ja, vor allen Dingen, wenn es Frauen sind, dann ist es ganz schlimm.

S Sascha Schneider von «One by One» hat immer etwas vom «Fackelträger» gesagt, den es in jeder Familie gibt: Einer will alles wissen, die anderen nicht.

RS Ja, mein Bruder hat auch einmal zu mir gesagt: «Warum tust du dir denn das an?»

S Hat er eine andere Technik, dass es ihn gar nicht berührt?

RS Ich denke, dass es ihn schon berührt, sonst würde er so etwas ja nicht sagen, er arbeitet sehr viel.

S Er hat sich in die Arbeit gestürzt?

RS Ja.

S Was war sonst noch prägend bei euch zu Hause?

RS Ich habe kaum Kindheitserinnerungen. Das ist mein großes Problem. – Wir in der Familie mussten zusammenhalten, das alles außerhalb war schlecht. Man durfte keinem vertrauen. Darunter habe ich sehr gelitten, weil ich eigentlich gern draußen, mit anderen Menschen zusammen war und immer lustige Menschen gesucht habe.

S Es könnte auch aus Vorsicht so gehandelt worden sein, dass keiner etwas mitbekommt.

RS Das kam später, nachdem die Mauer gebaut wurde. Mein Vater hat dann aus Protest nur noch Westradio gehört und später dann Westfernsehen angeschaut, Ostfernsehen durften wir nicht anschauen, und das durfte man natürlich auch nicht erzählen. – Ich selbst bin da ein bisschen anders: Ich habe, weil ich immer ein Trotzkopf gewesen bin, immer versucht, mich irgendwie zu wehren. Ich habe aber auch versucht, das mehr verdeckt zu machen, wie damals mit der Stasi. Da habe ich ja nicht offen «Nein» gesagt, sondern eben: «Ich merke mir keine Gesichter.» Da war Ängstlichkeit mit dabei, dass sie mir das Kind wegnehmen könnten. Ich war alleinerziehend und hatte schon solche Sachen gehört. Aber ein Sicherheitsmensch bin ich Gott sei Dank doch nicht mehr.

S Hast du so etwas wie Existenzängste oder sehr konkrete Ängste?

RS Existenzängste nicht. – Ich habe allerdings manchmal das Gefühl: Wenn ich mich zeige, wie ich bin, dann werde ich nicht gemocht mit meinem Widerspruchsgeist oder mit meinem großen Hang zur Wahrheit und Ehrlichkeit. Ich weiß, dass ich da manchmal auch extrem bin, und manchmal tendiere ich zum Ungehorsam.

S Das ist ja fast widerständig!

RS Das mache ich heutzutage im Kleinen, und ein bisschen verdeckt *(lacht)*. – Aber da gibt es noch etwas Anderes: Ich habe mich nirgendwo wirklich dazugehörig gefühlt. – Meine Schwester und mein Bruder empfinden das nicht so, die denken auch nicht darüber nach. Aber ich merke es daran, wie sie leben.

S Das heißt, das hat auch heute noch Wirkungen für dich?

RS Ja, selbst nach meinen drei Therapien. – Da ist etwas, das weh tut, was man nicht teilen kann. Das hört sich vielleicht merkwürdig an, aber da ist das Leiden ganz tief drin. Vielleicht ist es das Leiden meiner Mutter, aber ich empfinde es auch heute noch. Ich habe schon Freunde, aber so richtig eigentlich nicht, mit denen ich auch so etwas teilen kann. Und das Gleiche habe ich in den Therapien erlebt. Bei der einen Therapeutin durfte ich gar nicht davon erzählen. An einem 13. Mai – das ist der Tag, an dem der erste Mann meiner Mutter hingerichtet wurde – hatte ich eine Therapiestunde. Es ging mir sehr schlecht, und auf einmal fiel mir spontan ein, dass es mir vielleicht deshalb schlecht geht, weil es genau an diesem Datum war. Aber die Therapeutin hat das Thema gewechselt und ist nicht darauf eingegangen. Mir ging es aber eine Woche lang so schlecht, dass ich wirklich so weit war, Selbstmord zu begehen. Und ich habe es dann in der nächsten Stunde angesprochen, und sie ist wieder nicht darauf eingegangen. – Später hat eine andere Therapeutin interessierte Fragen gestellt, aber ich habe nichts gespürt.

S Man muss schon, glaube ich, ein Stück die eigene Geschichte, das eigene Leid zulassen. Sonst geht es nicht.

RS Wenn ich mit Kindern von Opfern zusammen bin, merke ich, dass wir die gleiche Sprache sprechen. Die anderen Menschen, die ich kenne, sprechen nicht die gleiche Sprache.

S Siehst Du einen Unterschied zwischen den Kindern von Widerstandskämpfern und Kindern von anderen Opfern, also rassisch Verfolgten, zum Beispiel von Juden?

RS Die Schwierigkeiten der Kinder von rassisch Verfolgten ähneln meinen Probleme sehr. Da sehe ich keinen Unterschied. Wenn zum Beispiel Rosalie[3] von ihrer Mutter erzählt hat, war es das Gleiche, was ich erlebt habe. Was sie erzählt hat von ihrer Mutter, das ist meine Mutter, das ist wirklich meine Mutter. Den einzigen Unterschied, den ich sehe, ist der Punkt, dass wir noch weniger gehört wurden, wir Kinder von Widerstandskämpfern, dass man das nicht so wichtig oder ernst genommen hat. Wer in den Widerstand gegangen ist, ist doch selbst Schuld.

S Die Tatsache, dass über das, was den Juden angetan worden ist, und dass man auch über das Leid in der zweiten Generation heute viel weiß, und dass auch offen darüber gesprochen werden kann, das ist einer der großen Unterschiede zu dem, was wir erleben, denke ich. Da spielen zwei Sachen eine Rolle: Deine Mutter hat nicht darüber gesprochen, mein Vater hat nicht darüber gesprochen, viele andere auch nicht. Ich glaube, weil es für sie noch einmal eine Kränkung war. Wenn man kämpft, dann kann man zu dem Leid nicht so stehen.

RS Das stimmt, da hat man nicht dran gedacht. – Es fiel mir ja auch schwer, über meine Mutter etwas Schlechtes zu sagen. Bei «One by One» habe ich das das erste Mal getan, vorher wäre ich nie auf die Idee gekommen. Mein Vater war immer der Schlechte, der Böse. Das war für meine Schwester ganz genauso. – Vielleicht hatten manche meiner Freunde auch ein schlechtes Gewissen, weil ihre Eltern nicht im Widerstand waren. So ist man damit eben allein.

S Das ist eine völlig verrückte Situation.

RS Ja. Ich habe mir oft gewünscht, ich möge verrückt werden.

S Ich hatte nur Angst, verrückt zu werden.

RS Ich hatte teilweise Angst und manchmal habe ich es mir gewünscht, weil das alles so wehtut. Ich habe dann gedacht: «Wenn du verrückt wirst, spürst du es nicht mehr.» Ähnlich wie mein Bruder das mit seiner Arbeit macht. – Das kann ich aber nicht.

S Andere bringen sich in solchen Situationen um.

RS Kenne ich auch. – Mich macht das traurig, weil ich merke, dass ich damit nicht fertig werden kann.

S Wenn du so zurückschaust, was ist für dich in der Erinnerung am wichtigsten?

RS Wichtig ist schon, dass meine Mutter etwas Besonderes war. Mein Vater hat einmal gefragt, ob ich seine Erinnerungen nicht aufschreiben möchte. Da dachte ich: «Nein, die Erinnerungen meiner Mutter sind eigentlich viel wichtiger.» Ich war immer ziemlich isoliert. Ich bin zwar mit allen in der Klasse irgendwie gut klargekommen, aber ich hatte nie richtige Freundinnen oder Freunde.

S Gab es bei dir, bei deiner Familie, so etwas wie ein Elitegefühl, das Empfinden, besser zu sein als die Anderen?

RS Nein, im Gegenteil. Da war mehr dieses Gefühl ausgestoßen zu sein, nicht dazuzugehören, und ich wusste nie warum. In meinem Freundeskreis hat mal jemand gesagt: «Na ja, die Kinder von Widerstandskämpfern werden ja bevorzugt, die bekommen eine bessere Wohnung.» Mein Kind war eineinhalb Jahre alt, als ich meine erste Wohnung bekommen habe, eine Parterre-Wohnung. Eineinhalb Zimmer, aber mit Innentoilette, das war dann schon die Bevorzugung sozusagen. Es war immer das Gefühl des Ausgestoßenseins. Elitär fühlten wir uns überhaupt nicht, auch meine Mutter nicht. Mit einer Ausnahme vielleicht, denn einmal war meine Mutter stolz. Da waren wir nach der Wende in der Berliner «Gedenkstätte Deutscher Widerstand» und dort wurde auch über die «Rote Kapelle» berichtet. Dort hingen auch Fotos von ihr und ihrem ersten Mann und da habe ich gemerkt, dass sie doch stolz war.

S Wenn Deutschland oder Deutsche als Tätervolk bezeichnet werden, wie geht es dir damit?

RS Ich stimme dem im Großen und Ganzen zu. Ich fühle mich aber nicht dazugehörig, weil ich mit der Stasi viele schlechte Erfahrungen machen musste. Die sind für mich genau solche Täter. Da merke ich innerlich, dass die Deutschen schlimme Taten begangen haben. Man kann natürlich nicht alle als Täter bezeichnen, das ist klar, und es gab ja auch Leute, die Juden versteckt haben und Ähnliches. Aber so im Großen und Ganzen finde ich, ist es zutreffend.

S Es gab Widerstandskämpfer, die es abgelehnt haben, Hitler zu töten. Sie dachten, wenn sie eine neue Regierung auf einen Mord an einem Staatsmann gründen würden, könnte das nichts Gutes bringen. Wie siehst du das?

RS Ich sehe das nicht so. Hitler war krank und hat aufgrund seiner Krankheit diese Macht bekommen und hat damit ein ganzes Volk unterdrückt beziehungsweise auf seine Seite gezogen. Ich war auch dafür, den Ceausescu[4] damals umbringen zu lassen für die Verbrechen, die er begangen hat, obwohl ich vom Töten nichts halte.

S Andererseits hat z. B. Adenauer gesagt: «Ich halte mich still, ich werde nach dem Ende noch gebraucht.» Was ist das für dich für eine Haltung? War das hilfreich? Ist es hilfreich?

RS Was ist in einer Diktatur hilfreich? Das ist die Frage. – Ich finde es aber gut, wenn Menschen aktiv dagegen etwas tun, obwohl sie dabei viel riskieren, gerade wenn sie Kinder haben. Die aktive Unterstützung einer Diktatur aus Karrieregründen finde ich dagegen schlecht. Etwas Verständnis habe ich für Menschen, die aus Angst zum Mitläufer werden, weil Ängste nun mal in vielen Menschen sind. Ich habe zum Beispiel in der DDR nicht offen Widerstand geleistet, weil ich

Angst hatte, dass sie mir mein Kind wegnehmen und es ins Heim stecken.

S Hatte das etwas mit der Geschichte deiner Mutter zu tun, die es ja anders gemacht hat? Sie hat ja nicht nur um den Preis ihres Lebens, sondern letzten Endes auch um den Preis des Lebens ihres Kindes Widerstand geleistet?

RS Ja, das hat wohl damit zu tun. – Aber vielleicht habe ich auch deshalb so gehandelt, weil wir sehr ängstlich erzogen worden sind, weil die Außenwelt ja schlecht war. Selbst in der DDR konnte man keinem trauen. – Wenn ich heute Filme sehe über die Nazizeit oder über Gefängnisse, dann bekomme ich richtig Angst. Ich hätte nicht so wie meine Mutter handeln können, weil die Angst vor dem Gefängnis zu tief saß. Ich hatte ja gespürt, dass das etwas Schreckliches gewesen sein muss. Ich habe es durch meine Mutter gespürt, dass das einen zerbrechen kann.

S Nun bist du Psychologin geworden und das, was deiner Mutter angetan worden ist, oder auch was sie erlitten hat, das hast du im gewissen Sinne auch ein Stück noch einmal erlebt, als ob es sich von deiner Mutter auf dich übertragen hätte.

RS Ja, sie war richtig traumatisiert, das spielte eine große Rolle.

S Du hast das eben gerade noch einmal beschrieben, dass diese Angst bei dir tief saß. Da deine Mutter nicht viel erzählt hat, muss es noch andere Übertragungswege geben.

RS Ja, auf jeden Fall! Das habe ich mit meiner Muttermilch aufgesogen, sozusagen.

S Jetzt eine Frage nach deinen Söhnen: Glaubst du, dass sie auch noch ein Stück davon geprägt wurden, über dich?

RS Ja.

S Wann wird es aufhören?

RS Keine Ahnung. – Ich glaube erst, wenn jemand das wirklich bearbeitet und nicht weitergibt. Ob das gelingen kann, weiß ich nicht. Vielleicht kann jede Generation ein Stück mehr davon bearbeiten, dass es dann wirklich irgendwann nicht mehr weitergegeben werden muss.

S Was müsste passieren, dass das in diesem Land ein Stück bearbeitet werden kann?

RS In Zeitungen wird nur zu Gedenktagen in der Öffentlichkeit darüber berichtet und dann ist Schluss. Mit Opfern beschäftigt sich keiner gern. Opfer haben einen Makel, Opfer kennen die Wahrheit. – Ich weiß nicht, was passieren muss.

S Was heißt das: «Opfer kennen die Wahrheit»?

RS Sie wissen, wozu Menschen fähig sind, besonders die KZ-Opfer. Das will doch keiner von draußen wissen, was da in so einem KZ vor sich geht. Ich meine jetzt die Wahrheit über die menschlichen Abgründe. Wer will denn das hören, dass Menschen so sein können?

S Gibt es für dich ein Vermächtnis des Widerstandes?

RS Mein Vermächtnis ist, dass ich in der DDR nicht angepasst war und dass ich es auch jetzt nicht bin. Ich bilde mir genauso meine Meinung. Mir fällt im Moment kein besseres Gesellschaftssystem ein, aber was hier abläuft, finde ich auch nicht in Ordnung. Es ist natürlich keine Diktatur, aber wenn es so weitergeht, kann sich die Gesellschaft dahin entwickeln.

S Was glaubst du war die Frage, die deine Mutter in der Widerstandszeit am meisten beschäftigt hat?

RS Das kann ich nicht beantworten. Sie hat ja darüber mit mir nicht gesprochen. – Sie wollte diesen Hitler weghaben, das war ganz klar.

S Hatte sie nie Ideen von dem, was danach kommen sollte?

RS Eine gerechte Gesellschaft. – Deswegen sind meine Eltern ja von Westberlin nach Ostberlin gezogen. Sie haben die ersten Jahre daran geglaubt, dass es gut wird, dass die Ideen verwirklicht werden ohne Diktatur, ohne Unterdrückung, obwohl meine Mutter aus dem gutbürgerlichen Milieu kommt. Dass sie kommunistische Ideen hatte, das kam natürlich mehr oder weniger durch ihren Mann, aber ihre Eltern waren auch gegen Hitler und wollten eine gerechte Gesellschaft. – Meine Mutter war damals noch gläubig. Ihre Eltern waren auch gläubig. Ich denke, das ist durch das KZ zerstört worden. Danach wollte sie damit nie wieder etwas zu tun haben.

Hermann Maaß

(1897–1944)

Letztes Foto von Hermann Maaß, Pfingsten 1944.

Hermann Maaß, Sohn eines Bahnbeamten, erlebte den Ersten Weltkrieg als Freiwilliger mit und überlebte einen Gasangriff 1918 schwer verletzt. Nach dem Kriegsdienst studierte er in Berlin Philosophie, Psychologie und Soziologie. Von 1924 bis 1933 leitete Maaß die Geschäftsführung des Reichsausschusses der deutschen Jugendverbände; gleichzeitig arbeitete er als Chefredakteur der Zeitschrift «Das junge Deutschland». Im Zuge der Gleichschaltung wurde der überzeugte Sozialdemokrat seines Postens in der Jugendorganisation 1933 enthoben. Einen Ruf als Dozent an die Harvard University im Jahr 1938 lehnte Maaß ab, um sich in Deutschland gegen das nationalsozialistische Regime zu engagieren. Er wandte sich stattdessen dem sozialdemokratischen Politiker Wilhelm Leuschner zu, in dessen Fabrik Maaß eine Stelle in der Geschäftsführung fand. Diese Tätigkeit nutzte er als Tarnung für den Aufbau gewerkschaftlicher Widerstandskreise, dabei dienten die Geschäftsreisen der unauffälligen Kontaktaufnahme zu anderen Gewerkschaftsführern. Zusammen mit Leuschner wirkte Maaß führend an der Ausarbeitung der Pläne für eine parteipolitisch neutrale Einheitsgewerkschaft mit. Darüber hinaus suchten Leuschner und er aber auch das Gespräch mit Regimegegnern innerhalb der Wehrmacht – wie beispielsweise General Ludwig Beck –, die Pläne für eine Verhaftung Hitlers schmiedeten. Als Leuschners Vertreter nahm Maaß am Treffen des «Kreisauer Kreises» teil, wobei schnell deutlich wurde, dass die Vorstellungen der christlichen Intellektuellen mit denen der Gewerkschafter nicht in Übereinstimmung zu bringen waren. Helmut James Graf von Moltke, führender Mann im «Kreisauer Kreis», stand zentralistischen Organisationen wie den Gewerkschaften skeptisch gegenüber; er favorisierte ein dezentralisiertes neues Deutschland. Parallel zu seinen Widerstandstätigkeiten war Maaß auch weiterhin publizistisch tätig. Nach dem gescheiterten Umsturzvorhaben, an dem Maaß am Ende nicht mehr unmittelbar beteiligt war, wurde er am 8. August 1944 verhaftet, am 20. Oktober 1944 zum Tode verurteilt und noch am selben Tag in Berlin-Plötzensee hingerichtet.

Interview mit Uta Maaß

M Frau Maaß, Sie sind ja als Waise aufgewachsen, da Ihre Mutter ziemlich bald nach der Ermordung Ihres Vaters gestorben ist.

UM Ja. Ich war die zweitälteste. Der ältere Bruder war achtzehn, ich war sechzehn. Dann kam eine weitere Schwester mit vierzehn. Die Kleinen waren fünf, drei und noch nicht mal ein Jahr, als meine Eltern starben. Meine Mutter[1] starb fünf Wochen nach dem gewaltsamen Tod meines Vaters in Potsdam. Dadurch ergaben sich durch das auf uns zukommende Kriegsende kolossale Turbulenzen. Wir gingen partiell weiter auf das Gymnasium in Potsdam. Meine Großmutter mütterlicherseits lebte noch bei uns, und eine Säuglingsschwester übernahm die Versorgung der drei jüngeren Geschwister. Freunde, vor allem eine langjährige alte Freundin mit einem uns sehr gewogenen Nachbarn, sorgten dafür, dass ich im März 1945 auf die Odenwaldschule kam, um den herannahenden Russen zu entgehen.

M Das war im Frühjahr 1945?

UM Ja. 21.-23. März war ich unterwegs. Vier oder fünf Tage später sind über Mannheim die Amerikaner in die Schule gekommen. Ich bin überhaupt nicht mehr in die Schule gegangen. Ich stand ein Jahr vor dem Abitur, aber in dem gesamten Gebiet gab es keine weitere Schulmöglichkeit für mich. Ich hatte im Sommer 1945 in Heidelberg versucht, mich zu orientieren, ob ich dort mein Abitur nachmachen kann, stieß aber auf die Situation, die es ja bis heute noch gibt: In Potsdam sieben Jahre Englisch, in Heidelberg sieben Jahre Französisch. Insofern erklärte mir der dortige Direktor, es wäre unmöglich, dort den Schulabschluss zu machen. Ich habe angefangen, in der Odenwaldschule als Praktikantin zu arbeiten, schlicht geputzt und für Ordnung gesorgt. Später habe ich eine Lehrstelle gesucht, hatte aber kein Glück, bis 1946 Freunde meiner Eltern anfingen, sich um mich zu kümmern. Ich ging in deren Haushalt als Hausmädchen. Schule stand nicht mehr an. Ich hatte kein Geld. Ich kriegte Kost und Logis und 25 Mark Taschengeld. Ich habe es nicht geschafft, das Abitur nachzuholen. Ich entschloss mich dann medizinisch-technische Assistentin zu werden, das war finanzierbar und dazu reichte mein Schulabschluss. Mit dieser Ausbildung habe ich 1948 in Göttingen begonnen und ab da bin ich eigentlich erst wieder ein fröhlicher Mensch geworden. Ich war vorher vielfach todunglücklich in dem Gefühl: Praktikantin bist du nicht, Hausmädchen willst du nicht bleiben. Dann begann für mich wieder ein Leben, wenn auch finanziell ganz eng begrenzt, aber das störte mich gar nicht. Ich habe diesen Beruf bis zum Ruhestand ausgeübt und habe ihn sehr geliebt, auch wenn ich heute sagen würde, ich hätte viel lieber Medizin studiert oder Gartenbauarchitektur.

M Was für eine Rolle spielte in der Zeit nach dem Kriegsende die Tatsache, dass Ihr Vater im Widerstand war? War das allgemein bekannt?

UM Es war nicht bekannt und ich habe darüber nicht geredet, es ging mir so wie vielen. Ich habe auch erst lange Jahre später, zu meinem eigenen Erstaunen, von einer Mitstudentin erfahren, was ich auch ihr nur gesagt haben soll: «Meine Eltern sind beide tot», und das war es. Nichts Näheres. Es wollte keiner wissen, und ich wollte es nicht sagen. Der Erste, dem ich von meinem Familiengeschehen berichtete, war mein erster Chef in Göttingen. Ein grundgütiger Mann, der mir viel Väterliches gegeben hat. Ihm und seiner Frau habe ich davon erzählt, nachdem ich schon zwei oder drei Jahre bei ihm als MTA[2] tätig war. Bei ihm wusste ich: Es ist gut aufgehoben und es wird auch gut angenommen. Bei anderen fand es auch gar kein Interesse. Alle Menschen um mich herum haben selbst ein eigenes schweres Schicksal aus dem Krieg heraus gehabt, mit Flucht, mit Verlust von Menschen. Insofern hatte ich oft das Gefühl: Mein Schicksal ist zwar etwas Besonderes, aber die anderen haben auch ein Kreuz zu tragen. Es gab so viel Leid verschiedenster Art, dass meines da mit hineingehörte. Aber ich empfand es eben als mein persönliches Schicksal und habe ganz selten darüber geredet.

M Ging es Ihren Geschwistern ähnlich?

UM Ich weiß es von der nächstjüngeren Schwester, dass es ihr genauso erging. Sie hat 1945 bis 1950 in einer Familie gelebt, die zum Freun-

Uta Maaß, Sommer 2006.

deskreis meines Vaters gehörte. Insofern war es dort bekannt. Wie weit es in dieser Familie Gesprächsthema war mit den kleineren, eigenen Kindern, das weiß ich nicht.

M Was war die wichtigste Erfahrung in Ihrer früheren Jugend, das heißt, vor Kriegsende und auch nachher?

UM Auf jeden Fall hatten wir eine unendlich glückliche Kindheit. Dieses Gefühl der Geborgenheit, akzeptiert zu sein so wie wir waren, aber auch ernst genommen zu sein, indem wir Verantwortung aufgelastet bekamen, das hat mich immer wieder aufgerichtet. Das ist für mich wie ein Schatz, von dem ich unendlich lange gezehrt habe. Wir hatten es einfach gut. Wir hatten das Gefühl, von unseren Eltern geliebt und umfassend umsorgt worden zu sein, und ich wusste genau, so weit man das mit zwölf oder 13 Jahren begreifen kann, wo meine beiden Eltern politisch standen. Das waren oft kleine Bemerkungen oder kleine Geschehnisse am Rande. Wir sind alle viel zu spät in die Hitlerjugend gekommen, als es wirklich nicht mehr zu umgehen war. In den ersten Jahren in meiner Gymnasialzeit gab uns meine Mutter wenigstens an den damaligen Staatstagen eine weiße Bluse und einen dunkelblauen Rock. Aber wir hatten keine Hitlerjugendkleidung an. Dann wurden uns die Beitrittsformulare buchstäblich ins Haus getragen und wir traten ein. Darüber haben wir nie im Einzelnen mit den Eltern gesprochen. Ich glaube, ihnen lag daran, dass wir nicht weiterhin völlig woanders standen als die anderen, vielleicht auch zu ihrem eigenen Schutz. Mein Bruder und ich wurden schnell in sogenannte Führungsfunktionen eingesetzt. Mit diesem Auftrag, nämlich für Jüngere zu sorgen, gingen meine Eltern sehr bewusst um und verlangten ausdrücklich, dass wir diese Verantwortung ernst nähmen. Das war für uns selbstverständlich und brachte uns früh dazu, vieles kritisch zu sehen. Ich bemerkte Unkorrektheiten, Unzuverlässigkeiten und dass Versprechen nicht eingehalten wurden. Wir sahen das Ganze nicht gläubig und total begeistert, sondern kritisch. Es war sicher ein Erziehungsziel meiner Eltern, uns diesen Weg alleine gehen zu lassen. Insofern war es für uns selbstverständlich, dass die Eltern gewiss nicht hinter Adolf Hitler und der nationalsozialistischen Idee standen. Wir hatten beispielsweise auch eine ganz kleine Fahne, die immer nur hinausgehängt wurde, wenn es unbedingt sein musste. Wenn ich das heute erzähle, sagen manche: Das war ja gefährlich. Nein, es war nicht gefährlich in unserem Haus. Wir hatten auch Schallplatten mit Reden von Goebbels und von Hitler, und ich entsinne mich, dass mein Vater die Geschwindigkeiten beim Abspielen veränderte. Dann hört sich ja eine Stimme ganz anders an. Solche Sachen erlebte ich. Wenn Besuch kam, wurden nie Namen oder Funktionen genannt. Der Gast saß dann bei uns mit am Tisch und dann wurde das Telefon ausgesteckt. Das war für uns eine absolute Selbstverständlichkeit zu wissen: Es kann sein, dass mitgehört wird. Auf der anderen Seite war mein Vater Luftschutzwart. Er war für unseren ganzen Bereich zuständig, weil er zuhause war. Er war nur ganz kurz bei Beginn des Krieges eingezogen und dann über Wilhelm Leuschner wieder unabkömmlich gestellt worden. Er war nicht Blockwart, das muss ausdrücklich betont werden, er war Luftschutzwart, und das hat Vater sehr gewissenhaft gehandhabt. Aber nach dem totalen Absturz unserer Familie war kein Geld mehr da. Das heißt: Wir bekamen unmittelbar nach dem Tod des Vaters Geld vom Staat. Jedes von uns sechs Kindern hat 100 Reichsmark bekommen und meine Mutter vierhundert.

M Einmalig?

UM Nein, jeden Monat.

M War das nicht ungewöhnlich?

UM Ich weiß es nicht, aber bei uns war es so. Wir waren ja auch nicht in Sippenhaft. Wir sind völlig normal weiter in die Schule gegangen. Wobei meine Mutter unmittelbar nach der Verhaftung meines Vaters zum Direktor der Schule gegangen ist und ihm mitgeteilt hat, es wäre ja wohl nicht mehr möglich, dass wir Vertrauensschülerinnen blieben wegen der Verhaftung meines Vaters. Da hat der Direktor gesagt: «Es bleibt alles, wie es ist. Ihre Töchter bleiben das, was sie sind.» Als ich diesen Direktor nach dem Tod meiner Mutter anrief, bat er um mein baldmöglichstes Kommen, wobei ich danach einige Zeit gar nicht in die Schule gegangen bin. Er hat für uns beide sofort Freistellen beantragt und auch bekommen. Damals kostete das Gymnasium Schulgeld und das musste somit nicht mehr bezahlt werden. Nach dem Tod meiner Mutter gingen wir davon aus, dass ihre 400 Reichsmark gestrichen würden. Aber nein, es blieben pro Monat 1000 Reichsmark. Die sonstigen Konten meines Vaters waren gesperrt. Aber nach Kriegsende stand ich sehr schnell völlig mittellos da. Ich habe auch keinerlei Unterstützung von irgendjemand bekommen. Das setzte ja erst 1950 durch das «Hilfswerk 20. Juli» ein. Da war ich aber schon selbst berufstätig. Ich habe hin und wieder kleinere Summen bekommen. Aber keine effektive, permanente Unterstützung.

M Es ist Ihnen also erspart geblieben, als Verräterkind gesehen zu werden, dadurch, dass niemand es wusste?

UM Ja. Wir haben in dieser Zeit, ab Herbst 1944, erstaunlich viel Zuwendung erhalten, denn herumgesprochen hat es sich doch sehr schnell in unserem Wohnviertel. Es hat offenbar eine tiefe Betroffenheit, sogar bei den Dienststellen, gegeben, dass meine Mutter fünf Wochen nach dem Tod meines Vaters gestorben ist und meine jüngste Schwester noch nicht mal ein Jahr alt war. Das hat wirkliches Mitleid und das Bemühen, uns zu helfen, hervorgerufen. Es wurde signalisiert: «Wir sind auf eurer Seite und wir wissen Bescheid.»

M Hing das womöglich auch von der Person Ihres Vaters ab?

UM Ja. Ich würde sagen, es war mehr, im weitesten Sinne, das Nachbarschaftliche. Von offiziellen Stellen kann ich mich an Derartiges nicht erinnern. Es gibt auch Erinnerungslücken verschiedener Art bei uns Geschwistern. Wahrscheinlich haben wir da vieles ausgeblendet, um selbst mit dem Ganzen fertig zu werden. Manches hat sich später im Gespräch relativiert.

M Jetzt eine generelle Frage: Es ist eine familientherapeutische Erfahrung und Einsicht, dass Kinder unbewusst Einstellungen oder auch schwere Erfahrungen von den Eltern übernehmen, Sie nicken! Haben Sie das an sich selbst beobachtet oder an anderen?

UM Obgleich es nicht sehr viele Jahre waren, in denen wir von meinen Eltern geprägt und bewusst geführt worden sind, haben sie uns erstaunlich viel vermittelt. Ich merke es zum Beispiel bei dem, was ich von mir selbst und meiner Tochter gefordert habe. Etwas, das meine Eltern uns sehr stark vorgelebt und vermittelt haben, ist die Bereitschaft, wirklich für ein Tun die Verantwortung zu übernehmen und ohne Rücksicht auf eigene Bedürfnisse um einer Sache willen sich einzusetzen. Von den Brüdern sind nur zwei erwachsen geworden. Der dritte wurde sehr schwer krank und hat zum Schluss ein kümmerliches Leben durch seine Erkrankung gehabt. Wir drei Frauen haben jetzt seit Jahrzehnten in unserem Leben Aufgaben aufgegriffen, bei denen ich das Gefühl habe, da ist eine frühe Prägung durch meine Mutter sichtbar. Wahrscheinlich meine beiden Eltern.

M Es gibt eine deutliche Vorbildfunktion der Eltern?

UM Ja, absolut. Die gebe ich, bewusst oder unbewusst, an meine Tochter weiter. Vielleicht aus dem Gefühl heraus, dass das damals eine so glückliche Zeit war. Somit finde ich die Forderungen, die damit zu tun haben, zumutbar und richtig.

M Es werden aber nicht nur positive innere Haltungen, sondern zum Beispiel auch Schuldgefühle an die Kinder weitergegeben. Das heißt: Dass Kinder sich häufig schuldig fühlen für Dinge, die nicht sie, sondern ihre Eltern getan haben. Ebenso übernehmen Kinder von Opfern häufig das unschuldige Leiden der Eltern in dem Sinne, dass sie meinen, andere seien ihnen etwas schuldig, obwohl sie selbst keine Opfer von Misshandlungen oder Schlimmerem wurden. Gemeinsam ist beidem die Übernahme der Auswirkungen der Erfahrung eines anderen Menschen. Haben Sie einen Bezug dazu, ob das bei Ihnen oder Ihren Geschwistern so sein könnte? Bei den Nachkommen von Widerständlern könnte sich das in einem Elitebewusstsein zeigen in dem Sinne: «Wir gehören zu denen, die es richtig gemacht haben?»

UM Elitebewusstsein, nein. Das könnte ich nicht bestätigen. Für mich habe ich die Lebenswege der Eltern lange Jahre auf ganz verschiedene Weise empfunden. Dass mein Vater diesen Weg gegangen ist, der sein ganzes Leben geprägt hat bis zum bittersten Ende, war für mich folgerichtig. Ich habe es nie in Frage stellt. Ich hatte ihm gegenüber nie das Gefühl: «Weißt du, was du uns eventuell damit antust?» Bei meiner Mutter hat es viele Jahre gedauert, bis ich ihr verzeihen konnte, dass sie uns verlassen hat, um dem Mann zu folgen. Es war eindeutig ein Tod aus gebrochenem Herzen. Das habe ich meiner Mutter sehr lange übel genommen. Ich hatte das Gefühl: «Man kann nicht sechs Kinder in die Welt setzen und dann einfach gehen.» Wie zu Tode erschöpft sie war, habe ich dann langsam aus der Tatsache begriffen, dass sie völlig wortlos gegangen ist, obgleich wir zu fünft zuhause waren. Es gab keinen Abschied, es gab nichts. Sie wurde für die letzten vierundzwanzig Stunden ihres Lebens in das Krankenhaus gebracht und starb dort, ohne nach einem von uns zu verlangen oder uns noch sehen zu wollen. Sie verlöschte. Das kann man mit sechzehn oder siebzehn Jahren noch nicht wirklich verstehen. Es hat bei mir sehr lange gedauert, bis ich damit Frieden machen konnte. Aber der Friede ist jetzt tief und ganz da. Bei meiner Schwester dagegen lief es in beiden Richtungen anders. Es ist klar, dass jeder für sich nur seinen Weg gehen kann. Aber wegen der Lebensentscheidung meines Vaters empfand ich nie eine Unbegreiflichkeit oder einen Vorwurf oder Wut. Wer viel kritischer danach fragt, ist meine Tochter. Sie sieht es aus der größeren Entfernung viel, viel kritischer und eher mit dem Vorwurf: «Wie kann man, wenn man eine Familie mit sechs Kindern hat, sich in eine so extreme Situation bringen, von der man die Gefährdung kennt?» Das hält sie für eigentlich nicht entschuldbar. Das sehen wir ganz unterschiedlich.

M Insofern kann man auch nicht sagen, dass Sie, wie das manchen so gegangen ist, unter dem erdrückenden Vorbild Ihres Vaters oder Ihrer Mutter irgendwie gelitten haben?

UM Nein. Ich persönlich nicht. Am schwierigsten war ganz sicher der Lebensweg meines älteren Bruders, denn er ging ganz in die mütterliche Linie hinein. Er hat unendlich gelitten, weil er als Heranwachsender viele Jahre seines Lebens immer an dem Vater gemessen wurde. Es hieß nie: Das ist Michael Maaß, sondern immer: Das ist der Sohn von Hermann Maaß. Das war in vielen Familien so und ist für die jungen Männer eine furchtbare Last gewesen. Sie wurden als Einzelmenschen gar nicht wahrgenommen, sie wurden immer an der Persönlichkeit des Vaters gemessen. Man tat diesen jungen Männern furchtbares Unrecht an und darunter hat mein Bruder auch gelitten. Er hat sich bestimmt dadurch auch viele Chancen verdorben und Menschen irritiert. Aber ich konnte ihm da auch nicht helfen.

M Es war für die männlichen Nachkommen sicher schwieriger.

UM Ja.

M Durch Berichte und durch erhaltene Briefe der Widerstandskämpfer weiß man heute, dass sie häufig in einem großen Dilemma lebten. Wissen Sie davon oder haben Sie eine Ahnung oder ein Gefühl, dass so etwas bei Ihrem Vater auch der Fall gewesen sein könnte? Vielleicht auch bei Ihrer Mutter, von der ich nicht weiß, wie weit sie eingeweiht war?

UM Völlig. Das war eine absolute Übereinstimmung zwischen ihnen.

M Haben Sie Vermutungen? War es für ihn ganz klar, dass er das tun musste oder war er auch in einem Dilemma? Das Volk jubelte Hitler zu und er machte dann das! Er war sich ja sicher bewusst, wie gefährlich das war, und er hatte diese sechs Kinder.

UM Wirkliche Gespräche darüber gab es bei uns nicht, dazu waren wir ja zu jung. Dass mein Vater sicher, gerade in seiner großen Liebe zu seiner Familie, in einem solchen Dilemma stand, das dann meine Mutter mit ihm geteilt hat, davon bin ich überzeugt. Er hat bestimmt nicht leichtfertig gesagt: «Die schaffen das schon, das muss jetzt sein!» Ich glaube, dass beide Eltern von einem hohen Verantwortungsgefühl dem Volk gegenüber getragen waren. Nicht dem Staat in der damaligen Zeit, aber gegenüber den Menschen, aus denen das Volk bestand. Sie haben es als unabdingbar für sich erkannt, dass sie diesen Weg mit ihrer völlig eigenen Ideologie, mit ihren völlig anderen Wertvorstellungen gehen müssen, und zwar sicher wissend, in welche Gefahr das meinen Vater brachte. Also, wie gesagt, obwohl es keine Gespräche über diese Entscheidung gab, kannten wir die Grundhaltung der Eltern. Wir wussten aber auch, und das kann man so schwer heute vermitteln, dass es klüger war, nicht zu fragen. Wir hätten womöglich meine Eltern in eine Situation gebracht, in der sie uns mehr hätten sagen müssen, als sie selbst sagen wollten. Ich hab mich oft mit meiner jüngeren Schwester darüber unterhalten und wir sind da beide ganz einer Meinung. Meine jüngste Schwester hat damit große Mühe. Sie kann es sich nicht vorstellen, dass man auch mit elf, zwölf oder dreizehn Jahren eine Haltung der Eltern spürt, ohne dass man darüber redet. Denn das haben wir nicht getan, aber wir hatten auch das Gefühl: Wenn es überquillt in mir, kann ich fragen. Aber ich tat es nicht.

M Das heißt: Das Dilemma zwischen der Verpflichtung der Familie gegenüber und dem Volk, das war das Dilemma Ihrer Eltern. Nicht so sehr ein politisches Dilemma. Zum Beispiel: Darf man einen Mord begehen? Ist es nicht Hoch- oder Landesverrat? Oder führt das nicht zum Bürgerkrieg?

UM Doch! Ich bin ganz überzeugt, und das kommt auch in dem Buch[3] über meinen Vater deutlich zum Ausdruck: Er war ein grundsätzlicher Gegner des Attentats. Ich konnte viele Jahre nicht ganz verstehen, was für ihn hinter seiner Äußerung stand. Er hoffte und glaubte, dieses Regime durch eine höhere Idee beseitigen zu können, wie er es selber nannte. Da habe ich immer das Gefühl gehabt: Ein solches Regime kann man nicht durch eine Idee stürzen. Heute sehe ich das anders. Heute verstehe ich, wie er es gemeint hat. Aber ich gebe zu, dass ich aus manchen seiner Aufzeichnungen herauslese, dass er teilweise eine Idealvorstellung in seinem eigenen Leben verfolgte, die, glaube ich, nicht praktikabel ist. Auch da liegt durchaus in meinem eigenen Heranwachsen eine gewisse Kritik an seiner sehr hochgesteckten, sehr idealisierten Vorstellung eines Volkes, die ich nicht für realistisch halte. So sind die Menschen eben nicht. Nein *[längere Pause]*.

M Sie haben ja anfänglich geschildert, dass die Tatsache, dass der deutsche Widerstand in den ersten Jahren so wenig Anerkennung fand, Sie wenig berührt hat. Aber Sie werden es sicher doch zur Kenntnis genommen haben, dass das so war. Ist Ihnen das nicht aufgefallen oder spielte es wirklich gar keine Rolle für Sie, wo es Ihre Familie doch so hart getroffen hat?

UM Über viele Jahr war das Gefühl ganz stark in mir: «Es will ja keiner wissen, es will keiner zuhören.» Es kümmerte sich keiner um meine persönliche Entwicklung, um meine persönlichen Chancen und wenn, dann nur ganz wenige. Die Jahre 1944/45 bis zur Währungsreform waren für alle schwierig. Ich habe sicher vereinzelt berichtet, aber sehr zurückhaltend, in dem Wissen: Ich finde nicht die Resonanz, die ich suche.

M Sie haben also doch das Gefühl, das hätte Ihnen gutgetan?

UM Ja, sicher. Ich entsinne mich, dass mir jemand mal geantwortet hat: «Ja, dann hätte doch dein Vater mit einer Pistole Hitler erschießen können, wenn er so dagegen war!» Da kamen teilweise, aus dem Unverständnis der Gesamtsituation heraus, quälende Kommentare. Dem habe ich mich dann auch entzogen. Ich wollte mich dem nicht aussetzen, wahrscheinlich weil ich dem noch gar nicht gewachsen war. Natürlich verteidigte ich das immer im Grunde bis aufs Messer. Aber da eine sachliche Diskussion zu führen mit genügender Distanz, das war noch nicht möglich. Es war viel Vorsicht, Ängstlichkeit und das Gefühl, mit allem vielleicht auch selbst noch gar nicht fertig zu sein. Gerade weil ich so furchtbar allein war, obwohl es die Geschwister irgendwo gab, aber weit weg.

M Sie hatten keine anderen jungen Leute, mit denen Sie sich austauschen konnten?

UM Nein. Diese Kontakte begannen erst jenseits der fünfziger Jahre. Ich war sicher irgendwie lebenshungrig und jung, und meine Lebenssituation war, natürlich nicht nur, aber doch sehr stark, von Hilflosigkeit und Einsamkeit gekennzeichnet. Auch von Fragen, und vielleicht, das will ich auch nicht ganz ausschließen, auch von Vorwürfen gegenüber den Eltern: «Wie könnt Ihr mich in so eine Lebenssituation bringen?» *[längere Pause]*

M Sie sagten ja, dass Ihr Vater, und wohl auch Ihre Mutter, nicht für einen Mord waren. Und wie es dann wirklich passiert ist, wie war das? Wie haben Sie das erfahren?

UM Das ist eine ganz merkwürdige Geschichte: Ich war am 20. Juli mit meiner besten Schulfreundin in Berlin. Wir wollten ins Theater unter den Linden, bekamen aber keine Karten. Wir waren ab Mittag schon in Berlin, haben nichts Außergewöhnliches bemerkt. Wir sind wieder nach Hause gefahren, es war so um sechs Uhr, und wir hatten einen circa zwanzigminütigen Weg zu Fuß vor uns. Auf einmal rief jemand, ich drehte mich um und mein Vater war hinter uns. Normalerweise kam er nicht so früh nach Hause. Wir sind im Gespräch weitergegangen und haben ihm berichtet, dass wir keine Karten bekommen hätten. Wir waren wenige Schritte vor unserem Haus, da stürzte uns eine Frau aus einer Reihenhaus-Siedlung entgegen, sah meinen Vater und sagte: «Herr Maaß, stellen Sie sich vor, auf Hitler ist ein Attentat verübt worden.» Wir Mädchen waren erstaunt, aber ich kann mich nicht an eine besondere Reaktion meines Vaters erinnern. Wir sind nach Hause gegangen, haben das Radio angestellt und die Nachrichten gehört. An diesem Abend hat mein Vater zu mir gesagt: «Weißt du, wer der Attentäter ist?» Ich sagte: «Nein, woher soll ich das wissen?» «Es ist der Generalstabsoffizier, der uns zweimal besucht hat und der euch so unendlich beeindruckt hat.» Damit wusste ich, wer es war. Ich erinnerte mich, dass Graf Stauffenberg ein- oder zweimal bei uns war. Er hat meine Mutter, die hoch in Erwartung ihres sechsten Kindes war, mit einem Handkuss begrüßt. Eine für mich völlig ungewöhnliche Geste, die zu meinem Vater nicht gepasst hätte. Aber meine Mutter nahm diesen Handkuss entgegen, als geschähe das jeden Tag. Ich sehe das noch vor mir, und ich fand das wunderschön und einmalig, was ich da erlebt hatte. Er tat das so selbstverständlich. Wahrscheinlich gab er Mutter die linke Hand, denn er war an einer Hand verletzt. Diese Geste sehe ich heute noch deutlich vor mir und insofern wusste ich, wer Stauffenberg war.

M Sie wussten dann, dass er in Beziehung zu Ihrer Familie stand?

UM Ja, und deshalb sagte ich zu meinem Vater: «Dann bist du in höchster Lebensgefahr!» Vater sagte einfach: «Ja.»

M Das heißt, Sie haben den Zusammenhang geahnt?

UM Ja. Das wurde auch nicht verheimlicht oder irgendwie beschönigt. An diesem Abend wurde mir die absolute Lebensgefahr für meinen Vater bewusst. Aber damals bezog ich das nur auf ihn. In der Zeit danach ging er unverändert seiner Arbeit nach, er ging morgens weg und kam abends wieder. Er ist dann erst am 8. August in Berlin verhaftet worden und nicht zu Hause. Vielleicht müsste ich sogar sagen: «Gott sei Dank!», denn das hat ja immer etwas sehr Unwürdiges und Schlimmes an sich. Das war wohl der Grund, dass diese tödliche Angst dieses ersten Abends wieder verschwand. Vielleicht kann man damit auch mit 16 Jahren gar nicht leben, sich jeden Tag wieder klarzumachen: «Es kann der letzte Tag sein.» Deshalb hat mich dann der wirklich letzte Tag, an dem mein Vater das Haus verließ, viele, viele Jahre verfolgt. Wir hatten Fliegeralarm gehabt und waren mindestens zwei Mal in dieser Nacht im Keller gewesen. Wenn es so war, begann die Schule später und wir konnten etwas länger schlafen. Mein Vater rief, als er wegging, wie üblich: «Auf Wiedersehen!» und ich rief aus dem Bett heraus auch: «Auf Wiedersehen!», blieb aber im Bett liegen. Und [Pause] ja [Pause] und das war der letzte Morgen. Dann kam er nicht mehr wieder und wir haben ihn nicht mehr gesehen. Diese Unzulänglichkeit von meiner Seite, dass ich nicht aufgestanden bin, um ihm noch einen Kuss zu geben, das hat mich furchtbar lange, ganz furchtbar lange, gequält. Ich machte mir den Vorwurf: Du hättest doch daran denken müssen, dass diese tödliche Gefahr besteht und nur aus Bequemlichkeit und Faulheit bist du nicht aufgestanden. Es hat ganz lang gedauert, bis ich Frieden in mir fand. Das war eine schlimme Zeit. Da hatte ich mir selbst etwas Schlimmes angetan.

M In dieser Zeit bis zur Hinrichtung lebte ja Ihre Mutter noch.

UM Meine Mutter erfuhr über Freunde den Tag der Verhandlung. Es war ein Freitag am Volksgerichtshof und sie kam mit dem Wissen des Todesurteils nach Hause. Sie ist dann mit mir am Sonnabend wieder zum Justizministerium gefahren. Dort erreichte sie den Stellvertreter des Justizministers. Das war ein jüngerer, uniformierter Mann. Er begrüßte uns mit «Heil Hitler!», wir beide sagten gar nichts. Dann schloss er die Türe und gab meiner Mutter die Hand und sagte: «Jetzt möchte ich Sie begrüßen, wie es für mich richtig ist.» Ich weiß nicht mehr genau, welches Wort er wählte … er sagte wohl: «Guten Tag!» Ich stand nur so dabei und hörte das Gespräch zwischen meiner Mutter und ihm. Sie sagte, um was es geht und er antwortete: «Versuchen Sie sofort ein Gnadengesuch einzureichen, denn das Urteil liegt bei uns noch nicht vor und der Justizminister muss es noch unterschreiben. So lange ist es noch nicht vollstreckt.» Wir sind mit diesem Bescheid sofort nach Hause gefahren. Meine Mutter hat ein Gnadengesuch[4] aufgesetzt, ich habe im Namen der Geschwister eines aufgesetzt und damit ist meine Mutter am Montagmorgen erneut in das Justizministerium gefahren, in der Hoffnung, dass das eventuell doch etwas ermöglicht. Inzwischen kam ein blauer Umschlag. Wer ihn geöffnet hat, weiß ich nicht. Darin wurde das Todesurteil als vollstreckt mitgeteilt. Dann kam meine Mutter wieder nach Hause. Wir saßen da und konnten überhaupt nicht sprechen, denn wir wussten es inzwischen. Von dem Moment an ist meine Mutter versteinert. Sie hat nicht geweint [Pause] überhaupt nicht geweint. Sie war zu, sie war für uns nicht mehr erreichbar. Meine Schwester und ich sind mit ihr in unserem sehr schönen Park Babelsberg spazieren gegangen. Ich weiß nicht mehr, über was wir geredet haben. Ich weiß nur, dass ich immer dachte: «Gott, wenn sie doch bloß weinen würde!» Wobei ich mich auch nicht entsinne, geweint zu haben. Ab da war sie wie entrückt. Es lief alles so mechanisch, wie es der Tag mit sich brachte, und vierzehn Tage später erkrankte sie mit einer immer weiter umlaufenden Ge-

lenkentzündung. Ich weiß noch: Das erste Gelenk, das schwerst entzündet und wahnsinnig schmerzhaft war, war das rechte Ellenbogengelenk. Es wanderte dann durch ihren ganzen Körper. Es wurden immer mehr Stellen befallen. Sie wurde in Watte gelegt, mit Öl behandelt und hat furchtbar gelitten.
Ich erinnere mich an eine Episode: Ich wurde losgeschickt in unsere Apotheke, um Morphium zu holen. Sie sollte Morphium kriegen, um von den Schmerzen wegzukommen, aber Morphium half ihr nicht. Sie bekam dann von unserem Hausarzt Luminal. Das sind so Dinge, die vergisst man nicht. Sie bekam das und war damit sicher auch gedämpft, vor allem aber eben schmerzfrei. Aber durch ihre gesamte Hinfälligkeit, wahrscheinlich auch kaum noch Nahrung aufnehmend, ist sie immer mehr verfallen und ist dann noch ganz kurzfristig in das Krankenhaus gekommen. Es kam eine Rippenfell- und Lungenentzündung dazu und eine Herz-Kreislaufschwäche. Es war dann einfach ein Verlöschen. Ein wirkliches Verlöschen. Ohne jeden Widerstand. Es gab keine Kraft mehr in ihr. Es gab nichts mehr, nichts mehr *[längere Pause]*.

M Waren Sie in dieser Zeit so etwas wie ein Partnerersatz für sie?

UM Das ist, glaube ich, vermessen. Das möchte ich unter keinen Umständen so sagen. Am ehesten war das vielleicht eine langjährige Freundin, die nachher auch mein Vormund wurde, die ich sehr geschätzt habe und die dann quasi Großmutter meines Kindes wurde. Vielleicht auch ihre eigene Mutter, eine ebenso eindrucksvolle wie schwierige Frau, die ja von Anfang an bei uns lebte. Aber aus der Zeit weiß ich nichts Konkretes zu berichten. Wir lebten, wir existierten, aber irgendwie so fürchterlich mechanisch, wie Roboter. Ich habe es damals sicher so nicht empfunden. Ich ging weiter in die Schule, ich hatte meine Tiere zu versorgen und den Garten. Allerdings habe ich mich nach dem Tod meiner Mutter für vieles sehr verantwortlich gefühlt und habe das auch so gehandhabt. Dazu gehörte, dass mein Vater Tabak angebaut hatte, und ich habe mit dieser letzten Ernte 1944 unendliche Tauschgeschäfte gemacht. Das war ja eine heißbegehrte Ware. Ich tauschte sie gegen irgendetwas anderes für unsere Familie. Ich hatte stark das Gefühl, für Verschiedenes jetzt einfach verantwortlich zu sein. Mein Bruder war ja Soldat.

M Wurden Sie zum Mutter-Ersatz?

UM Nein, gar nicht! Es war einfach das Gefühl, für Dinge sorgen zu müssen, für die gesorgt werden musste, damit die Familie irgendwie weiterleben konnte *[Pause]*.

M Um noch mal auf Ihren Vater zurückzukommen. Eine generelle Frage: Es gibt ja diese berühmte Opfer-Täter-Diskussion. Zum Beispiel: Was ist mit den Deutschen? Sind sie alle Täter, sind sie ein «Tätervolk»? Was glauben Sie, in welche «Kategorie» sich Ihr Vater selbst eingeordnet hätte? Er war ja extrem in diese Auseinandersetzung eingebunden. Was denken Sie, wie hätte er sich selbst bezeichnet, wenn man ihn gefragt hätte?

UM Ich würde sagen, bis zu seiner Verhaftung als ideologischer politisch denkender Täter. Dass er mit allen Fasern seines Herzens, seines Geistes, versuchen wollte, dieses Regime zu stürzen, um eine Veränderung herbeizuführen. Nicht als Attentäter und auf der Basis eines Mordes, aber so aktiv, wie es nur ging. Er schreibt es sogar in seinen Aufsätzen, die wir von ihm haben, dass er nach dem zu dem Zeitpunkt geltenden Recht Hoch- und Landesverrat betrieben hat. Das beschönigte er gar nicht. Aber letzten Endes wurde er natürlich Opfer des Regimes. So würde ich das heute beurteilen. Die Täterschaft beruhte auf der geistig-politischen Ebene. Da wollte er unter allen Umständen eine seinen Vorstellungen entsprechende Veränderung, verantwortungsbewusst ermöglichen. Er hatte auch die Bereitschaft, sich entsprechend dafür zu engagieren, bis er dann mit der Verhaftung Opfer des Regimes wurde.

M Wie geht es Ihnen damit, dass das deutsche Volk in der heutigen Diskussion als ein «Tätervolk» bezeichnet wird?

UM Da darf ich vielleicht ein Beispiel nennen: Ich bin jetzt 77 und wir haben eine sehr rege Klassengemeinschaft bis heute. Ich bin jedes Mal erstaunt, dass es wirklich viele gab, die heute sagen, dass in ihrem Elternhaus über Politik gar nicht geredet wurde. Ich möchte ihnen glauben, dass sie von nichts gewusst und dass sie sich auch dafür nicht interessiert hätten. Erstaunlicherweise waren die, die sich am stärksten dafür interessierten, Töchter aus zwei Familien, von denen ich heute sagen würde, sie gehörten zum Täterkreis. Beide Familien waren nationalsozialistisch hoch engagiert, die Töchter entsprechend geprägt und erstaunlicherweise mit einem sehr parallelen Lebensweg zu meinem eigenen. Sie wurden genauso aus der Lebensbahn geworfen wie ich.

Das wollte ich zu Anfang gar nicht gerne haben, das muss ich zugeben. Da hatte ich doch sehr das Bedürfnis, das klingt jetzt arrogant, dass mein Lebensweg ein besonderer sei, ein auffälliger und einer, der besondere Beachtung verdient. Dank einer unerhört eindrucksvollen Tagung in Tutzing über «Vergangenheit, die nie vergeht» habe ich aber begriffen, dass ich meine Vorstellung unbedingt korrigieren muss. Es ist offensichtlich, dass die Lebenswege der Kinder von Tätern und Kinder von Opfern erstaunlich gleich verlaufen sind, mit allen Variationen. Genauso ist das in meiner Klasse. Beide Töchter haben von sich aus einen engen Kontakt zu mir gesucht. Die eine hat mich sogar ganz speziell eingeladen zu sich, damit ich ihr von meinem Lebensweg erzähle. Wir waren früher sehr eng befreundet und sind ab unserem sechsten Lebensjahr, vom ersten Schultag an, zusammen in eine Klasse gegangen. Es war ihr wirklich ein Bedürfnis, mir zuzuhören. Ihr selbst ist auch Bitteres widerfahren. Ihre Eltern haben überlebt. Aber es gab auch dort viel Schlimmes. Es relativiert sich jetzt so ein bisschen, wenn man es auf die nächste Generation überträgt. Ich denke, wir sollten einmal, aus meiner Generation heraus, eine Begegnung mit Kindern von Tätern veranstalten. Ich hielte es im Hinblick auf die jüngere Generation für wahnsinnig wichtig, wenn wir die erreichen wollen. Die Jüngeren sind interessiert. Ich bin mehrmals in Potsdam in Schulen gewesen und habe vor Sechzehn- bis Neunzehnjährigen geredet. Nur aus meinem kleinen Lebensausschnitt. An den Fragen war zu ermessen: Sie interessieren sich, aber sie wollen es authentisch.

M Wenn Sie das so ansprechen, kommt mir die Frage: Würden Sie sich in diesem Fall dann als Täter- oder als Opferkind sehen?

UM *(Seufzt)* Sie haben wohl recht, ich sehe mich in beiden.

M Das ist nämlich das, was mich besonders interessiert: Der Widerstand hat ja eine Art Doppelgesicht.

UM Ja, das stimmt, das musste ich mir mühsam klarmachen! Eigentlich würde ich das Kind eines Opfers sein und meine Klassenkameradin wäre die Tochter eines Täters. Wenn man das aber noch weiter aufdröselt, könnte sich das auch umdrehen. Man hat beide Rollen irgendwo erlebt.

M Wenn der Krieg anders ausgegangen wäre, dann wären ja die Widerstandskämpfer die Verräter gewesen.

UM Absolut.

M Die Widerständler wären Täter gewesen.

UM Ja. Dieser Gedanke ist sicher behutsam anzugehen. Auf dieser Tagung in der Evangelischen Akademie Tutzing habe ich einen ehemals deutschen Juden erlebt, der als Junge mit seinen Eltern nach Amerika emigriert ist. Er wurde dort Psychologe und ist dann schon vor dreißig Jahren zurück nach Israel gegangen, hat sich dort speziell der Holocaustgeschädigten angenommen. Später hat er dann Täter- und Opferkinder zusammengebracht. Er zeigte uns einen Videofilm der ersten Begegnung. Es war hochinteressant. Er berichtete, dass sie sich jedes Jahr treffen. Inzwischen sicher auch in wechselnder Begleitung und Zusammensetzung, in einem Jahr in Israel, im nächsten in Deutschland und dann in Amerika. Die erste Begegnung war in Israel. Er sagte, es wäre bewegend, aber auch kummervoll und heilend. Es hat das ganze Spektrum. Muss es auch haben, denke ich. Was in dieser Tagung in Tutzing sehr stark zum Ausdruck kam, war, dass eben auch die Generation der Kinder der Täterfamilien, jetzt weiß ich gar nicht mehr wie ich sagen soll, der Nazitäterfamilien genauso verstummt sind, genauso das Bedürfnis haben, sich endlich mitteilen zu können. Dass sie aber genauso wenig einen Resonanzboden fanden, aus Scham, aus Unwissenheit, aus vielerlei Gründen.

M Es gibt natürlich auch die Unbelehrbaren.

UM Ja, selbstverständlich, aber das kann man vergessen.

M Es gibt auch eine Frage, die immer wieder mal im Raum steht in Anbetracht dessen, dass das Attentat so spät stattfand, in einer fast aussichtslosen Situation, was den tatsächlichen Erfolg betrifft. Man kennt ja diesen Ausspruch Tresckows, der auf Stauffenbergs Anfrage antwortete: «Das Attentat muss stattfinden, koste es, was es wolle.» Das kann man ja auch so sehen, dass das Ganze einen selbstzerstörerischen Aspekt hatte, also Widerstand um den Preis der Selbstzerstörung.

UM Damit hätte ich Mühe. Das Bewusstsein, dass das schiefgehen kann, war natürlich da. Aber ich glaube, es war Ausdruck höchster Verzweiflung und höchster Not als rettender Ausweg, vielleicht um vor sich selbst auch bestehen zu können. Um vor sich selbst sagen zu können: «Wir haben dieses hohe ethische Ziel, diese Verantwortung auf uns genommen, selbst zu dem hohen Preis, dass wir das Leben lassen müssen.» Das kam auch bei verschiedenen Tagungen, die ich mitgemacht habe, zur Sprache. Das war auch zum Beispiel das ethisch hochgesteckte, idealistische Ziel des «Kreisauer Kreises». Ich denke, dass es für diese Männer eigentlich dann nur diesen letzten Schritt in die Verzweiflung gab, wohlwissend, dass es vielleicht zu spät ist. Selbst wenn es gelungen wäre. Wäre damals das Volk schon mitgegangen, hätte es das begriffen? Da bleiben ja nur Hypothesen.

M Es ist tatsächlich eine große Frage!

UM Ja, eine große Frage. Ich persönlich entsinne mich vom Gefühl her, abgesehen von Gesprächen in meiner Klasse, wo viel diskutiert wurde, dass nach Stalingrad ausgesprochen wurde, dass nun der Krieg nicht mehr zu gewinnen war, obwohl es hoch gefährlich war, so etwas zu sagen. Aber das haben wir gar nicht ermessen. An diese Grundhaltung nach dem Fall von Stalingrad im Februar 1943 entsinne ich mich gut. Es begannen dann die Luftangriffe und an verschiedenen Fronten der Rückmarsch. Ich weiß nicht mehr, ob Afrika davor oder danach für uns verloren war. Es ist für mich in der Erinnerung so, dass mit diesem Kriegsgeschehen die Wahrscheinlichkeit, diesen Krieg zu gewinnen, immer mehr sank.

M Von den Kreisauern weiß man, dass sie sagten: «Es hat keinen Sinn jetzt im Sinne eines Attentats zu handeln. Wir werden hinterher gebraucht.»

UM Ja. Dazu gehörte auch mein Vater mit seinen Vorstellungen. Er ist bei der zweiten Tagung in Kreisau gewesen. In den Aufzeichnungen von Moltke steht etwas über ihn, was ich für absolut authentisch halte, und ich habe die Freude gehabt, Freya Moltke mehrfach zu begegnen und sie in Vermont zu besuchen. Sie hat meinen Vater so geschildert, wie ihn meine Schwester und ich in Erinnerung haben. Sie ist der letzte Mensch, der ihn noch gekannt hat. Zum «Kreisauer Kreis» gehörte mein Vater sicher in seiner ganzen Vorstellung der Verantwortung, die er dem Volk gegenüber empfand.

M Er war also auch der Meinung, man muss die Katastrophe passieren lassen?

UM Ja. James Moltke hat erlebt, wie Ostpreußen in Feindeshand fiel und diese Dramen passierten. Ich denke, dass er gut informiert gewesen ist über die entsetzlichen Zerstörungen des Landes und des Volkes.

M Mir kommt immer die Vorstellung, dass womöglich ein Bürgerkrieg ausgebrochen wäre, wenn das Attentat erfolgreich gewesen wäre.

UM Ja. Das ist richtig. Das wäre dann vielleicht weniger eine Zerstörung von Häusern und ähnlichem gewesen, aber eine riesige Zerstörung von Menschen. Gnadenlos.

M Um noch mal auf Ihr eigenes Leben zurückzukommen: Wie weit haben Sie den Eindruck, dass Sie geprägt sind von diesen jugendlichen Erfahrungen? Was einem geschieht und wie man handelt, das ist ja immer multikausal. Aber was bringen Sie mit diesen von Ihnen geschilderten Erfahrungen in Zusammenhang?

UM Wie schon gesagt, denke ich, dass ich stark von den Vorbildern meiner Eltern geprägt worden bin, die immer ein Maßstab für mein eigenes Leben waren.

Je älter ich werde, desto dankbarer schaue ich auch auf diese Zeit zurück, die zwischendrin schwierig und problematisch war. Ich selbst war sicher auch schwierig und problematisch, davon bin ich überzeugt. Aber ich fühlte mich doch geborgen in guten Erinnerungen, und das ist etwas Wunderbares, wenn man auf ein so gutes und tiefes Geborgenheitsgefühl in der Jugend zurückblicken kann.

M Was für eine innere Haltung könnten wir heutzutage Ihrer Meinung nach annehmen, die dazu beitragen könnte, dass die Turbulenzen aus dieser Zeit, die ja immer noch da sind, zur Ruhe kommen? Was könnten wir Ihrer Meinung nach dazu beitragen, dass das in den Beziehungen zwischen den Menschen keine destruktive Rolle mehr spielt?

UM Nach meiner Erfahrung ist es am heilsamsten, ob das immer der richtige Weg ist, weiß ich nicht, aber ich erhielt immer eine gute Resonanz, wenn sich unsere Generation dem Gespräch gestellt hat. Wenn wir aus der Erfahrung von damals mit aller Bereitwilligkeit sagen: «Ich will es nicht beschönigen, selbst wenn ich mich vielleicht an manches nicht mehr ganz exakt erinnere.» Wenn wir es lebendig weitergeben, überzeugt das am meisten. Ich zum Beispiel war in der Hitlerjugend, ich war Führerin und habe gerne diese Lagerspiele mitgemacht. Ich bin am Feuer gesessen und habe zur Gitarre gesungen, alles furchtbar gerne. Aber ich war auch stinksauer, wenn ich für meine Kinder keine Bezugsscheine für Schuhe, für Socken oder für Blusen bekam. Ich habe einmal ein Schulungslager mitgemacht, 1942 oder 1943 in Gotenhafen, da haben wir gestreikt. Wir waren alle Führerinnen ab einer bestimmten Charge, wir haben gemeinsam den Gehorsam verweigert, weil wir nicht genug zu essen bekamen und die höher gestellten Führerinnen unsere Lebensmittel aßen. Wir haben eine Revolte veranstaltet mit dem Erfolg, dass wir zu einem Nachtmarsch herausgepfiffen wurden und über die Insel wandern mussten. Eine von uns aber verschwand. Sie war plötzlich weg. Da sind unsere Führerinnen, die waren alle so 18 bis 20 Jahre alt, heftig ins Flattern gekommen, als dieses eine Mädchen weg war und wir haben ab da anständig zu essen bekommen. Also solche Methoden, die habe ich sehr bewusst miterlebt, und ich mache auch nie einen Hehl daraus, dass ich gerne in der Hitlerjugend war, in dem Rahmen, in dem ich tätig war.

M Darüber zu sprechen, wie das alles für Sie und Ihre Altersgenossen gewesen ist, das ist nach Ihrer Meinung das, was Sie beitragen können, dass die Wunden von damals wieder ausheilen können?

UM Ja. Es wird sicher manches friedlicher und ruhiger, aber es wird eben auch manches verloren gehen. Positive wie negative Berichterstattung hören mit dem Sterben der Zeitzeugen eben auf.

M Die Vorurteile halten sich ja oft unglaublich lang, oft über Jahrhunderte, wenn man in der Geschichte zurückgeht.

UM Man kann ja nichts mehr revidieren, aber ich halte diesen Weg doch für den wichtigsten und am ehesten gangbaren. Vielleicht darf ich als Beispiel nennen, was mich selbst so unglaublich beeindruckt und bestärkt hat in der Meinung, dass man als Zeitzeuge «eine kleine Garbe abzuliefern» hat: Wir waren vor vier oder fünf Jahren in Kreisau zu einer Tagung und fuhren weiter zu einer Besichtigung des dort hinter Schweidnitz liegenden Konzentrationslagers Groß-Rosen.[5] Ein Konzentrationslager mit einem Granitsteinbruch und mit unendlich vielen Toten, die beim Steinebrechen umgekommen oder einfach an Überarbeitung gestorben sind. Dort erwarteten uns zwei Zeitzeugen, zwei Polen, die aber gut Deutsch sprachen, so dass wir uns ohne Dolmetscher verständigen konnten. Der eine, der mich besonders berührte, war, das stellte sich später heraus, ein Jahr älter als ich. Er berichtete, wie er als 17-Jähriger in dieses Konzentrationslager Groß-Rosen verschleppt wurde und dort im Steinbruch arbeiten musste. Er wurde erwischt, wie er drei Kartoffeln geklaut hatte, und wurde dafür halb tot geprügelt. Aber er wurde nicht liegengelassen nach diesen entsetzlichen Schlägen. Irgendjemand hat ihn auf die Krankenstation gebracht. Dort ist er geblieben und wieder auf die Beine gekommen. Ich hab ihn gefragt, wie er selber mit diesem ganzen Erleben fertig geworden ist. Er gab zu, dass er mehr als zehn Jahre wie unter einer Glocke gelebt hatte. Dann ist er erst aufgewacht, hat einen Beruf erlernt und eine Familie gegründet. Wir unterhielten uns noch länger, und dann verabschiedeten wir uns. Ich muss dazu sagen: Mein Volk hat ihm das angetan und hat ihm Jahre seines Lebens geraubt! Er verabschiedete sich jedoch mit einer Geste, die mich tief berührt hat: Er gab mir einen Handkuss. Ich dachte: «Dieser Mann hat wirkliche Größe!» Er wusste zwar, dass wir Angehörige von Opfern das Naziregimes sind, aber ich war eben Deutsche und er Pole!

M Wusste er, dass Ihr Vater im Widerstand war?

UM Ja. Die ganze Gruppe gehörte zu Kreisau und damit auch zum Widerstand. Das wusste er. Trotzdem muss ich Ihnen ganz ehrlich sagen: Ich empfand das als eine ganz große Geste dieses einfachen, schlichten Mannes, über die ich zu Tränen gerührt war. Dass einer das so vergeben kann! Wirklich vergeben, und zwar von Volk zu Volk. Ich empfand mich da nicht als Angehörige des Widerstands, ich empfand mich als Deutsche. Dass er das schaffte, fand ich wunderbar, wirklich beeindruckend. Da begriff ich, wie nötig es ist, darüber zu berichten. Er gab mir so viel: Diese Haltung zusammen mit dieser Geste und mit seinem Bericht. Es berührte mich auch so stark, weil er nur ein Jahr älter war als ich. Ich konnte mir immer seine Lebensetappen in Bezug zu meinem Leben vorstellen.

M Was denken Sie hat das, was Sie so tief berührt hat und was offenbar auf Sie heilend wirkte, damit zu tun, wie ähnlich in gewissem Sinne die Schicksale der Kinder von Tätern, Opfern und Widerständlern sind? Dass es Traumata auf beiden Seiten gibt. Glauben Sie deshalb, dass es so wichtig ist, dass man darüber berichtet und Berichte von Zeitzeugen hört, wie Sie es ja bei sich selbst erfahren haben? Und dass sich irgendwann die Sicht von Tätern und Opfern auf gewisse Weise, man kann nicht sagen relativiert, aber dass das schließlich kaum mehr zu trennen ist, wie sich das bei den Widerstandskämpfern besonders deutlich zeigt. Wird die Täter-Opfer-Perspektive auf dieser Ebene irgendwie irrelevant?

UM Ja. Man muss aufeinander zugehen, sich gegenseitig begreifen und wirklich zu verstehen versuchen, dass es tatsächlich diese Parallelen gibt, die zwar niemals zusammenführen werden. Aber das ist auch nicht notwendig. Jedes Schicksal verdient seinen eigenen Respekt, seine Achtung und auch sein Verständnis. Diese Gedanken und Gefühle können sehr weit gehen oder nur ganz im Hintergrund spürbar werden. Respekt bedeutet hier auch eine gewisse Demut, die sagt: «Mir ist es so gegangen und dem andern ist es anders oder vielleicht auch ähnlich gegangen.» Sicherlich auf verschiedenen Straßen, auf verschiedenen Ebenen, aber das jeweilige Leben ist davon tief geprägt. Im Jahr 2000 sind meine Schwester und ich auf einer Amerikareise durch Boston gelaufen, wohin mein Vater im Jahr 1937–38 einen Ruf an die Harvard-Universität bekommen hatte. Wir waren beide Mittsiebzigerinnen, schlenderten durch diese Stadt und fragten uns, wie wohl unser Leben verlaufen wäre, wenn unser Vater damals diesem Ruf gefolgt wäre. Würden wir noch in Boston sein? Wären wir inzwischen Amerikanerinnen? Wir haben festgestellt, dass es gut war, wie unser Leben gelaufen ist. Wir haben dieses Gedankenspiel betrieben, ohne Kummer, ohne Zorn und ohne Wehmut. Aber wir sagten uns: Nein, wir gehören nach Deutschland, mit allem, was das von damals bis heute für uns bedeutet hat. Das wurde uns zur Gewissheit.

Schlusswort *von Eva Madelung*

Lernen wir aus der Geschichte?

Diese Frage ist schwer zu beantworten, denn es gibt genauso viele Gründe sie zu verneinen, wie sie zu bejahen. Sie ist ebenso schwer zu entscheiden wie die Frage, ob man aus seiner eigenen Lebensgeschichte dazulernt oder ob man doch letztlich immer wieder in die gleichen Sackgassen gerät. – Trotzdem ist durch die Jahrtausende das Interesse vieler Menschen an «alten Mären» ungebrochen. Offenbar sind sie sich sicher, dabei etwas Lebenswichtiges zu erfahren.

Zeitgeschichte ist ein besonderer Fall, denn sie spielt auf der Schwelle zwischen eigener Erfahrung und allgemeiner Geschichte, und die persönlichen Erfahrungen von Vater und Mutter reichen noch ein Stück weiter in sie zurück. Sie ist wie eine Schwelle zwischen dem eigenen Erleben und dem Gemisch aus Erfahrungen, Ereignissen und Sichtweisen, das sich als «Geschichtswissen» niederschlägt und so weitergegeben wird. – Ganz sicher ist die Meinung irrig, man könne aus dem Blick in die Vergangenheit Voraussagen für die Zukunft zuverlässig ableiten. Trotzdem halte ich die Hoffnung für berechtigt, dass die Beschäftigung mit der Vergangenheit ein Lernprozess sein könnte, in dem sich die persönliche Erfahrung auf eine kollektive hin erweitert. Auch der Impuls, diese Gespräche zu führen, bezog aus dieser Hoffnung seine Kraft.

Während ich meinen Gesprächspartnerinnen und -partnern zuhörte, hatte ich immer wieder das Gefühl, den eigenen Weg, den ich durch die Landschaft meines Lebens gegangen bin, mit Varianten zu versehen und meinen Blickwinkel zu erweitern. Ich durfte durch die Augen von Menschen schauen, deren Lebenswege anders verliefen als mein eigener, und ich habe dies als eine große Bereicherung empfunden. Dabei war mir der emotionale Erfahrungsgewinn ebenso wichtig wie die Erweiterung meines geschichtlichen Überblicks.

Dank

Mein Dank gilt zuerst allen, die bereit waren, ein Gespräch über diese Zeit zu führen und der Veröffentlichung zuzustimmen. Aber auch jenen, deren Interviews aus verschiedenen Gründen nicht in dieses Buch aufgenommen wurden.

Zu großem Dank bin ich auch Christine Blumenberg-Lampe und Petra Schneiderheinze verpflichtet, die mich bei der Führung der Gespräche unterstützten. Ohne sie wäre die Palette der Befragten nicht so reichhaltig geworden.

Joachim Scholtyseck gilt mein besonderer Dank, denn er und seine Mitarbeiterin Iris Limburger haben diesem Buch die notwendige historische Fundierung gegeben, und seine methodischen Betrachtungen stellen seinen Inhalt in einen geschichtswissenschaftlichen Rahmen.

Nicht zuletzt sei noch unsere Lektorin Claudia Althaus erwähnt. Ihr Sachverstand, ihre Geduld und ihr Geschick bei der schwierigen Aufgaben, aus dem umfangreichen Material ein lesbares Buch zu machen, hat viel dazu beigetragen, dass es schließlich in relativ kurzer Zeit Gestalt angenommen hat.

Anhang

Anmerkungen

Einleitung

1 Bis auf Felicitas von Aretin, Die Enkel des 20. Juli 1944, Leipzig 2004.
2 Joachim Scholtyseck, Robert Bosch und der liberale Widerstand gegen Hitler 1933–45, München 1999.
3 Siehe die Kurzvita von Friedrich August Schneiderheinze hier im Band, S. 59.
4 Pumla Gobodo-Madikizela, Das Erbe der Apartheid – Trauma, Erinnerung, Versöhnung, Düsseldorf 2006. Dieses Buch zeigt erstaunliche Übereinstimmungen zwischen familientherapeutischen Erkenntnissen und der in Südafrika angewandten politischen Praxis der Versöhnung.
5 Vgl. Jürgen Müller-Hohagen, Geschichte in uns. Psychogramme aus dem Alltag, 2. Auflage, München 2002, S. 45 ff.
6 Beispielsweise Anne Ancelin Schützenberger, Oh meine Ahnen! Wie das Leben unserer Vorfahren in uns wiederkehrt, Heidelberg 2003.
7 Kurt Grünberg/Jürgen Straub (Hrsg.), Unverlierbare Zeit. Psychosoziale Spätfolgen des Nationalsozialismus bei Nachkommen von Opfern und Tätern, Tübingen 2001, hier S. 8.
8 Ebd., S. 7.
9 Zitiert nach ebd., S. 12.
10 Müller-Hohagen, Geschichte (wie Anm. 5), S. 45.
11 Vgl. Eva Madelung, Trotz und Treue – Zweierlei Wirklichkeit in Familien, Heidelberg 1998.
12 Bert Hellinger, Die Quelle braucht nicht nach dem Weg zu fragen. Ein Nachlesebuch, Heidelberg 2001, S. 140 ff.
13 Wolfgang Schmidbauer, Ich wusste nie, was mit Vater ist. Das Trauma des Krieges, Hamburg 1998, S. 61 f.
14 Grünberg/Straub, Unverlierbare Zeit (wie Anm. 7), S. 89 f.
15 Zitiert nach Günter Buchstab/Brigitte Kaff/Hans-Otto Kleinmann, Widerstand und Verfolgung 1933–1945. Christliche Demokraten gegen Hitler. 2., ergänzte Auflage, Düsseldorf 1990, S. 249.
16 Zitiert nach Jochen Thies, Die Dohnanyis. Eine Familienbiographie, Berlin 2004, S. 198.
17 Zitiert nach ebd., S. 185.
18 Zitiert nach ebd., S. 204.
19 Eva Madelung/Barbara Innecken, Im Bilde sein – kreativer Umgang mit Aufstellungen in Einzeltherapie, Beratung, Gruppen und Selbsthilfe, Heidelberg 2003, S. 193 ff.

20 Doris Bischof-Köhler, Empathie – Mitgefühl – Grausamkeit und wie sie zusammenhängen. Berliner Debatte Initial 17 (2006), S. 20.
21 Christian Vogel, Evolutionsbiologie und die «doppelte Moral», in: Jahrbuch der Akademie der Wissenschaften in Göttingen 1988, S.57.
22 Christian Vogel, Anthropologische Spuren. Zur Natur des Menschen, Stuttgart 2000, S. 170: «Insgesamt müssen wir uns sicher darauf einstellen, dass Moral ein komplexes ideelles Konstrukt ist, dessen Inhalte sich aus unterschiedlichen Schichten unseres Wesens speisen [...] ich (nehme) drei in ihrer Genese verschiedene Quellen an: (1.) die tief in unserer biologischen Evolution verhaftete Schicht genetisch ererbter Antriebe und Motivationen: Ich spreche vom biogenetischen Potenzial; (2.) die mächtige Schicht traditional überkommener, in langer geschichtlicher Erfahrung erprobter gesellschaftlicher Verhaltensregeln, die weder geplant noch verstanden sind: Ich spreche vom tradigenetischen Potenzial; und (3.) die dünne Schicht von Regeln, die bewusst angenommen und modifiziert wurden, um bestimmten Zwecken zu dienen: Ich spreche vom rationalen Potenzial.»
23 Barbara Rang, mündliche Mitteilung.
24 Hans Graf Lehndorff, Ostpreußisches Tagebuch. Aufzeichnungen eines Arztes aus den Jahren 1945 bis 1947, München 2001, S. 90.
25 Klemens von Klemperer, Die verlassenen Verschwörer. Der deutsche Widerstand auf der Suche nach Verbündeten 1938–1945, Berlin 1994, S. 181.
26 Yorck wird zitiert nach Günter Brakelmann, Die Kreisauer: Folgenreiche Begegnungen. Schriftenreihe der Forschungsgemeinschaft 20. Juli 1944, Band 4, Münster 2003, S. 253 bzw. 260 ff.
27 Die pseudoreligiöse Weihe, die in solchen Zusammenhängen entstehen kann, wird beispielweise aus den Gesichtern der Teilnehmer an Reichsparteitagen klar, wie sie die Filme von Leni Riefenstahl zeigen.
28 Von Aretin, Die Enkel (wie Anm. 1), S. 36.
29 Zitiert nach ebd., S. 37.
30 Von Klemperer, Die verlassenen Verschwörer (wie Anm. 25), S. 188 ff.
31 Von Aretin, Die Enkel (wie Anm. 1), S. 119.
32 Mündliche Mitteilung von Petra Schneiderheinze.
33 Von Aretin, Die Enkel (wie Anm. 1), S. 179.

Methodische Betrachtungen eines Historikers

1 Klaus Rosen, Griechische Geschichte erzählt. Von den Anfängen bis 338 v. Chr., Darmstadt 2000, S. 1. Vgl. grundsätzlich Reinhart Koselleck, «Geschichte, Historie», in: Geschichtliche Grundbegriffe. Lexikon zur politisch-sozialen Sprache in Deutschland, Band 2, Stuttgart 1975, S. 593–717, besonders S. 595–597.
2 Otto Gerhard Oexle, Memoria, in: Lexikon des Mittelalters, Band 6, München/Zürich 1993, Sp. 510.

3 Christoph Cornelißen, Was heißt Erinnerungskultur? Begriff – Methoden – Perspektiven, in: Geschichte in Wissenschaft und Unterricht 54 (2003), S. 548–563.

4 Konrad H. Jarausch, Zeitgeschichte und Erinnerung. Deutungskonkurrenz oder Interdependenz?, in: Ders./Martin Sabrow (Hrsg.), Verletztes Gedächtnis. Erinnerungskultur und Zeitgeschichte im Konflikt, Frankfurt am Main 2002, S. 9–37, hier S. 17.

5 Vgl. Nicolas Pethes/Jens Ruchatz (Hrsg.), Gedächtnis und Erinnerung. Ein interdisziplinäres Lexikon, Reinbek bei Hamburg 2001.

6 Vgl. Hans-Joachim Markowitsch, Dem Gedächtnis auf der Spur, Darmstadt 2002.

7 Johannes Fried, Der Schleier der Erinnerung. Grundzüge einer historischen Memorik, München 2004, S. 393.

8 Ebd., S. 392.

9 Helmut Mayer, Der Geist kann warten. Biosoziale Zugänge zum autobiographischen Gedächtnis, in: Frankfurter Allgemeine Zeitung vom 31. Mai 2006.

10 Volker Depkat, Rezension zu: Fried, Johannes: Der Schleier der Erinnerung. Grundzüge einer historischen Memorik. München 2004, in: H-Soz-u-Kult, 11.02.2005, (http://hsozkult.geschichte.hu-berlin.de/rezensionen/2005-1-1139).

11 Vgl. bereits Johan Huizinga, Im Bann der Geschichte. Betrachtungen und Gestaltungen, Nijmegen 1942, S. 104.

12 Eberhard Jäckel, Über den Umgang mit Vergangenheit, in: ders., Umgang mit Vergangenheit. Beiträge zur Geschichte, Stuttgart 1989, S. 118–130, Zitat S. 119.

13 Ebd., S. 118.

14 Johan Huizinga, Im Bann der Geschichte (wie Anm. 11), S. 104.

15 Pierre Nora, Zwischen Geschichte und Gedächtnis, Frankfurt am Main 1998, S. 13.

16 Vgl. hierzu auch Klaus Große Kracht, Gedächtnis und Geschichte: Maurice Halbwachs – Pierre Nora, in: Geschichte in Wissenschaft und Unterricht 47 (1996), S. 21–31.

17 Vgl. inzwischen die neu ins Deutsche übertragene Studie von Maurice Halbwachs, Das Gedächtnis und seine sozialen Bindungen, Frankfurt am Main 2006.

18 Vgl. etwa Harald Welzer, Erinnern und weitergeben. Überlegungen zur kommunikativen Tradierung von Geschichte, in: BIOS 11 (1998), S. 155–170.

19 Jan Assmann, Das kulturelle Gedächtnis, München 1992.

20 Astrid Erll, Kollektives Gedächtnis und Erinnerungskulturen. Eine Einführung, Stuttgart 2005; Harald Welzer, Das kommunikative Gedächtnis. Eine Theorie der Erinnerung, München 2005; Nicolas Pethes/Jens Ruchatz (Hrsg.), Gedächtnis und Erinnerung (wie Anm. 5) 2001; Jürgen Straub, Erzählung, Identität und historisches Bewußtsein. Die psychologische Konstruktion von Zeit und Geschichte, Frankfurt am Main 1998; Aleida Assmann, Persönliche Erinnerung und kollektives Gedächtnis in Deutschland nach 1945, in: Hans Erler (Hrsg.), Erinnern und Verstehen. Der Völkermord an den Juden im politischen Gedächtnis der Deutschen, Frankfurt am Main 2003, S. 126–138.

21 Hans Günther Hockerts, Zugänge zur Zeitgeschichte. Primärerfahrung, Erinnerungskultur, Geschichtswissenschaft, in: Konrad H. Jarausch/Martin Sabrow (Hrsg.), Verletztes Gedächtnis (wie Anm. 4), S. 39–73, hier S. 41.

22 Henning Ritter, Erinnerungskult, in: Frankfurter Allgemeine Zeitung vom 27. Dezember 2000; gedankenreich und weiterführend auch Rudolf Burger, Die Schatten der Vergangenheit und die Lehren der Geschichte, in: Leviathan 30 (2002), S. 313–324.

23 Vgl. hierzu vor allem die Beiträge in: Lutz Niethammer (Hrsg.), Lebenserfahrung und kollektives Gedächtnis. Die Praxis der «Oral History», Frankfurt am Main 1980; Herwart Vorländer, Mündliches Erfragen von Geschichte, in: ders. (Hrsg.), Oral History. Mündlich erfragte Geschichte, Göttingen 1990, S. 7–28.

24 Astrid Erll, Kollektives Gedächtnis (wie Anm. 20), S. 51.

25 Elisabeth F. Loftus, Remembering What Never Happened, in: Endel Tulving (Hrsg.), Memory, Consciousness, and the Brain. The Tallinn Conference, Ann Arbor 1999, S. 106–118.

26 Konrad H. Jarausch, Zeitgeschichte, (wie Anm. 4), S. 27.

27 Ernst Opgenoorth/Günther Schulz, Einführung in das Studium der neueren Geschichte, 6., grundlegend überarbeitete Auflage, Paderborn u. a. 2001, S. 222. Vgl. jedoch angesichts der «bisher durchgängig ungelösten» Probleme der Interviewverfahren die skeptische Beurteilung bei Alexander C. T. Geppert, Forschungstechnik oder historische Disziplin? Methodische Probleme der Oral History, in: Geschichte in Wissenschaft und Unterricht 45 (1994), S. 303–323, bes. S. 320.

28 Klemens von Klemperer, Über den Nutzen des Zeitzeugen für die Historie, in: Joachim Scholtyseck/Stephen Schröder (Hrsg.), Die Überlebenden des deutschen Widerstandes und ihre Bedeutung für Nachkriegsdeutschland, Münster 2005, S. 143–148, hier S. 143 f.

29 Vgl. Harald Welzer/Sabine Moller/Karoline Tschuggnall, «Opa war kein Nazi». Nationalsozialismus und Holocaust im Familiengedächtnis, Frankfurt am Main 2002.

30 Ebd., S. 205.

31 Harald Welzer/Robert Montau/Christine Plaß, «Was wir für böse Menschen sind!» Der Nationalsozialismus im Gespräch zwischen den Generationen, Tübingen 1997, S. 20.

32 Gabriele Rosenthal (Hrsg.), Der Holocaust im Leben von drei Generationen. Familien von Überlebenden der Shoah und von Nazi-Tätern, 3. Auflage, Gießen 1999, bes. S. 16 f.; dies., Historische und familiale Generationenabfolge, in: Martin Kohli/Marc Szydlik (Hrsg.), Generationen in Familie und Gesellschaft, Opladen 2000, S. 162–178; dies., Zur interaktionellen Konstitution von Generationen. Generationenabfolgen in Familien von 1890 bis 1970 in Deutschland,

in: Jürgen Mansel u. a. (Hrsg.), Generationen-Beziehungen, Austausch und Tradierung, Opladen 1997, S. 57–73; Dörte von Westernhagen, Die Kinder der Täter. Das Dritte Reich und die Generation danach, München 1987.

33 Vgl. hierzu die einleitenden Bemerkungen von Eva Madelung in diesem Band.

34 Aktuelle Literaturüberblicke bieten Thomas Medicus, Im Archiv der Gefühle. Tätertöchter, der aktuelle «Familienroman» und die deutsche Vergangenheit, in: «Mittelweg 36» 15 (2006), Heft 3, S. 2–15; Wolfgang Benz, Nationalsozialismus im Generationenkonflikt. Anmerkungen zu Büchern von Kindern und Enkeln, in: Zeitschrift für Geschichtswissenschaft 55 (2007), S. 245–250.

35 Bernhard Giesen, Generation und Trauma, in: Jürgen Reulecke (Hrsg.), Generationalität und Lebensgeschichte im 20. Jahrhundert, München 2003, S. 59–71.

36 Aleida Assmann, Grenzen des Verstehens. Generationsidentitäten in der neuen deutschen Erinnerungsliteratur, in: Familiendynamik. Interdisziplinäre Zeitschrift für systemorientierte Praxis und Forschung 30 (2005), S. 370–389, hier S. 375

37 Vgl. den Überblick bei Tilmann Moser, Dämonische Figuren. Die Wiederkehr des Dritten Reiches in der Psychoanalyse, Frankfurt am Main 2001, bes. S. 115–137. Daneben die Beiträge in: Bernhard Giesen/Christoph Schneider (Hrsg.), Tätertrauma. Nationale Erinnerungen im Diskurs, Konstanz 2004.

38 Ute Althaus, «NS-Offizier war ich nicht». Die Tochter forscht nach, Gießen 2006, das Zitat S. 20. Mannigfache Beispiele auch bei Wolfgang Schmidbauer, «Ich wußte nie, was mit Vater ist». Das Trauma des Krieges, Reinbek bei Hamburg 1998, bes. S. 20–25.

39 Alexander von Plato, Geschichte und Psychologie – Oral History und Psychoanalyse, in: BIOS 11 (1998), S. 171–200, hier S. 179.

40 Diese Gespräche, unter anderem mit Wolf-Rüdiger Heß, Martin Bormann jr., Niklas und Norman Frank, Gudrun Burwitz, geb. Himmler, Edda Göring und Robert von Schirach, lassen sich auch in einer – allerdings wissenschaftlich und handwerklich zweifelhaften – «Weiterführung» der Interviews durch Leberts Sohn nachlesen: Norbert Lebert/Stefan Lebert, Denn Du trägst meinen Namen. Das schwere Erbe der prominenten Nazi-Kinder, München 2000.

41 von Plato, Geschichte und Psychologie (wie Anm. 39), S. 176.

42 Dan Bar-On, Die Last des Schweigens. Gespräche mit Kindern von NS-Tätern, erweiterte Neuausgabe, 2. Auflage, Hamburg 2004

43 Niklas Frank, Der Vater. Eine Abrechnung. Mit einem Vorwort von Ian Kershaw und Ralph Giordano, 6. Auflage, München 2005 (Erstausgabe München 1987).

44 Heinz Stefan Herzka/Annemarie von Schumacher/Sylvie Tyrangiel, Die Kinder der Verfolgten. Die Nachkommen der Naziopfer und Flüchtlingskinder heute, Göttingen 1989. Eine Aufzählung der Werke, die sich mit dem Umgang der Nachkommen anderer Opfergruppen beschäftigen, würde ausufern. Zwei Beispiele mögen jedoch die Dimension verdeutlichen: Angehörige des Terrors der sog. «Rote Armee Fraktion» der 1970er Jahre haben ihren Umgang mit dem

Geschehen dargelegt: Anne Siemens, Für die RAF war es das System, für mich der Vater. Die andere Geschichte des deutschen Terrorismus, München 2007. Für Ungarn liegt eine Untersuchung vor, die auf der Basis von Befragungen analysiert, wie die Kinder der Opfer des Aufstands von 1956 mit ihrer und ihrer Eltern Vergangenheit umgehen: Zsuzsanna Körösi/Adrienne Molnár, Mit einem Geheimnis leben. Die Schicksale der Kinder der Verurteilten von 1956, Herne 2005.

45 Walter Schmidt, Josef Schmidt (16. März 1895 bis 8. November 1943). Erinnerungen an meinen Vater, in: Antifaschismus als humanistisches Erbe in Europa. Festschrift zum 60. Geburtstag von Prof. Dr. Rolf Richter, hrsg. von Roland Bach, Berlin 2005, S. 63–86.

46 Wibke Bruhns, Meines Vaters Land. Geschichte einer deutschen Familie. Erweiterte Ausgabe, Berlin 2005.

47 Felicitas von Aretin, Die Enkel des 20. Juli 1944, Leipzig 2004.

48 Ebd., S. 99.

49 Rudolph Binion, «…daß ihr mich gefunden habt.» Hitler und die Deutschen: Eine Psychohistorie, Stuttgart 1978. Zu Binion und seinem Ansatz vgl. auch die aufschlussreiche Studie von Ron Rosenbaum, Explaining Hitler. The Search for the Origins of his Evil, New York 1998, S. 239–250.

50 Klaus Hildebrand, Das Dritte Reich, 6. Auflage, München 2003, S. 190.

51 Hans-Ulrich Wehler, Einleitung, in: ders. (Hrsg.), Soziologie und Psychoanalyse, Stuttgart 1972, S. 7–10, hier S. 8.

52 Thomas W. Neumann, Berührungspunkte von Oral History und Psychoanalyse, in: BIOS 11 (1998), S. 213–228, hier S. 212.

53 Vgl. hierzu die einleitenden Bemerkungen von Eva Madelung in diesem Band.

54 Marion M. Oliner, Hysterische Persönlichkeitsmerkmale bei Kindern Überlebender, in: Martin S. Bergmann/Milton E. Jucovy/Judith S. Kestenberg (Hrsg.), Kinder der Opfer – Kinder der Täter. Psychoanalyse und Holocaust, Frankfurt am Main 1995, S. 292–321, hier S. 316.

55 Ebd., S. 321.

56 Elisabeth Brainin/Vera Ligeti/Samy Teicher, Pathologie mehrerer Generationen oder Pathologie der Wirklichkeit, in: Kurt Grünberg/Jürgen Straub (Hrsg.), Unverlierbare Zeit. Psychosoziale Spätfolgen des Nationalsozialismus bei Nachkommen von Opfern und Tätern. Frankfurt am Main 2001, S. 151–179, hier S. 162.

57 von Plato, in: Geschichte und Psychologie (wie Anm. 39), S. 180.

58 Seit der Erscheinung des Werkes von Richard Dawkins über «The Selfish Gene» im Jahr 1976 hat sich die evolutionsbiologische Diskussion intensiviert. Im spezifischen Zusammenhang der hier angesprochenen Fragen: Samuel P. Oliner/Pearl M. Oliner, The Altruistic Personality. Rescuers of Jews in Nazi Europe, New York 1988. Vgl. auch Pearl M. Oliner u. a. (Hrsg.), Embracing the other. Philosophical, psychological, and historical perspectives on altruism, New York 1992.

59 Christian Vogel, Evolutionsbiologie und die «doppelte Moral», in: Jahrbuch der Akademie der Wissenschaften in Göttingen 1988, Göttingen 1988, S. 41–62.

60 Klemens von Klemperer, The Solitary Witness: No Mere Footnote to Resistance Studies, in: David Clay Large (Hrsg.), Contending with Hitler. Varieties of German Resistance in the Third Reich, Cambridge 1991, S. 129–139, hier S. 138. Vgl. ders., «What is the Law That Lies behind These Words?» Antigone's Question and the German Resistance against Hitler, in: Michael Geyer/John W. Boyer (Hrsg.), Resistance against the Third Reich 1933–1990, Chicago/London 1994, S. 141–150.

61 Klemens von Klemperer, Über Widerstand und Kollaboration oder: Im Angesicht des Absurden, in: Mechtild Gilzmer (Hrsg.), Widerstand und Kollaboration in Europa, Münster 2004, S. 13–29, hier S. 13.

62 von Plato, in: Geschichte und Psychologie (wie Anm. 39), S. 183 f.

63 Vgl. Norbert Frei/Dirk van Laak/Michael Stolleis (Hrsg.), Geschichte vor Gericht. Historiker, Richter und die Suche nach Gerechtigkeit, München 2000.

64 Burger, Der Schatten der Vergangenheit (wie Anm. 22) , S. 322.

65 Neumann, Berührungspunkte (wie Anm. 52), S. 216.

Caesar von Hofacker (1896–1944)

1 Haus, in dem das alte Bauernehepaar bis zum Ende wohnte.

2 In Bad Sachsa befand sich das nationalsozialistische Kinderheim, in das die Gestapo im August 1944 zahlreiche Kinder aus Widerstandsfamilien brachte, ohne dass den Eltern dieser Aufenthaltsort bekannt war.

3 Als technischer Leiter der Raketenentwicklung in der Heeres-Versuchsanstalt Peenemünde läutete Wernher von Braun (1912–1977) Ende der dreißiger Jahre die Geschichte der deutschen Raketenversuche ein und entwickelte 1938 den Prototyp der A4-Rakete. Als sich 1943 eine militärische Niederlage Deutschlands abzeichnete, setzte Hitler auf den Einsatz der Raketen. Bei einem Angriff auf London am 8. September 1944 wurden zum ersten Mal V2-Raketen eingesetzt. Vgl. die Biographie von Bob Ward, Dr. Space. The life of Wernher von Braun, Annapolis 2005 sowie die Darstellungen von Rainer Eisfeld, Mondsüchtig. Wernher von Braun und die Geburt der Raumfahrt aus dem Geist der Barbarei, 2. Auflage, Hamburg 2000 und Michael J. Neufeld: Die Rakete und das Reich. Wernher von Braun, Peenemünde und der Beginn des Raketenzeitalters, 2. Auflage, Berlin 1999.

4 Auf Himmlers Anordnung wurden im Oktober 1944 Angehörige des 20. Juli sowie Mitglieder des «Nationalkomitees Freies Deutschland» als Sippenhäftlinge interniert. Dabei mussten sie eine einjährige Irrfahrt durch verschiedene Konzentrationslager über sich ergehen lassen. Die SS ließ sie im Glauben, dass Himmler sie nicht töten, sondern als «prominente Geiseln» gefangennehmen wollte. Ihrem Tod, den Himmler für den 29. April 1945 festgelegt hatte, konnten die Häftlinge durch den Einsatz zweier gefangener Offiziere entkommen. Ausführlicher dazu Hans-Günter Richardt, SS-Geiseln in der Alpenfestung. Die

Verschleppung prominenter KZ-Häftlinge aus Deutschland nach Südtirol, Bozen 2005.

5 Anfänglich verband Hofacker mit dem «Dritten Reich» die Hoffnung auf ein «neues Deutschland» und damit verbunden den Aufbruch in eine bessere und chancenreichere Zukunft. Obwohl er ein Sympathisant Hitlers war, erblickte er doch früh die gewalttätigen und rechtswidrigen Auswüchse des NS-Regimes. Vgl. Ulrich Heinemann, Caesar von Hofacker. Stauffenbergs Mann in Paris, in: Klemens von Klemperer/Enrico Syring/Rainer Zitelmann (Hrsg.), Für Deutschland. Die Männer des 20. Juli, Frankfurt am Main/Berlin 1994, S. 108–125, hier bes. S. 112.

6 Die in Ludwigsburg ansässige «Zentrale Stelle der Landesjustizverwaltungen zur Aufklärung von nationalsozialistischen Verbrechen» wurde 1958 gegründet.

Friedrich August Schneiderheinze (1910–1984)

1 Sozialistische Einheitspartei Deutschlands.

2 Familientherapeutische Gruppentherapie, die Bert Hellinger entwickelt hat.

3 Mauerfall und Öffnung der Grenzen am 9. 11. 1989.

4 Heute Ortsteil im Bezirk Mitte von Berlin, vor 1989 Berlin (West).

Martin Niemöller (1892–1984)

1 Im April 1945 wurden die «Sonderhäftlinge» nach Südtirol gebracht, wo sie schließlich befreit wurden. Unter amerikanischen Schutz gestellt, verbrachten sie erst einige Zeit in Neapel, dann in Frankreich und am 24. Juni kehrte Niemöller zu seiner Familie nach Bayern zurück.

2 In der Reichskanzlei fanden sich Vertreter der evangelischen Kirche zusammen, um an Hitler noch einmal persönlich den Appell zu richten, die Kirche möge frei von politischer Einflussnahme bleiben.

3 Else Niemöller.

4 Enttäuscht über den mangelnden Zusammenhalt der «Bekennenden Kirche» spielte Niemöller im Jahr 1940 mit dem Gedanken, zum Katholizismus überzutreten.

Adolf Lampe (1897–1948)

1 Gertrud Lampe (1904–1997), geb. Schmitt.

Kurt Hahn (1901–1944)

1 Peter Hoffmann, Widerstand – Staatsstreich – Attentat. Der Kampf der Opposition gegen Hitler, 3., neu überarbeitete und erweiterte Auflage, München 1979.

2 Gräfin von Hardenberg war die erste Geschäftsführerin des «Hilfswerks 20. Juli» und setzte sich für die materiellen und finanziellen Belange der Hinterbliebenen des 20. Juli ein. Zum «Hilfswerk 20. Juli» vgl. Felicitas von Aretin, Die Enkel des 20. Juli, Leipzig 2004, S. 49.

3 Als Jockey für einen Verein wurde in sogenannten «Farben» geritten.

Ewald von Kleist-Schmenzin (1890–1945)

1 Vor dem Hintergrund der sich abzeichnenden Sudetenkrise und Hitlers systematischer Änderung der Versailler Grundordnung unternahm die deutsche Opposition im Jahr 1938 verstärkt Reisen ins Ausland, um mit den auswärtigen Mächten in Kontakt zu treten und diese zur internationalen Unterstützung für den geplanten Umsturz zu gewinnen. Vor allem in Großbritannien suchte sie nach Verbündeten. Kleist-Schmenzin unternahm, unterstützt von Oster und Beck und organisiert durch den befreundeten britischen Journalisten Ian Colvin, vom 18. bis 23. August 1938 eine Reise nach England, um dort Verbündete gegen Hitler und dessen Regime zu finden. Näheres zu Kleists London-Mission bei Klemens von Klemperer, Die verlassenen Verschwörer. Der deutsche Widerstand auf der Suche nach Verbündeten 1938–1945, Berlin 1994, S. 94. ff.

2 Hans Oster warnte 1939/40 die niederländischen und norwegischen Regierungen vor der deutschen Westoffensive.

3 Der britische Journalist Ian Colvin verfügte über gute Beziehungen zum Londoner Foreign Office und vermittelte so die Kontakte zwischen Kleist-Schmenzin und den führenden britischen Staatsmännern.

4 Im Werk von Bodo Scheurig wird das dramatische Gespräch zwischen Vater und Sohn ausführlich geschildert (S. 187).

Fabian von Schlabrendorff (1907–1980)

1 Luitgarde von Schlabrendorff (1914–1999), geb. von Bismarck.

2 Fabian von Schlabrendorff: Offiziere gegen Hitler, Zürich 1946 (Erstausgabe).

Hans Georg Klamroth (1898–1944)

1 Else Klamroth.

2 Klamroths Leben steht im Zentrum der Biographie von Wibke Bruhns, Meines Vaters Land. Geschichte einer deutschen Familie, erweiterte Ausgabe, Berlin 2005.

3 Bernhard Klamroth (1910–1944), Generalstabsoffizier. Als Angehöriger der Reichswehr diente Klamroth im Zweiten Weltkrieg 1939 als Kompaniechef im Polenfeldzug und 1942 als Generalstabsoffizier an der Ostfront. Über Helmuth Stieff, Erster Offizier des Stabes, gelangte Klamroth in die Organisationsabteilung des Heeres nach Berlin. Eingeweiht in die Umsturzpläne organisierte er den Sprengstoff für das geplante Attentat. Am 10. Juli informierte er seinen Vetter Hans Georg Klamroth über die Anschlagspläne der Verschwörer. Einen Tag nach dem gescheiterten Attentat wurde Bernhard Klamroth verhaftet und gemeinsam mit seinem Vetter am 15. August 1944 vom Volksgerichtshof zum Tode verurteilt und noch am selben Tag hingerichtet.

4 Die Tagebücher des Schriftstellers und Literaturwissenschaftlers Victor Klemperer (1881–1960) geben ein eindrückliches Zeugnis der Ausgrenzung und Verfolgung der Juden in der Zeit des Nationalsozialismus: Victor Klemperer, Leben sammeln, nicht fragen wozu und warum, Tagebücher 1919–1932, Berlin 1996;

ders., Ich will Zeugnis ablegen bis zum letzten, Tagebücher 1933–1945, Band 1–8, Berlin 1995; ders., Und so ist alles schwankend, Tagebücher Juni-Dezember 1945, Berlin 1996; ders., So sitze ich denn zwischen allen Stühlen, Tagebücher 1945–1959, Band 1–2, Berlin 1999.

5 Adolf Lampe.

6 «Opfer des Faschismus».

7 Seit den 1930er Jahren gebräuchliche Stimulansdroge, die besonders im Zweiten Weltkrieg gegen Angstgefühle und Konzentrationsschwäche verwendet wurde.

8 Basierend auf dem gleichnamigen Roman von Remarque über Schrecken und Sinnlosigkeit des Krieges. Vgl. Erich Maria Remarque, Im Westen nichts Neues, 23. Auflage, Köln 2004.

9 «Gesetz zur Wiederherstellung des Berufsbeamtentums» (BBG) vom 7. April 1933, wonach keine Juden im öffentlichen Dienst beschäftigt werden durften.

10 Zur Durchsetzung der antijüdischen Politik erließ der NS-Staat den so genannten «Arierparagraphen». Die Definition des «Gesetzes zur Wiederherstellung des Berufsbeamtentums» bildete die Grundlage für zahlreiche weitere Ausgrenzungen von «Nichtariern» aus Berufen, Verbänden und Organisationen.

11 Jörg Friedrich, Der Brand. Deutschland im Bombenkrieg 1940–1945, München 2002.

Erika von Brockdorff (1911–1943)

1 Cay Hugo von Brockdorff.

2 «Opfer des Faschismus» (OdF), einer Institution für die Anerkennung und Versorgung der Opfer des Faschismus.

3 Tochter von Anton Saefkow (1903–1944), Maschinenbauer. Als KPD-Funktionär wurde Saefkow im April 1933 von den Nationalsozialisten in Haft genommen und 1935 zu zwei Jahren Zuchthaus verurteilt. Nach seiner Internierung in den Konzentrationslagern Fuhlsbüttel und Dachau suchte er sich 1939 Gleichgesinnte und kooperierte ab 1941 mit der kommunistischen Berliner Widerstandsgruppe um Robert Uhrig, die wenig später von der Gestapo zerschlagen wurde. Dies geschah auch mit der kommunistischen Widerstandsgruppe in Hamburg um Bernhard Bästlein und Franz Jacob, so dass der Abgeordnete Jacob nach Berlin floh und dort Kontakt zu Saefkow aufnahm. Gemeinsam schufen sie ab 1943 zusammen mit anderen unentdeckt gebliebenen Mitgliedern ein neues illegales Netzwerk, besonders im Rüstungsbereich. Anfang Juli 1944 wurde Saefkow verhaftet und zum Tode verurteilt. Eine Biographie über Anton Saefkow ist noch ein Desiderat der Forschung. Zur Person vgl. Hermann Weber/Andreas Herbst, Deutsche Kommunisten. Biographisches Handbuch 1918 bis 1945, Berlin 2004, S. 641 f. Zur kommunistischen Widerstandsgruppe um Saefkow und Jacob vgl. Ursel Hochmuth, Illegale KPD und Bewegung «Freies Deutschland» in Berlin und Brandenburg 1942–1945. Biographien und Zeugnisse aus der Widerstandsorganisation um Saefkow, Jacob und Bästlein, Teetz 1998.

4 Tochter von Ignatz Bubis, ehemaligem Vorsitzenden des Zentralrates der Juden in Deutschland.

Hans Jürgen von Bülow (1908–1995)

1 Noch in der Nacht des 20. Juli 1944 sprach Hitler in einer Rundfunkansprache von den Attentätern als einer «ganz kleine[n] Clique ehrgeiziger, gewissenloser und zugleich verbrecherischer, dummer Offiziere».
2 Der sozialdemokratische Politiker Lauritz Lauritzen war von 1963 bis 1966 hessischer Minister für Justiz und Bundesangelegenheiten und später Bundesminister für Wohnungswesen und Städtebau.

Julius Leber (1891–1945)

1 Zu Joachim Knoche vgl. die Angaben im Glossar.
2 Annedore Leber, Das Gewissen entscheidet. Bereiche des deutschen Widerstands von 1933–1945 in Lebensbildern, Berlin u. a. 1957; dies., Das Gewissen steht auf. Lebensbilder aus dem deutschen Widerstand 1933–1945, Neuausgabe, Mainz 1984 und dies./Freya Gräfin von Moltke, Für und wider. Entscheidungen in Deutschland 1918–1945, 2. Auflage, Berlin u. a. 1962.
3 Auf Anraten der Geheimen Staatspolizei sollte Annedore Leber bei ihrem Gesuch auf Haftentlassung erwähnen, dass sie sich finanziell um die Familie kümmern werde. Wenig später wurde Julius Leber freigelassen.
4 Mit Hilfe seines Freundes Gustav Dahrendorf konnte Leber 1939 die Teilhaberschaft an einer Kohlehandlung erwerben. Die Firma wurde zum Treffpunkt des sozialdemokratischen und regimekritischen Freundeskreises, ohne jedoch konspirativen Charakter zu haben.
5 Gudrun Burwitz, geb. Himmler. «Stille Hilfe» ist eine Selbsthilfeorganisation der verurteilten Kriegsverbrecher.
6 Am 20. Oktober 1944 fand der Prozess gegen Leber, Dahrendorf, Reichwein und Maass vor dem Volksgerichtshof statt.
7 Annedore Leber war von August bis September 1944 im Gestapo-Gefängnis Moabit inhaftiert.
8 Annedore Leber trat 1932 aus der evangelischen Kirche aus. Zu diesem Zeitpunkt war das Ehepaar Leber seit 5 Jahren verheiratet.
9 Bischof Wilhelm Berning setzte sich mehrfach bei der Gestapo für eine Freilassung ein.
10 Hans Karl Filbinger (1913–2007), Jurist, CDU-Politiker. Während seiner Zeit als Ministerpräsident von Baden-Württemberg entstand 1978 eine heftige politische Diskussion um die Vergangenheit Filbingers, der als NS-Marinerichter an mehreren Todesurteilen beteiligt war. Infolge dieser Kritik trat Filbinger von seinem Amt zurück. Filbinger hielt als Präsident des Bundesrates anlässlich des 30. Jahrestages des Attentats die Rede im Plenarsaal des Berliner Reichstagsgebäudes. Zum Gesamtzusammenhang Wolfram Wette (Hrsg.), Filbinger. Eine deutsche Karriere, Springe 2006.

11 Vgl. dazu auch die Schilderungen von David Heinemann, Sohn von Katharina Christiansen-Leber, bei von Aretin, (wie Anm. 1) S. 261 f.

12 Annemarie Renger (*1919), SPD-Politikerin und langjährige Präsidentin des Bundestages.

13 Bundeskanzler Helmut Schmidt.

14 Vgl. die umstrittene und vielkritisierte Studie von Daniel Jonah Goldhagen, Hitlers willige Vollstrecker. Ganz gewöhnliche Deutsche und der Holocaust, Berlin 1996.

Richard Kuenzer (1875–1945)

1 Das Schlösschen der Großeltern Kuyphausen bei Stuttgart.

2 Isa Vermehren, Reise durch den letzten Akt. Ravensbrück, Buchenwald, Dachau. Eine Frau berichtet, Neuausgabe, Reinbek bei Hamburg 2005.

3 Das Gefängnis im württembergischen Hohenasperg diente den Nationalsozialisten seit 1933 als Haftanstalt.

4 Wolfram Sievers, der Geschäftsführer des SS-«Ahnenerbes», wurde im Nürnberger Ärzteprozess 1947 wegen seiner Beteiligung an Menschenversuchen zum Tode verurteilt und hingerichtet.

5 Nationalpolitische Erziehungsanstalt.

Hans Christian Asmussen (1898–1968)

1 Elsbeth Asmussen.

2 Hans Böhm, Bekenntnis-Pfarrer in Berlin.

3 Walter Bauer, Mitglied der «Bekennenden Kirche» sowie im «Freiburger Kreis». Hierzu Jutta Kindel, Walter Bauer als Financier und Nothelfer der Bekennenden Kirche, in: Detlef J. Blesgen (Hrsg.), Financiers, Finanzen und Finanzierungsformen des Widerstandes, Berlin 2006, S. 181–187.

4 Die sog. Fritsch-Blomberg-Affäre bot den Nationalsozialisten durch einen inszenierten Sittenskandal im Jahr 1938 die Gelegenheit, sich mit der Entlassung Werner von Fritschs als Oberbefehlshaber des Heeres und Werner von Blombergs als Kriegsminister zahlreicher unliebsamer Kriegsgegner in der Wehrmacht politisch zu entledigen.

Hannelore Thiel (1924–1998)

1 One by One Inc., amerikanisch-deutsche Organisation, deren Mitglieder sich aus der Perspektive der Verfolgten, der Mitläufer sowie der Verfolger mit dem Schicksal ihrer Familie während der Zeit des Nationalsozialismus in Deutschland auseinandersetzen.

2 Stefan Roloff, Die Rote Kapelle, Dokumentarfilm 2003.

3 Jüdische Teilnehmerin bei «One by One.»

4 Nicolae Ceausescu (1918–1989), kommunistischer Staatspräsident Rumäniens.

Hermann Maaß (1897–1944)

1 Eva Maaß, geb. Habich.

2 Medizinisch-Technische Assistentin.

3 Sigrid Grabner/Hendrik Röder (Hrsg.), Im Geiste bleibe ich bei Euch. Texte und Dokumente zum 100. Geburtstag von Hermann Maaß, 2. Auflage, Potsdam 2003.

4 Sie verfassten zwei Bittschriften an den Justizminister Thierack, Adolf Hitler und den Staatsanwalt. Vgl. von Aretin, (wie Anm. 1) S. 224.

5 Rund 120 000 Häftlinge, in der Mehrzahl polnische Staatsangehörige, waren in Groß-Rosen, südwestlich von Breslau, interniert. Schätzungsweise 40 000 Gefangene fanden dort den Tod. Vgl. dazu Isabell Sprenger, Groß-Rosen. Ein Konzentrationslager in Schlesien, Köln 1996.

Bildnachweis

Die Fotos stammen aus den Familienarchiven der Interviewten.

Das Foto der Eltern Asmussen wurde mit freundlicher Genehmigung des Calwer Verlages, Stuttgart reproduziert.
Das Foto der Familie Klamroth wurde mit freundlicher Genehmigung des Ullstein Verlages reproduziert.

Glossar

a) Personen

Adenauer, Konrad (*1876–1967*), Oberbürgermeister von Köln und erster Bundeskanzler von 1949 bis 1963. Von den Nationalsozialisten im März 1933 als Oberbürgermeister abgesetzt, suchte Adenauer in der Zeit von April 1933 bis Januar 1934 Zuflucht im Benediktinerkloster Maria Laach. Adenauer lehnte eine aktive Beteiligung am Widerstand ab, weil er den konspirativen Aktivitäten Goerdelers skeptisch gegenüberstand und an das Gebot der Vorsicht glaubte. Zudem wußte er, dass er überwacht wurde und somit sein Bewegungsspielraum relativ begrenzt war. Dennoch ließ er sich durch Jakob Kaiser und Paul Franken über die Pläne des Widerstandes informieren. Nach dem 20. Juli 1944 zählte Adenauer zu den Verfolgten und wurde von der Gestapo vorübergehend inhaftiert.

Barth, Karl (*1886–1968*), evangelisch-reformierter Theologe aus der Schweiz. Barth wurde zum geistigen Kopf des Widerstands der evangelischen Kirche gegen die Gleichschaltung und ideologische Unterwanderung des NS-Staates.

Bauer, Walter (*1893–1968*), Mitglied der «Bekennenden Kirche» sowie im «Freiburger Kreis».

Baum, Herbert (*1912–1942*), Elektriker. Nach 1933 scharte der jüdische Kommunist jüdische Jugendliche aus dem kommunistischen und sozialistischen Lager um sich herum. Der als Herbert-Baum-Gruppe bekannte Freundeskreis traf sich zu politischen Diskussionen und verteilte Flugblätter. Nach einem Brandanschlag im Mai 1942 auf eine antikommunistische Propaganda-Ausstellung wurden viele Mitglieder der Herbert-Baum-Gruppe verhaftet und zum Tode verurteilt. Baum starb im Juni 1942 in der Haft.

Bolz, Eugen (*1881–1945*), Jurist. Justiz- und Innenminister sowie bis 1933 württembergischer Staatspräsident. Tief im christlichen Glauben verankert, wurde er als Gegner des Nationalsozialismus 1933 zeitweise in Schutzhaft genommen und nahm 1942 Verbindung zur Widerstandsgruppe um Goerdeler auf. In Stuttgart kam es zu häufigen Treffen zwischen Goerdeler, Bolz und dem Christlichen Gewerkschaftler Joseph Ersing, über den die Verbindung zu den Sozialdemokraten sichergestellt wurde. Nach dem 20. Juli 1944 verhaftet, wurde er vom Volksgerichtshof zum Tode verurteilt und im Januar 1945 hingerichtet.

Bonhoeffer, Dietrich (*1906–1945*), evangelischer Theologe. Als führendes Mitglied der «Bekennenden Kirche» stand er auf der Seite des kirchlichen Widerstands und war nicht zuletzt im Kreis der «Abwehr» entschiedener NS-Gegner. Nach monatelanger KZ-Haft wurde er kurz vor Kriegsende ermordet.

Bosch, Robert (*1861–1942*), Unternehmer. Dem Nationalsozialismus kritisch gegenüber, unterstützte der Linksliberale und Befürworter der Völkerverständigung den Widerstand gegen Hitler. Eine Reihe von Firmenmitarbeitern formierte sich zu einer Widerstandsgruppe, die ab 1937 Kontakte zu Goerdeler pflegte. Rassisch und politisch Verfolgte erfuhren in dieser Zeit Hilfe und finanzielle Unterstützung durch den Bosch-Kreis. Im Juli 1937 reiste Bosch zu Sondierungsgesprächen nach Frankreich. Nach dem Tod des Firmengründers war der Bosch-Kreis weiterhin existent.

Brandt, Willy (*1913–1992)*, Publizist und Politiker, Bundeskanzler von 1969 bis 1974. Nach der Machtübernahme der Nationalsozialisten floh er als Mitglied der Sozialistischen Arbeiterpartei nach Dänemark und Schweden. Brandt stand in Verbindung zu deutschen sozialistischen Exilgruppen und unterhielt von Stockholm aus Kontakte zum Widerstandskreis 20. Juli.

Buber, Martin (*1878–1965*), jüdischer Religionsphilosoph. Buber emigrierte 1938 nach Jerusalem, wo er bis 1951 als Dozent für Anthropologie und Soziologie tätig war. Er zählte 1955 zu den Mitbegründern des Leo Baeck-Instituts, eine bedeutende Dokumentations- und Forschungsstätte für die Geschichte der deutschsprachigen Juden.

Canaris, Wilhelm (*1887–1945*), Militär. Als Chef des Amtes «Ausland/Abwehr» im Oberkommando der Wehrmacht hatte er Einblicke in Hitlers Kriegsvorbereitungen. Die Brutalität und Rechtlosigkeit des nationalsozialistischen Systems machten Canaris zu einem Gegner Hitlers. Zwar erfüllte er seine militärischen Spionageaufgaben und kooperierte mit der SS und der Gestapo, schloß sich aber nach der Sudetenkrise 1938 dem militärischen Widerstand an. Von der SS überwacht, wurde er im Februar 1944 aus seinem Amt entlassen. Nach dem gescheiterten Attentat wurde Canaris verhaftet, zum Tode verurteilt und im April 1945 im Konzentrationslager Flossenbürg hingerichtet. Seine Doppelrolle als Chef des Geheimdienstes und Mitglied des militärischen Widerstands machten Canaris zu einer umstrittenen Persönlichkeit.

Chamberlain, Arthur Neville (*1869–1940*), britischer Politiker. Premierminister von 1937 bis 1940.

Churchill, Winston (*1874–1965*), britischer Politiker. Premierminister von 1940 bis 1945 sowie von 1951 bis 1955.

Coppi, Hans (*1916–1942*), Dreher. Er gehörte der Widerstandsgruppe «Rote Kapelle» an und wurde wegen der Verteilung illegaler Flugblätter verhaftet. Im Dezember 1942 wurde er zum Tode verurteilt und drei Tage später in Berlin-Plötzensee gemeinsam mit den Arvid Harnack und Harro Schulze-Boysen hingerichtet.

Dahrendorf, Gustav (*1901–1954*), Publizist und Politiker. Nach der nationalsozialistischen Machtübernahme verbrachte Dahrendorf 1933 drei Monate im Konzentrationslager Fuhlsbüttel. Seine Kontakte zur sozialdemokratischen Widerstandsgruppe um Julius Leber und Wilhelm Leuschner verurteilte der Volksgerichtshof mit sieben Jahren Zuchthaus.

Danz, Hermann (*1906–1945*), Schmied. Im März 1933 verhaftet, bemühte sich Danz als KPD-Mitglied um den Aufbau der illegalen KPD in Magdeburg. Erneut festgenommen wurde er zu drei Jahren Zuchthaus verurteilt. Nach seiner Freilassung organisierte er die Beschaffung und Verteilung von Lebensmitteln an Zwangsarbeiter. Im November 1945 wurde Danz wegen seiner Kontakte zum kommunistischen Widerständler Anton Saefkow hingerichtet.

Delp, Alfred (*1907–1945*), katholischer Theologe und Soziologe. Nach der Beschlagnahmung und Enteignung des Jesuitenhauses durch die Gestapo im April 1941 wechselte er als Kirchenrektor und Prediger an die Kirche St. Georg in München-Bogenhausen. Dort widmete er sich vor allem den verfolgten Juden. Im Frühjahr 1942 knüpfte Delp Kontakt zur Widerstandsgruppe «Kreisauer Kreis», die ihn mit der Ausarbeitung einer neuen Sozialordnung beauftragte. Nicht am Attentat vom 20. Juli 1944 beteiligt, wurde er wenige Tage später verhaftet, vom Volksgerichtshof zum Tode verurteilt und im Februar 1945 in Berlin-Plötzensee hingerichtet.

Dietze, Constantin von (*1891–1973*), Nationalökonom. Auf seine Widerstandstätigkeit in der «Bekennenden Kirche» reagierten die Nationalsozialisten mit politischer Verfolgung und Inhaftierung. 1937 folgte Dietze dem Ruf an die Freiburger Universität, an der er bis zu seiner erneuten Gefangenschaft 1944 lehrte und sich gemeinsam mit anderen Wissenschaftlern der «Freiburger Schule» dem nationalsozialistischen Regime widersetzte. Wegen seiner Zusammenarbeit mit Goerdeler wurde Dietze ins Konzentrationslager Ravensbrück interniert.

Eden, Anthony (*1897–1977*), britischer Politiker. Außenminister von 1935 bis 1938, 1940–1945, 1951–1955 sowie Premierminister von 1955 bis 1957.

Eichmann, Adolf (*1906–1962*), SS-Führer und Judenreferent im Reichssicherheitshauptamt. Er war maßgeblich als Organisator für die Deportation der Juden aus Deutschland sowie allen annektierten und besetzten Gebieten Europas in Ghettos, Vernichtungs- und Konzentrationslager zuständig und damit an der Durchführung der «Endlösung» beteiligt.

Falkenhausen, Alexander von (*1878–1966*), General. 1939 wurde er zum Militärbefehlshaber in Belgien und Nordfrankreich ernannt. Wegen des Verdachts der Beteiligung am Widerstand wurde Falkenhausen im Juli 1944 seines Amtes enthoben und ins Konzentrationslager Dachau interniert. 1945 befreit, wurde er zu Beginn des Jahres 1948 von amerikanischen Soldaten erneut verhaftet und in Belgien wegen Geiselerschießungen und Judendeportationen zu zwölf Jahren Zwangsarbeit verurteilt, kurze Zeit später aber wieder freigelassen.

Feder, Gottfried (*1883–1941*), Politiker und Wirtschaftstheoretiker. Als Wirtschaftsexperte arbeitete er die antikapitalistische Programmatik des NS-Regimes aus.

Fellgiebel, Erich (*1886–1944*), General. Als Chef des Heeresnachrichtenwesens und Chef der Wehrnachrichtenverbindungen des Oberkommandos der Wehrmacht gehörte er dem militärischen Widerstand an und zählte im Juli 1944 zum Kreis der Attentäter. Fellgiebel oblag die nachrichtentechnische Isolierung des Führerhauptquartiers «Wolfsschanze», was jedoch fehlschlug. Zum Tode verurteilt, wurde er im September 1944 hingerichtet.

Freisler, Roland (*1893–1945*), Jurist. Als Staatssekretär im Reichsjustizministerium und Präsident des Volksgerichtshofes avancierte er zu einem fanatischen Verfechter der NS-Ideologie und organisierte in diesem Sinne die Justiz. Bei einem alliierten Luftangriff kam Freisler ums Leben.

Gerstenmaier, Eugen (*1906–1986*), evangelischer Theologe und Bundestagspräsident von 1956 bis 1969. Als entschiedener NS-Gegner schloß er sich 1936 der «Bekennenden Kirche» an. Gerstenmaier, der seit 1938 zudem dem «Kreisauer Kreis» angehörte und auf mehreren Auslandsreisen Verbündete für den Widerstand suchte, wurde nach dem 20. Juli 1944 verhaftet und zu sieben Jahren Zuchthaus verurteilt.

Gisevius, Hans Bernd (*1904–1974*), Regierungsrat und Vizekonsul. Getarnt als Vizekonsul im deutschen Generalkonsulat in Zürich wurde er 1940 von der «Abwehr» mit der Aufgabe betraut, ausländische Unterstützung für den geplanten Umsturz zu finden. Besonders mit dem amerikanischen Nachrichtendienst stand Gisevius in engem Kontakt, stellte Verbindungen zu den deutschen Widerstandszirkeln her, überbrachte Botschaften von Carl Friedrich Goerdeler und betrieb militärische Spionage. Am Tag des Attentats flüchtete er in die Schweiz zurück.

Aufgrund seiner früheren Mitgliedschaft in der NSDAP und seiner Tätigkeit als Reichspolizeichef galt Gisevius schon innerhalb des Widerstands als eine umstrittene und zweifelhafte Persönlichkeit.

Globke, Hans (*1898–1973*), Jurist. Als Referent für Staatsangehörigkeitsfragen verfaßte er Mitte der dreißiger Jahre einen Kommentar zu den «Nürnberger Rassegesetzen». Die katholische Kirche sah in ihm einen Vertrauensmann und bat Globke, in seiner Stellung zu bleiben. 1945 wurde er nach kurzer Haft als «Mitläufer» eingestuft. Adenauer berief ihn 1953 als Staatssekretär ins Bundeskanzleramt. Globkes Rolle im «Dritten Reich» ist bis heute umstritten. Einerseits ein systemkonformer Beamter, andererseits war er ein wichtiger Informant oppositioneller katholischer Kreise.

Goebbels, Joseph (*1897–1945*), Reichsminister für Volksaufklärung und Propaganda. Als berüchtigter Rhetoriker und treuer Gefolgsmann Hitlers ebnete Goebbels dem Nationalsozialismus den Weg. Von Hitler testamentarisch zum Nachfolger bestimmt, beging Goebbels im Mai 1945 Selbstmord.

Goerdeler, Carl Friedrich (*1884–1945*), Jurist. Mitte der dreißiger Jahre zeichneten sich erste Querelen zwischen dem ehemaligen national-konservativen Leipziger Oberbürgermeister und der NSDAP ab, weil er die Judengesetzgebung sowie die Behandlung der Kirchen im «Dritten Reich» kritisierte. Als Berater der Firma Robert Bosch unternahm Goerdeler 1937 und 1938 zur Sondierung der politische Lage zahlreiche europäische und nordamerikanische Reisen. Als Kopf des zivilen Widerstandes zeichnete er in Denkschriften und Entwürfen das politische Bild eines neuen Deutschlands. Anders als Stauffenberg lehnte Goerdeler den Tyrannenmord ab. Nach dem Attentat auf der Flucht und schließlich denunziert, wurde er im September 1944 zum Tode verurteilt und am 2. Februar 1945 in Berlin-Plötzensee gehängt.

Haeften, Hans-Bernd von (*1905–1944*), Diplomat. Als Mitarbeiter des Auswärtigen Amtes und Mitglied des «Kreisauer Kreises» zählte er zu einem der wichtigsten Vertrauten in der Runde um Stauffenberg. Nach dem 20. Juli 1944 wurde Haeften verhaftet, zum Tode verurteilt und hingerichtet.

Halder, Franz (*1884–1972*), Berufsoffizier. 1937 zum Generalstabschef des Heeres befördert, leitete er von 1939 bis 1942 die Feldzüge in Polen, Frankreich, auf dem Balkan sowie in der Sowjetunion. Wegen der sinkenden strategischen und operativen Handlungsfreiheit nahm er lose Kontakte zum Widerstand auf. Nach dem 20. Juli 1944 verhaftet, wurde er bis Kriegsende in Konzentrationslagern interniert und kurz vor seiner Hinrichtung befreit.

Harnack, Arvid (*1901–1942*), Jurist und Nationalökonom. Gemeinsam mit Harro Schulze-Boysen gründete er 1941 die kommunistische Spionage- und Widerstandsorganisation «Rote Kapelle», durch die der sowjetische Nachrichtendienst wichtige Informationen über die Kriegsvorbereitungen gegen die Sowjetunion zugespielt bekam. Nach der Enttarnung der «Roten Kapelle» im Sommer 1942 durch die deutsche Funkabwehr wurde Harnack verhaftet, zum Tode verurteilt und im Dezember 1942 hingerichtet.

Harnack, Ernst von (*1888–1945*), Jurist. Aus christlicher Überzeugung knüpfte der SPD-Politiker Kontakte zur bürgerlichen Widerstandsgruppe um Carl Friedrich Goerdeler und fungierte als Vermittler zwischen den sozialdemokratischen Oppositionsgruppen und dem militärischen Widerstand. Nach dem 20. Juli 1944 wurde er verhaftet, zum Tode verurteilt und hingerichtet.

Hassell, Ulrich von (*1881–1944*), Jurist und Diplomat. Während er die deutsche Vormacht- und imperiale Großmachtpolitik befürwortete, lehnte er die Außenpolitik Hitlers strikt ab. Als Botschafter in Rom hatte der Konservative 1932 bis 1938 maßgeblich an der deutsch-italienischen Annäherung mitgewirkt, aber ihrer antibritischen und antifranzösischen Ausrichtung stand er kritisch gegenüber. Seine Haltung führte schließlich zu einem Ausscheiden aus dem diplomatischen Dienst. Er wandte sich den Widerstandszirkeln um Goerdeler und Ludwig Beck zu und beteiligte sich an der Ausarbeitung der Umsturzpläne. Seine internationalen Kontakte ermöglichten Hassel Gespräche mit Vertretern Großbritanniens und der USA. Ab 1943 stand er auch in Verbindung zum «Kreisauer Kreis». Wenige Tage nach dem 20. Juli 1944 wurde Hassell festgenommen, zum Tode verurteilt und hingerichtet.

Hauenstein, Fritz (*1882–1979*), Publizist. Während des Nationalsozialismus stand er in Verbindung mit den ökonomisch engagierten Freiburger Widerstandskreisen.

Heidegger, Martin (*1889–1976*), Philosoph. Heidegger war von 1933 bis 1946 von einer Gruppe nationalsozialistisch gesinnter Professoren zum Rektor der Universität Freiburg gewählt worden.

Heß, Rudolf (*1894–1987*), Hitlers Privatsekretär und Stellvertreter. Trotz seiner privilegierten Stellung geriet er zunehmend ins politische Abseits. Am 10. Mai 1941 machte der passionierte Sportflieger durch seine spektakuläre Friedensaktion von sich Reden, als er nach London flog, um die dortige Regierung zu einem Friedensschluß mit dem Deutschen Reich zu bewegen. Hitler erklärte ihn für geisteskrank, die Briten nahmen in gefangen und lieferten ihn 1946 nach Nürnberg zum Hauptkriegsverbrecherprozess aus. Zu lebenslanger Haft verurteilt, beging Heß 1987 Selbstmord.

Himmler, Heinrich (*1900–1945*), Reichsführer-SS und Reichsinnenminister. Sein Amt als Chef der Polizei und die Gründung einer Geheimen Politischen Staatspolizei ermöglichten ihm die Errichtung eines breit angelegten Überwachungs- und Beherrschungssystems. Als fanatischer Rassenideologe wurde Himmler zum gnadenlosen Verwirklicher der Endlösungspolitik Hitlers. Für seine treue Untergebenheit wurde er 1943 zum neuen Innenminister und nach dem 20. Juli 1944 zum Befehlshaber des Ersatzheeres ernannt. Aufgrund eines Zerwürfnisses mit Hitler wurde er im April 1945 aus der NSDAP ausgeschlossen und aller Ämter enthoben. Unter falschem Namen und äußerlich verändert versuchte Himmler im Mai 1945 unterzutauchen, was ihm nicht gelang. In britischer Gefangenschaft beging er nach der Entdeckung seiner Identität Selbstmord.

Höck, Michael (**1903*), katholischer Theologe. Als Chefredakteur der «Münchner Katholischen Kirchenzeitung» prangerte er die Kirchenfeindlichkeit des NS-Regimes an. Dies führte ab 1934 zu ständigen Verhören, kurzfristigen Festnahmen sowie Beschlagnahmung einzelner Zeitungsausgaben durch die Gestapo. 1941 wurde Höck im Konzentrationslager Sachsenhausen und später im Konzentrationslager Dachau interniert, wo er bis zum Kriegsende als Sonderhäftling festgehalten wurde.

Horthy, Miklós (*1868–1957*), ungarischer Reichsverweser. Nachdem mittels deutscher Unterstützung Ungarn 1938 und 1940 weite Gebiete der Tschechoslowakei und Rumäniens zurückerlangt hatte, sah sich Horthy gezwungen, ein Bündnis mit dem Deutschen Reich einzugehen. Doch seine Versuche, Kontakte zu den alliierten Westmächten zu knüpfen sowie sein Ausscheiden aus dem Bündnis mit Hitler, führten im März 1944 zum Einmarsch deutscher Truppen in Ungarn. Im Oktober mußte Horthy abdanken.

Jessen, Jens (*1895–1944*), Nationalökonom. Bis 1933 schloß sich Jessen der NS-Bewegung an, weil er glaubte, diese Kraft könne sich erfolgreich gegen die Bolschewisierung Europas behaupten. Dennoch war er sich sicher: «Kommen sie ans Ruder, bin ich in der Opposition, das weiß ich schon.» Entgegen den Bestrebungen, die Wirtschaftswissenschaft parteipolitisch zu verfälschen, beteiligte er sich an den Umsturzplänen, indem er den Verschwörern Reisemöglichkeiten verschaffte. Nach dem 20. Juli verhaftet, wurde er zum Tode verurteilt und hingerichtet.

Kaiser, Jakob (*1888–1961*), Buchbinder und Politiker. Als entschiedener NS-Gegner schloss er sich 1934 der Widerstandsgruppe um den Gewerkschaftler Wilhelm Leuschner an und kämpfte zusammen mit ihm gegen die Gleichschaltung der Einheitsgewerkschaften. 1938 zeitweilig inhaftiert, setzte Kaiser seine Widerstandstätigkeit in enger Zusammenarbeit mit Goerdeler und der militärischen Opposition fort. Nach dem 20. Juli 1944 gelang ihm die Flucht. Nach Kriegsende gehörte Kaiser zu den Mitbegründern der CDU in der SBZ und in Berlin. Von 1949 bis 1957 war er Bundesministers für gesamtdeutsche Fragen und bis 1958 stellvertretender Vorsitzender der CDU.

Klamroth, Bernhard (*1910–1944*), Generalstabsoffizier. Eingeweiht in die Umsturzpläne, organisierte er den Sprengstoff für das geplante Attentat am 20. Juli 1944. Einen Tag nach dem gescheiterten Anschlag wurde Klamroth verhaftet, zum Tode verurteilt und hingerichtet.

Kleist, Ewald von (*1881–1954*), Generalfeldmarschall. Als scharfer Kritiker des Nationalsozialismus scheute er keine Auseinandersetzungen mit der SA-Führung. Kurzzeitig aus seinem Amt entlassen, wurde Kleist kurz vor Kriegsausbruch wieder reaktiviert. 1942 zum Oberbefehlshaber und wenig später zum Generalfeldmarschall ernannt, machte ihn Hitler nach der Katastrophe von Stalingrad persönlich für den Verlust der Krim verantwortlich und sorgte für seine Entlassung aus dem Militärdienst. Nach Kriegsende geriet Kleist erst in britische Gefangenschaft, von wo aus er erst nach Jugoslawien und dann an die Sowjetunion ausgeliefert wurde. Er starb in einem Lager für Kriegsverbrecher.

Koch, Hans (*1893–1945*), Jurist. Als Mitglied der «Bekennenden Kirche» verteidigte er die Mitglieder vor Gericht und erwirkte 1937 den Freispruch Niemöllers. Während des Zweiten Weltkrieges nahm Koch Verbindungen zu Wirtschaftskreisen auf, die in engem Kontakt zur Gruppe um Goerdeler sowie zu der um Stauffenberg standen. Weil Koch nach dem gescheiterten Attentat am 20. Juli 1944 einen der Verschwörer versteckte, wurde er denunziert und gemeinsam mit seiner Familie verhaftet. Im April 1945 wurde er ohne Urteil erschossen.

Kuckhoff, Greta (*1902–1981*), Volkswirtin. 1935 trat sie in die illegale KPD ein und gehörte der «Roten Kapelle» an. 1942 verhaftet und zum Tode verurteilt, wurde sie schließlich zu zehn Jahren Zuchthaus begnadigt.

Lindemann, Fritz (*1894–1944*), Offizier. An den Feldzügen gegen Polen, Frankreich und der Sowjetunion beteiligt, knüpfte er 1943 Kontakte zum militärischen Widerstand. Nach dem gescheiterten Attentat wurde er ein Opfer des Verrats und bei der Verhaftung so schwer verletzt, dass er kurze Zeit später starb.

Lippold, Eva (*1909–1994*), Schriftstellerin. 1927 trat sie der KPD bei und war in Magdeburg und Berlin im antifaschistischen Widerstand tätig. 1934 festgenommen, verbüßte sie bis 1943 ihre Zuchthausstrafe. Anschließend wurde Lippold zur Zwangsarbeit in einem Rüstungsbetrieb verpflichtet und nahm anschließend erneut ihre Widerstandstätigkeit auf. 1944 wurde sie ein weiteres Mal in Haft genommen.

Litten, Hans (*1903–1938*), Jurist. Im Zuge des Reichstagsbrands 1933 wurde er als «geistiger Führer des Kommunismus» verhaftet und in verschiedene Konzentrationslager interniert, bis er schließlich 1938 Selbstmord beging.

Maizìere, Lothar de (* *1940*) Politiker. Nach dem Fall der Mauer am 9. November 1989 wurde er Parteivorsitzender der Ost-CDU und später der letzte und erste freigewählte Ministerpräsident der DDR. Nach der Wiedervereinigung am 3. Oktober 1990 trat de Maizìere als Bundesminister für Besondere Aufgaben in die Bundesregierung ein. 1991 trat er nach Vorwürfen und innerparteilichen Zerrüttungen von allen politischen Ämtern zurück.

Metzger, Max-Joseph (*1887–1944*), katholischer Theologe und Begründer der «Una-Sancta-Bewegung». Als vehementer Gegner des NS-Regimes setzte er sich in den dreißiger Jahren für die «Una-Sancta-Bewegung» ein. Wegen seiner Denkschriften gegen die nationalsozialistische Kirchenpolitik wurde Metzger überwacht und zeitweilig inhaftiert. Durch eine Gestapo-Agentin denunziert, wurde der Friedenskämpfer 1943 verhaftet, zum Tode verurteilt und im April 1944 hingerichtet.

Moltke, Helmuth James Graf von (*1907–1945*), Jurist. Im September 1939 wurde er als Sachverständiger für Kriegs- und Völkerrecht in die Abteilung «Abwehr» des Oberkommandos der Wehrmacht berufen. Aus seinem humanen christlich-sozialen Verständnis heraus engagierte sich Moltke für die Belange von Kriegsgefangenen und die Einhaltung des Völkerrechts. Auf dem Familiengut Kreisau führte Moltke einen Kreis von Gleichgesinnten zusammen, um Pläne für ein Deutschland nach Hitler und dem Nationalsozialismus zu schmieden. Zunächst sprach er sich gegen einen Mord an Hitlers aus, doch die zunehmende Hoffnungslosigkeit und die mißglückten Versuche, Vertreter der Westmächte für die Sache zu gewinnen, bewogen ihn schließlich zur Befürwortung eines Attentats. Im Januar 1944 wurde er verhaftet und im Konzentrationslager Ravensbrück interniert, weil er Angehörige des «Solf-Kreises» vor der Telefonüberwachung der Gestapo gewarnt hatte. Nach dem 20. Juli 1944 wurde die Gestapo von der Existenz des «Kreisauer Kreises» gewahr. Im Januar 1945 wurde er zum Tode verurteilt und wenige Tage später hingerichtet.

Molotow, Wjatscheslaw Michajlowitsch (*1890–1986*), sowjetischer Politiker und Außenminister. Als führendes KPdSU-Mitglied und diplomatischer Helfer Stalins vertrat Molotow auf internationalen Verhandlungen die Interessen der UdSSR. Im August 1939 unterzeichnete er den Hitler-Stalin-Pakt.

Neuhäusler, Johannes (*1888–1973*), katholischer Theologe und Weihbischof von München und Freising. Die Berichte, die er über die Gewaltmaßnahmen des Nationalsozialismus nach Rom sandte sowie die Organisation des kirchlichen Widerstandes brachten ihm die erbitterte Gegnerschaft des Regimes ein. Für sein Handeln war Neuhäusler von 1941 bis 1945 im Gefängnis und in den

Konzentrationslagern Sachsenhausen und Dachau interniert. Auch in dieser Zeit blieb er ein unermüdlicher Seelsorger.

Oster, Hans (*1887–1945*), Generalmajor. 1941 zum General und Stabschef im Amt «Ausland/Abwehr» des Oberkommandos der Wehrmacht ernannt, wurde er nach der Ermordung von Kurt von Schleicher während der Röhm-Affäre 1934 zu einem erbitterten Gegner Hitlers. Oster spionierte die Vorgänge innerhalb der nationalsozialistischen Führung aus und warnte 1939/40 die niederländische und norwegische Regierung vor der deutschen Westoffensive. Er knüpfte Kontakte zu zivilen Widerstandsgruppen, besorgte Sprengstoff für die Attentatsversuche und stand mit den alliierten Geheimdiensten in Verbindung. Im März 1944 aus seinem Amt entlassen, wurde er nach dem 20. Juli 1944 verhaftet, zum Tode verurteilt und im April 1945 im Konzentrationslager Flossenbürg hingerichtet.

Poelchau, Harald (*1903–1972*), evangelischer Theologe. Von 1933 bis 1945 war er als Seelsorger in der Haftanstalt Berlin-Tegel tätig, kümmerte sich um Opfer des NS-Regimes und begleitete zum Tode verurteilte Menschen bis zu ihrer Hinrichtung. Er gehörte der «Bekennenden Kirche» sowie dem «Kreisauer Kreis» an. Nach dem 20. Juli 1944 leitete Poelchau Nachrichten und Briefe der verurteilten Verschwörer an deren Angehörige weiter.

Reimann, Max (*1898–1977*), Politiker. Nach 1933 schloss sich der KPD-Funktionär dem antifaschistischen Widerstand an. 1934 emigrierte er ins Saargebiet, wo er in der Bezirksleitung der KPD beschäftigt war. Im April 1939 von der Gestapo verhaftet, verbrachte er die Kriegsjahre im Zuchthaus Dortmund sowie im Konzentrationslager Sachsenhausen. Nach Kriegsende half Reimann beim Wiederaufbau der KPD in Brandenburg und im Ruhrgebiet mit.

Saefkow, Anton (*1903–1944*), Maschinenbauer. Nach mehreren Inhaftierungen durch die Nationalsozialisten kooperierte der KPD-Funktionär ab 1941 mit der kommunistischen Berliner Widerstandsgruppe um Robert Uhrig, die wenig später von der Gestapo zerschlagen wurde. Anfang Juli 1944 wurde Saefkow verhaftet und zum Tode verurteilt.

Schacht, Hjalmar (*1877–1970*), Reichsbankpräsident und Reichswirtschaftsminister. Nach 1933 ernannte ihn Hitler zum Reichsbankpräsidenten sowie 1934 und 1935 zum Reichswirtschaftsministers und Generalbevollmächtigten für die Kriegswirtschaft. Spätere Kompetenzstreitigkeiten und unterschiedliche Ansichten mündeten schließlich in Schachts Rücktritt aus allen drei Ämtern. Seine regimekritische Haltung führte ihn in den Kreis der Opposition. Obwohl Schacht am Attentat des 20. Juli nicht beteiligt war, stand er unter Verdacht und wurde bis Kriegsende in die Konzentrationslager Ravensbrück und Flossenbürg inhaftiert. Im Nürnberger Prozeß wurde Schacht freigesprochen, blieb aber in Folge mehrerer Entnazifizierungsverfahren bis 1948 in Haft.

Scharf, Kurt (*1902–1990*), evangelischer Bischof von Berlin und Ratsvorsitzender der Evangelischen Kirche Deutschlands.

Scholl, Hans (*1918–1943*) **und Sophie** (*1921–1943*), Mitglieder der «Weißen

Rose». Sie gehörten zum Kern der Münchner studentischen Widerstandsgruppe. In Flugblättern riefen sie zum passiven Widerstand gegen Hitler und den Nationalsozialismus auf. Denunziert und verhaftet, wurden sie im Februar 1943 zum Tode verurteilt und hingerichtet.

Schulenburg, Fritz-Dietlof Graf von der (*1902–1944*), Jurist. Nach der Ermordung des Reichsorganisationsleiters Gregor Straßer im Juni 1934 distanzierte sich der NSDAPler zunehmend vom NS-Regime. 1937 wurde er als stellvertretender Polizeipräsident nach Berlin versetzt. Er suchte den Kontakt zu verschiedenen Widerständlern wie Stauffenberg, Goerdeler und Moltke. 1940 wurde er aus seinem Amt und der NSDAP entlassen. Als Mitglied des engsten Verschwörerkreises wurde er am 20. Juli 1944 festgenommen, zum Tode verurteilt und im August 1944 hingerichtet.

Schulze-Boysen, Harro (*1909–1942*), Jurist und Oberleutnant. 1941 gründete er gemeinsam mit Arvid Harnack die kommunistische Spionage- und Widerstandsorganisation «Rote Kapelle», durch die der sowjetische Nachrichtendienst wichtige Informationen über die Kriegsvorbereitungen gegen die Sowjetunion zugespielt bekam. Nach der Enttarnung der «Roten Kapelle» im Sommer 1942 durch die deutsche Funkabwehr wurde Schulze-Boysen verhaftet und wegen Hoch- und Landesverrat hingerichtet.

Schumacher, Kurt (*1895–1952*), Politiker. Als einer der ersten politischen Verfolgten des NS-Regimes saß er von 1933 bis 1943 ohne Unterbrechung in verschiedenen Konzentrationslagern ein. Nach dem Zusammenbruch des «Dritten Reiches» wurde Schumacher politischer Beauftragter der SPD in den drei westlichen Besatzungszonen und hatte bis 1951 das Amt des Parteivorsitzenden inne. Infolge der langen Haft und schweren Mißhandlungen zog er sich gesundheitsbedingt Ende 1951 aus dem politischen Leben zurück.

Schuschnigg, Kurt von (*1897–1977*), österreichischer Staatsmann. Das deutsch-österreichische Juli-Abkommen von 1936 sollte die Eigenständigkeit Österreichs als zweiten deutschen Staat wahren, bildete aber tatsächlich die Grundlage für die nationalsozialistische Infiltration des öffentlichen und politischen Lebens. Schuschniggs Versuch, sich dem nationalsozialistischen Druck zu entziehen und mittels einer Volksabstimmung die Unabhängigkeit Österreichs zu sichern, nahm Hitler im März 1938 zum Anlaß, den Anschluß Österreichs an das Deutsche Reich auf dem Wege der Annexion gewaltsam zu vollziehen. Schuschnigg, von seinem Amt zurückgetreten, wurde bis Kriegsende in KZ-Haft gehalten.

Schwamb, Ludwig (*1890–1945*), Jurist. Wegen seiner intensiven Beziehungen zu den sozialdemokratischen Widerstandskämpfern Helmut Leuschner, Carlo Mierendorff und Julius Leber wurde er nach dem 20. Juli 1944 verhaftet, zum Tode verurteilt und hingerichtet.

Schwanenfeld, Ulrich Wilhelm Graf Schwerin von (*1902–1944*), Offizier. Aus christlich sozialer Überzeugung lehnte er den Nationalsozialismus rigoros ab und glaubte, daß nur ein Attentat auf Hitler Deutschland retten könne. Seit

1938 gehörte Schwanenfeld dem Widerstand an. Als Offizier der Wehrmacht wurde er 1942 in das Amt «Abwehr» des Oberkommandos der Wehrmacht nach Berlin berufen wurde. Am 20. Juli 1944 hielt er sich im Bendlerblock auf, von wo aus er verhaftet, zum Tode verurteilt und im September in Berlin-Plötzensee erhängt wurde.

Speer, Franz (*1878–1945*), Gesandter. Nach seiner militärischen Laufbahn wurde er 1934 in den einstweiligen Ruhestand versetzt. Speer knüpfte erste Kontakte zur Widerstandsbewegung und nahm an konspirativen Treffen mit Stauffenberg teil. Nach dem Attentatsversuch wurde er verhaftet und wegen eines Treffens mit Stauffenberg und nicht wegen seiner Widerstandstätigkeit zum Tode verurteilt. Im Januar 1945 wurde Speer hingerichtet.

Stauffenberg, Claus Graf Schenk von (*1907–1944*), Berufssoldat. Stauffenberg stand der «Machtergreifung» Hitlers anfänglich positiv gegenüber, glaubte er doch, dass dies ein Aufbruch aus einer Zeit der innenpolitische Zerrissenheit und Stagnation sein könne. An den Feldzügen gegen Polen 1939 und Frankreich 1940 beteiligt, wurde er 1943 nach Tunesien versetzt und dort lebensgefährlich verletzt. Nach seiner Genesung schloß er sich dem Widerstand an und firmierte zum zentralen Verbindungsmann zwischen den konservativen, militärischen und sozialistischen Oppositionskreisen. Als Stabschef des «Allgemeinen Heeresamtes» wurde er zum Motor der Attentatsvorbereitungen. Unter dem Stichwort «Walküre» plante er zusammen mit Henning von Tresckow militärische Gegenmaßnahmen im Falle innerer Unruhen, die schließlich die Grundlage für den Staatstreich im Juli 1944 bildeten. Seine Berufung zum Oberst in den Stab des Befehlshabers des Ersatzheeres ermöglichte Stauffenberg den direkten Zugang zu Hitler und seinem Führerhauptquartier «Wolfsschanze». Dort zündete er am 20. Juli 1944 eine Bombe, flog nach Berlin zurück und gab das Signal für den Umsturzplan «Walküre». Doch der Staatsstreich brach schnell zusammen, als bekannt wurde, dass Hitler das Attentat überlebt hatte. In derselben Nacht wurden Stauffenberg und weitere Mitverschwörer standrechtlich im Hof des Bendlerblocks erschossen.

Strünck, Theodor (*1895–1945*), Jurist. Nach Hitlers Machtübernahme knüpfte er Kontakte zu oppositionellen Kreisen und wirkte schließlich im Amt «Ausland/Abwehr» des Oberkommandos der Wehrmacht zusammen mit Hans Oster und Carl Friedrich Goerdeler an den Umsturzplänen mit. Wenige Monate nach dem 20. Juli 1944 wurde Strünck zum Tode verurteilt und hingerichtet.

Stülpnagel, Carl Heinrich von (*1886–1944*), Berufssoldat. Während seiner Zeit als Militärbefehlshaber in Frankreich forcierte er zusammen mit Caesar von Hofacker in Paris die Umsturzpläne der militärischen Opposition. Nachdem das Attentat auf Hitler gescheitert war, unternahm er einen Selbstmordversuch, bei dem er erblindete. Von der Gestapo verhaftet, wurde er im August 1944 zum Tode verurteilt und in Berlin-Plötzensee hingerichtet.

Thiel, Fritz (*1916–1943*), Uhrmacher. 1942 nahm er Kontakt zur «Roten Kapelle» auf und beteiligte sich an der Herstellung und Verbreitung der programmatischen Zeitschrift «Die Sorge um Deutschlands Zukunft geht durch das Volk». Nach seiner Verhaftung im September 1942 wurde er im Mai 1943 in Berlin-Plötzensee hingerichtet.

Tresckow, Henning von (*1901–1944*), Jurist und Generalmajor. Er gehörte zur treibenden Kraft im militärischen Widerstand und plante seit 1943 immer wieder Attentate auf Hitler, die allesamt scheiterten. Nach seiner Versetzung nach Berlin im Sommer 1943 arbeitete er zusammen mit Claus Graf Schenk von Stauffenberg unter dem Deckwort «Walküre» an den Umsturzplänen. Nach dem mißglückten Attentat am 20. Juli 1944 nahm sich Tresckow das Leben, um Mitwisser und Verbündete aus den Reihen der Militärs und der Familie zu schützen.

Wagner, Eduard (1894–1944), Generalquartiermeister. Als Generalquartiermeister des Heeres tätig, versuchte er gemeinsam mit dem Chef des Generalstabes Ludwig Beck die militärischen Pläne Hitlers zu unterlaufen. Im Juni 1944 drängte Wagner Stauffenberg zu einer schnellen Entscheidung im Hinblick auf die Umsturzpläne. Bevor er als Mitverschwörer verhaftet werden konnte, beging Wagner Selbstmord.

Wirmer, Ernst (*1910–1981*), Jurist. Als Soldat im Zweiten Weltkrieg wurde er auf Befehl Himmlers von November 1944 bis Kriegsende gefangengehalten. Er gehörte nicht, wie sein Bruder Josef Wirmer, zu den Verschwörern des 20. Juli. 1949 wählte ihn Adenauer zu seinem persönlichen Referenten und wirkte später am Aufbau der Dienststelle Blank mit.

Wirmer, Josef (*1901–1944*), Jurist. Seine engagiert vertretene demokratische Gesinnung trug ihm schon als Student den Beinamen der «rote Wirmer» ein. 1936 fand er Anschluß zu den gewerkschaftlichen Widerstandskreisen um Jakob Kaiser und zählte seit 1941 zum Kreis um Goerdeler. Nach dem 20. Juli 1944 wurde Wirmer verhaftet, zum Tode verurteilt und hingerichtet.

Wolff, Karl (*1900–1984*), SS-General. Als persönlicher Adjutant Himmlers gelang ihm ein rasanter Aufstieg bis hin zum Verbindungsmann Himmlers im Führerhauptquartier. Zum SS-Obergruppenführer und General der Waffen-SS befördert, wurde Wolff 1943 nach Italien versetzt, um dort die Regierung Mussolinis zu kontrollieren. Vor dem Hintergrund der sich abzeichnenden deutschen Niederlage nahm Wolff Kontakte zu den USA und Großbritannien auf, um eine vorzeitige Kapitulation der deutschen Truppen in Italien zu erwirken. Im Nürnberger Prozess wurde er 1949 zu vier Jahren Gefängnis und 1964 wegen Beihilfe zum Mord an über 300.000 Juden zu 15 Jahren Zuchthaus verurteilt. 1971 wurde er wegen Haftunfähigkeit vorzeitig entlassen.

Yorck von Wartenburg, Peter Graf (*1904–1944*), Verwaltungsbeamter. Ursprünglich ein Anhänger der politischen Rechten ließen ihn die Rechtlosigkeit und Gewalttätigkeiten im NS-Staat zu einem rigiden Regimegegner werden. Gemeinsam mit Moltke bildete Wartenburg das Zentrum des «Kreisauer Kreises». Lehnte der konservative Preuße aus christlicher Grundüberzeugung zunächst den Tyrannenmord ab, konnte ihn sein Vetter Stauffenberg dennoch von der Notwendigkeit eines gewaltsamen Attentats auf Hitler überzeugen. Als Mitverschwörer wurde er am 20. Juli 1944 im Bendlerblock verhaftet, zum Tode verurteilt und hingerichtet.

b) Begriffe

Außerparlamentarische Opposition (APO) nach 1966 entstandene politische, antiautoritäre und locker organisierte Bewegung studentischer Gruppen.

Auschwitz größtes polnisches Konzentrations- und Vernichtungslager. Der Name «Auschwitz» ist zum Symbol für den nationalsozialistischen Holocaust geworden.

Bekennende Kirche (BK) 1934 als Oppositionsbewegung evangelischer Christen gegen den Versuch der nationalsozialistischen Gleichschaltung gegründet. Die Bekennende Kirche war keine Widerstandsgruppe, die den Umsturz des NS-Regimes forcierte, ihr Kampf richtete sich gezielt gegen die nationalsozialistische Kirchenpolitik. Sie forderte die Eigenständigkeit der Institution Kirche.

Bund Deutscher Mädchen (BDM) nationalsozialistischer Jugendverband.

Entnazifizierungsverfahren Bezeichnung für die alliierten Maßnahmen, das öffentliche und wirtschaftliche Leben sowie das Erziehungswesen vor weiterer ideologischer Infiltration zu schützen.

Frei Deutsche Jugend (FDJ) DDR-Jugendverband.

Haager Landkriegsordnung (HLKO) kodifizierte erstmals verbindliche internationale Regelungen für die Vorgänge im Krieg. Bis zu diesem Zeitpunkt beruhten die Regelungen des Krieges mehr oder weniger auf direkten oder indirekten Vereinbarungen zwischen den kriegführenden Parteien. Die europäischen Staaten stellten auf den Haager Friedenskonferenzen 1899 und 1907 insgesamt 12 Konventionen «ius in bello» auf, die auch gegenwärtig noch die Basis für das humanitäre Kriegsvölkerrecht bilden.

Hilfswerk 20. Juli Stiftung, die auf die Initiative der Überlebenden und Hinterbliebenen des deutschen Widerstands zurückgeht. Sie bemühen sich seit 1945, die finanzielle und menschliche Not in ihrem Kreis zu lindern und das Erbe des deutschen Widerstandes zu bewahren.

Hitlerjugend (HJ) nationalsozialistischer Jugendverband.

Jungvolk nationalsozialistische Jugendorganisation der Hitler-Jugend für 10–14jährige männliche Jugendliche.

Kreisauer Kreis Widerstandsgruppe um Helmuth James Graf von Moltke und benannt nach seinem niederschlesischen Gut. Vertreter aller gesellschaftlichen und politischen Couleur erörterten die Frage, wie es gelingen könnte, den Nationalsozialismus ideologisch und faktisch durch ein ethisch auf Menschenrechten basierendes Staats- und Regierungskonzept zu ersetzen. Den Tyrannenmord lehnten sie mehrheitlich aus Gewissensgründen und christlicher Grundüberzeugung ab.

Lehrterstraße Untersuchungshaftanstalt, in der viele Mitglieder des 20. Juli 1944 inhaftiert wurden.

Münchner Konferenz 29./30. September 1938. Nach dem Anschluss Österreichs machte Hitler Ansprüche auf das Sudetenland geltend. Die Staats- und Regierungschefs Großbritanniens, Frankreichs, Italiens und des Deutschen Reiches einigten sich schließlich darauf, die Tschechoslowakei das Sudentengebiet innerhalb der Zeit vom 1. bis zum 10. Oktober 1938 an das Deutsche Reich übergeben musste. Als Gegenleistung wurde den Tschechen die Existenz ihres Reststaates garantiert. Der britische Premierminister Chamberlain bewertete dieses Abkommen als einen Erfolg seiner Appeasementpolitik.

Nationalsozialistische Volkswohlfahrt (NSV) sozialpolitische Organisation des NS-Staates.

Non-Governmental Organisation (NGO) von staatlichen Stellen unabhängige und nicht gewinnorientierte Organisation.

Novemberputsch 9. November 1923. Nachdem am 8. November 1923 Hitler, seine Anhänger und weitere republikfeindliche Organisationen mittels eines Putsches versucht hatten, in München die Macht an sich zu reißen, formierten sich am 9. November 1923 einige Aufrührer zu einem Marsch durch die Münchner Innenstadt. Vor der Feldherrnhalle kam es zu tätlichen und teilweisen auch tödlichen Auseinandersetzungen mit der Landespolizei. Hitler und andere Putschisten wurden verhaftet. Nach seiner «Machtergreifung» stilisierte Hitler den Putsch rückwirkend zu einem Triumph, der jährlich mit einem groß inszenierten «Marsch auf die Feldherrnhalle» gefeiert wurde.

Nürnberger Rassegesetze vom 15. September 1935 diskriminierten und entrechteten die jüdische Bevölkerung in Deutschland.

Opfer des Faschismus (OdF) Verband für die Opfer der nationalsozialistischen Diktatur.

Persilschein Ehrenerklärung zur Reinwaschung der eigenen Person. Dies führte im Rahmen der Entnazifizierung zu einem schwunghaften Handel, in dem sich Betroffene gegen Bezahlung Zeugnisse über ihre angebliche Widerstandstätigkeit oder Hilfeleistungen ausstellen ließen.

Pionier DDR-Jugendverband.

Prinz-Albrecht-Straße Gestapo-Gefängnis.

Ravensbrück größtes deutsches Konzentrationslager für Frauen.

Rote Kapelle kommunistische Spionage- und Widerstandsorganisation, deren Aktionen in der ehemaligen DDR totgeschwiegen und später als heldenhaft gefeiert wurden.

Solf-Kreis Widerstandsgruppe um den deutschen Botschafter Wilhelm Solf. Angehörige des Adels, Kirchenvertreter und ehemalige Mitarbeiter des Auswärtigen Amtes fanden sich regelmäßig im Hause Solf zusammen und setzten sich für politisch oder rassisch Verfolgte ein. Durch seine guten internationalen Beziehungen verhalf er vielen Verfolgten zur Flucht vor den Nationalsozialisten. Nach seinem Tod 1936 führte seine Frau Johanna den Oppositionskreis als «Frau Solfs Teegesellschaft» fort. Der Solf-Kreis wurde im Januar 1944 durch einen eingeschleusten Gestapo-Spitzel aufgelöst und die Mitglieder verhaftet.

Todesmarsch Phänomen des «Dritten Reiches» im Zusammenhang mit den Evakuierungen der Konzentrationslager gegen Kriegsende. In großer Zahl wurden die Häftlinge gezwungen, unter unwürdigen Bedingungen weite Entfernungen zu marschieren. Viele wurden unterwegs entweder von Begleittruppen getötet oder sie starben infolge der Strapazen und der mangelnden Versorgung.

Versailler Frieden 28. Juni 1919. Im Vertrag besiegelten die alliierten Mächte mit der Unterzeichnung ihren Sieg über das Deutsche Reich und beendeten damit den Ersten Weltkrieg.

Vereinigung der Verfolgten des Naziregimes (VVN) 1947 aus linken Opferverbänden gegründete Organisation gegen Faschismus und Krieg.

Völkischer Beobachter NSDAP-Zeitung.

Weiße Rose studentische Widerstandsgruppe um die Geschwister Hans und Sophie Scholl. In Flugblättern riefen sie zum passiven Widerstand gegen Hitler und den Nationalsozialismus auf. Die Mitglieder der «Weißen Rose» stammten aus dem konservativ-humanistischen und christlich geprägten Milieu.

Personenregister

Adenauer, Konrad 98, 155, 159, 245
Althaus, Ute 27
Aretin, Felicitas von 17, 19, 28
Asmussen, Doris 219–233
Asmussen, Elsbeth 286
Asmussen, Hans Christian 219–233
Assmann, Aleida 24, 277, 279
Assmann, Jan 277

Bauer, Walter 226
Baum, Herbert 177, 289
Bar-On, Dan 27, 52, 279
Barth, Karl 219, 231
Beck, Ludwig 119, 248, 293, 300
Beckerath, Erwin von 88
Bethge, Eberhard 100
Binion, Rudolf 29
Biolek, Alfred 171
Bischof-Köhler, Doris 15, 276
Blumenberg-Lampe, Christine 8, 34, 88–101, 272
Böhm, Hans 223, 286
Bolz, Eugen 210
Bonhoeffer, Dietrich 88, 289
Bosch, Robert 7, 275
Brandt, Ahasver von 32
Brandt, Willy 160, 191
Braun, Wernher von 41, 281
Brockdorff, Erika von 166–180
Brockdorff, Saskia von 166–180
Bruhns, Wibke 148–165, 280, 283
Bubis, Naomi 171
Bülow, Alexander von 191
Bülow, Gabriele von 181–192
Bülow, Hans Jürgen von 181–192
Burwitz, Gudrun, geb. Himmler 279, 285

Canaris, Wilhelm 119, 135
Ceausescu, Nicolae 245, 286
Chamberlain, Arthur Neville 290, 302
Christiansen, Katharina 193–208
Churchill, Winston 135
Coppi, Hans 166, 170, 174
Coppi, Hans jun. 170
Colvin, Ian 126, 283

Dahrendorf, Gustav 197, 285, 290
Dahrendorf, Ralf 197
Danz, Hermann 171
Delp, Alfred 100
Dibelius, Otto 219
Dietze, Constantin von 88, 155, 291
Dohnanyi, Christine von 13
Dohnanyi, Hans von 13 f.
Droysen, Johann Gustav 13

Eden, Anthony 291
Eichmann, Adolf 155, 291
Engels, Friedrich 60
Eucken, Walter 88

Falkenhausen, Alexander von 291
Falkenhausen, Gotthard von 48
Feder, Gottfried 93, 291
Fellgiebel, Erich 102 f., 110, 291 f.
Fellgiebel, Peer 103
Filbinger, Hans Karl 106 f., 285
Frank, Hans 27
Freisler, Roland 117, 206, 292
Freud, Sigmund 10, 14
Fritsch, Werner Frhr. von 232, 286

Gerstenmaier, Eugen 155, 207, 292
Gisevius, Hans Bernd 74, 79, 84, 292

Globke, Hans 54, 99, 155, 292
Goebbels, Joseph 8, 17, 252, 292
Goerdeler, Carl Friedrich 7, 88, 156, 194, 204, 289 f., 291 f.

Haeften, Hans-Bernd von 84, 148, 293
Hahn, Kurt 102–118
Hahn, Michael 102–118
Halbwachs, Maurice 23, 277
Halder, Franz 43, 293
Hanstein, Lonny von 140
Hardenberg, Renate Gräfin von 103, 108, 282
Harnack, Arvid 99, 107, 197, 290, 293, 298
Harnack, Ernst von 293
Hassel, Ulrich von 78, 84, 123, 293
Hauenstein, Fritz 98, 293
Heidegger, Martin 93, 294
Heine, Heinrich 162
Heinz, Friedrich Wilhelm 182
Hellinger, Bert 11, 275, 282
Heß, Rudolf 294
Heß, Wolf-Rüdiger 279
Heuss, Theodor 117, 216
Himmler, Heinrich 43, 197, 213, 281, 294
Hitler, Adolf 7 f., 17 f., 29, 33, 35, 38, 48, 59, 71 f., 78 f., 82, 86, 88, 92 f., 96 ff., 102, 110, 112, 115, 119 f., 126, 129 f., 132, 135–138, 140, 144 f., 161, 166, 168, 178, 182, 184 f., 189, 194 f., 197 f., 204, 209 f., 214, 216, 223, 225 f., 232, 245, 247 f., 251 f., 256, 258, 260, 266 f., 289–303
Hockerts, Hans Günter 24, 278
Höck, Michael 75, 83, 294
Hofacker, Alfred von 35–58
Hofacker, Caesar von 35–58, 281 f., 300
Holzer, Charlotte 177
Homann, Heinrich 108
Horthy, Miklós 43, 294
Hussein, Saddam 113
Huizinga, Johan 23, 277

Jäckel, Eberhard 23, 277
Jarausch, Konrad H. 25, 277 f.
Jaspers, Karl 18
Jessen, Jens 294

Kaiser, Jakob 155, 289, 300
Keitel, Wilhelm 77
Klamroth, Bernhard 148–165, 283, 295
Klamroth, Else 148–165
Klamroth, Johannes Georg 28, 148–165, 283
Kleist, Ewald von 121, 137 f., 295
Kleist, Mechthild von 119–134
Kleist-Schmenzin, Ewald von 119–134
Klemperer, Klemens von 16, 25, 276, 278, 281–283
Klemperer, Victor 154, 283
Koch, Hans 77, 84, 295
Kohl, Helmut 110
Kokorin, Wasilij 71
Koselleck, Reinhart 25, 276
Kuckhoff, Greta 168 f., 295
Kuckhoff, Ule 170
Kuenzer, Richard 209–218

Lampe, Adolf 88–101
Lampe, Gertrud 88–101
Lauritzen, Lauritz 186, 285
Leber, Annedore 285
Leber, Jean Baptist 194
Leber, Julius 193–208
Lehndorff, Hans Graf 15, 276
Lehndorff, Heinrich 15
Lenin, Wladimir Iljitsch 42, 60
Leuschner, Helmut 298
Leuschner, Wilhelm 248, 252, 291, 295
Levin, Peter 187
Liebermann, Max 162
Lindemann, Fritz 153, 295

Lippold, Eva 169–173, 175, 296
Litten, Hans 296
Lloyd, George 120, 135
Luther, Martin 82

Maaß, Hermann 248–270
Maaß, Michael 255
Maaß, Uta 248–270
Maizìere, Lothar de 65
Marx, Karl 60
Metzger, Max-Joseph 210, 296
Molotow, Wjatscheslaw Michajlowitsch 71, 296
Moltke, Freya Gräfin von 218, 265
Moltke, Helmuth James Graf von 145, 199, 204, 249, 265, 285, 296, 298, 301 f.

Neuhäusler, Johannes 75, 297
Niemöller, Else 282
Niemöller, Hermann 70–82
Niemöller, Martin 71, 219, 226, 282
Nora, Pierre 23, 277

Oliner, Marion 30, 280
Oster, Hans 120, 283, 299

Papen, Franz von 209
Paul, Elfriede 173, 180, 281
Plato, Alexander von 31, 279 f.
Poelchau, Harald 177, 236, 297
Popitz-Kuenzer, Monika 209–218

Reimann, Max 297
Remarque, Erich Maria 162, 284
Renger, Annemarie 207, 286
Röhm, Ernst 297
Roloff, Stefan 240, 286
Rosenberg, Alfred 137
Rüsen, Jörn 22

Saefkow, Anton 205, 284, 291, 297
Saefkow, Bärbel 170
Sarstedt, Regine 234–247
Schacht, Hjalmar 84, 297 f.
Scharf, Kurt 223, 298
Schlabrendorff, Fabian von 135–147, 282
Schlabrendorff, Luitgarde von 135
Schmidbauer, Wolfgang 12, 275, 279
Schmidt, Helmut 207, 286
Schmidt, Josef 28, 280
Schmidt, Walter 280
Schneider, Sascha 241
Schneiderheinze, Friedrich August 59–69
Schneiderheinze, Petra 59–69
Scholl, Hans 132, 232, 298
Scholl, Sophie 132, 232, 298, 303
Schubetzer, Julius Hieronymus 194
Schubetzer, Katharina 194
Schulenburg, Charlotte Gräfin von der 48
Schulenburg, Fritz-Dietlof Graf von der 35, 48, 298 f.
Schulze-Boysen, Harro 107, 169, 173, 234, 290, 293, 298
Schumacher, Kurt 160, 279, 298
Schuschnigg, Kurt von 43, 298
Schwamb, Ludwig 197, 298
Schwerin von Schwanenfeld, Ulrich Wilhelm Graf 40, 182, 299
Solf, Johanna 209, 303
Solf, Wilhelm 303
Speer, Franz 299
Springer, Jürgen 205
Stauffenberg, Claus Graf Schenk von 36, 40, 48, 194, 299, 303
Stauffenberg, Berthold Graf Schenk von 40
Strünck, Theodor 84, 299
Stökl, Herzeleide 135–147
Stülpnagel, Carl Heinrich von 36, 56, 299

Thiel, Hannelore 239–247
Thiel, Fritz 234
Tirpitz, Alfred von 84
Tresckow, Henning von 135, 138, 143, 264, 299 f.
Tresckow, Gerd von 138
Trott zu Solz, Adam 148

Üxküll, Nikolaus 40

Vermehren, Isa 211, 286
Vogel, Christian 15, 276, 280

Wagner, Eduard 153, 300
Weber, Adolf 88
Wehler, Hans-Ulrich 30, 280
Welzer, Harald 24, 277 f.
Windelen, Heinrich 105, 155, 300
Wirmer, Ernst 155, 300
Wirmer, Josef 75
Wolff, Karl 300

Yorck von Wartenburg, Marion Gräfin 84
Yorck von Wartenburg, Peter Graf 84, 301

Aus dem Verlagsprogramm

Biographien und Lebenszeugnisse

Peter Hoffmann
Stauffenbergs Freund
Die tragische Geschichte des Widerstandskämpfers Joachim Kuhn
2007. Etwa 246 Seiten mit 13 Abbildungen und 2 Karten. Gebunden

Dietrich Bonhoeffer/Maria von Wedemeyer
Brautbriefe Zelle 92
1943–1945
Herausgegeben von Ruth-Alice von Bismarck und Ulrich Kabitz.
Mit einem Nachwort von Eberhard Bethge.
5. Auflage. 2006. 308 Seiten mit 30 Abbildungen. Paperback
Beck'sche Reihe Band 1312

Ferdinand Schlingensiepen
Dietrich Bonhoeffer
1906–1945, Eine Biographie
4., durchgesehene Auflage. 2007. 432 Seiten mit 46 Abbildungen im Text. Gebunden

Günter Brakelmann
Helmuth James von Moltke
1907–1945. Eine Biographie
2., durchgesehene Auflage. 2007. 432 Seiten mit 60 Abbildungen. Leinen

Helmuth James von Moltke
Briefe an Freya 1939–1945
Herausgegeben von Beate Ruhm von Oppen.
2007. 683 Seiten mit 10 Abbildungen und 1 Faksimile. Paperback
Beck'sche Reihe Band 1756

Saul Friedländer
Kurt Gerstein oder die Zwiespältigkeit des Guten
2007. Paperback.
Beck'sche Reihe Band 1789

Verlag C. H. Beck München